enciclopedia

YOKAI

Shigeru Mizuki

enciclopedia YOKAI

Shigeru Mizuki

volumen 1
A-M

Prólogo de Marc Bernabé
y Eduard Terrades

Traducción y notas de Daniel Aguilar

SATORI

PRIMERA EDICIÓN, septiembre 2022
SEGUNDA EDICIÓN, marzo 2025

EDICIÓN EN ESPAÑOL: Enciclopedia de los yōkai. Vol. 1 De la A a la M
AUTOR: Shigeru Mizuki

C/ Perú, 12, 33213, Gijón, España
www.satoriediciones.com

Diseño de cubierta y maquetación: Juan Hernaz
Impresión: Imprenta Kadmos

ISBN: 978-84-19035-27-1

Depósito legal: AS 01718-2022

Impreso en España - Printed in Spain

Índice

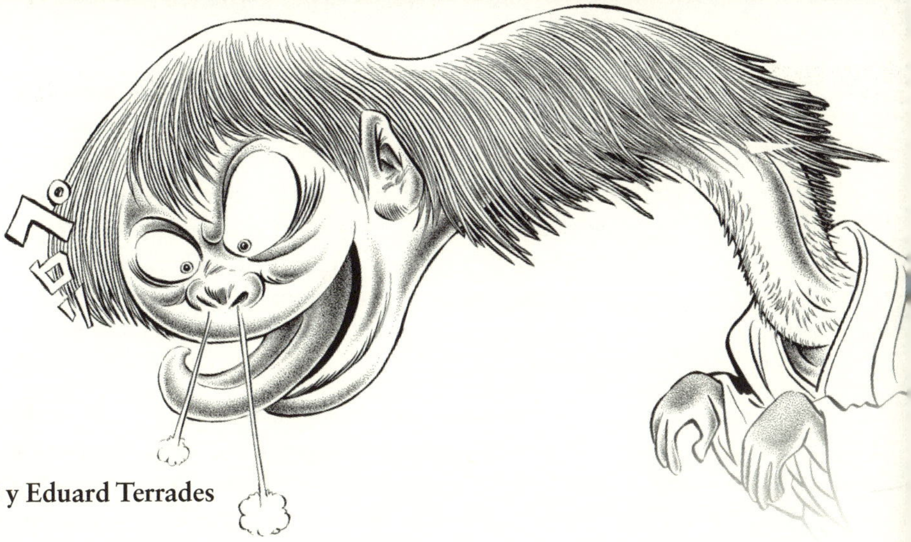

Prólogo

Por Marc Bernabé y Eduard Terrades

El interés por los seres sobrenaturales del folclore japonés, los yōkai, es relativamente reciente en Occidente. Eso no significa que antes no los conociéramos, ya que los que hemos crecido viendo anime y leyendo manga hemos estado expuestos, ya desde nuestra infancia, a estos monstruitos: la mujer de cuello larguísimo (*rokuro-kubi*), la lámpara que camina (*chōchin-obake*), el paraguas con un pie (*kara-kasa* o *kasa-obake*), la mujer de las nieves (*yuki-onna*)... No sabíamos sus nombres, no sabíamos qué eran exactamente, ni siquiera si eran buenos o malvados, pero ahí estaban, a veces en papeles protagonistas, pero casi siempre apareciendo de refilón, y los llamábamos «los típicos monstruitos japoneses que salen en los mangas y animes».

De un tiempo a esta parte, sin embargo, ya nos hemos ido familiarizando más con ellos. Hemos disfrutado de obras de manga y anime en los que los yōkai tienen un papel protagonista o preponderante en la historia, como el filme de Isao Takahata *Pompoko*, los mangas y series de anime *Inu-Yasha y Nura - El señor de los yōkai* y el gran éxito multimedia *Yo-kai Watch*, y han aparecido varios libros específicos sobre el tema, como el exitoso *Yōkai, monstruos y fantasmas en Japón*, publicado por esta misma casa, Satori Ediciones.

Sin embargo, hasta ahora había faltado **LA** obra de referencia sobre los seres sobrenaturales del folclore japonés, que no es otra que esta *Enciclopedia Yōkai* que tienes en las manos, creada por el gran Shigeru Mizuki. Destacar el nombre del autor no es en vano: fue este famosísimo creador de manga, uno de los mayores maestros que ha dado la historia del cómic japonés, quien rescató del práctico olvido a los monstruos japoneses e hizo de ellos personajes entrañables amados por la población japonesa y, cada vez más, por gente del mundo entero.

Japón es un país singular incluso en su religión. En realidad, los japoneses comparten dos credos con los que interaccionan cotidianamente y de manera interdisciplinaria: sintoísmo y budismo. Los yōkai son partícipes de esta dualidad religiosa; así, unos se encontraban más cercanos a las creencias sintoístas y otros al dogma budista. Su diferenciación, o mejor dicho, clasificación según el credo, resulta a veces un verdadero quebradero de cabeza, habida cuenta de que cuando se recuperaron del olvido (en el período Edo, 1603-1868), no dejaban de ser unas criaturas que servían para asustar a los niños, un poco como el «hombre del saco». Con todo, pretender ordenarlos según pertenezcan a una u otra religión es casi imposible e históricamente es algo que ha admitido todo tipo de subjetividades. Sí se puede decir que se considera que los yōkai de apariencia monstruosa que campan a sus anchas por montes y lugares cercanos a templos son dioses que han cometido alguna travesura y que han perdido su condición divina, quedando desterrados en el mundo terrenal. Mientras que a otros se los confunde con los emisarios de ciertas deidades sintoístas *kami* (como los *inugami*).

Los yōkai también tienen su propia escala de valores, por supuesto muy diferentes a la de los seres humanos, y cuando estos entran en conflicto pueden conducir a la enemistad si se descontrolan. Como suelen ser invulnerables al ataque humano convencional, es común que sean derrotados por experimentados monjes budistas. Antiguamente, esos guerreros que controlaban la presencia de los yōkai eran conocidos como *onmyōji*, siendo el más famoso Abe no Seimei, que vivió durante el período Heian (794-1185). Los onmyōji defendían a la familia imperial de las presencias malignas. Tal es así, que esta especie de hechiceros tenía como mecenas a la propia corte hasta las postrimerías de dicha era, en la que se vivió un verdadero esplendor cultural. Sus artes místicas se fusionaron con el Tao, pero también con ciertos ritos sintoístas, por lo que siempre se ha considerado que formaban parte del mundo del ocultismo.

Sin embargo, fue a mediados del régimen de los shogunes Tokugawa, durante el período Edo, cuando adquirieron un doble papel en esa sociedad premoderna: el artista, poeta y misterioso Toriyama Sekien (1712-1788), maestro del gran pintor Utamaro, los reclutó para el arte del ukiyo-e; famosas son sus guías con todo lujo de detalle, cuadernos de campo a la vieja usanza que, más adelante, servirían para que otros artistas utilizaran esas ilustraciones para sus grabados xilográficos. El primer volumen apareció en 1776 (algunos historiadores lo sitúan en el 1781, pero tal vez esta fecha corresponde a la primera reimpresión dado el éxito que tuvo) bajo el sugerente título de *Gazu hyakki yagyō* (Ilustraciones del desfile nocturno de los cien demonios), seguido de tres libros más que completan esta primera enciclopedia de criaturas poco amigables: *Konjaku gazu zoku hyakki* (Ilustraciones de otros cien demonios de antaño; aparecido en 1779), *Konjaku hyakki shūi* (Recopilación adicional de los cien demonios de antaño; de 1780) y *Hyakki tsurezure-bukuro* (Almanaque ilustrado de cien demonios imaginados por un ocioso, cuya publicación se demoró hasta 1784). Toriyama dio a conocer a los *tsukumogami* (artefactos espirituales), una mezcla de yōkai y *obake* (cosa que muta): se trata de esos objetos viejos, arrinconados en buhardillas o almacenes que, pasados los cien años, adquirían vida propia.

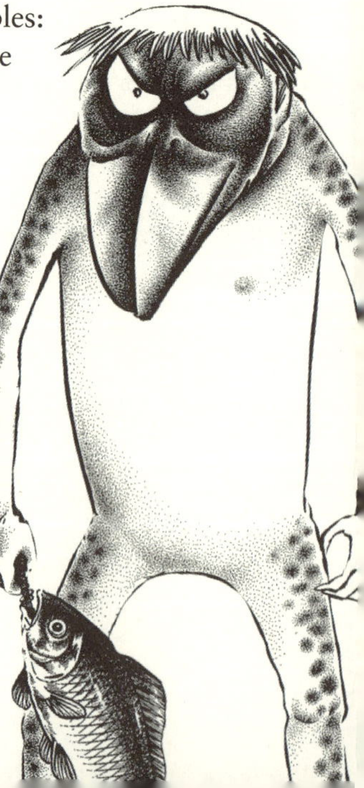

A su vez, Toriyama —cuya familia era descendiente de una importante orden budista— recibió influencias del artista de *e-maki-mono* (rollo ilustrado) Sawaki Sūshi para concebir sus yōkai, concretamente de una obra que se guarda como un verdadero tesoro nacional: *Hyakkai zukan* (Compendio ilustrado de cien demonios, completada en 1737). En

ella, aparte de los yōkai, aparecen otras criaturas del folclore fantástico. Sūshi era un folclorista y, a través del estudio de legajos y antiguos pergaminos que encontraba en templos y santuarios de los distintos feudos que formaban el antiguo Japón, dio con toda esta fauna sobrenatural, por lo que podemos afirmar que se trata del primer gran recopilador de seres mitológicos o legendarios. De hecho, el concepto del *Hyakki yakō* (literalmente, «desfile nocturno de cien demonios»), esta parada nocturna de monstruosidades y seres «intangibles», se forjó en realidad a finales del período Muromachi (1333-1573): en esa época, e igual que en el período Heian, los pobres yōkai no estaban tan bien considerados por los monjes budistas y existía la creencia de que si presenciabas uno de estos desfiles, terminabas sucumbiendo a los hechizos de ellos y morías, a no ser que contaras con la protección de algún sutra budista (un poco como «la Santa Compaña» de la mitología gallega o «la Güestia» asturiana). Uno de los rollos más antiguos que se conservan es el *Hyakki yagyō zu*, hallado en el complejo Shinju-an del templo Daitoku-ji de Kioto. No se sabe con exactitud quién lo pintó, pero normalmente se atribuye al gran Tosa Mitsunobu (encargado del departamento artístico de la Corte Imperial desde 1493 a 1496). Es muy probable que tanto Sawaki como Toriyama tuvieran acceso a esta reliquia pictórica fantasmal. En tal caso, su legado fue clave para que la marcha nocturna de los yōkai se incorporara al folclore del período Edo.

Efectivamente, la popularidad de estos seres, sobre todo entre la chiquillería de la época, fue *in crescendo*. Pero también se utilizaban para ahuyentar a los más lujuriosos en la Edo del «mundo flotante»: en la antigua Tokio había ciertos barrios de placer en los que la noche parecía no tener fin; a muchos hombres se les instaba a regresar antes del *ushimitsu*, es decir, la hora del Buey según el antiguo reloj lunisolar (sobre las 2 y media de la mañana actuales). Antiguamente se tenía la creencia de que en esa fatídica hora salían a pasear los fantasmas, y los transeúntes que vagaban por calles desérticas y sendas pecaminosas podían ser sorprendidos por los yōkai que vivían en las cunetas de caminos o asustados por *yūrei* (fantasma o alma en pena) en cualquier esquina. Ese era el modo que encontraron los posaderos para echar a los juerguistas de sus antros, aunque ante el miedo a encontrarse alguna presencia extraña de regreso a sus viviendas, algunos preferían quedarse a pasar la noche en esas pocilgas de vicio, acrecentando así las ganancias de sus propietarios. Entre la fábula, el cuento y la superchería, los yōkai se volvieron unos actores relevantes en el devenir de la segunda mitad del período Edo.

En todo caso, los yōkai, con su sinsentido físico, poco a poco fueron adquiriendo un componente festivo y a menudo se nutrían del componente lúdico de los *matsuri* o festivales. Tal vez la simpatía y picardía que mostraban esas criaturas son las que interesaron de entrada a Mizuki de cara a recuperarlos para su dilatada obra. Precisamente, con sus lápices intentó darles una apariencia un tanto más afable y, tal y como comprobaremos a lo largo de esta enciclopedia, las poses caricaturescas que en ocasiones les brinda consiguen despertar la sonrisa al lector y que este se apiade de ellos. En cierto modo, humanizó a estos pobres seres desprestigiados por el paso de los años. A pesar de sus apariencias estrafalarias, les quitó la condición de «monstruo malvado», sustituyéndola por una picardía que podía conectar con el corazón de los más pequeños, sin renunciar a la esencia de sus raíces sobrenaturales.

Se puede considerar que los dos tomos de *Enciclopedia Yōkai* son la «edición definitiva» en cuanto a recopilaciones yōkai de Shigeru Mizuki. Este autor realizó numerosas obras de manga protagonizadas por yōkai, como las celebérrimas *GeGeGe no Kitarō* (El escalofriante Kitarō) y *Kappa no Sanpei* (Sanpei el kappa), pero también dedicó su vida al estudio y descripción de estos seres en varios libros.

Nacido en 1922 en Osaka, Shigeru Mura, que más adelante tomaría el seudónimo de Shigeru Mizuki, se trasladó a muy corta edad con su familia al pueblo de Sakai-Minato, en la prefectura de Tottori, en pleno Japón rural. Allí, como cuenta en la deliciosa obra *NonNonBa*, así como en su *Autobiografía* (ambas obras publicadas en español por Astiberri), entró en contacto con la parte más mística del folclore japonés de la mano de una anciana vecina que siempre le contaba historias de fantasmas. Hijo de su época, Mizuki tuvo que luchar en el frente de Papúa-Nueva Guinea para las tropas del Imperio japonés en la Segunda Guerra Mundial, hechos en los que perdió su brazo izquierdo. Una vez regresado a Japón encadenó varios trabajos para sobrevivir, entre ellos, el de creador de historias para el teatrillo ilustrado *kamishibai*. Al contrario que muchos otros dibujantes de manga, que obtuvieron el éxito a una edad relativamente temprana, Mizuki pasó por muchas penurias y cuando por fin empezó a tener éxito, gracias al boom del manga y el anime, en los años 60, y a su personaje Kitarō y a los yōkai en general, ya era relativamente mayor. El éxito de Kitarō, que ha tenido varias adaptaciones a televisión, le permitió dedicarse a una de sus pasiones, la etnología y el estudio de los seres sobrenaturales japoneses, a los que no solo dedicó varias obras de manga, sino también artículos y libros como el que tienes en las manos, y se mantuvo activo hasta prácticamente el momento de su muerte, que aconteció en Tokio en noviembre de 2015, a los 93 años de edad.

Se podría considerar a Mizuki como un antropólogo que ha recorrido todas las prefecturas del Japón para conocer el pasado sobrenatural que hay como trasfondo en sus pueblos y aldeas: su afán por perseguir y documentar toda clase de manifestaciones que escapan de la racionalidad humana le llevó a toparse en más de una ocasión con alguna de estas inclasificables criaturas. Precisamente, por la peculiaridad anatómica de muchos de estos seres deformes, Mizuki entraría más en la categoría de un criptozoólogo. La criptozoología es una

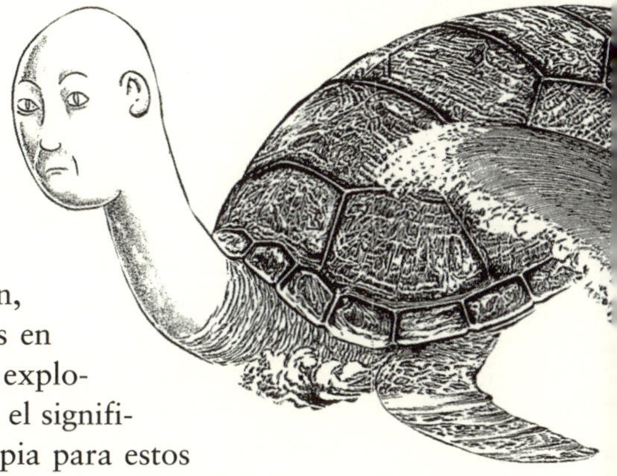

pseudociencia que estudia posibles seres que existieron o que podrían existir, pero cuya presencia nunca ha sido demostrada. Mizuki creía a pies juntillas que estos afables monstruos existen, incluso afirmaba que llegó a interactuar con ellos en más de una ocasión. Los describe con tal precisión, explorando sus orígenes, reminiscencias e indagando en el significado de sus nombres (creó una antroponimia propia para estos seres, como lo atestigua esta enciclopedia) que, francamente, hace difícil encontrar hoy en día otra voz autorizada que se adentre en el mundo de los yōkai con la profundidad con la que lo hace Mizuki. Por esta razón, con todas las de la ley, también se merece el título de folclorista, siempre partiendo de que la ocupación principal de Mizuki fue la de autor de manga de pseudoficción: apasionante resulta leer su mastodóntica *Historia del período Shōwa* (aún inédita en español), en la que resalta los principales hechos y efemérides del Japón del siglo XX mientras discute con algunos yōkai que le ayudan a entender algunas lagunas negras de la era que le tocó vivir.

En el año 2014, la editorial Kōdansha decidió tomar las dos obras de referencia que había creado Mizuki, *Zusetsu Nihon yōkai daizen* (Gran enciclopedia visual de yōkai japoneses), de 1994, y *Zusetsu Nihon yōkai daikan* (Gran libro de referencia visual de yōkai japoneses), de 2007, para publicar el libro más completo al respecto, que incluye 895 dibujos y descripciones de diferentes seres (yōkai, seres del más allá y deidades) a lo largo de casi 1000 páginas en su edición original japonesa. Por lo tanto, aunque en España hemos tardado más que en otros países occidentales en poder disfrutar de los dibujos y descripciones de los yōkai de Shigeru Mizuki, al menos tenemos la gran suerte de hacerlo de la forma más completa posible. Ahora, sin más prolegómenos, te invitamos a sumergirte en el fascinante mundo de los yōkai de la mano del mejor cicerone posible.

Que disfrutes del viaje.

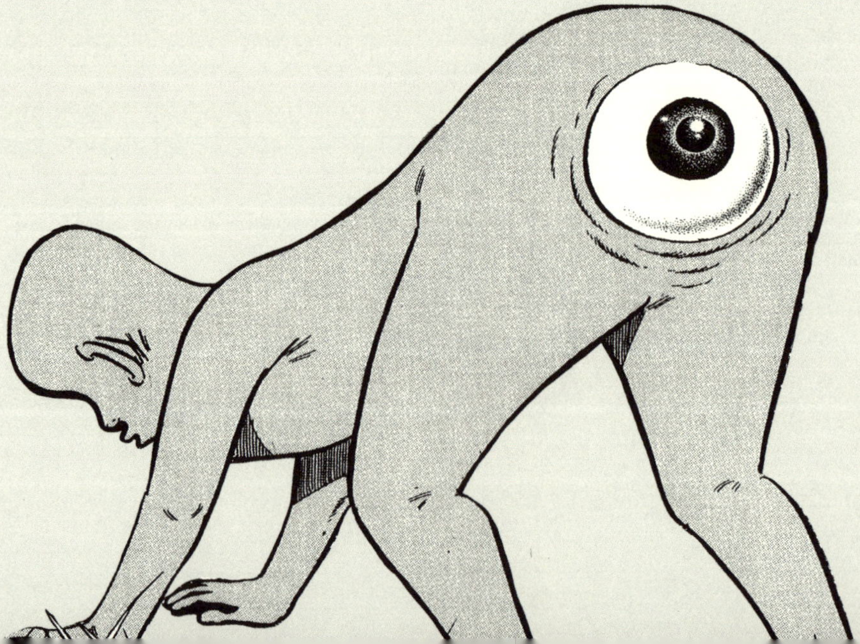

YOKAI

A - M

A

鐙口

Abumi-kuchi. Este yōkai llamado *abumi-kuchi* (boca de estribo) aparece en la recopilación *Gazu hyakki tsurezure-bukuro* (Almanaque ilustrado de cien demonios imaginados por un ocioso) de Toriyama Sekien, el maestro del período Edo célebre por sus dibujos de yōkai.

Originalmente, este yōkai era un utensilio para los caballos, la pieza donde los guerreros colocaban el pie al ir a montar, que se transformó en monstruo. Su forma es como la de un tipo de estribo llamado «de lengüeta».

El estribo de lengüeta tenía su destino ligado al del guerrero, pues terminaba en el suelo cuando su dueño moría en batalla. Se dice que, con el tiempo, se convertía en el monstruo *abumi-kuchi* y, como un perro fiel que espera a ese amo que no vuelve, continúa aguardando eternamente.

En resumen, se trata de uno de esos objetos en los que se concentra el sentimiento de una persona especial y se convierten en yōkai. Este tipo de yōkai originados en utensilios recibe la denominación general de *tsukumogami*, aunque en verdad los auténticos *tsukumogami* son aquellos que, tras largos meses o años, un buen día son investidos por un espíritu y causan fenómenos sobrenaturales.

Por ejemplo, en el rollo ilustrado *Tsukumogami emaki*, que data del período Muromachi, hay una historia que habla de una serie de utensilios militares y vajillas que fueron arrojados a la basura en una limpieza y, enfadados por la desconsiderada manera con que se les trataba, tomaron venganza contra los humanos.

Pero sin necesidad de remontarnos a tiempos tan remotos, en Okinawa se dice que las cucharas para el arroz viejas se convierten en un yōkai llamado *mishigee*, y en los cuentos antiguos hay también historias de mazos o vajillas que se vuelven yōkai tras ser arrojados a la basura.

Abura akago. Hace mucho tiempo, en Ōtsu Hachimachi, en la provincia de Ōmi (actualmente, la ciudad de Ōtsu, en la prefectura de Shiga), se aparecía algo similar a una bola de fuego volante.

Según decía la gente del lugar, en esta aldea de Shiga, en tiempos había una persona que iba vendiendo aceite; pero, en realidad, este aceite lo robaba todas las noches del templillo del Jizō (figurita budista de piedra) situado en la encrucijada de Ōtsu. Un tiempo después, quizá porque cayó sobre él la furia del Jizō, este vendedor de aceite murió. Se dice que después de muerto no consiguió alcanzar la paz budista, por lo que se convirtió en un fuego errante.

En los hogares de esta zona, cuentan que se aparece un misterioso niño que se dedica a la extraña tarea de lamer el aceite de las lamparillas. Se dice que se trata del espíritu del vendedor de aceite que se ha reencarnado en esta nueva figura.

Circula también una historia según la cual algo parecido a una bola de fuego se introdujo en una casa y, tomando la forma de un bebé, comenzó a lamer a lengüetazos el aceite de las lamparillas para, posteriormente, volver a convertirse en bola de fuego y salir volando. Esto es lo que se conoce como *abura akago* (bebé del aceite). Antiguamente, en las zonas rurales, el aceite de las lámparas era de pescado y por ese motivo gustaba a los gatos, de modo que no resulta imposible que alguien pudiera confundir un gato blanco con un bebé. Además, el aceite de aquellos tiempos, aun siendo de pescado, no era un producto refinado, sino que los pescadores reunían la grasa del pescado que quedaba en los barcos después de la faena y luego le prendían fuego, siendo una deliciosa tentación para los mininos.

油
坊

Abura-bō. En la comarca de Yasu, de la región de Ōmi, en una aldea llamada Hoshiga (en la actual ciudad de Moriyama, prefectura de Shiga), durante las noches de finales de primavera y comienzos de verano, se aparece un fuego sobrenatural al que llaman *abura-bō* (monje del aceite).

Al parecer, en el interior de ese resplandor se distinguen las figuras de varios monjes y se cuenta que ese fuego sobrenatural llamado *abura-bō* está formado por las almas de los monjes del monte Hiei, que antiguamente robaban el dinero destinado al aceite del templo.

En el libro *Kokin hyaku monogatari hyoban* (Versiones comentadas de las cien historias de antaño y de ahora), se recoge también otra historia. En los tiempos de mayor esplendor del monte Hiei, el tributo para el aceite del edificio central del templo equivalía a diez mil *koku* de arroz[1] y era ofrendado por los habitantes de la zona de Higashi Ōmi, gracias a lo cual estos gozaban de una próspera existencia. Con el devenir de los tiempos, al desaparecer este sistema de tributos, los habitantes de Higashi Ōmi quedaron muy disgustados y murieron llevándose consigo dicha insatisfacción. A partir de entonces, todas las noches surge desde las casas de Higashi Ōmi un resplandor que vuela hasta las lámparas de aceite del edificio central del templo, y por ese motivo recibió el nombre de *abura-bō* o *abura-nusutto* (ladrón de aceite).

En realidad, no es que el *abura-bō* se dedique a robar aceite, sino que el tenaz apego arraigado en el espíritu de aquellas personas les impedía separarse del fuego del aceite, y por eso acudían a él.

Cierto día, unos jóvenes que tenían la intención de detener a uno de estos *abura-bō* salieron de casa con arco y flechas, además de con una escopeta, y se dispusieron a esperar. Entonces, enmarcado en el cielo cubierto de nubes negras, descubrieron algo brillante que unos instantes después llegó hasta por encima de sus cabezas. Se dice que se llevaron un susto tan grande que fueron incapaces de hacer absolutamente nada.

[1] Un *koku* de arroz equivalía a 180.000 centímetros cúbicos, aproximadamente la cantidad necesaria para alimentar a una persona durante un año.

油返し

Abura-gaeshi. Los yōkai de fuego con nombres que contienen el término *abura* (que significa aceite o grasa) son muy numerosos y aparecen en todas las regiones. En la zona de Kōya, en Settsu (la actual ciudad de Itami, prefectura de Hyōgo), se habla de un fuego sobrenatural al que llaman *abura-gaeshi* (repele-aceite).

Se dice que aparecía en las noches oscuras de principios de verano o en las frías noches de invierno, en los alrededores de la ribera norte del estanque de Kōya. Parece que su recorrido era siempre el mismo: surgía de las tumbas de la zona de Senso, que quedaban al sur del estanque de Kōya, bordeaba dicho estanque y luego el estanque Suga, siguiendo por la ribera del río Tenjin, de manera que subía hacia el interior de la montaña.

Según las gentes del lugar, el *abura-gaeshi*, mientras va remontando la pendiente a trompicones y sin regresar nunca hacia atrás, emite unos sonidos como si estuviera farfullando, *pa-pa-pa*, *ocha-ocha*, etc, y es como si salieran voces de dentro de la bola de fuego.

En cuanto a la naturaleza real de este fuego, existen varias explicaciones, tales como que se trata del alma de un hombre que robaba el aceite del templo de la montaña, o que es la ceremonia nupcial de los zorros que viven en la ribera norte del estanque o también que se trata de un lobo que vive en la tumba del monje, que lleva consigo una lamparilla. Pero, aunque los habitantes del lugar tienen todo tipo de explicaciones, parece que la cuestión no está muy clara.

Por otra parte, aunque no guarde una relación directa, entre los arrozales de la ribera norte del estanque de Kōya donde resplandece el *abura-gaeshi*, hay un bosque llamado Nobosemama. Es un bosque con unos hermosos pinos, pero se dice que, si uno se adentra allí, cae en redondo y se muere. Por lo visto, en los lugares donde se cuentan historias extrañas, estas nunca van solas.

油すまし

Abura-sumashi. En un camino de montaña llamado Kusazumigoe, de la zona de Amakusa, en la prefectura de Kumamoto, se dice que mora desde tiempos antiguos un yōkai llamado *abura-sumashi*.

En cierta ocasión, una abuela cruzaba por este camino de montaña llamado Kusazumigoe con su nieto, al cual le dijo: «Por lo visto, antiguamente se aparecía por aquí un yōkai llamado *abura-sumashi*». Entonces, se escuchó de pronto un ruido de algo que se movía entre la maleza y una voz que decía: «Y todavía sigo aquí». Y, según cuentan, a continuación el *abura-sumashi* se apareció ante ellos.

No está muy claro qué significa en este caso la palabra *sumashi*. Pero, cambiando de tema, hay otros yōkai que se aparecen de una manera muy similar al *abura-sumashi,* como el del paso de Usotoge, en Shimojima.

Cierta noche, ya muy tarde, dos viajeros que cruzaban por allí iban comentando: «Dicen que antiguamente se veía por aquí una mano ensangrentada caída en el suelo», y justo en ese momento se oyó una voz que contestó: «Y ahora también», tras lo cual una mano goteando sangre rodó dando tumbos por el empinado camino. Los dos viajeros se llevaron un gran susto y huyeron corriendo del lugar. Pasado un tiempo, cuando uno de ellos comentó: «Dicen que por aquí había una cabeza cortada caída en el suelo», se oyó acto seguido desde las alturas una voz que contestaba: «Y ahora... también», seguida de una cabeza cortada que cayó rodando.

Aparte de estas, se escuchan otras historias de corte similar en varios lugares de Kyūshū.

赤頭と小僧の妖怪

Aka-atama y Kozō no yōkai. Hace mucho tiempo, en la aldea de Nawa, prefectura de Tottori (actualmente el barrio de Oyama, en el distrito de Saihaku), había un hombre apodado Aka-atama (cabeza roja), que presumía de su fuerza y era capaz de cargar de una vez hasta diez balas de arroz que apilaba sobre un soporte de madera.

Una vez, cuando estaba descansando en un templo dedicado a Kannon (buda femenino de la misericordia, de poderes curativos), apareció de pronto un muchacho de unos cuatro o cinco años, que se puso a clavar en una de las columnas del templo un clavo de unos doce centímetros con las manos desnudas. Cabeza Roja lo observó y comprobó que el muchacho se dedicaba a incrustar el clavo y luego a sacarlo, repitiendo la operación una y otra vez. Además, todo eso lo hacía empleando un solo dedo.

Para no ser menos que aquel *kozō* (término un tanto desdeñoso similar a «mozuelo»), Cabeza Roja probó a hacer lo mismo, pero no solo fue incapaz de trabajar con un solo dedo, sino que a duras penas consiguió incrustar el clavo utilizando las dos manos. Además, cuando por fin lo clavó, luego fue incapaz de sacarlo. Al ver aquello, el niño se echó a reír a carcajadas y, cuando Cabeza Roja se quiso dar cuenta, el pequeño ya no estaba allí.

Esta es la historia del extraordinario *kozō* que tan fácilmente consiguió llevar a cabo una tarea imposible para aquel que tanto presumía de fuerza. Pero también se cuenta una extraña historia sobre Cabeza Roja.

Cuando Cabeza Roja murió, los jóvenes de la aldea, junto con otras personas del lugar, deseosos de que el fallecido les transmitiese su fuerza, se agruparon en torno a su tumba. Cuentan que, cuando ya era noche cerrada, sintieron como si alguien les estuviera empujando por la espalda con una fuerza tal que resultaba imposible de resistir.

Puesto que incluso después de muerto fue capaz de mostrar una fuerza tan increíble, es posible que Cabeza Roja fuera alguien con características de yōkai.

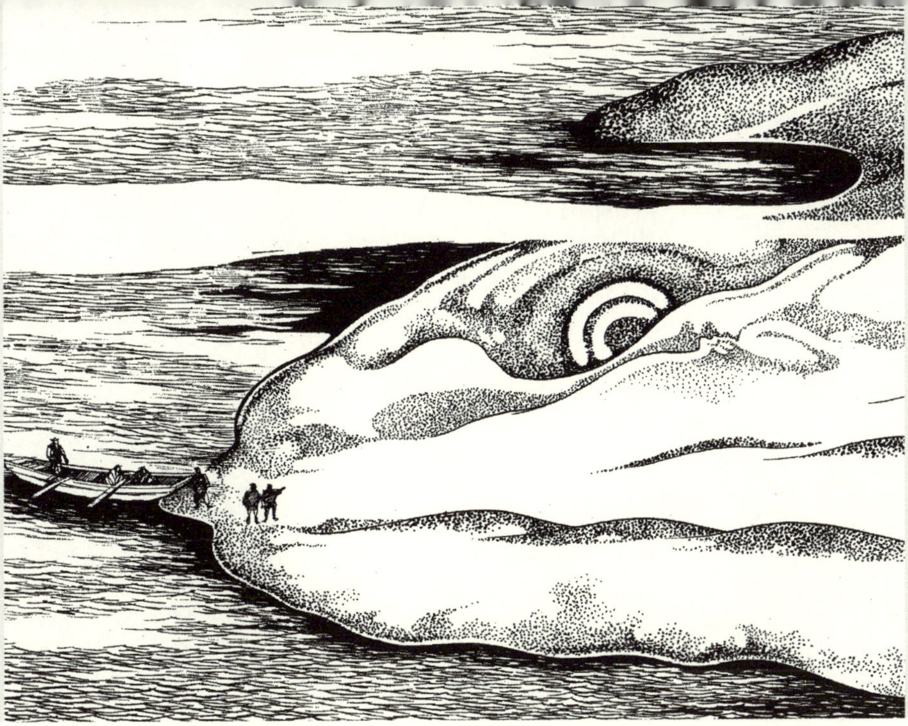

赤えい

Aka-ei. Se trata de un pez increíblemente gigantesco que mide tres leguas de largo (unos 12 kilómetros), del cual se dice que apareció cerca de la costa de Nojima-ga-saki, en la provincia de Awa (la actual ciudad de Minami Boso, en la prefectura de Chiba).

Su cuerpo era tan grande que, como es natural, el lomo se le cubría de una costra de arena. Cuando la capa de arena se volvía demasiado gruesa, subía a la superficie con objeto de dejarla caer. Se dice que, si en ese momento se le acercaba un barco confundiéndolo con una isla, se sumergía en el agua al instante y el barco era arrastrado por el oleaje, quedando destrozado por completo.

En cierta ocasión, un barco que se encontraba a la deriva por haberse accidentado, lo tomó por una isla, y sus marineros descendieron a «tierra». Con gran alegría por haber desembarcado, se pusieron a buscar algún tipo de casa, pero no había vestigios de vida humana alguna. Solo encontraron troncos y ramas de árboles de un tipo desconocido, que brotaban del suelo rocoso y con su parte superior cubierta de algas. Entre las formaciones rocosas había de tanto en tanto hoyos con agua donde vivían peces. Anduvieron unas dos o tres millas (entre 8 y 12 kilómetros), pero no encontraron vivienda ni persona alguna. Cuando trataron de beber el agua de los hoyos, descubrieron que era tan salada que no había quien la tomase.

Puesto que no cabía más remedio, volvieron al barco y, cuando se habían alejado unas diez cuadras (aproximadamente un kilómetro), aquello que habían tomado por una isla se sumergió en las profundidades del mar, y lo único que quedó ante sus ojos fue la vasta superficie del océano.

Esta historia está recogida en el libro *Tōsanjin yawa* (Relatos nocturnos de Tosanjin) de Takehara Shunsensai y, dado el gran tamaño de la criatura, aunque realmente se tratase de un pez, es lógico que fuera considerada como un yōkai.

アカカナジャー

Akakanajah. Este yōkai, al parecer, mora en las islas de Okinawa; para unos es el espíritu de un árbol y para otros, el espíritu del agua.

Es muy raro que se aparezca ante un ser humano, pero dicen que a veces ayuda en las faenas de pesca. Tiene el aspecto de un niño de cinco o seis años. Tanto su pelo revuelto como su cuerpo son de color rojo y, debido a eso, se le puso el nombre de *akakanajah*, que es la palabra del dialecto local para «pelo rojo».

El *akakanajah* ayuda a los pescadores en sus tareas, pero siente una gran aversión hacia los pulpos, por lo que, cuando ve uno, se da a la fuga a toda prisa. Si alguien le gasta una broma pesada con uno de estos pulpos que tanto detesta, es seguro que un muy enfadado *akakanajah* se lo hará pagar caro.

Normalmente tiene buen carácter y no busca hacer daño a los humanos. Pero, cuando hay un pulpo de por medio, por lo visto se vuelve una persona (bueno, un yōkai) por completo diferente. Dicen que si consigues hacer buenas migas con *akakanajah*, podrás andar sobre el mar. Aunque es una criatura muy popular entre los niños, lo cierto es que todavía no se sabe de nadie que haya conseguido trabar amistad con él y caminar sobre el mar.

Muchos de los yōkai que viven en Okinawa son amistosos y, al parecer, este *akakanajah* no supone una excepción.

Akanah. Se dice que el *akanah* es un yōkai de buen corazón y aspecto de mono que aparece en las viejas historias de Okinawa relacionadas con las manchas de la luna.

Antiguamente, el *akanah* vivía en una amplia mansión junto con un mono. En el jardín había un melocotonero salvaje que daba muchos frutos, y el mono tenía unas ganas incontenibles de quedarse aquellos melocotones para él solo. Un día el mono pensó en asesinar al *akanah* y le propuso la siguiente idea:

—Vayamos a vender los melocotones y repartámonos el dinero. Pero solamente venderlos no tiene ninguna emoción. ¿Qué tal si competimos entre nosotros y matamos al que menos venda?

El *akanah* no quería aceptar el trato, pero se vio empujado a ello por la fuerza y, acto seguido, el mono comenzó a recoger los melocotones que se llevarían ambos. Metió los maduros dentro de su propio cesto, y el del *akanah* lo llenó con los que estaban verdes. Así, el mono consiguió vender en la ciudad todos sus melocotones y regresó enseguida a casa, donde comenzó los preparativos para matar al *akanah*. Por su parte, el *akanah* no consiguió vender ni un solo melocotón, por lo que, con los ojos llenos de lágrimas, se puso a rezar a la luna de finales de verano.

—Si vuelvo de esta manera, mi amigo me matará. Excelentísima Luna, por favor, salvadme.

Entonces, la luna hizo descender de los cielos un cesto sobre la montaña de Ameku, e hizo subir en él al *akanah*, llevándolo a su lado y salvando su vida.

Desde entonces, se dice que sobre la superficie de la luna se vislumbra la figura del *akanah* recogiendo agua con un cazo.

あかなめ

Akaname. *Akaname* (lame-roña) es el nombre que recibe el yōkai que lame la roña que queda en la bañera. Se dice que aparece por las noches, cuando no hay nadie. En un libro del período Edo titulado *Kokin hyaku monogatari hyoban* (Versiones comentadas de las cien historias de antaño y de ahora), se habla de un yōkai cubierto de roña y, posiblemente, se trate de la misma criatura.

Aunque solamente se limita a lamer la roña sin causar mayor molestia, no resulta agradable que un yōkai se cuele en casa de uno. Por eso, para evitar que el *akaname* nos haga el favor de venir a casa, hay que mantener siempre limpia la bañera, con objeto de no dejar roña que pueda lamer. A nadie le resulta agradable que le digan «que va a venir el lame-roña», por eso hay que limpiar la bañera a conciencia. Sin duda, debemos considerar al *akaname* un yōkai con propósitos educativos.

Las antiguas bañeras consistían en un tonel de madera y, además, solían estar en un cuarto de la casa con suelo también de madera, donde apenas penetraba la luz del sol. Por eso, la madera siempre estaba resbaladiza y pululaban por allí babosas o sapos. Junto con el retrete, el baño era el lugar de la casa más indicado para que se instalara un yōkai. Cuando era niño, yo mismo intuí que aquellos eran espacios acogedores para los yōkai. Para un chico de campo como yo, el hecho de penetrar en el baño resultaba una experiencia terrorífica.

Akarinashi soba. Este es uno de los llamados «siete misterios de Honjō», barrio de la ciudad de Edo (la actual zona de Nanbu del distrito de Sumida, en Tokio).

Junto al canalillo que discurría por la parte sur de Honjō, todas las noches aparecía un puesto de fideos *soba*, en cuyo letrero ponía «*Soba* al ochenta por cien y *udon* cortado»[2]. Pero, aunque el puesto se ofrecía a los viandantes, nunca se veía a nadie que lo atendiese, y el farolillo de la entrada no estaba encendido, por lo que el local permanecía a oscuras.

Los que pasaban por allí se decían: «¿Qué raro, vamos a probar a esperar un poco?». Pero, si se les ocurría encender el farol, entonces caían en la trampa de este yōkai. Y es que aquel que encendía el farol, al volver a casa se encontraba sin falta con una desgracia. Realmente parece que se dieron varios casos en los que, al volver a casa, un familiar que hasta entonces estaba como una rosa, fallecía de repente.

Además, aunque uno prendiese el farol, este se apagaba inmediatamente después, y se decía que, aunque volviese a encenderlo una y otra vez, el resultado era el mismo.

Al contrario de lo que sucedía con este *akarinashi soba* (puesto de *soba* sin luz), en los alrededores de Honjō también se daba el extraordinario fenómeno conocido como «el farol que no se apaga». Permanecía encendido toda la noche, aunque no hubiera nadie en sus cercanías. Jamás nadie vio apagarse el farol de este puesto de *soba*.

Posiblemente estos casos fueron obra de algún tipo de espectro cuya forma no era humana.

[2] Los fideos que se hacen con el cereal de *soba* pueden contener solo este o determinada proporción del mismo. En el caso de este establecimiento, se anuncia que hasta un ochenta por ciento es *soba* puro. En cuanto al tipo de fideo *udon*, más grueso, puede ser cortado en trozos, como en este caso, o estirado en largas madejas.

赤舌

Akashita. En su recopilación *Gazu hyakki yagyō* (Ilustraciones del desfile nocturno de los cien demonios) el maestro de ukiyo-e Toriyama Sekien lo llama *akashita* (lengua-roja), pero en los rollos ilustrados *Bakemono-zukushi* y *Hyakkai zukan* este yōkai aparece dibujado con el nombre de *akaguchi* (boca-roja).

Como en el *Gazu hyakki yagyō* de Sekien o en los rollos ilustrados solo aparece el nombre, no está muy claro de qué tipo de yōkai se trata, pero se cree que su nombre procede del *akashita-gami* (espíritu de lengua roja) que se cita en el las escrituras del camino del yin y el yang. En los apuntes de los calendarios se explica que este espíritu domina sobre los días llamados *shakkō* (boca roja) o *akashita*, siendo estos días funestos para actos oficiales, pleitos o contratos. Se dice que este espíritu busca entorpecer este tipo de trámites.

Sekien dibuja este yōkai como si realmente fuera un guardián de las compuertas de agua, y lo cierto es que, al parecer, este dibujo simboliza la imagen que se tiene del *akashita*.

La palabra *aka* (rojo) se pronuncia igual que otras dos, aquella empleada para el agua que se acumula en el fondo de las embarcaciones y la de uso budista con que se denomina el agua que se ofrece ante las tablillas funerarias, por lo que el término produce una asociación de ideas con la palabra «agua». En cuanto a *shita* (lengua), dice el refrán que «La lengua es la puerta a todos los males», por lo que, si *aka* se relaciona con el agua, *shita* lo hace con puerta. Por eso, la boca de *akashita* y las compuertas de agua forman una pareja interrelacionada. Si ese origen de todos los males que es la boca, o la compuerta del agua, se abre, quiere decir que ejercerá su mala influencia sobre todas las cosas.

En resumen, el *akashita* es un espíritu que trae consigo todos los males y, mientras su boca esté abierta, la felicidad no vendrá a uno.

Akki. Dícese de aquellos demonios que van sembrando el mal por este mundo. Al parecer las enfermedades crónicas son debidas a la acción de estos demonios. Cuando llegaba una epidemia de grandes proporciones, la gente rezaba por la retirada de los demonios. Por ejemplo, en la capital de los tiempos de la Era Heian, era frecuente celebrar ceremonias con objeto de batir en retirada ese tipo de *akki*, y así aparece recogido incluso en los registros oficiales.

Los *akki* de este dibujo están realizados según la imagen que se tenía de ellos en el período Muromachi. La gente de la Edad Media debía de aterrorizarse imaginando criaturas de este aspecto.

Antiguamente había un pequeño templo en la región de Tajima (parte de la actual prefectura de Hyōgo). En cierta ocasión, un monje joven y otro viejo que se habían perdido en el camino penetraron en el templo y se dispusieron a pasar allí una solitaria noche.

Ya en mitad de la noche, con ambos monjes durmiendo plácidamente en la tranquilidad del lugar, algo rompió inesperadamente la pared y se introdujo en el interior del templo. Se trataba de un *akki* que, sin mayor prolegómeno, le dio un mordisco al monje viejo.

El monje joven se puso a rezar fervorosamente la oración budista *hokkegyō*. Pero, en apenas unos momentos, el *akki* había matado al viejo con su mordisco, y el joven, abrazando por la cintura la estatua budista, continuó rezando con todas sus fuerzas.

Al poco rato llegó el amanecer. La figura que había estado abrazando el monje era un Bishamonten, y gracias a la benevolencia de esta imagen, consiguió salvar la vida por los pelos. Esta historia referida a los *akki* se relata en el libro budista *Dai Nihonkoku hokkegenki* (Gran crónica de experiencias del credo *hokke* a lo largo del Japón).

悪路神の火

Akurojin no hi. En la aldea de Tamaru Ryokanki, en Ise (actualmente, la aldea de Tamaki, en la comarca de Watarai de la prefectura de Mie), se dice que hace mucho tiempo aparecía un fulgor misterioso al que llamaban *akurojin no hi* (fuego del espíritu de los malos caminos). Se veía con más frecuencia en las noches de lluvia, y era como si flotase a la deriva a unas dos o tres cuartas del suelo (entre 70 y 90 centímetros). Iba y venía por encima de los caminos como si fuese el farolillo que sostiene un caminante. Si uno se topaba con este resplandor, caía enfermo sin falta y, según se dice, tenía que permanecer durante largo tiempo guardando cama.

Si uno está a punto de toparse con este fuego, parece que la mejor opción es tumbarse rápidamente en el suelo y esperar a que pase. Se dice que mientras no te topes directamente con él, no enfermarás y, en caso de que la infección penetre en ti, no te contagiarás.

Encontrarse frente a una bola de fuego en una noche tranquila no tiene nada de agradable. Los llamados fuegos sobrenaturales producen la imprecisa sensación de que algo va a suceder. Del mismo modo que cuando alguien comienza a hablar de enfermedades, uno tiene la sensación de que va a enfermar.

Como este fuego encierra un misterio, las personas de imaginación desbordante gustan de pensar todo tipo de cosas sobre los motivos detrás de tal fenómeno, que al final termina cobrando un carácter místico.

Además, es muy frecuente escuchar explicaciones científicas sobre los fuegos fatuos: que si en realidad se trata de una bandada de mosquitos o que si son cúmulos de fósforo. Pero, puesto que son muchos los tipos de fuegos fantasmales, no parece que todos ellos puedan atribuirse a los mosquitos o al fósforo. Posiblemente algunos de estos fuegos sean realmente yōkai.

悪四郎妖怪

Akushirō yōkai. Hace mucho tiempo, en la comarca de Gei (en la actual prefectura de Hiroshima), había un yōkai llamado *akushirō* que tenía su morada en el monte Shinjō. En la falda de esa montaña, vivía un joven y valeroso samurái, de nombre Godayū. En cierta ocasión recibió la visita de un vecino que le propuso ir a ver los yōkai del monte Shinjō. Godayū decidió aceptar y subir con él.

Este monte era realmente un lugar de mala reputación. Cuando a duras penas llegaron a la cima, vieron que todo el cielo estaba cubierto de negras nubes que cruzaban por encima de sus cabezas. La lluvia caía a raudales y el suelo temblaba. Aquel era un lugar incomparablemente espantoso. Asustado ante la situación, su compañero decidió volverse cuanto antes, pero Godayū consideró que el camino de regreso a oscuras resultaría peligroso, así que resolvió pasar la noche allí mismo.

A la mañana siguiente descendió sin mayor problema. Pero, a partir de entonces, en la casa de Godayū comenzaron a aparecer yōkai. Sin embargo, como Godayū era un hombre valeroso, no se resignó a abandonar su hogar. Entonces, los yōkai debieron recapacitar y, pasados unos días, uno de ellos se presentó en la casa con el aspecto de un monje budista y dirigió a Godayū estas palabras:

—¡Qué hombre tan valiente sois! Vuestro arrojo es tal que hemos decidido marcharnos del monte Shinjō.

Después el yōkai se esfumó y, en su lugar, apareció un bastón estriado de tres cuartas de largo (unos 90 centímetros). Godayū ofrendó este bastón al templo budista Jiko, y describió los detalles de esta historia mediante un rollo ilustrado.

En resumidas cuentas, en esto consistía el yōkai llamado *akushirō*.

アマビエ

Amabie. Se dice que este suceso acaeció en el año 3 de la Era Kōka (1846), es decir, durante el período Edo. Según se cuenta, en el mar frente a Hoso (en la actual prefectura de Kumamoto), aparecía todas las noches algo que brillaba bajo el agua.

Un empleado del gobierno local fue a investigar el fenómeno y se encontró con que había un extraño monstruo bajo las aguas. Su aspecto era como el de una sirena y sus cabellos largos, pero además en su rostro había un pico como el de las aves. Al ver la sorpresa del funcionario, el monstruo comenzó a hablar:

—Mi nombre es Amabie. Desde este año y durante un total de seis, todas las regiones próximas a la costa tendrán buena cosecha. Sin embargo, cuando comiencen a extenderse las enfermedades, apresuraos en mostrar a la gente un retrato mío.

Tras pronunciar estas palabras con aire de profecía, cuentan que la criatura volvió a sumergirse en las profundidades.

Hablando de profecías, hay yōkai especializados en soltar este tipo de frases, como el *jinja-hime* (que tiene forma de sirena), o el *kudan*, nacido de una vaca, por lo que es posible que el *amabie* sea también un yōkai de este tipo. Aun así, el hecho de que surja de pronto de las aguas y recite una profecía parece indicar que se trata de un yōkai con características casi divinas. Incluso puede que sea más exacto referirse a él como divinidad misteriosa en lugar de yōkai.

En Occidente se dice que las criaturas que viven en el mar poseen determinadas capacidades como, por ejemplo, predecir el futuro. Son innumerables las leyendas relacionadas con las sirenas, y parece que no resulta especialmente extraordinario que seres mitad humanos mitad pez surjan de las aguas para hacer profecías.

アマビト

Amabito. En la región de Tsugaru, prefectura de Aomori, se habla de *amabito* cuando se da el fenómeno por el cual el alma de alguien que está a punto de morir sale de su cuerpo y deambula por las cercanías. A veces produce un sonido como si abriera la puerta de la casa, y en ocasiones se presenta en la obra de casas en construcción del vecindario para echar una mano, tras lo cual vuelve al propio hogar.

Hay historias muy variadas en torno a este fenómeno y existen testimonios similares por todo el país.

Por ejemplo, en *Historias de Tōno*, de Kunio Yanagita, se habla de un hombre que, momentos antes de morir, acude al templo budista local correspondiente a su familia. El prior del templo lo recibe y, mientras hablan de cosas mundanas, le sirve un té. Pero como su actitud a la hora de marcharse le parece un poco extraña, le pide al aprendiz que vaya tras sus pasos. Y entonces, al doblar una esquina, el hombre se esfuma.

Parece que varios de sus conocidos también recibieron su visita ese día, pero en realidad la enfermedad de este hombre era tal, que en modo alguno estaba en condiciones de abandonar su lecho para salir al exterior, y ese mismo día terminó por fallecer. Más tarde, cuando el prior se fijó en el lugar donde había estado la taza, vio que el té que se supone que había tomado ese hombre, se hallaba derramado por todo el tatami.

Este fenómeno se denomina «alma errante» o «espíritu viviente», y se produce durante unos instantes, muy poco antes de que la persona fallezca. Es similar a una alucinación, y la gente que contempla tal fenómeno no suele experimentar un miedo especial.

Sin duda, el alma que ha salido del cuerpo de alguien que todavía está vivo es diferente de la que procede del mundo de los muertos.

天草の河童

Amakusa no kappa. Hace referencia a un suceso acontecido en la región de Amakusa, prefectura de Kumamoto. Un hombre maduro, muy aficionado al sake, distinguió en las márgenes del río a un niño de unos tres años jugando. Probó a acercarse a él y se encontró con que en realidad se trataba de un *kappa*. El *kappa*, al advertir la presencia del hombre, le gritó: «¡Eh, vejestorio, dame algo de alcohol!».

Una persona de carácter débil hubiera puesto pies en polvorosa solo con esto, pero parece que el borrachín tenía su valor y le respondió: «Idiota. No me sobra sake como para dárselo a un *kappa*».

El *kappa*, abandonando su actitud desafiante, comenzó a insistir como si fuera un niño al que le niegan un caramelo: «Quiero sake, quiero sake». Entonces, dándose por vencido, el hombre vio que no le quedaba otro remedio y dijo:

—A lo mejor decido darte el sake si te comprometes a ayudarme mañana a plantar arroz.

Al oír esto, el *kappa* se puso muy contento y prometió ayudarlo.

—Pues toma, ahí tienes una botellita.

Agarrando al vuelo la botella que le lanzaba el hombre, el *kappa* se la terminó en cuatro o cinco tragos.

Al día siguiente, cuando el hombre probó a ir al arrozal, se encontró con que toda la superficie ya había sido plantada y se llevó una gran alegría. Pero, quizá en castigo por haberse aprovechado así del *kappa*, parece ser que, pasado un tiempo, perdió el juicio por completo.

Por lo visto, aunque se trate de un *kappa* muy poco espabilado, puede causar desgracias con facilidad a un ser humano.

天邪鬼

Amanojaku. A pesar de ser un yōkai bastante antiguo, su nombre es muy conocido hoy en día debido a que en lenguaje coloquial se utiliza la expresión «la tipa esa parece un *amanojaku*».

Este yōkai que tienta a los humanos y excita sus deseos para conducirlos hacia el mal parece tener su origen en la Amenosakume que aparece en las páginas del libro *Kojiki. Crónicas de antiguos hechos de Japón* y el *Nihon shoki* (Crónicas de los primeros tiempos del Japón). Aunque también es cierto que Amenosakume más bien ejerce el papel de una especie de espía enviada a la tierra desde los cielos y no se dedica a responder llevando la contraria a todo.

Existen muchas historias tradicionales en torno a la *amanojaku* que varían según la época o región. En los tiempos en que el budismo se iba extendiendo, era considerada una criatura que entorpecía las enseñanzas de Buda, y en algunas regiones se decía que tenía un tamaño gigante, como el de Daidarabotchi. Sin embargo, la imagen más extendida que existe de este yōkai es la que se recoge en el antiguo cuento de *Uriko hime* (La princesa Uriko), donde aparece reflejada con un carácter astuto y tramposo. En esa historia, la *amanojaku* mata a la princesa Uriko y, tras devorarla, se recubre con su piel para adoptar su aspecto.

En las antiguas leyendas de la prefectura de Yamagata, la *amanojaku* se describe tal y como era en sus orígenes, es decir, una criatura que hace siempre lo contrario de lo que hace la gente.

Antiguamente, la *amanojaku* era una divinidad de los cielos y tenía un carácter incluso demasiado bueno. Pero en cierta ocasión, por satisfacer el deseo de una persona muy codiciosa que le pidió: «Haz que pueda utilizar libremente los años, días y meses», fue regañada por el sol y la luna, y desde entonces hace siempre lo contrario de lo que le piden.

Amanozako. Este yōkai de carácter divino está considerado como el ancestro de criaturas como la *amanojaku* o el *tengu*.

En el período Edo, un estudioso del *tengu* llamado Teinin escribió en su *Tengu meiki kō* (Reflexión sobre las denominaciones de los *tengu*), citando un texto del *Sendai kyuji honki* (Libro de crónicas de nuestros antepasados), que «la criatura conocida por *tengu-gami*, de cuerpo humano y cabeza de bestia, es una deidad femenina nacida del vómito de la divinidad Susano-o no mikoto (el hermano menor de la diosa Amaterasu) y que, una vez expulsado por la boca, tomó la figura de esta deidad femenina», lo cual considera como el probable origen de los *tengu*.

Por otra parte, el *Wakan sansai zue* (Diccionario enciclopédico ilustrado de los tres mundos) del período Edo afirma que «es una deidad femenina, cuyo cuerpo es de persona y que, de cuello para arriba, es animal. Su nariz es aguileña, sus orejas largas y posee también protuberantes colmillos. En cualquier caso, se enfurece sobremanera si las cosas no salen a su voluntad. Aun cuando se enfrente a otra deidad de gran fuerza, es capaz de lanzarla a una distancia de mil millas, y por muy resistente que sea la espada o la lanza que se le enfrente, la hace pedazos de un mordisco. Es incapaz de dejar las cosas tranquilamente tal y como están, por lo que si hay algo a la izquierda, lo coloca a la derecha, lo que está delante, quiere que esté detrás, y se llama a sí misma *amanozako-hime* (princesa que lo quiere todo al revés)».

En resumen, la *amanozako* no se queda a gusto si no deja todo al contrario de como estaba y, además, se trata de un yōkai femenino de carácter terrible. Sin embargo, si exceptuamos el período mitológico, apenas se oye hablar de la *amanozako*. Teinin dice que es la antecesora del *tengu*, pero probablemente sea más correcto decir que es la antecesora de la *amanojaku*.

Ama nyūdō. Dentro de los yōkai que se aparecen en varias regiones de Japón, tenemos uno llamado *mikoshi nyūdō*. Va aumentando su tamaño a ojos vista, y se dice que aquel que lo contempla, termina cayéndose de espaldas. El *ama nyūdō* es la versión femenina de este yōkai.

Se aparece en los caminos de montaña, y frente a los ojos de uno comienza a alargar su cuello, exactamente igual que el yōkai llamado *rokuro-kubi* (cuello de torno). Sin embargo, en esta ocasión no se trata de un hermoso cuello de mujer, sino de uno grueso y cubierto de pelo. Cuando abre la boca, las comisuras le llegan hasta las orejas y su lengua es anormalmente larga. Utiliza la lengua para dar lametones a la gente que lo mira. Quien recibe su lametón queda afectado por su saliva venenosa y pierde el conocimiento. Si se topa uno con este yōkai, lo mejor que puede hacer es huir cuanto antes.

El *mikoshi nyūdō* es una criatura que aumenta de tamaño a medida que uno levanta la vista hacia él, por lo que se dice que es mejor hacer lo contrario, mirar progresivamente hacia abajo, o decir: «*Mikoshi nyūdō*, ya he visto todo lo que había que ver», y en ese caso desaparece. Por eso, es posible que en lo que se refiere a la *ama nyūdō* funcione también este tipo de sortilegio.

Pero el caso es que no debe de haber mucha gente que, cuando se topa de improviso con una criatura así en un camino de montaña, sea capaz de mantener la suficiente sangre fría como para enfrentársele de esta manera.

Por otra parte, en cuanto a la naturaleza de este *mikoshi nyūdō*, en cierta región se dice que es el aspecto que toma una comadreja, pero solamente ateniéndonos a la tradición oral transmitida de generación en generación no se puede afirmar nada con certeza. Y lo mismo en lo que respecta a la *ama nyūdō*.

雨降り小僧

Amefuri kozō. El *amefuri kozō* (muchacho que hace llover) es un yōkai cuya ilustración aparece en la recopilación del período Edo *Konjaku gazu zoku hyakki* (Ilustraciones de otros cien demonios de antaño), obra del maestro del ukiyo-e Toriyama Sekien. Según Sekien, se trata de un niño yōkai que trabaja al servicio del maestro de las lluvias.

Puesto que el «maestro de las lluvias» es lo que en China se llama «dios de las lluvias», este yōkai debe de ser algo parecido a un discípulo suyo.

En la región de Tōhoku hay una historia que relaciona a los zorros con el muchacho que hace llover.

En cierta ocasión, un zorro que vivía en el desfiladero le dijo al *amefuri kozō*:

—Si me haces el favor de que llueva, te daré un pescado. Es que, para casarme con la chica que quiero, la boda de los zorros debe celebrarse en una noche de lluvia...

El muchacho replicó:

—Comprendido.

Y, al momento, todo a su alrededor se oscureció.

El muchacho agitó el farolillo que tenía en la mano y, entonces, de golpe, comenzó a caer la lluvia.

Poco después, bajo la lluvia, comenzó a desfilar una procesión de zorros en celebración nupcial.

Hay más yōkai relacionados con la lluvia de lo que parece, y se cuenta que en la prefectura de Tokushima hay incluso un *tanuki*[3] que va con paraguas. Se dice que se aparece en las tardes lluviosas y que invita a acercarse a los viandantes con un gesto de la mano. Cuando alguien sin paraguas cae en la trampa y se acerca, el *tanuki* lo atrapa y se lo lleva a un lugar terrible.

[3] El *tanuki* es un cánido de la familia de los *nyctereutes*.

Ame-onna. Se dice que, en tiempos remotos, la diosa de la montaña Fuzan, en China, se convertía en nube por las mañanas y en lluvia al atardecer. Por eso, el libro titulado *Konjaku hyakki shūi* (Recopilación adicional de los cien demonios de antaño) de Toriyama Sekien afirma que probablemente la *ame-onna* (mujer de la lluvia) sea una criatura de un tipo bastante similar.

Más que un yōkai, se cree que probablemente tuviera un carácter sagrado, semejante al de una diosa de la lluvia.

La divinidad de la lluvia en tiempos del insigne Shinno, maestro de la agricultura y la medicina en la China de los tres augustos y los cinco emperadores, era llamada Sekishoji. Había adquirido la habilidad de tomar un preparado mágico llamado *hyoyuisan* y se dice que, gracias a eso, aun cuando penetrase en el interior del fuego, podía salir sin quemadura alguna. Y también se cuenta que enseñó a Shinno la receta para preparar dicho brebaje.

Sekishoji siempre entraba y salía del recinto de piedra que había en el palacio de la reina madre del oeste, en los montes Kunlun y, montado sobre el viento y la lluvia, iba y venía del cielo a la tierra. Un día, la hija de Shinno siguió discretamente el recorrido de Sekishoji y aprendió sus artes mágicas, terminando por desaparecer junto a él. Según cuentan, pasado un tiempo Sekishoji volvió a convertirse en el dios de la lluvia y a recorrer el mundo de los humanos.

En Japón apenas existen narraciones sobre divinidades de la lluvia como Sekishoji, y la creencia general dice que la divinidad del agua es la que ejerce el control sobre la lluvia.

La lluvia es una bendición de la naturaleza y, si no llueve, los productos del campo se secan sin remedio. Por eso, en Japón existe la tradición de rezar pidiendo que llueva, pero la entidad a la que se reza es la divinidad de las aguas en general.

Ameya no yūrei. Hace mucho tiempo, había una tienda de golosinas a la que todas las noches acudía a comprar una mujer de aspecto desastrado. Cierta noche, el dueño de la tienda comenzó a sospechar de la mujer y decidió seguirla, encontrándose con que penetraba en el cementerio y, una vez allí, se perdía de vista. Entonces, cerca de donde había desaparecido la mujer, escuchó el llanto de un bebé.

Justo en aquel lugar se hallaba la tumba donde había sido enterrada la mujer, que falleció llevando un bebé en su vientre pero, al parecer, el bebé sobrevivió. Por ese motivo, la mujer se convirtió en espectro y alimentaba su hijo con las golosinas que se procuraba en la tienda.

El dueño del establecimiento se llevó un gran susto, pero como sintió mucha pena por el bebé, decidió llevárselo consigo y criarlo.

En casa del comerciante comenzó a aparecerse de vez en cuando el espectro de la mujer, que se quedaba observando junto al pequeño y, finalmente, terminó por ayudar al hombre a la menor ocasión que se presentaba. Por ejemplo, le decía: «Si excavas aquí, encontrarás agua», o, cuando perdía algo, ella le decía: «Se te ha caído aquí o allá», dándole a conocer todo aquello que pudiera serle de utilidad. De este modo, el vendedor de golosinas prosperó y el bebé que había dado a luz la muerta llegó a convertirse en un monje de alto rango.

La protagonista de esta historia recibe el nombre de «fantasma cría niños», y por todo el país existen relatos similares a este.

Es muy frecuente en este tipo de historias que el niño criado por un fantasma se convierta en un monje de alto rango, y en varios templos del país forma parte de la leyenda sobre la fundación de los mismos.

網切

Amikiri. Por decirlo en el estilo de Sei Shōnagon, sería algo así como «para amaneceres, la primavera, y para aparecidos, el verano», porque lo cierto es que el verano es la estación del año en que más activos están los yōkai.

Uno de los elementos inseparables del verano es la red mosquitera y, cuando uno se introduce en su interior, en cierto modo siente como si alcanzara una experiencia mística. De hecho, es un objeto recurrente en las narraciones de corte sobrenatural, y también se dice que extender colgando desde el techo una red mosquitera protege del espíritu del trueno, por lo que debe haber alguna tradición al respecto de esta red.

Cuando llega el amanecer y uno se pone a doblar la mosquitera para guardarla, en ocasiones descubrimos que está rasgada en algunas partes, como si la hubieran cortado con un instrumento afilado. Las gentes de antaño lo atribuían a la acción del *amikiri* (corta-redes).

En ocasiones, también aparecen cortadas de la misma manera las redes de los pescadores o las que se utilizan para colgar la ropa. Puesto que no parece verosímil que una persona se dedique a travesuras de tamaño mal gusto, estos casos también se atribuyen a la acción del *amikiri*.

Cuando llega el verano, aquellos que siempre cuelgan una red mosquitera en la habitación, al encontrarse con que la parte superior está cortada, tienen la sospecha de que el *amikiri* aprovecha los momentos en que no hay nadie en casa para aparecer y cortarla.

No hay una sensación comparable a la extrañeza que produce descubrir que, mientras no había nadie en casa, las costuras de la red mosquitera han sido cortadas. Quizá el *amikiri* sea un yōkai que pervive gracias al placer que obtiene de causar extrañeza a los humanos.

Ao-andon. Desde los tiempos antiguos se dice que contar relatos de fantasmas atrae a las criaturas sobrenaturales. En las reuniones llamadas *hyaku monogatari* (las cien historias), donde se cuentan por turnos este tipo de historias, se prenden cien cabos sobre el aceite de la lámpara y, por cada narración de terror que termina, se apaga una de estas mechas. Se dice que tras apagarse la última, sucede algo sobrenatural.

Según la recopilación de dibujos *Konjaku gazu zoku hyakki* (Ilustraciones de otros cien demonios de antaño), del maestro del ukiyo-e Toriyama Sekien, en las reuniones del *hyaku monogatari* se utilizaba un papel azul para recubrir la lámpara rectangular de suelo llamada *andon* y, al hablar de los demonios, justo en el momento en que se iba a apagar la lámpara, aparecía el yōkai llamado *ao-andon* (lámpara azul).

En el libro *Kaidan oi no tsue* (El bastón del anciano. Historias sobrenaturales), se cuenta que los jóvenes samuráis que vivían en el castillo de Umayabashi (la actual Maebashi, en la prefectura de Gumma) se reunieron en una de las salas para organizar una velada de *hyaku monogatari*. Recubrieron el *andon* con papel azul y colocaron al lado un gran espejo de una sola hoja. En la gran biblioteca de la sala anexa dispusieron y encendieron, como está prescrito, los cien cabos del interior del *andon*. Cada vez que uno de ellos terminaba su relato, iba a la sala anexa para apagar una mecha y, tras mirarse el rostro en el espejo, volvía junto a los otros. Era una manera de probar su valor.

Hasta la historia número ochenta y dos nada sucedió, pero al terminar la número ochenta y tres, el que fue a apagar la mecha vio algo siniestro en la pared. Se trataba del cuerpo ahorcado de una mujer de unos dieciocho o diecinueve años. Iba vestida con un sudario blanco y sus largos cabellos estaban revueltos. Al parecer, la figura no desapareció ni con la llegada de los demás compañeros, ni con la luz del amanecer.

No se conocen casos de apariciones del yōkai llamado *ao-andon*. Posiblemente, lo que Sekien llamaba así fuera la extraña criatura sobrenatural que figura en esta historia del *hyaku monogatari*.

青女房

Ao-nyōbō. En el libro *Gazu hyakki yagyō* (Ilustraciones del desfile nocturno de los cien demonios) de Toriyama Sekien, hay un yōkai llamado *ao-nyōbō* (esposa azul), del que se dice que se aparece en un antiguo palacio abandonado, y cuyo aspecto es el de una mujer con las cejas hirsutas y desarregladas, y con los dientes pintados de negro a la manera de las mujeres casadas de los tiempos antiguos (empleando para ello un líquido llamado *kane* u *o-haguro*).

Al parecer, en su origen *ao-nyōbō* era una palabra que, de manera similar a *ao-nisai*, servía para designar a las jóvenes e inmaduras esposas que acababan de casarse. Sin embargo, la *ao-nyōbō* que describe Sekien más bien parece tratarse del espíritu de una mujer en vida.

Antiguamente hubo un hombre que, saliendo de Kioto, se dirigió hacia la región de Mino-Owari y, al poco de su partida esa misma noche, se topó con una mujer que llevaba un vestido ligeramente azulado.

—Disculpe, ¿sabe usted dónde se encuentra la casa del intendente de recaudación de tributos? Le pido por favor que me conduzca hasta allí.

Como la mujer era muy insistente, el hombre aceptó a regañadientes y la guio hasta el portón de entrada del caserón. Ella le dio las gracias por las molestias y, tras decirle su nombre, se esfumó allí mismo sin dejar rastro.

Parece ser que, justo en ese mismo instante, alguien falleció de súbito en dicho caserón y comenzó a escucharse un gran alboroto procedente del interior.

El hombre sintió un escalofrío y decidió cancelar su viaje, yendo a la mañana siguiente a visitar a un conocido para preguntarle acerca de lo que había sucedido en el caserón. Y entonces le explicaron que la esposa del intendente de recaudación de tributos, que había sido abandonada por él, se transformó en un espíritu viviente y, apareciéndose ante su esposo, lo mató. Esta historia se recoge en el libro *Konjaku monogatari* (Cuentos de antaño).

青鷺火

Aosagi no hi. Con relación al *aosagi no hi* (fuego de la garza azul), el maestro de ukiyo-e Toriyama Sekien escribe en su recopilación de dibujos *Konjaku gazu zoku hyakki* (Ilustraciones de otros cien demonios de antaño) que «cuando una garza vieja vuela de noche, sus plumas brillan, y esa luz se refleja en sus ojos; en ese momento, su afilado pico resulta estremecedor».

Parece que lo que aquí se llama *aosagi* es el martinete nocturno. En el libro *Tosanjin yawa* (Relatos nocturnos de Tosanjin) de Takehara Shunsensai se describe que si se observa en la noche cerrada al martinete respirando, podremos ver que su aliento brilla como un fuego azul.

Por su parte, también en el *Wakan sansai zue* (Diccionario enciclopédico ilustrado de los tres mundos) del período Edo está escrito que cuando el martinete vuela de noche, se asemeja a una bola de fuego brillante. En las noches de luna es cuando brilla con mayor intensidad y, si un martinete grande se posa en la costa, parece un hombre en cuclillas, por lo que aquellos que se topan con él se llevan un gran susto, llegando a pensar que se trata de un yōkai.

A la vista de estos ejemplos, más que decir que el *aosagi* es un yōkai, cabe pensar que se consideraba como un fenómeno extraordinario de la naturaleza.

Puesto que en la Antigüedad la oscuridad de la noche era incomparablemente más intensa que la de hoy, es posible que si en una noche de luna se contemplara un pájaro blanquecino volando, pareciese una criatura que relucía. También en los archivos regionales modernos, encontramos numerosos relatos de personas que aseguran haber visto patos o aves salvajes que brillaban en su vuelo, por lo que no podemos afirmar que se trate de mentiras sin fundamento.

Ashi-arai yashiki. Parece que en el barrio de Honjō, de la ciudad de Edo (actualmente la zona de Nanbu del distrito Sumida, en Tokio), había una mansión en la que se producía un fenómeno sobrenatural consistente en una enorme pierna ensangrentada que descendía desde el techo. Se trataba de uno de los llamados «siete misterios de Honjō».

Hace mucho tiempo, un samurái llamado Komiyama Sazen salvó a un *tanuki* al que estaban martirizando. En agradecimiento, antes de esconderse, el *tanuki* le dirigió las siguientes palabras:

—Tened mucho cuidado con cierta mujer muy próxima a vos.

Sin embargo, a Sazen no se le ocurrió nadie que pudiera ser el motivo de dicho aviso.

El samurái vivía en casa con su único hijo y una sirvienta llamada O-Tama. Pero, en realidad, esta mujer había urdido un plan con su amante para hacerse los dueños de la mansión. Así, aprovechando que el hijo se encontraba ausente, asesinaron a Sazen, y de este modo se cumplió la advertencia del *tanuki*.

Pero el *tanuki* se apareció en forma de un ensangrentado Sazen ante el hijo, que sufría desesperado por no saber quién había asesinado a su padre. Entonces le dijo que ante él estaba el *tanuki* a quien Sazen había salvado y que O-Tama y su amante habían asesinado a su padre. Después, con ayuda del *tanuki*, el hijo de Sazen consiguió acabar con los causantes de su afrenta.

Desde entonces se dice que, cuando en la mansión de los Komiyama parecía avecinarse algo malo, un enorme pie ensangrentado descendía desde el techo y se oía un vozarrón bramando: «¡Lávame la pierna!». Por lo visto, existen también otras muchas narraciones parecidas a esta historia.

足まがり

Ashi-magari. Este yōkai es oriundo de la región de Takamatsu, en la prefectura de Kagawa.

Si uno va de noche recorriendo apresuradamente un camino, de pronto siente algo blando que se le enreda en los pies. Cuando, sorprendido, prueba a palparlo, su tacto es como de algodón. Al parecer, antiguamente muchas personas en los alrededores de Takamatsu tuvieron una experiencia similar.

En cualquier caso, lo cierto es que supone una molestia, porque le impide a uno andar. Pero, como se trata precisamente de un yōkai que se dedica a estorbar al caminante, es algo que no tiene remedio. Parece ser que en el dialecto local, la palabra *magaru* (torcer), tiene también el significado de «estorbar».

Existe cierta interpretación según la cual en realidad todo es obra de un *tanuki* y, según cuentan, una persona que se vio atrapada en esta situación, al probar a agarrar con las manos esa especie de madeja de algodón, descubrió que se trataba del rabo de un *tanuki*.

Este tipo de historias relacionadas con yōkai que se agarran a las piernas, como el *sunekosuri* o el *notsugo*, se cuentan en todas las regiones, pero el único caso en que se atribuyen a las acciones de un *tanuki* es en el del *ashi-magari* (enreda-piernas).

Lo cierto es que en la isla de Shikoku, cada vez que sucede algo de carácter sobrenatural, dicen: «Ah, eso es que se ha aparecido un *tanuki*», y suelen explicar cualquier suceso extraño como la obra de los *tanuki*. Por ejemplo, hay un tipo de fuego sobrenatural conocido como «fuego de los zorros» que, en el caso de Shikoku, se denomina «fuego de los *tanuki*».

En cualquier caso, la creencia general es que la aparición del *ashi-magari* es fruto de la broma pesada de un *tanuki*.

足長手長

Ashinaga y Tenaga. En el *Wakan sansai zue* (Diccionario enciclopédico ilustrado de los tres mundos) del período Edo, se dice que en el país de Ashinaga viven los *ashinaga* (piernas largas) y en el país de Tenaga viven los *tenaga* (brazos largos), y que los *ashinaga* siempre llevan sobre sus hombros a los *tenaga*, de manera que, conjuntados, se dedican a realizar tareas como pescar en la costa.

Antiguamente, en la ciudad de Hirado, en Nagasaki, en los mares cercanos a la montaña de Kanzaki, un hombre estaba pescando de noche en su barca. Era una noche tranquila, en la que el viento había amainado. Cuando de pronto miró hacia la playa, vio que alguien andaba deambulando mientras sostenía un farolillo. Al fijarse mejor, descubrió que se trataba de un hombre corriente de cintura para arriba, pero la longitud de sus piernas debía de ser de unas nueve cuartas (unos 2,7 metros). Con gran sorpresa, preguntó por ello a su sirviente, que le respondió:

—Eso que habéis visto es lo que se llama *ashinaga*. Se dice que, cuando aparece, es señal de que el tiempo va a cambiar.

«¿Será posible que cambie el tiempo en una noche con una luna tan hermosa como esta?», se preguntó pensando que el sirviente estaba diciendo cosas sin sentido.

Continuaron un tiempo remando en la barca, pero de pronto surgieron unas nubes intensamente negras y comenzó a llover. Como la lluvia arreciaba cada vez más y era imposible volver a la ciudad, decidieron alojarse en el albergue más cercano.

Esta historia aparece en el *Kasshi yawa* (Relatos escritos en una noche de buenos auspicios) de Matsuura Seisan. Según esta misma fuente hubo también más casos de avistamientos del *ashinaga*. Existe también una narración donde aparece la pareja *ashinaga-tenaga*, con unas proporciones tales que podían pasar con una sola zancada por encima de una montaña, según se contaba en lugares como los alrededores del monte Chokai en Yamagata o del monte Bandai en Fukushima, así como en otras zonas del país.

Atake-maru. El Atake-maru fue el barco más grande del período Edo y tenía una eslora de unos 69 metros. Si subía a su cubierta alguien de carácter débil o algún criminal, enseguida surgía del barco un rugido en señal de rechazo al pasajero, por lo que se trataba de un barco extraordinario que albergaba un alma, es decir, era uno de esos llamados espíritus-barco.

El Atake-maru era muy apreciado por el shogun Tokugawa Iemitsu pero, debido a su naturaleza, se dejó permanentemente amarrado a la costa.

Sin embargo, cierto día en que arreció una gran tormenta, enfiló por su cuenta hacia la bahía de Edo mientras se escuchaba un desgarrado lamento que decía: «Vayamos a Izu, vayamos a Izu», el lugar donde había sido armado el barco. Por supuesto, era el Atake-maru el que gritaba de esa manera, deseando regresar a la tierra de sus orígenes.

Consiguieron atrapar al Atake-maru, que se daba a la fuga a la altura de la península de Miura, y como no era cuestión de arriesgarse a un nuevo incidente similar, el barco fue desmantelado.

Sin embargo, cuando Ichihei, el fabricante de sake que había comprado los restos desguazados del barco para aprovechar la madera, quiso utilizarlos como tapadera para sus depósitos subterráneos de sake, sucedió que, de pronto, una de sus empleadas fue poseída por algún tipo de espíritu, y su comportamiento se volvió alocado e inexplicable.

Pensando si por un casual no se debería a dicha madera, Ichihei tomó con gran cuidado una de estas tapaderas y por fin la mujer volvió a su estado normal.

El espíritu de un barco tiene como función actuar como protector de la nave en cuestión, y se le suele dedicar un altar dentro de la embarcación, ante el cual se reza para tener una navegación segura. En la historia del Atake-maru, el espíritu del barco se convirtió en el barco mismo y su propia voluntad era la voluntad del barco.

後追い小僧

Ato-oi kozō. Se cuenta que, al adentrarse por la montaña en la zona al este del monte Tanzawa, en la prefectura de Kanagawa, a veces uno experimenta la sensación de que alguien le sigue. Si uno se da la vuelta, parece como si ese alguien se hubiera ocultado rápidamente, así que no hay manera de saber la verdadera naturaleza de esa presencia. Según se dice, se trata o bien de un espíritu de la montaña, o bien de un yōkai llamado *ato-oi kozō* (muchacho que sigue los pasos).

Pero no siempre va siguiendo los pasos de uno. En ocasiones parece que estuviera ejerciendo de guía, pues también se dedica a caminar justo delante. Por la noche, se aparece llevando un farolillo encendido y, si le hacemos una señal o le dirigimos la palabra, desaparece al instante como si se lo hubiera tragado la oscuridad. Sin embargo, más que por las noches, se aparecía a la luz del día, sobre todo por las tardes.

Pero, aunque se trata de un yōkai, su acción no pasa de hacerse notar ante los humanos y en modo alguno causa daños. De todas formas, en caso de que su aparición se repita una y otra vez, resulta efectivo dejar bolitas de arroz, caquis secos, caramelos o batatas encima de las rocas o de los troncos cortados. Si se hace eso, la sensación de estar siendo seguido desaparece.

La montaña es un lugar muy particular, cercano al mundo de las criaturas sobrenaturales, y desde los tiempos antiguos se cree que resulta fácil para las almas de los muertos reunirse allí. Probablemente debido a esto, se piensa que *ato-oi kozō* debe de ser un espíritu que se aparece porque siente nostalgia de los vivos.

Ayakashi. Es una criatura similar a una anguila extraordinariamente larga que aparece en los mares frente a las costas de las regiones de Kyūshū, Shikoku y Kantō.

En algunas regiones recibe el nombre de *ikuchi*, y en un antiguo libro llamado *Tankai* consta un apunte sobre un barco que fue asaltado por dicha criatura en el mar frente a Hitachi (la actual prefectura de Ibaraki). Se trata de la siguiente historia.

En mar abierto, hay un pez llamado *ikuchi* que de vez en cuando se sube a los barcos. Cuentan que, si el *ikuchi* se mete en un barco, este se hunde, de modo que se trata de algo que un capitán siempre teme. Su anchura no es demasiada, pero su longitud alcanza varios miles de metros, y necesita unos dos o tres días para pasar por encima de un barco. Se dice que cuando lo hace, todo el barco se llena de gran cantidad de grasa y los tripulantes, para evitar que la embarcación se hunda con el peso, corren de un lado para otro recogiéndola con sus sombreros de paja para echarla al mar.

En el libro *Mimibukuro* (Relatos que escuché) de Negishi Yasumori, una historia cuenta que en los mares alrededor de la isla de Hachijojima mora una variedad algo más pequeña del *ikuchi*. Es descrita como una anguila sin ojos ni boca y a menudo puede verse formando círculos sobre la superficie del mar, como si estuviera jugando, cosa que no coincide con las versiones en las que gusta de cruzar por encima de los barcos o moverse con todo el cuerpo extendido a todo lo largo, sino que da vueltas enrollada.

Por cierto, también hay quien dice que la palabra *ikujinashi* («cobarde» o, literalmente, «sin agallas»), procede del nombre de este *ikuchi*.

アゼハシリ

Azehashiri. Cuando se desmantela un templo dedicado a Inari (espíritu de los zorros), o cuando se invoca el espíritu de un muerto, hay veces en que se aparece un ser del estilo del *tanuki* o el zorro, de esos que tienen una categoría muy baja en el mundo de los aparecidos. Si uno es poseído por una de esas criaturas, su apariencia y comportamiento se vuelven extraños; en la prefectura de Saga esta condición recibe el nombre de *azehashiri* (el que corre entre los arrozales).

No existe ninguna historia registrada en concreto sobre el particular, por lo que no se sabe con certeza de dónde procede el nombre de *azehashiri*, pero pudiera tener un significado así como «poseído por uno de los animales que corren por la vereda entre los arrozales».

Aunque en esta ocasión no se trata del *azehashiri*, parece ser que cuando se desmantela un templo de Inari en Osaka, es muy frecuente que se aparezcan unos *tanuki* llamados O-Fuku de Nanba y Danjiri Kichibē de Awaza.

O-Fuku era un *tanuki* que se había encarnado en el muñeco de una casa de comidas llamada Daifuku Chaya y, cuando se manifiesta al desmantelar un templo de Inari, puede darse uno cuenta enseguida porque la persona que aloja su espíritu no deja de toquetearse el pelo, preocupándose mucho por su aspecto.

En cuanto al caso de Danjiri Kichibē, la persona que recibe su espíritu comienza a cantar y a dar palmas, por lo que, igualmente, resulta sencillo darse cuenta al momento de su verdadera condición. De hecho, incluso se dice que si no se aparece ninguno de estos dos espíritus, es como si faltase algo a la hora de desmantelar un templo de Inari.

En cualquier caso, el espíritu de los animales, en particular de los *tanuki* y los zorros, parece tener tendencia a poseer a los humanos.

小豆洗い

Azuki-arai. Se trata de un yōkai cuyas andanzas han quedado registradas en la tradición de casi todo el país; a veces figura también con los nombres de *azuki-togi* (lavador de judías), *azuki sara-sara* (pulidor de judías) o *azuki-nage* (lanzador de judías).

En general, siempre aparece en el mismo tipo de sitios, y no es una criatura que se presente en cualquier parte. Lo habitual es que esté por la noche en la ribera de los riachuelos o debajo de los puentes lavando judías *azuki* en su cedazo, cuyo frotamiento produce el característico ruidito *shoki-shoki*. También se dice que a veces, mientras remueve las judías, canturrea: «Vamos a lavar judías, o vamos a atrapar un humano y a comérnoslo, *shoki-shoki...*».

Una vez, apareció en la prefectura de Yamanashi debajo de un antiguo puente. Los que cruzaban por allí al amanecer oyeron el sonido que hacía al lavar las judías. Según cuentan, el ruido se escuchaba a una distancia de hasta diez cuadras (aproximadamente, un kilómetro), sin que uno pudiera sacárselo de los oídos, por lo que los habitantes de la ciudad de Kofu pensaron que se trataba de la obra de un *mujina*.

En algunas regiones se cree que los sapos se convierten en el *azuki-arai*, y en otras se dice que solo aparece en la última noche del año.

Hay muchas versiones sobre la condición real del *azuki-arai*, pero parece que todas tienen en común que se le oye, pero no se le ve.

En las noches de los tiempos antiguos, dominaba la tranquilidad y se podía escuchar con nitidez el sonido del fluir de los riachuelos. Y creo que no tendría nada de extraordinario que, mezclado con ello, se distinguiera también aquel ruidito de *shoki-shoki*...

Azuki-babā. El *azuki-arai* en algunas regiones adopta la forma de una vieja. En esos casos, se le denomina con nombres como *azuki-babā* (vieja de las judías) o *azukitogi-babā* (vieja lavandera de judías).

En la zona de la ciudad de Kawagoe, en la prefectura de Saitama, si uno acude a la ribera del río en las tardes en que parece que está a punto de ponerse a llover, puede encontrarse allí a la *azuki-babā*. De ella se dice que incluso puede llegar a comerse a los niños.

En los alrededores del castillo de Takasaki, en la prefectura de Gumma, hay un riachuelo que discurre junto a la torreta de la campana. Por las noches, allí se aparece la *azukitogi-babā* canturreando: «¿Nos ponemos a lavar judías o vamos a atrapar un humano y comérnoslo? *Shoki-shoki...*», igual que el *azuki-arai*, mientras produce un sonido como si estuviera frotando las judías. Se dice que si uno se dispone a cruzar por delante, se ve envuelto en un deslumbrante resplandor. Y parece que, si en esos momentos, se aprieta uno fuertemente el pulgar y se relaja, la luz desaparece.

En la prefectura de Yamanashi, esta criatura recibe el nombre de *akuzisogi-babā* (vieja peladora de judías), y se dice que mora cerca de los grandes árboles que rodean los santuarios sintoístas. Al caer la noche, produce el característico ruido de frotamiento propio del lavado de judías, mientras dice: «Prueben ustedes mis judías», o invita a los viandantes a comer las legumbres. Según cuentan, si alguno se deja asustar por su voz, lo mete en un gran cesto y lo sube hasta lo alto de un árbol.

Mientras que el *azuki-arai* es comparativamente inocuo, parece ser que la *azuki-babā* suele causar algún tipo de daño a los humanos.

小豆はかり

Azuki-hakari. Hace mucho tiempo, en el barrio de Azabu de la ciudad de Edo, vivía un samurái que recibía hasta doscientas balas de arroz como salario y, según se contaba, en su mansión se aparecía un monstruo llamado *azuki-hakari* (pesador de judías). En cierta ocasión, un amigo que sentía curiosidad hacia el monstruo decidió probar a alojarse allí una noche.

Como el yōkai no se aparecía si se armaba mucho ruido, se dispuso a aguardar en el dormitorio junto con su amigo samurái que le hacía de guía hasta que, finalmente, comenzaron a escuchar un extraño sonido procedente del techo. Era un sonido como de pasos sordos y espaciados, igual que si alguien estuviera caminando por el revés del techo. Cuando los pasos se detuvieron, escucharon un ruido como si alguien estuviera dejando caer puñados de judías en un cesto. El sonido fue en aumento y, al final, pareció como si ese alguien hubiese volcado una gran cantidad de judías. Y luego, otra vez volvió a escucharse el sonido de los puñados de judías cayendo en el cesto. Pasado un rato, se hizo el silencio.

Los dos hombres continuaron callados, y entonces escucharon unas sandalias de madera repicando sobre las lisas piedras del camino del jardín y, a continuación, el sonido de alguien esparciendo agua con un cacillo de madera. De pronto, el amigo probó a descorrer el panel de madera del ventanal, pero allí no había nadie.

Entonces, cuando el amigo dijo a su anfitrión: «Pues vaya, aquí no hay nada que dé miedo», este le contestó: «Efectivamente, no hay nada que temer. De vez en cuando deja caer desde el techo algo de tierra o virutas de papel, pero, aparte de eso, no causa ningún perjuicio».

Aunque se trata de un yōkai que lleva en su nombre la palabra *azuki*, parece ser diferente del llamado *azuki-arai*, y su aparición se asemeja más bien a la de los fenómenos denominados *poltergeist*.

B

Babā kitsune. En cierta aldea de la zona de Iwami, prefectura de Shimane, había un establecimiento de té. Se rumoreaba que la abuela que lo regentaba había comprado un zorro muchos años atrás a otra familia, pasando a tenerlo en su casa.

La abuela sentía un gran cariño por el animal y todas las noches dormía abrazada a él. Sin embargo, era una señora muy codiciosa y, cuando escuchaba que la cosecha de un vecino había sido muy abundante, le entraba una gran envidia y, según cuentan, se dedicaba a molestar al vecino.

—El espíritu del zorro se ha pegado a tu casa y dice que quiere que le des algo.

Y, tras estas palabras, lanzaba el espíritu del zorro. Los habitantes de la casa hostigada montaban en cólera y encargaban rezos y exorcismos. Pero, como ni con eso conseguían desalojar al espíritu, tenían que recurrir a la abuela, que era su propietaria, para que se lo llevara.

Como la señora causaba molestias con mucha frecuencia, sus familiares, involucrados en tan incómoda situación, solicitaron un conjuro para que el zorro no pudiera salir. Sin embargo, este conjuro solo surtía efecto durante un tiempo determinado, transcurrido el cual el zorro volvía a escaparse hacia casa ajena y había que repetir el sortilegio cada vez que terminaba el efecto del anterior.

Y por ese motivo siempre había platos de arroz cocinado dispuestos alrededor de la casa.

化け火

Bake-bi. Hace mucho tiempo, en la zona de Ōmi Katata (actualmente, la ciudad de Ōtsu, en la prefectura de Shiga), apareció un fuego sobrenatural al que llamaron *bake-bi* (llama fantasma). Al principio surgió como una pequeña bola de fuego que se elevó de la ribera de un lago y, a medida que se desplazaba hacia la montaña, se fue haciendo más grande, hasta llegar a un metro de diámetro. La llamarada de este fuego no era especialmente fuerte y se dice que solo se aparecía en las noches brumosas o de llovizna.

Volaba a una altura aproximada de un metro y medio del suelo y, si a veces adoptaba una forma casi humana, en otras parecía dos personas agarradas del brazo, e incluso en ocasiones se asemejaba a un luchador de sumo a punto de entrar en combate. También se dice que solamente se distinguía la forma de cintura para arriba, sin que se vieran las piernas.

En cierta ocasión, un hombre se escondió en un camino que discurría entre los arrozales con objeto de esperar su aparición y poder comprobar cuál era su naturaleza. En mitad de la noche, el fuego surgió de las aguas del lago y, poco después, llegó hasta el sendero. El hombre que se ocultaba allí era un luchador de sumo de la zona y presumía de su fuerza, por lo que aguardó a que la llamarada estuviese cerca y, soltando un grito, se abalanzó sobre ella. Sin embargo, al instante fue lanzado a una distancia de diez metros, cayendo entre los arrozales. Afortunadamente, era la época del año en que el grano adornaba las espigas, así que cayó sobre una superficie blanda y no resultó herido.

Desde tiempos antiguos, de tanto en cuanto, ha habido algunos hombres osados que intentaron hacer frente a este fuego, como hiciera aquel luchador de sumo, pero todos terminaron igual. Las gentes de la aldea se asustaban tanto cada vez que escuchaban hablar de la aparición del *bake-bi* que dejaron de intentar aproximarse. Sin duda se trataba de un fuego inexplicable.

化け雛

Bake-bina. Se denomina *bake-bina* (muñeco fantasma) a los muñecos que, con el paso de los años, terminan por albergar un espíritu en su interior. Por eso, llegado el momento, cuando uno decide deshacerse de un muñeco, debe ofrendarle los correspondientes oficios de descanso de los difuntos.

Antiguamente, en cierto barrio de Hiroshima, vivía un hombre llamado Magosaburo que tomó por esposa a una mujer del mismo barrio. La esposa trajo del hogar familiar una muñeca que se había ido transmitiendo de generación en generación, pero pronto decidió que ya no la quería, y la vendió a un comerciante llamado Kushiiki Sukeemon. Sin embargo, como se trataba de una muñeca tan grande como una niña, nadie parecía interesado en comprarla, así que Sukeemon terminó por guardarla en su almacén.

Pasado un tiempo, Sukeemon decidió hacer caso del consejo de un hombre que le sugirió lo siguiente: «Podrías vender el cuerpo a un titiritero y reciclar los vestidos para hacer con ellos bolsos de mano, por ejemplo».

A partir de entonces, en algún lugar impreciso de la casa de Sukeemon comenzaron a escucharse llantos y unos sonidos parecidos a los de un silbato.

Tras discutir el asunto con algunas personas del vecindario, entre todos comenzaron a registrar el hogar de Sukeemon hasta el último rincón, y así llegaron a la conclusión de que los llantos procedían de uno de los estantes. Al ir abriendo las cajas de los estantes, llegaron a la que contenía la muñeca en cuestión y, al abrir la tapa, vieron que aquella tenía la frente perlada de sudor. La visión resultaba tan escalofriante que todos se llevaron un gran susto.

Después de aquello, Sukeemon devolvió la muñeca a Magosaburo, que decidió entregarla al cuidado del templo budista Zenshoin.

化け狸

Bake-danuki. En cierta aldea de la prefectura de Iwate, a comienzos de la Era Taishō (1912-1926), sucedió lo siguiente.

En una de las casas se iba a celebrar una boda, pero como el gran patriarca de una importante familia se había ausentado y no regresaba, no se podía llevar a cabo la ceremonia nupcial. Entonces, un perro comenzó a ladrar fuera y, dando una gran patada a la puerta, el patriarca irrumpió en la casa con violencia.

—¡Venga, rápido, que empiece la ceremonia, que empiece!

Y casi antes de que se apagara su potente voz, comenzó a devorar como una bestia las viandas que se hallaban dispuestas. El resto de los invitados se quedó boquiabierto ante este comportamiento pero, debido además a la ayuda del alcohol, todos optaron por no hacer comentario alguno. Finalizada la ceremonia, uno de los anfitriones ofreció alojamiento en la casa a dicho patriarca, que respondió:

—No, gracias, es que mañana tengo que salir muy temprano.

Y, de manera confusa, se marchó por la puerta delantera. Entonces, de nuevo comenzó el perro a ladrar furiosamente hacia él, por lo que, dando un grito de espanto, el patriarca se metió a toda prisa bajo las tablas del entarimado que rodeaba la casa. Los invitados que vieron esto se dijeron: «Ese no es el auténtico patriarca; soltad al perro» y, a continuación, dejaron que el animal se metiera también bajo el entarimado.

Al rato vieron que el perro salía arrastrando algo con la boca. No era sino un enorme *tanuki*, ya viejo. En ese momento se oyó una voz:

—Buenas a todos. Disculpad por el retraso.

Y apareció el auténtico patriarca.

Esta historia se encuentra recogida en el libro *Kikimimi zōshi* (Libro de los cuentos que escuché), de Sasaki Kizen.

化け灯籠

Bake-dōrō. Antiguamente, un hombre que iba en peregrinación a Nikkō se perdió en el camino y terminó internándose en la montaña.

Había estado caminando por uno de los ramales en que se había dividido el sendero original y, cuando intentó desandar el camino, se encontró con que no había ninguna senda tras de sí. Pensó entonces que, sin duda alguna, había sido engañado por un yōkai.

En el lugar en que se hallaba ahora, veía duplicados varios de los objetos que le rodeaban, por lo que resultaba fácil perderse. Se dice que este fenómeno es producido por la acción de un yōkai llamado *bake-dōrō* (farola fantasma) y que, si uno se tranquiliza y avanza con pasos firmes, consigue anular el hechizo.

A menudo se escuchan historias similares sobre la aparición de este yōkai en Nikkō, en la prefectura de Tochigi. Posiblemente se debe a que los habitantes de esta región pensaban que las grandes farolas de piedra que estaban allí desde hacía siglos perfectamente podían haber alcanzado la fuerza necesaria para albergar un espíritu y convertirse en fantasmas.

Pero también es posible que un fenómeno natural como la refracción de la luz fuese achacado a la acción de esas viejas farolas de piedra y así naciera la leyenda del *bake-dōrō*, que posteriormente fue transmitiéndose de boca en boca.

En el santuario sintoísta de Futarasan, en Nikkō, hay una farola de bronce de la que cuentan que se convirtió en un fantasma, pues presenta en su superficie gran cantidad de marcas causadas por los tajos de espada de aquellos a los que les dio un susto.

化け古下駄

Bake furugeta. En cierto barrio de la aldea de Rikuzen Sabusawa (la actual ciudad de Shiogama, en la prefectura de Miyagi), al caer la noche se oía la voz de alguien que decía: «Me duele la nariz, me duele la nariz». Los jóvenes de la aldea deliberaron entre sí y decidieron salir sigilosamente una noche para resolver el misterio. Pero, aunque oían la voz, no se veía a nadie. Probaron a tantear con unas varas de bambú en torno al lugar de donde surgía la voz, pero solo toparon con el vacío.

Un tiempo después, uno de los jóvenes escuchó en el bosquecillo cercano un rumor de voces sospechoso. Aguzando el oído furtivamente, pudo detectar unas voces muy diferentes de las humanas que decían: «Cogedores de aventar viejos, paraguas viejos, tambores viejos, y además sandalias viejas, cajitas viejas, *dondon-pakipaki, bassa-basa*».

Era como un cántico que estuviera acompañando a un baile. A continuación se escuchó: «Esta es una noche extraña, así que dejadlo ya, dejadlo ya», y el cántico cesó.

Al día siguiente, el joven regresó de noche al mismo lugar, acompañado por un numeroso grupo de gente. Entre la maleza encontraron gran cantidad de cogedores viejos, paraguas viejos, tambores viejos y cajitas viejas, todos agrupados. Ligeramente separada de ellos, vieron una gran sandalia vieja a la que le faltaba la nariz[1]. Entonces, concluyeron que de ahí procedía aquella voz que decía: «Me duele la nariz» y que todos estos cachivaches se habían transformado en fantasmas. Después, los amontonaron en una pira y les prendieron fuego.

Se dice que después de aquello desaparecieron por completo tanto el lamento de «Me duele la nariz» como los cánticos y los bailes.

[1] La tablilla de madera que sobresale de la suela de las sandalias se llama «nariz» en japonés.

化け銀杏の精

Bake ichō no sei. Su rostro, manos y pies son amarillentos, viste ropajes negros y se aparece golpeando un platillo metálico. Se trata del espíritu de un *ginkgo*.

Desde tiempos muy antiguos se dice que el *ginkgo* acarrea la desgracia si se planta en las fincas o jardines. Esta creencia quizá se debe a que el *ginkgo* es un árbol muy frecuente en los templos budistas. También produce otras molestias, como el crecer muy deprisa, invadiendo el lugar, o la gran cantidad de hojarasca que deja caer en otoño.

Además, si sus raíces pasan por debajo del suelo de las casas, la humedad que sueltan en verano hace que se hinche la madera de las puertas y paneles corredizos, que se vuelven difíciles de abrir, mientras que en invierno, por el contrario, absorbe la humedad de la madera de las casas, con lo que las puertas y paneles se contraen, desencajándose con facilidad.

Existe la creencia de que el *ginkgo* atrae los espíritus, por lo que no son pocos los santuarios sintoístas que cuelgan la soga llamada *shimenawa* en su torno, pues se considera que un espíritu divino habita en el interior del árbol.

Hacia la Era Kōka (1844-1848), en cierta ocasión se intentó talar uno de estos árboles, pero todo el mundo le tenía tanto miedo que nadie quería aceptar el encargo. Por fin, alguien lo aceptó, pero por las noches una mujer que parecía ser el espíritu del árbol se le aparecía en sueños, por lo que abandonó la idea. Hay quien dice que, cierto día de lluvia y viento, el árbol terminó por caer encima del tejado de su casa, destrozándolo por completo.

Para la imagen de este yōkai me he inspirado en el rollo ilustrado *Buson yōkai emaki* del maestro del haiku Yosa Buson, quien apenas da explicaciones acerca de este yōkai, por eso he añadido esta descripción de mi cosecha.

化け鯨

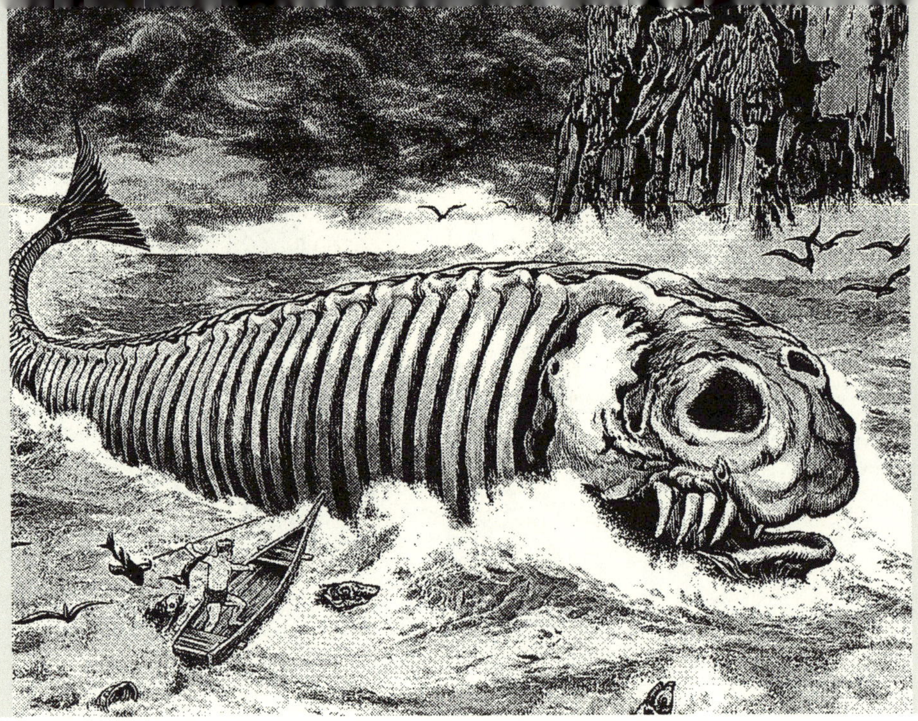

Bake kujira. Antiguamente, en las cercanías de las islas Oki, prefectura de Shimane, se decía que al caer la noche, a causa de alguna extraña corriente marina, se aparecía junto a la costa un conjunto de peces fantásticos, acompañados del vuelo de unos pájaros no menos misteriosos.

En medio de todos ellos destacaba una enorme ballena formada solo por huesos que, al bajar la marea, se retiraba mar adentro junto con las otras criaturas marinas sobrenaturales. Los pescadores de las cercanías sacaban sus barcos y lanzaban sus arpones pero, aunque acertasen a la ballena, no sentían que el metal se hubiera clavado en algo material, y así se corrió la voz de que debía de tratarse de una ballena fantasma (*bake kujira*).

Parece que antiguamente en la región de San-in había cazadores de ballenas, y se dice que la cocina del templo budista que corresponde a nuestra familia, que data de la Era Meiji, fue construida con la madera obtenida tras desguazar el caserón de la cooperativa de balleneros en la península de Shimane. Todavía hoy pueden apreciarse sus grandes columnas.

Hace mucho tiempo, en los años en que me dedicaba a dibujar para el *kamishibai*, me pidieron unas cuantas láminas para representar una historia llamada *La ballena fantasma*. Era un cuento sobre alguien que, de tanto comer carne de ballena, iba cobrando poco a poco el aspecto de dicho animal. Pero, por algún motivo, cuando ya estaba a punto de terminar el trabajo, me vi asaltado por una fiebre de origen desconocido y, aunque fui al médico, no supo decirme de qué se trataba. Lo extraño es que, cuando decidí renunciar al trabajo sobre la ballena fantasma, la fiebre desapareció.

Me reí del incidente mientras me decía que se trataba del castigo que me había infligido la ballena fantasma. Pero, pensándolo bien, puede que hubiera algo de cierto en ello.

狸伝膏

Bakemonokō. En Nakayama Shita, en la región de Bizen (la actual ciudad de Okayama, en la prefectura del mismo nombre), vivía un hombre de noble linaje llamado Hijikata.

Cada vez que las mujeres de su casa iban al retrete para hacer sus necesidades, surgía del mismo una mano velluda que les acariciaba el trasero, dándoles un gran susto. Ante el temor existente, decidieron mudarse todos a la zona de Shimoda-machi. Sin embargo, desde el mismo día en que llegaron, volvió a surgir la mano que acariciaba los traseros.

Dispuesto a no tolerar por más tiempo semejante situación, Hijikata resolvió derrotar al monstruo. Una noche, cuando vio la peluda mano que se alargaba con intención de tocar el trasero, le asestó un mandoble con su katana. Entonces, dejando tras de sí la mano cortada, la criatura huyó. Al examinarla con detalle, Hijikata descubrió que se trataba de la mano de un *tanuki* ya viejo y decidió guardársela para sí con mucho cuidado.

Sin embargo, una noche apareció un *tanuki* junto a la almohada del caballero y le imploró:

—Devuélveme mi mano, por favor. Como agradecimiento, te enseñaré a preparar un medicamento secreto.

Causaba tanta lástima, que Hijikata le contestó:

—Muy bien. Entonces, te devolveré la mano.

Y, llevando a cabo el intercambio, le devolvió la mano. El *tanuki* se alegró enormemente y le explicó el procedimiento de preparación del emplaste medicinal, tras lo cual se esfumó al instante.

La casa de los Hijikata bautizó el medicamento secreto del *tanuki* como *bakemonokō* (emplasto del fantasma) y desde entonces se dedicaron a venderlo.

A este tipo de *tanuki* se le conoce como «el *tanuki* con permiso», porque se instala en las casas antes de que llegue su auténtico inquilino, al que aguarda oculto.

化け物の結納

Bakemono no yuinō. Dos criaturas sobrenaturales concertaron un encuentro prematrimonial para conocerse y, como se gustaron mutuamente, se prometieron en matrimonio y se acordó el correspondiente intercambio de regalos. Por una parte estaba la hija de un *momonjii* y, por la otra, el hijo de un *hitotsume nyūdō* (monje de un solo ojo). A casa de los Momonjii acudieron dos monstruos en calidad de mensajeros de la casa Hitotsume.

—Aquí está la lista de los regalos que le traemos. Por favor, muéstrelos usted a los suyos.

Ante estas palabras, el patriarca de los Momonjii replicó:

—Muy agradecido por estos regalos que se han convertido en espíritus. Sin embargo, en el caso del tonel de sake, le arrancaremos las piernas, no vaya a ser que se nos escape.

Como no podía ser de otra forma, el intercambio de regalos de boda entre criaturas sobrenaturales (*bakemono no yuinō*) tenía lugar con unos protocolos muy diferentes a los de los humanos. Y es que el tonel de sake tenía piernas y había llegado caminando por sí mismo. Además, en el caso de los seres humanos, se eligen días propicios del calendario para este intercambio de regalos, pero en el caso de los yōkai, se escogen los días marcados como funestos. Es decir, aquellos días que los humanos consideran como no aptos para llevar a cabo cualquier asunto y, que por ello, son evitados.

Volviendo a nuestra historia, los dos mensajeros fantasma fueron recibidos con grandes honores en la casa de los Momonjii, que los agasajaron con manjares y bebidas.

Como resultado, en el camino de vuelta, eufóricos y tambaleándose por el alcohol, el farol que los acompañaba, que también tenía piernas, tropezó y se cayó al río.

化け物屋敷

Bakemono yashiki. Antiguamente, en todas las ciudades y pueblos había alguna antigua mansión abandonada que era conocida como «mansión de los monstruos» o «mansión de los fantasmas». Y es que, verdaderamente, en una casa que ha sido abandonada por sus moradores siempre flota un ambiente siniestro. Y si en una mansión así, encima habitan yōkai o fantasmas, resulta todavía más impresionante y produce una sensación realmente escalofriante.

Al parecer, durante el período Edo abundaban mansiones de este tipo desperdigadas por toda la geografía japonesa.

Una mujer llamada Ensei-in, viuda de la casa de Honda, contaba que en sus días jóvenes sucedió lo siguiente.

Por aquel entonces la familia vivía en las cercanías de la cuesta Sannenzaka, del barrio de Rokubancho. La vivienda que ocupaban tenía fama de «mansión de los fantasmas» (*bakemono yashiki*), y ciertamente allí se producían sucesos misteriosos con cierta frecuencia. Por la noche, mientras estaba trabajando a la luz de la lámpara de suelo, el rostro de la mujer que tenía a su lado se alargaba y se acortaba, convirtiéndose en una visión espantosa. Además, alguna vez se prendió fuego de improviso en los salones de tatami.

En cierta ocasión, una de las empleadas de servicio estaba acostada por encontrarse enferma, pero cuando la viuda echó una ojeada en otra de las habitaciones, la empleada que supuestamente estaba acostada andaba por allí dedicada a tareas de limpieza y calzaba unos calcetines *tabi* de color violeta. Ahogando una exclamación de sorpresa, la mujer volvió a la habitación donde la sirvienta se había acostado y, efectivamente, allí seguía. «¿Entonces quién sería la mujer de antes?», pensó. Pero, cuando regresó a la otra habitación, ya no había nadie. Como este tipo de cosas sucedía con frecuencia, terminaron mudándose.

Al parecer, esta clase de mansiones era más frecuente en las ciudades.

Bake neko. En la Era An-ei (1772-1781), en la zona de Sakai, región de Senshū (la actual ciudad de Sakai, en la provincia de Osaka), vivía un hombre llamado Hirase.

En cierta ocasión, Hirase estaba despierto a altas horas de la noche leyendo uno de los volúmenes del clásico chino *Bing shu*.

Cuando llegó la hora más temible (hacia las dos de la madrugada), el panel corredizo que tenía a la espalda se deslizó, abriéndose poco a poco, y un brazo como el de un demonio agarró la raíz de la coleta de Hirase y tiró de ella.

Hirase, sorprendido, agarró el brazo al instante y lo cercenó de un solo tajo de su katana.

El monstruo lanzó un alarido y desapareció dándose a la fuga. Cuando examinó bien aquel brazo una vez que amaneció, el hombre descubrió que se trataba de un enorme brazo de gato recubierto de pelos que parecían agujas.

Con frecuencia se dice que los gatos ancianos se convierten en yōkai, e incluso hay lugares donde aseguran que esto sucede a los tres años desde que uno comienza a tenerlos a su cuidado, o también hay quien dice que la capacidad de transformarse se da una vez que superan un *kin* (3,75 kilogramos) de peso.

Cuando alguien en la casa fallece, se dice que es conveniente pedirle a un vecino que cuide del gato durante ese tiempo, y en la isla de Tsushima se mete al gato en un cesto de los que se utilizan para cargar cosas a la espalda. En los tiempos antiguos, cuando se llevaba un cadáver hacia el cementerio, en ocasiones surgía una mano diabólica desde los cielos que lo robaba. Y esa criatura diabólica era el gato de la casa que se había transformado en monstruo. Por eso, desde entonces cuentan que, cuando alguien muere, hay que encerrar a los gatos. Parece que esto guarda relación con el *kasha*, un yōkai que roba cadáveres.

Bake nezumi. En la Era Eiroku (1558-1570), un samurái llamado Matsunami Kyuta se mudó a una casa en las márgenes de la primera avenida, en la capital (Kioto).

En una de las columnas de madera de la sala de estar de la casa había un profundo agujero y, la noche en que Kyuta se mudó a dicho hogar, un misterioso niño desconocido asomó su rostro por el agujero y le hizo un gesto con la mano pidiendo que se acercase.

Kyuta se llevó un gran sobresalto y tapó el agujero con papel repleto de plegarias budistas y también probó a pedir que le rezasen exorcismos pero, invariablemente, el niño continuaba apareciéndose, haciendo el mismo gesto de invitación con la mano.

En cierta ocasión, un valeroso hombre de la familia Hiratsuka que era amigo de Kyuta escuchó esta historia y acudió a la casa en cuestión. Y se dispuso a esperar la aparición del misterioso niño.

Pasado un tiempo, el niño apareció como de costumbre y el impaciente Hiratsuka desenvainó la katana e intentó asestarle un tajo. El niño se metió al instante en el agujero. Cuando Hiratsuka asomó la cabeza por el hueco para examinar el interior, lo único que encontró fue el viejo cadáver de un ratón.

Por lo visto, lo que sucedía es que el fantasma del ratón adoptaba la forma de niño para aparecerse de esa guisa.

El motivo por el que se aparecía el espectro del ratón se desconoce, pero el mundo de los espíritus está lleno de cosas que ignoramos.

化けの皮衣

Bake no kawa goromo. Desde los tiempos antiguos, existe la creencia de que los zorros pueden transformar su aspecto y son muchas las maneras que emplean para cambiar de forma.

En un libro de la China de tiempos de la dinastía Tang titulado *Yuuyo zasso*, aparece un zorro de tres mil años de edad que, poniéndose una calavera en la cabeza, rezaba a la Estrella Polar y, mientras no se le cayese la calavera, podía transformarse en un ser humano.

Por su parte, en el libro de Toriyama Sekien titulado *Gazu hyakki tsurezure-bukuro* (Almanaque ilustrado de cien demonios imaginados por un ocioso) puede verse el dibujo de una mujer en cuyo kimono se enredan unas plantas acuáticas, lo cual indica, sin género de dudas, que se trata de una zorra que ha mudado de aspecto. Las plantas acuáticas representan lo que se denomina «camuflaje del fantasma» (*bake no kawa*).

La idea de que los zorros utilizan las plantas acuáticas para sus transformaciones puede encontrarse también en el relato *Bake-goromo* (El camuflaje del fantasma), incluido en el *Honcho koji innenshū* (Recopilación de hechos originados en causas pasadas del Japón antiguo). En él se cuenta cómo, hace mucho tiempo, cuando el prior budista Ikkyū pasaba por lo que ahora sería la zona de Osaka, descubrió en la ribera de un estanque a un zorro que se estaba poniendo en la cabeza un tipo de musgo azul-verdoso con objeto de adoptar el aspecto de un ser humano.

En definitiva, probablemente lo que se llama «camuflaje de fantasma» hace referencia a este tipo de accesorios con que los zorros se recubren a la hora de transformar su aspecto.

Parece ser que el dicho popular «Te arrancaré el camuflaje del fantasma», que se utiliza cuando nos referimos a descubrir la verdadera personalidad de alguien que la mantiene en secreto, se aplicaba originalmente a los zorros que habían transformado su aspecto.

化け草履

Bake zōri. Hace mucho tiempo, había una casa donde se descuidaba el calzado. Una noche, cuando una de las sirvientas se encontraba sola, escuchó una voz que decía:

—*Kararin, kororin, kankororin*, con tres ojitos, tres ojitos y dos dientes...

Aquello comenzó a repetirse todas las noches, así que la sirvienta, asustada, informó a la señora de la casa, la cual contestó:

—Tengo que escuchar yo también esa voz, para tomar una decisión. Esta noche dormiré contigo en la habitación.

Así que las dos juntas se pusieron a esperar en la habitación de la sirvienta. De esta manera, en un momento dado volvió a escucharse la voz:

—*Kararin, kororin*...

—Es cierto. ¿Qué podrá ser? Mañana por la noche tenemos que averiguarlo sin falta —dijo la señora de la casa.

Y a la noche siguiente nuevamente decidieron esperar. Entonces, cuando comenzaron a oír el sonido, descorrieron lentamente la puerta y, escudriñando discretamente por la abertura, vieron una alpargata fantasma (*bake zōri*) que se introducía en el trastero donde solían arrojar el calzado de mala manera.

Aparte de esta historia, hay otras muchas donde una alpargata vieja se transforma en fantasma y se pone a bailar. Al parecer el calzado tiene la capacidad de convertirse en espíritu fácilmente.

魃鬼

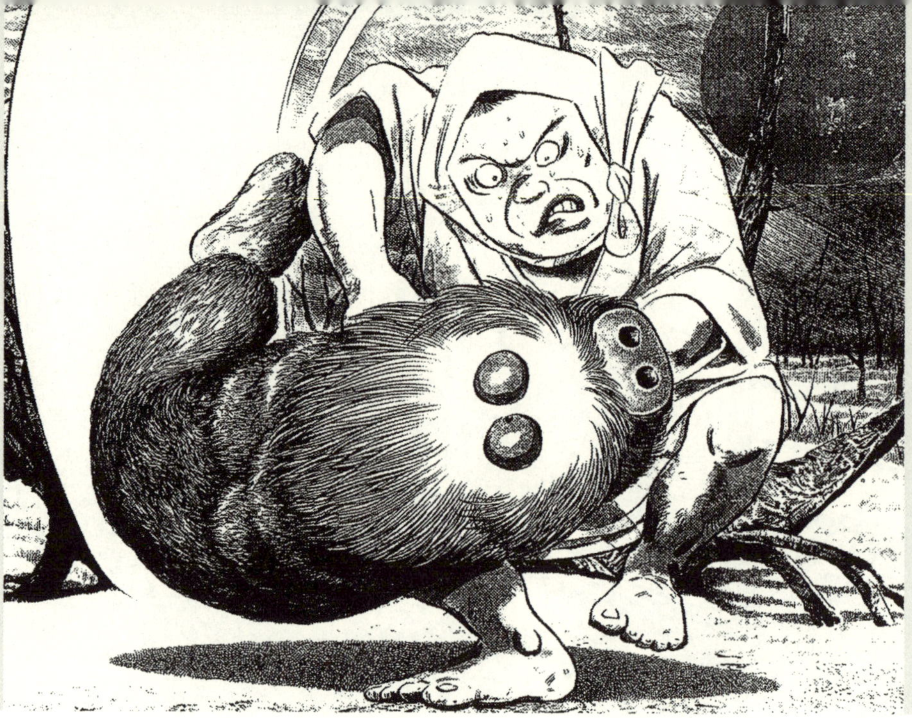

Bakki. En las comarcas más apartadas de las tierras del sur, vive un monstruo de dos a tres cuartas de largo (entre 60 y 90 centímetros) parecido a la bestia llamada *kyo*, pero con los dos ojos en lo más alto de la cabeza. Tiene una gran habilidad para correr y se dice que a veces cruza tan deprisa como el viento, de modo que resulta difícil distinguir su cuerpo con claridad.

Allí por donde pasa este monstruo, las plantas y los árboles se secan y, según cuentan, incluso los estanques y los pantanos se evaporan. La gente lo llama *bakki* (demonio abrasador).

Si uno se topa con él y consigue agarrarlo rápidamente, lo mejor es sumergirlo cuanto antes en agua lodosa. Si se hace esto, el *bakki* perece al instante entre estertores de dolor y se acaban también los perjuicios de la sequía.

Se trata de la misma criatura que el *hideri-gami* (espíritu de la sequía) pero, como el nombre de *hideri-gami* transmitía una imagen demasiado benévola, pasó a ser denominado *bakki*.

Hay que pensar que, en los tiempos antiguos, cuando el arroz constituía el alimento principal (aunque seguramente no fuera así para la gente más humilde), el sol abrasador era algo temible hasta un punto que no podemos llegar a concebir. Por eso, un yōkai como el *bakki* o el *hideri-gami* constituía una amenaza que se sentía muy real.

獏

Baku. El *baku* es una criatura que se alimenta de los sueños de los seres humanos y originalmente procede de China. Al parecer, su cuerpo es similar al de un oso, pero la nariz es larga como la de los elefantes, los ojos son parecidos a los del rinoceronte, la cola es de toro, las patas son robustas como las del tigre y su piel es moteada. Se trata de un yōkai extraño, que parece estar formado por partes de diversos animales.

Antes que nada, me gustaría advertir que este *baku* es una criatura diferente de aquella del mismo nombre que se encuentra normalmente en la naturaleza[2].

En su tierra natal de China, cuando uno tiene un mal sueño, se invoca ex profeso al *baku* para hacer que se coma dicho sueño. También cuando hay alguna epidemia de enfermedades infecciosas, el *baku* se utiliza para que devore el espíritu de la enfermedad que ha causado dicha epidemia.

También en Japón, en las prefecturas de Fukushima y Kumamoto se encuentran tradiciones orales semejantes. Al respecto, existe una frase que se entona como un conjuro para alejar los males que nos pueden causar las pesadillas. Así, se dice: «El sueño de anoche se lo regalo al *baku*» y se expulsa el aliento tres veces. O también: «Le doy de comer al *baku* el sueño de esta noche, le doy de comer al *baku*, le doy de comer al *baku*», repitiendo tres veces, según cuentan.

Junto a la almohada del famoso Toyotomi Hideyoshi había una pintura en la que estaba dibujado un *baku*. También se dice que dormir sobre una piel de *baku* evita caer enfermo, y dibujar su figura aleja los malos espíritus.

Posiblemente, más que a los yōkai, el *baku* esté más próximo a las bestias mitológicas.

[2] Se refiere al tapir, cuyo nombre en japonés se pronuncia igualmente «baku».

波山

Basan. El *basan* recibe también el nombre de *basa-basa*. En la isla de Shikoku, en las zonas más recónditas de las montañas de Iyo (en la actual prefectura de Ehime), es un yōkai muy conocido. En esta región, para que los niños dejen de llorar, los lugareños los apremian diciendo que viene el fantasma del *basa-basa*. Habita en los bosquecillos de bambúes que crecen en lo profundo de las montañas y casi nunca se deja ver por los humanos. Su aspecto es parecido al de un gran pollo, y también recibe el nombre de perro-fénix.

Al parecer, el *basan* expele una especie de fuego por la boca muy similar al llamado «fuego de los zorros». Durante el día permanece oculto entre los bambúes del bosque y, cuentan que por la noche levanta el vuelo hacia los lugares más insospechados. No causa ningún daño en particular a los seres humanos, pero, como suele hacer ruido delante de las puertas de las casas con su batir de alas a altas horas de la noche, dicen que la gente se levanta a toda prisa para abrir el pestillo y ver de quién se trata, encontrándose con que no hay nadie.

Hablando de yōkai con forma de ave, cuentan que en la isla de Okinoerabu existe una criatura llamada *hizama*. Por lo que se ve, estos seres tipo pájaro guardan relación con el fuego, ya que si el *basan* expele fuego por la boca, el *hizama* está relacionado con los incendios.

Probablemente, la asociación entre el fuego y la luz del sol date del período anterior a la época de los grandes túmulos funerarios, cuando la gente creía que las aves guardaban algún tipo de relación con el sol y poseían la capacidad de atraer la luz solar

場所に住む霊

Basho ni sumu rei. Al parecer, el que los espíritus permanezcan apegados a determinados lugares es algo que existe desde antaño. Como en esos lugares siempre se producen manifestaciones sobrenaturales, pueden ser identificados fácilmente.

Antiguamente, la zona situada al norte de la tercera avenida de Kioto se denominaba *onidono* (residencia de los demonios). Desde antes de que la ciudad se convirtiera en la capital del país, se decía que allí moraban los espíritus.

En aquellos tiempos remotos, crecía un gran pino en esos terrenos. En cierta ocasión, un hombre cruzaba por allí a caballo cuando comenzaron a restallar los truenos y empezó a llover copiosamente, así que descendió de su montura y buscó refugio bajo el árbol. Sin embargo, un rayo cayó sobre el pino y tanto hombre como caballo perecieron, convirtiéndose en espectros que pasaron a morar en aquel lugar.

Con el paso del tiempo, la ciudad se convirtió en capital, y un gran número de personas se instaló allí para vivir, pero los espíritus no se marcharon, continuando en la misma morada y molestando a todo el que pasaba por allí.

El *Konjaku monogatari* (Cuentos de antaño) narra una historia acerca de un espíritu que habitó en aquel lugar durante un tiempo extremadamente largo y que, de tanto en tanto, provocaba hechos sorprendentes.

También en nuestros tiempos hay lugares como el llamado Paso a Nivel Maldito u otros que son famosos por los suicidios. Probablemente se trate de lugares en los que, de manera similar, se han asentado los espíritus que intentan atraer hacia sí las almas de otros humanos para convertirlas en compañeras.

芭蕉の精

Bashō no sei. Por lo visto, hasta no hace mucho tiempo, en Okinawa crecían con profusión las plantas musáceas (*bashō*). En algunos lugares, la extensión de las zonas cubiertas por estas plantas alcanzaba las dos o tres leguas (entre 8 y 12 kilómetros), presentando la apariencia de un bosque. Al cruzar por aquellos lugares, especialmente de noche, se topaba uno con formas extrañas, lo cual se achacaba a la acción del espíritu de las musáceas.

También se dice que en Okinawa las mujeres recibían una advertencia especialmente severa en contra de atravesar estos campos de musáceas, pues se creía que si, al pasar por dichos lugares, veían la figura de un hombre hermoso o la de una criatura espantosa, terminaban quedando indefectiblemente embarazadas.

Los bebés que nacen como consecuencia de que sus madres hayan sido atraídas por el espíritu de las musáceas, tienen rostro de demonio y, además, unos prominentes colmillos. Se dice que, cuando sucede algo así, se recogen hojas de bambú enano y se estrujan hasta hacer una pasta con ellas. Tras ser empapada en agua, se le da de beber a estos niños-demonio, que mueren al instante por asfixia al atascárseles la garganta. También se dice que, aunque una mujer albergue en su vientre una sola vez la semilla del espíritu de las musáceas, todos los años dará a luz uno de estos niños-demonio, de modo que el temor a verse en tal situación es enorme.

En la isla de Honshū se cuenta la siguiente historia. En cierto lugar de la región de Shinshū (la actual prefectura de Nagano), cuando al caer la noche un joven monje pasó junto a un grupo de musáceas, vislumbró la figura de una preciosa muchacha que, bajo las hojas, le hacía un gesto de invitación. Asustado, desenvainó la espada corta que llevaba e intentó asestarle un mandoble, pero la imagen de la joven desapareció. A la mañana siguiente, al ver que había manchas de sangre en el lugar, fue siguiéndolas hasta que llegó a una de las musáceas, que estaba cortada de un tajo.

En definitiva, es a este tipo de apariciones a lo que se llama *bashō no sei* (espíritu de las musáceas).

ばたばた

Batabata. Se trata de un yōkai que da golpeteos sobre las esteras de tatami, por lo que también se le llama *tatami tataki* (el que golpetea sobre el tatami). Al parecer, suele manifestarse en las regiones de Kinki, Shikoku y Chugoku.

Según el libro *Kii zoku fudoki* (Crónica de las costumbres de Kii), en una población llamada Uji, que dependía del castillo de Wakayama, se escuchaba con frecuencia este ruido estremecedor, por lo que también recibe el nombre de «repiqueteo de Uji».

Se dice que ese sonido de *bata-bata* comienza a escucharse por el este y se va desplazando hacia el oeste hasta que se desvanece. Por lo que cuentan, el sonido se desplaza a gran velocidad. Nada más percibir que se está aproximando, enseguida atraviesa la propia casa y se aleja. Parece que se escucha con más frecuencia en las noches frías de invierno en que cae la escarcha.

En Iwakuni (prefectura de Yamaguchi), se le llama *hatahata*, y en el *Iwakuni kaidan roku* (Registro de historias sobrenaturales de Iwakuni), que data de la Era Bunkyū (1861-1864), se recoge un fenómeno sobrenatural similar al respecto de esta criatura. Una noche, a eso de la cuarta hora (las diez de la noche), comenzó a escucharse algo que sonaba como *hata-hata* y que se prolongó hasta la madrugada. Era como si alguien tamborilease sobre papel impermeable o agitase enérgicamente un enorme abanico. Al parecer, ese mismo sonido se repitió en las noches que fueron desde el otoño hasta el invierno.

En todos estos casos se trata de sonidos sobrenaturales, pero nadie ha visto nunca una figura asociada a ellos que permitiera determinar su naturaleza. Yo mismo, de niño, cuando en una noche tranquila escuchaba ruidos misteriosos, tenía la impresión de que al menos una docena de yōkai andaba pululando en la oscuridad.

べか太郎

Beka tarō. Este yōkai aparece en el rollo ilustrado *Hyakki yagyō emaki*, que la familia Matsui (de la ciudad de Yatsushiro, en la prefectura de Kumamoto) ha ido legando de generación en generación.

Su gigantesca cabeza se parece a la de un recién nacido, pero la parte inferior del cuerpo sobresale de un modo anormal. Mientras saca su roja lengua, se baja los párpados inferiores con los dedos y dice «*akanbee*».

La palabra *beka* quiere decir precisamente *akanbe*, por lo que no hay duda de que se trata de un yōkai que muestra este tipo de comportamiento. De hecho, la palabra *akanbee* significa «ojos rojos». Con el gesto de bajarse los párpados y mostrar la parte enrojecida de los ojos, al parecer indica un sentimiento de rechazo o de desprecio hacia quien tiene delante.

Por otra parte, la palabra *beka* también parece tener el significado de *megago* («bajarse el párpado para mostrar la parte roja del ojo») y, además, *gago*, *gagoze*, *gagoji*, *gamo*, *gaganmo*, etcétera son expresiones utilizadas para referirse a las criaturas sobrenaturales. En resumen, podemos decir que *megago* es una palabra que designa al yōkai con ojos monstruosos que se baja los párpados inferiores para mostrar la parte roja de su glóbulo ocular.

No existen registros relativos a que este *beka tarō* se apareciese aquí o allá, pero en cualquier caso se trata de un yōkai que produce malestar con esa actitud de plantarse ante los humanos y sacar la lengua diciendo «*akanbee*» para reírse de ellos.

Benkei-bori no kawatarō. Un escudero del representante del señor de Kagayama en Edo, tras anunciar que regresaba a su vivienda en el barrio de Ogawa-machi, pasó en su camino junto al foso de Benkei (Benkei-bori), en la zona de Kudanshita. Era noche cerrada y además estaba lloviendo, así que todo estaba completamente a oscuras. Entonces, el escudero oyó una voz desconocida procedente del agua que lo llamaba por su nombre.

El escudero se acercó cautelosamente, mirando hacia el lugar de donde procedía la voz, y vio un niño en el agua que le hacía gestos con la mano para que se acercase. «Vaya, se ha caído un niño al agua y me está pidiendo ayuda», pensó, así que alargó la mano hacia él con intención de socorrerlo. Y entonces, en contra de lo que esperaba, mientras el niño permanecía firme como una piedra, él fue arrastrado poco a poco hacia el agua.

Reaccionando de pronto, el escudero tiró con todas sus fuerzas para liberar la mano y, una vez a salvo, regresó corriendo a casa, donde quedó extenuado y traumatizado por lo sucedido.

Al darse cuenta de su aspecto nada ordinario, los que convivían con el escudero se fijaron en que sus ropas estaban empapadas y que, además, despedía un fétido hedor. Le echaron agua por encima para lavarlo, pero no consiguieron quitarle el mal olor.

Por la mañana, cuando el escudero recobró la consciencia, continuaba terriblemente cansado. Pasados cuatro o cinco días, por fin volvió a su estado normal y desapareció el mal olor.

Se dice que todos a su alrededor se miraron con complicidad pensando que seguramente se había tratado de la jugarreta de un *kawatarō* (*kappa*).

べとべとさん

Beto-beto san. Cuando era niño, al recorrer un camino por la noche, a menudo tenía la sensación de que alguien me seguía.

Por mucho que me dijera que los seres del mundo sobrenatural no existían, lo cierto es que tenía tanto miedo que no me atrevía a darme la vuelta. Si, aguantando el miedo, continuaba avanzando, me entraba un sudor frío y sentía que se aceleraban los latidos de mi corazón. Se dice que, si en momentos así, se aparta uno al borde del camino y dice: «*Beto-beto san*, pase usted primero», el sonido de pasos y la sensación de ser seguido desaparecen.

Una mujer que caminaba con un farolillo sintió un ruido de pasos a su espalda, por lo que se detuvo y dijo:

—*Beto-beto san*, pase usted primero.

Pero alguien respondió:

—Si voy yo delante, no podré caminar, porque está muy oscuro.

—Pues entonces le presto a usted el farolillo —replicó la mujer.

Y el *beto-beto san* (espíritu pegajoso) cogió el farolillo y pasó delante.

A la mañana siguiente, la mujer descubrió que le habían devuelto el farolillo como dictan los buenos modales.

Se dice que este yōkai se aparece con frecuencia en la prefectura de Nara, pero existen historias similares por todo el país.

Bimbō-gami. También llamado *kyuki*. En un antiguo libro titulado *Tankai*, aparece una historia narrada por el tío materno de uno de los personajes como una experiencia vivida ya de mayor.

Cuando el tío estaba echando una siesta, tuvo un sueño en el que un anciano vestido con ropajes andrajosos penetraba en los salones de la casa y subía hasta el segundo piso. Sin darle mayor importancia, se limitó a pensar: «Vaya un sueño tan extraño que he tenido». Sin embargo, a partir de ese sueño, todo comenzó a irle mal y se fue volviendo cada vez más pobre.

Cuando habían transcurrido cuatro años de su vida en la miseria, un día en que de nuevo se estaba echando una siesta, volvió a aparecer en sueños el mismo anciano de la vez anterior. En esta ocasión, bajó del segundo piso a las habitaciones de tatami de la planta baja y le pidió permiso para marcharse. Y, antes de irse, le dijo esto:

—En cuanto me vaya, prepara un poco de arroz tostado y de pasta de miso tostada. Ponlos en una bandejita, sácala por la puerta trasera de la casa y deja que se la lleve la corriente del río.

Como al fin y al cabo se trataba de un sueño, el hombre se quedó como embobado y sin prestar mayor atención pero, entonces, el extraño anciano habló de nuevo:

—No le pongas demasiado miso tostado, porque al *bimbō-gami* (espíritu de la pobreza) le gusta mucho…

Y entonces, se despertó.

Tal y como el anciano le había indicado en el sueño, el hombre puso el recipiente con el arroz y el *miso* tostados en la corriente del río y, a partir de ese día, poco a poco fue saliendo por fin de la pobreza.

琵琶牧々

Biwa boku-boku. El *genjo* y el *bokuba* eran dos variantes famosas del instrumento musical conocido como *biwa*. La tradición asegura que en los augustos tiempos del emperador Daigo (del año 897 al 930) se custodiaban celosamente en palacio.

De estos, el *genjo* era un instrumento que no emitía sonido alguno cuando lo tocaba una persona inexperta, ni tampoco sonaba si antes no había sido limpiado con esmero.

Cierto día, durante el augusto reinado del emperador Murakami (entre los años 946 y 967), el *genjo* desapareció. Pasado un tiempo, una noche en que Minamoto Hiromasa estaba en el pabellón Seiryoden, escuchó el hermoso tañido del *biwa* procedente del sur. Mientras caminaba en busca de aquel sonido, descubrió que provenía del piso superior de la puerta de Rashomon. Precisamente ese hermoso sonido solo podía proceder del *genjo* desaparecido del que hablaban maravillas. Entonces, Hiromasa dirigió su voz hacia el piso de arriba y explicó los motivos por los que había venido en pos del *genjo*, tras lo cual el sonido cesó de pronto. Acto seguido, atado a una soga, el instrumento fue descolgado desde lo alto. Una fuerza misteriosa se había alojado en el *genjo* y, atraído por ella, un demonio había robado el instrumento y lo había estado tocando hasta hacía unos momentos.

Según Toriyama Sekien, este *genjo* y el *bokuba* forman el yōkai llamado *biwa boku-boku*. Habiendo tantas historias fantásticas en torno al *biwa*, no tiene nada de extraordinario que el instrumento pudiera convertirse en yōkai. Es posible que, como se aprecia en el dibujo, adoptase una forma similar a la de un humano y, recorriendo a pie todo Japón, fuese dejando escuchar sus hermosos tañidos a lo largo de su geografía.

暮露暮露団

Boroboro-ton. Quizá porque los utilizamos todos los días es frecuente que en los futones y en los cobertores terminen alojándose las almas o los deseos humanos. Se dice que el *boroboro-ton* es un yōkai nacido cuando un futón o un cobertor viejos se impregnan del alma o el deseo de una persona.

Según Toriyama Sekien, este yōkai llamado *boroboro-ton* guarda relación con los *komuso*, los monjes peregrinos de la secta religiosa *fuke*.

La religión *fuke* es una variante del zen y, durante el período Edo, los guerreros que habían cometido algún delito se convertían en grupo a dicha secta y peregrinaban por todo el país. Al parecer, podría definirse en cierto modo como una agrupación budista compuesta por gente a medio camino entre los religiosos y los seglares.

Las enseñanzas de la religión *fuke* se articulaban en torno a la frase *Kyo-mu-ku-jaku*, que quiere decir que en este mundo no existe nada cuyo valor sea importante, así que debemos apartarnos de las tentaciones y alcanzar el *satori* (iluminación). Como ignoraban las cosas mundanas y se sentaban en cualquier parte sobre sus esterillas de paja, además de cubrirse la cabeza con un sombrero similar a un cesto de mimbre, a estos *komuso* se les llamaba también *komoso*[3].

Los *komuso* se consideraban a sí mismos como los brahmas del hinduismo y se autodenominaban *boronji* (maestros del hinduismo). Por eso, como esta raíz *boro* y la palabra *boro* que define algo ajado son homófonas, el nombre de *boroboro-ton* puede entenderse también como una manera de referirse a un grupo de estos monjes *komuso* o *boronji*. Y además, hay que tener en cuenta que una criatura sobrenatural como esta presenta un aspecto que apenas difiere del de uno de estos monjes mendicantes ataviado con ropajes desgastados.

En resumen, la palabra *boro* puede utilizarse para referirse tanto a objetos viejos de tela inservibles como a monjes. Es posible que el origen de este yōkai resida en que el espíritu de uno de estos monjes, incapaz de alcanzar el *satori*, quedara adherido a los viejos ropajes.

[3] Estas esterillas de paja se denominaban *komo-mushiro*.

Botan dōrō. Durante el período Edo, un rōnin llamado Shinzaburo que vivía en el barrio de Ueno entabló una relación amorosa con la hija de un vasallo del shogun llamada O-Tsuyu. Pero, debido a las diferencias de condición social, les resultaba muy complicado encontrarse.

Un tiempo después, O-Tsuyu cayó gravemente enferma y terminó por fallecer mientras repetía que deseaba volver a ver a Shinzaburo. Poco después, como si quisiera acompañarla, falleció también O-Yone, su nodriza.

Sin embargo, el 13 de agosto de ese año (festividad del O-bon), haciendo resonar con un *karan-koron* sus sandalias de madera sobre el pavimento, se presentaron ambas, O-Tsuyu y O-Yone, ante la casa de Shinzaburo.

Shinzaburo, que desconocía que O-Tsuyu hubiera muerto, se alegró enormemente y las dejó pasar al interior de la casa, pero un vecino que vio la escena, le avisó de que se trataba de una visita de fantasmas.

Entonces, al comprobar que efectivamente O-Tsuyu había muerto, Shinzaburo se asustó y le pidió al prior del templo budista unos precintos de papel con conjuros escritos, con los que selló su casa para protegerse, y luego se encerró dentro.

Sin embargo, su vecino lo traicionó y arrancó los precintos con los conjuros y el pobre Shinzaburo terminó asesinado por el espectro de O-Tsuyu.

Este relato sobrenatural es conocido como *Botan dōrō* (El farol de las peonías). Mucha gente cree que se trata de una historia específica del Japón, pero originalmente procede de una recopilación de sucesos sobrenaturales de la China de la dinastía Ming llamada *Sento shinwa*, donde aparece con el título de *Botanto ki*. La historia japonesa que conocemos como *Botan dōrō* es una adaptación de esta otra.

坊主狸

Bōzu-danuki. En la aldea de Handa, de la comarca de Mima, prefectura de Tokushima (el actual pueblo de Tsurugi), hay un puente llamado Puente del Monje y, en sus aledaños, hay una arboleda. Se dice que, cuando alguien cruza la arboleda de noche, sin saber cómo, se encuentra con que le han rapado la cabeza como si fuera la de un monje. El artífice de esta travesura es un *tanuki* al que la gente del lugar llama *bōzu-danuki* (*tanuki* de los monjes).

Existen otros animales que engañan a los humanos para dejarlos tan calvos como un monje y, según las regiones, esta broma puede atribuirse también a los zorros o a algunos tipos de tejones.

En la montaña de Handa, en el término municipal de Okayama (prefectura del mismo nombre), había un zorro que engañaba a menudo a las personas. Como solía dejar a la gente con la cabeza pelada como la de un monje, era muy temido y recibió el nombre de *bōzu-gitsune* (zorro de los monjes).

En el barrio de Kuragano, en el término municipal de Takasaki, prefectura de Gumma, hay una leyenda acerca de un tejón del tipo de los *mujina* que provocaba fenómenos sobrenaturales. El templo Yohoji que hay allí es famoso porque antiguamente se aparecía en él un tejón sobrenatural. Este tejón era muy hábil a la hora de engañar a las personas y, por mucho cuidado que uno pusiera, de pronto acababa con la cabeza tan pelada como la de un monje.

En cierta ocasión, unos jóvenes decidieron acudir al templo Yohoji para probar su valor. Al cabo de un rato, uno de ellos fue engatusado por el tejón. Se dice que, inexplicablemente, se pasó toda la noche metido en el río gritando: «¡Eh, eh!». Y ni que decir tiene que terminó con la cabeza rapada. Al parecer, este tejón era conocido como «el tejón del templo Yohoji».

ブナガヤ火

Bunagaya-bi. Si hablamos de Okinawa, el yōkai más famoso es el *kijimuna* (véase entrada correspondiente), pero el *bunagaya* es también un yōkai muy conocido en el archipiélago okinawense. Se caracteriza porque enciende fuego con frecuencia. En la aldea de Ogimi, de la isla principal de Okinawa, son muchos los que han visto las extrañas llamas azuladas de dichos fuegos.

Al igual que los *kappa*, se encuentran habitualmente en el fondo de los ríos y procuran evitar a los humanos. Pero, si algún niño que está jugando en el río le pisa la mano sin darse cuenta, el *bunagaya* se la quema en venganza y si le pisa un pie, entonces le causa quemaduras a su vez en el pie.

Cuenta una historia local que en cierta ocasión en que un muchacho fue a jugar al río, de improviso se le pegó en el dorso de la mano el *bunagaya-bi* (fuego del *bunagaya*). Cuando regresó a casa y la madre le vio la mano, la piel se estaba volviendo de un rojo negruzco y la hinchada superficie aparecía cubierta de burbujitas. Entonces, la madre llamó a los ancianos de la aldea y comenzaron a recitar exorcismos hasta que, poco a poco, la hinchazón fue bajando y la mano volvió a su estado original.

Antiguamente, había muchos casos de niños con quemaduras del *bunagaya-bi.* Hay que tener en cuenta que se trata de una criatura casi transparente, pues, para protegerse, su piel adquiere un tono similar al del agua donde vive. A los niños que juegan en la orilla del río les resulta muy difícil percatarse de su presencia. Por eso las madres de antes prevenían a los niños para que llevaran mucho cuidado cuando jugasen en el río.

ぶんぶん岩

Bun-bun iwa. En un lugar llamado Sugawa, de la zona de Iwami Hibara (la actual Tsuwano, en la comarca de Kanoashi, prefectura de Shimane) había un peñasco al que llamaban *bun-bun iwa* (roca del *bun-bun*). Antiguamente, al pasar por delante de esta roca, se escuchaba una voz que cantaba: «El año pasado tenía diecinueve, este año también tengo diecinueve, *bun-bun*», acompañado del sonido de una rueca de hilar girando, y de ahí le viene el nombre.

En cierta ocasión, un hombre que pasaba por allí se topó con una mujer que cargaba con una rueca. La mujer le sonrió y él le preguntó quién era ella. Entonces, la mujer le contestó:

—Soy alguien a quien le sucedió aquí algo horrible. Fui asesinada, pero nunca pude descansar en paz y por eso vago todavía perdida por este lugar.

Entonces, se decidió celebrar en ese lugar unos ritos de exorcismo por esta mujer (bueno, por este espectro). Se dice que, a partir de entonces, la mujer no se apareció más.

Que una roca albergue el rencor de un muerto y que, por las noches, emita voces o sonidos sobrenaturales es un fenómeno del que se oye hablar en muchos lugares con más frecuencia de lo que parece. Por ejemplo, uno de estos casos es aquel tan famoso de la obra *Sayo no Nakayama yonaki ishi* (La roca que gime de noche en el desfiladero de Sayo), en la que el espíritu de una mujer asesinada por un bandido se encarna en una piedra que luego emite sollozos.

Cuando queremos dar a entender que ponemos todo nuestro empeño en algo solemos decir: «Aunque tenga que agarrarme a la roca con los dientes»; a lo mejor con los espíritus sucede algo similar y para aplacar su rabia dicen: «Aunque tenga que encarnarme en una roca».

不落不落

Bura-bura. Había en Kioto un templo budista muy antiguo llamado Takedera (templo de los bambúes). Como su nombre indica, el templo estaba rodeado de un bosquecillo de bambúes.

A un hombre que iba camino de vuelta a casa tras visitar a un amigo, le sucedió lo siguiente. Era una noche oscura, sin luna, y el hombre iba iluminando el camino con un farolillo que había pedido prestado. En un momento dado, cuando el camino pasaba a la altura de la parte trasera del Takedera, le alcanzó una ráfaga de viento que apagó el farolillo. Como esta historia sucedió en una época muy antigua, el hombre carecía de medio alguno para volver a prender la luz sobre la marcha, por lo que, resignado, continuó caminando a oscuras. Entonces, de pronto, entre el bosquecillo de bambúes, vislumbró un resplandor. Fijó su vista en él y vio que procedía de la luz de un farolillo. Esta visión le causó un profundo escalofrío y huyó a toda prisa por el camino en la oscuridad de la noche hasta llegar a su casa.

Después de este incidente, otras personas vieron la luz de ete farolillo y, como era de esperar, también dijeron haber sido presas de un escalofrío. El prior del templo daba la siguiente explicación:

—La noche en que nos traen un cadáver nuevo, aparece sin falta ese farolillo iluminado.

El *bura-bura* es un yōkai al que Toriyama Sekien dibuja como un farolillo que se bambolea flotando por encima de los cementerios. Entra dentro de lo posible que, al ver un farolillo destartalado arrastrado por el viento, la gente lo tomara por ese yōkai al que se denomina *bura-bura*.

Buru-buru. Este yōkai llamado *buru-buru* (temblador) es una de las criaturas que Toriyama Sekien ilustra en su recopilación *Konjaku gazu zoku hyakki* (Ilustraciones de otros cien demonios de antaño).

En la explicación que adjunta, puede leerse: «El *buru-buru*, también llamado *zozo-gami* (espíritu asustador) u *okubyo-gami* (espíritu de la cobardía), es una criatura que causa temblores y escalofríos a todos aquellos que sienten miedo. Se trata de un espíritu que se adhiere al cuello de la gente».

El *buru-buru*, como su nombre indica, aviva el temor que anida en la gente, provocando que nuestro cuerpo se ponga a temblar.

A menudo, cuando uno se encuentra a solas en lugares poco frecuentados como los cementerios, se ve asaltado por un temor impreciso y sin justificación que le produce unas ganas irrefrenables de salir huyendo. Eso es precisamente el resultado de la acción del *buru-buru* y, en momentos como ese, lo que sucede es que dicho espíritu se encuentra ya pegado a nuestro cuerpo.

Si este espíritu se adhiere a nosotros en los días de verano, podemos sentir cómo nos entra un sudor frío por el cuello y, al momento, comenzamos a temblar sin parar.

Nadie ha visto con sus propios ojos a este yōkai, pero hay quien dice que, si uno mira con sangre fría a su alrededor, puede llegar a distinguir una especie de masa gelatinosa flotante. Dicho esto, no puede haber nadie que, ante una situación tan desagradable como esa, sea capaz de mantener la sangre fría. Posiblemente se trate de algún tipo de ilusión óptica.

Quizá lo que sucede es que, como estamos ante un yōkai similar a los denominados «síntomas prodrómicos» de la aparición de espectros u otras criaturas sobrenaturales, en realidad existan muchas variedades diferentes, constituyendo más bien una especie de ayudante del yōkai o espectro principal.

屏風のぞき

Byōbu nozoki. El yōkai llamado *byōbu nozoki* (mirón de los biombos) es de apariencia extremadamente delgada. Cuando uno se acuesta por la noche detrás de un biombo, *byōbu nozoki* se asoma por encima dejando colgar su larga cabellera y nos espía mientras estamos en el lecho.

Se dice que le gusta espiar las noches de los recién casados y si se le pregunta: «¿Por qué estás ahí mirando?», responde: «Porque soy el mirón de los biombos».

Siempre que se utiliza un biombo, *byōbu nozoki* se aparece y, por mucho que se discuta con él, no se marcha. Se dice que la mejor forma de neutralizarlo es dejar de utilizar biombos.

Además, cuando uno se acuesta junto a un biombo desplegado, es inevitable dirigir la mirada de manera instintiva hacia ese espacio libre que va hasta el techo y por el cual penetra la luz, es entonces cuando uno tiene la sensación de que hay algo escudriñando desde arriba.

En los dibujos de fantasmas del período Edo, no son pocos aquellos en los que un *byōbu nozoki* aparece asomándose por encima de un biombo. Sin duda, eso permite deducir que, antiguamente, cuando la gente utilizaba biombos, tenía la sensación de que algo se asomaba por encima para espiar.

Además, cuando desplegamos un biombo, la zona tras él queda en sombras, lo cual produce cierta impresión de que de ahí puede surgir un fantasma.

病
虫

Byōchū. Las gentes de antaño pensaban que las enfermedades eran causadas por algún tipo de bicho. Existen dibujos del período Edo en los que, como en este, una serie de bichos dañinos acosan a un hombre enfermo. A este tipo de bichos se les llamaba *byōchū* (bichos de la enfermedad).

Estas criaturas causan el sufrimiento del enfermo. En definitiva, son lo que podemos denominar bichos imaginarios.

Antiguamente, la medicina no estaba muy desarrollada, así que, cuando uno caía enfermo, era natural pensar que la enfermedad se debía a algún espíritu maligno y, con frecuencia, se recurría los rezos de un monje para intentar curarse.

De la misma manera, surgió la idea de los bichos de la enfermedad, que eran enormemente temidos por la gente.

Según el *Wakan sansai zue* (Diccionario enciclopédico ilustrado de los tres mundos), escrito durante el período Edo, en las personas pueden encontrarse hasta nueve tipos de bichos, y las enfermedades son la consecuencia de su actuación. Se dice que estas minúsculas criaturas que se mueven en el interior de nuestro cuerpo pueden adoptar formas tales como la de un recién nacido, un demonio, una rana, una salamandra, un ciempiés, una tortuga china de agua dulce, un murciélago, etc.

Lo cierto es que ha de haber algo que constituye la causa, y la enfermedad es el resultado de la misma (aunque todavía hoy existen enfermedades cuyo origen se desconoce); pero, aun así, la idea de los «bichos de la enfermedad» resulta extraordinariamente original. Puede decirse que estamos ante unos yōkai imaginados por el ser humano. En cierto modo el proverbio que dice: «La enfermedad es una cuestión del estado de ánimo» tiene algo que ver con esta idea.

Chabukuro. Cuentan que en una aldea de la comarca de Hata, en la prefectura de Kōchi, hay un camino en uno de cuyos recovecos más siniestros cuelga un saquito de té (*chabukuro*). Según dicen, si uno roza este saquito, contrae todo tipo de enfermedades y, por ese motivo, la gente teme pasar por este camino de noche.

Al parecer, también en el monte Takayama, perteneciente a la aldea de Tosayama, en la comarca de Tosa (incluida en la actual ciudad de Kōchi) existía un lugar donde colgaba un saquito de té. Cuentan que, en las noches de lluvia, podía verse colgando en un cementerio llamado Onba-ga-haka, pero en este caso no hay ninguna mención acerca de que produjese enfermedades.

Se desconoce por completo la verdadera naturaleza de este yōkai, pero parece claro que pertenece a esa categoría tan frecuente en todo el país que podríamos definir como «fenómenos misteriosos de objetos colgantes».

Algunos ejemplos muy conocidos de este tipo de fenómenos son la cabeza de caballo que colgaba de la rama de un *enoki* (*Celtis sinensis*) en Ōkayama, o el caso del *yakanzuru*, una lata colgante con medicamentos en la prefectura de Nagano; pero, por lo visto, el caso del *chabukuro* colgante únicamente ha sido reportado en lugares de la prefectura de Kōchi y en los alrededores de la zona de Inami, de la prefectura de Wakayama.

En Inami lo llaman *chanbukuro* y dicen que aparecía principalmente en la ribera del río Inamigawa. Sin embargo, en este caso no se limitaba a estar colgando, sino que, según se cuenta, también chapoteaba en el río y flotaba por el aire.

Por cierto, originalmente *chabukuro* es el nombre que recibe el saquito de tela que se emplea cuando se hierven las hojas de té.

千々古

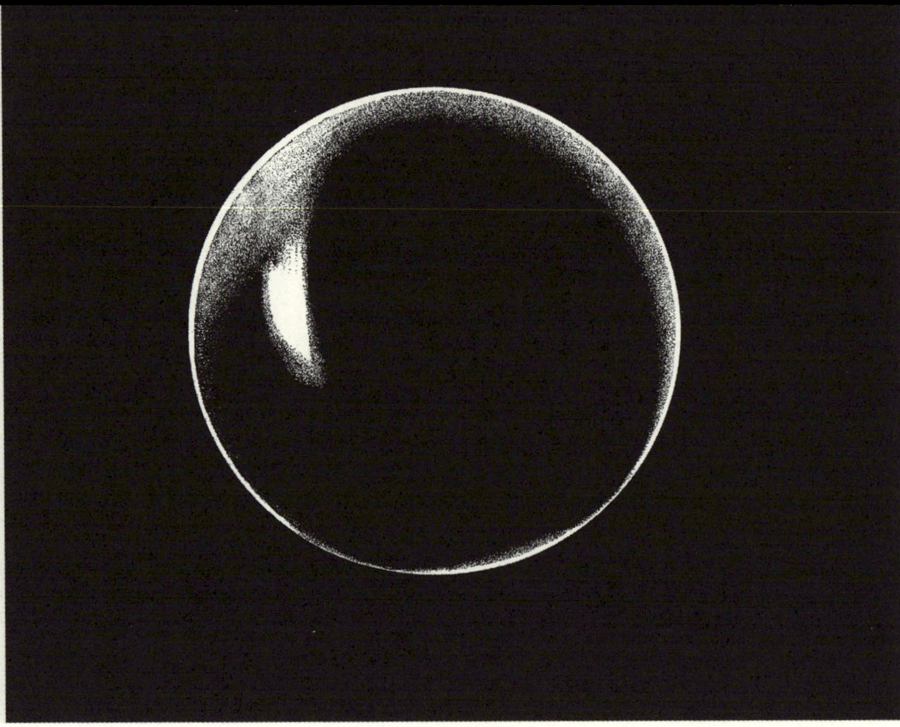

Chijiko. Antiguamente, en una población dependiente de un castillo, apareció un objeto similar a una pelota que unas veces parecía ascender al cielo, otras descender a la tierra y, tan pronto se desplazaba hacia el este como hacia el oeste. Mientras volaba, emitía un sonido extraño, cuyo sentido no había manera de interpretar.

Este incidente está recogido en un libro de historias sobrenaturales del período Edo titulado *Taihei hyaku monogatari* (Cien historias de la Gran Pacificación). Pero, en realidad, el *chijiko* no era un auténtico yōkai.

En el ciudad comenzó a rumorearse que todas las noches, ante el portón principal de entrada a los terrenos del castillo, se aparecía un yōkai, así que los lugareños comenzaron a tomar otros caminos diferentes para evitar dicho lugar. Una vez, un joven samurái llamado Tasuke Ogawa se dijo: «Voy a intentar averiguar en qué consiste realmente eso que llaman *chijiko*» y, una noche, comenzó a recorrer la zona en torno al portón.

Entonces, tal y como decían las habladurías, apareció aquel objeto similar a una pelota que emitía un extraño sonido y comenzó a moverse arriba y abajo, a izquierda y a derecha. Tasuke esperó el momento en que el *chijiko* ascendía y lo partió en dos con un mandoble con su katana.

Lanzándose a toda prisa para recoger el objeto, se encontró, para su sorpresa, con que era una auténtica pelota. En su interior había una campanita y, hacia los lados, se extendía un cordel.

En definitiva, todo aquel extraño incidente fue obra de un bromista que, mediante una pelota atravesada de lado a lado por un cordel, pretendía hacer pasar dicha pelota por un yōkai. Vaya, que sería algo así como lo que hoy llamaríamos «delito de diversión».

力持ち幽霊

Chikaramochi yūrei. Antiguamente, en Nōshū (la actual prefectura de Ishikawa), a la entrada del valle de Iiyama, en una aldea llamada Mikogahara, vivía un campesino que había tomado por esposa a una mujer que tenía escamas en los costados. Dicha mujer poseía una gran fuerza y realizaba un trabajo equivalente al de cuatro o cinco hombres juntos.

Un día, la mujer falleció por enfermedad. Pero, por algún motivo, al decimoséptimo día se convirtió en espectro y, volviendo a aparecer en este mundo, asesinó a su esposo.

Un hombre de la misma aldea llamado Sakuzō había oído que, cuando en la tumba de un muerto había algún agujero, siempre se aparecía el espectro, así que fue a examinar la sepultura de la mujer y, tal y como pensaba, descubrió un orificio. Reunió enseguida a unas cuantas personas y, entre todos, cubrieron el agujero cuidadosamente con tierra y piedras. Sin embargo, a partir de esa noche, el fantasma de la mujer comenzó a aparecerse en casa de Sakuzō.

Mientras cavilaba sobre cómo resolver el problema, Sakuzō escuchó que en la aldea vecina había una magnífica espada que servía para alejar los espíritus, por lo que corrió a pedirla prestada. Con eso, el fantasma dejó de aparecer. Sin embargo, tan pronto como devolvió la espada, el espectro regresó de nuevo.

Un día en que Sakuzō caminaba por un sendero de montaña llevando un haz de leña a la espalda, alguien le dio un tirón por detrás. Creyendo que se trataba de algún malhechor, se giró veloz, pero al momento se vio agarrado y lanzado por la pendiente hacia el fondo del valle, unos diez metros más abajo, y perdió el conocimiento.

Poco después, Sakuzō volvió en sí y se dice que, a partir de entonces, no volvió a ser molestado por el espectro.

Considerando que se trataba de una mujer con escamas, ¿acaso no de trataría de un yōkai desde el primer momento?

ちんちろり

Chinchirori. Este suceso le aconteció a un hombre llamado Kato en Bōshu Iwakuni (la actual ciudad de Iwakuni, en la prefectura de Yamaguchi), cuando iba de regreso a Iwakuni desde Nishi Uji.

Cuando Kato cruzó por el paso de Doso, hacía ya tiempo que el sol se había puesto y reinaba la oscuridad. Entonces, se dio cuenta de que tenía a alguien detrás. Y escuchó una voz que decía:

—Señor Kato, es usted un *chinchirori*.

Kato era un hombre valeroso, así que respondió sin dilación:

—*Chinchirori* lo será usted.

Y repitiendo una y otra vez el mismo diálogo, llegaron por fin a la casa de Kato. Este cruzó el portón de entrada y, cuando lo cerró, descubrió que sobre la techumbre del mismo había un niño calvo que se estaba partiendo de risa.

Era quien le había estado hablando todo el camino, y ahora le dijo:

—Reconozco que es usted una persona de carácter fuerte.

Tras lo cual, desapareció.

Por cierto, en la zona de Iwakuni, cuando uno no quiere darse por vencido frente a lo que dice el contrario, hay que responder: «*Chinchirori* lo será usted». Al parecer, el origen de dicha frase está en la historia de esta criatura sobrenatural.

地の神

Chi no kami. Este suceso aconteció en el año 2 de la Era Ten-an (858), cuando el emperador Buntoku falleció. Tras las deliberaciones para decidir el emplazamiento de su túmulo funerario, la comitiva del viceministro Abe no Yasuhito se encontraba en el camino de vuelta hacia Kioto. Entre los miembros de la comitiva se contaba un maestro exorcista del *yin* y el *yang* llamado Shigeoka no Kawahito, que de pronto empalideció y le dijo al viceministro:

—Hasta ahora no había cometido ningún error, pero esta vez tengo que reconocer que se trata de un gran fracaso por mi parte. Los espíritus de la tierra (*chi no kami*) nos vienen pisando los talones. Vos y yo hemos de cargar con la responsabilidad.

El viceministro comenzó a temblar. Los *chi no kami* también reciben el nombre de *dokōshin* (los que protegen la tierra), porque el castigo a los que profanan su mundo a menudo desemboca en la muerte. Volviendo a la historia, el caso es que entre el viceministro y el exorcista resolvieron que la comitiva se adelantase y que ellos caminasen los últimos.

Pasado un tiempo, llegó la puesta de sol. El exorcista comenzó a entonar un conjuro protector, y acto seguido ambos se escondieron entre los haces de espigas de los arrozales. Poco después escucharon un rumor de pisadas y unas voces que decían:

—El sonido de las pisadas de los caballos de esos tipos se volvió más ligero por esta zona. Encontradlos aunque tengáis que revolver toda la tierra.

Aquella voz no podía proceder de un ser humano. Al poco, las voces comenzaron a mostrar agitación porque no conseguían encontrar a su presa, hasta que alguien que parecía el jefe se despidió amenazante:

—¡Os encontraremos sin falta en la siguiente ocasión, durante la próxima Nochevieja!

Así pues, cuando llegó la Nochevieja, los dos hombres se escondieron en el desván del templo budista Daikaku-ji de Kioto. Entonces, el exorcista comenzó a salmodiar sus conjuros y el viceministro a rezar la oración de los tres secretos creada por el monje Kūkai y, gracias a eso, consiguieron escapar del peligro.

Esta historia está recogida en el libro *Konjaku monogatari* (Cuentos de antaño).

Chirizuka kaiō. Hay un refrán que dice que, si el polvo se amontona lo suficiente, puede convertirse en una montaña, pero también hay quien cree que, si se amontona mucho polvo, se genera un yōkai llamado *chirizuka kaiō* (rey sobrenatural del montículo de polvo). Al parecer, no se trata de un yōkai ideado con propósitos moralizantes para decirnos que, si no somos pulcros, nos toparemos con él; simplemente, es un yōkai que nace de las acumulaciones de polvo.

Esta criatura está dibujada en la recopilación de trabajos de Toriyama Sekien titulada *Gazu hyakki tsurezure-bukuro* (Almanaque ilustrado de cien demonios imaginados por un ocioso) y, en el texto explicativo que se adjunta, puede leerse: «De todas las especies de seres del universo que tienen una forma tangible, no hay ninguna que carezca de un tipo superior; así, igual que el *kirin* es el rey de las bestias terrestres y el fénix es el de las aves, se me ocurrió en sueños que el *chirizuka kaiō*, nacido de la acumulación de polvo, debe ser considerado como el jefe del género de las *yamamba*».

En resumen, viene a decir que igual que se considera que existe un animal que debe reconocerse como el rey de las bestias y otro que debe reconocerse como el rey de las aves, el *chirizuka kaiō* debe reconocerse como el rey de las *yamamba* (yōkai de las montañas), criaturas nacidas de la acumulación del polvo.

Como hemos dicho anteriormente, tenemos el refrán de los montones de polvo que pueden convertirse en montañas, pero apenas escuchamos que puedan convertirse en *yamamba*.

A lo mejor lo que Sekien quería decir es que para una *yamamba* que ha vivido mucho tiempo un año no vale más que un montoncito de polvo. En cualquier caso, se trata de un yōkai cuya naturaleza no está muy clara.

Chōchin-bi. Antiguamente, era muy frecuente ver fuegos ardiendo en las veredas que discurren entre los arrozales. Como se desconocía su naturaleza, recibían el nombre de *chōchin-bi* (llamas de farolillos) y se creía que consistían en manifestaciones sobrenaturales de los zorros.

En las cercanías de Tokushima, en la isla de Shikoku, una noche de lluvia el alcalde de una aldea vio cómo varias decenas de estas llamas de farolillos revoloteaban en el vacío agitadamente. Se acercó a toda prisa para comprobar si había ocurrido alguna tragedia en los alrededores, pero, al llegar, se encontró con que allí no había nada.

Parece que una de las características distintivas de los *chōchin-bi* es que se apagan cuando uno se aproxima a ellos. Hay quien dice que, justo en ese momento, uno cae bajo su hechizo.

El siguiente suceso también aconteció en una aldea de Shikoku. El caso es que, a unos 200 o 300 metros de la misma, había un lugar donde crecían dos pinos. Según cuentan, los *chōchin-bi* se manifestaron allí formando una línea entre ambos árboles, como si se tratara de una hilera de bombillas, tras lo cual comenzaron a bailotear.

Se dice que, como este hecho se repetía con cierta frecuencia, las gentes del lugar comenzaron a llamar a aquel sitio «los pinos linterna». En resumen, que probablemente se llama *chōchin-bi* a cualquier aparición de llamas flotantes de origen desconocido.

Teniendo en cuenta que los alrededores del lugar de aparición no se queman, debe de tratarse de un tipo de luminaria similar a los fuegos fatuos, que no emiten calor.

提灯小僧

Chōchin kozō. Hace mucho tiempo, en la ciudad de Sendai, que dependía de su castillo, un samurái paseaba iluminando con un farolillo el camino por donde pisaba. Como al poco tiempo comenzó a caer una llovizna, el samurái fue aligerando el paso. Entonces se dio cuenta de que un niño desconocido lo seguía a poca distancia.

Mientras se decía: «Vaya un chaval más raro», este fue ganando en velocidad hasta que lo adelantó. Pero, cuando creía que el muchacho caminaría delante de él, este detuvo sus pasos y se puso a esperar a que llegase el samurái. Pensando: «¡Qué raro es todo esto», el samurái lo sobrepasó; pero, enseguida, el muchacho comenzó a caminar otra vez tras él hasta que de nuevo lo adelantó.

—Pero qué crío tan chiflado... —murmuró el samurái, y como no le gustaba darse por vencido, apretó el paso y continuó su camino; y esta vez procuró pasar lo más cerca posible del muchacho para verle bien la cara. Y entonces reparó en que su rostro era totalmente rojo. El samurái se quedó clavado en el sitio de la sorpresa y el niño se desvaneció al instante.

Al día siguiente, cuando el samurái le habló a un amigo del niño de cara roja y de lo que le había sucedido la noche anterior, este le replicó:

—Ah, era un chico con una cara roja como la del fruto del *hozuki*[1], ¿verdad? Si es así, entonces yo también lo vi en una noche de llovizna. Se trata de un yōkai al que llaman *chōchin kozō* (muchacho del farolillo).

Según cuentan, el muchacho del farolillo se aparece en las noches de llovizna en aquellos lugares donde alguien ha sido asesinado sin motivo.

[1] Alquequenje (*Physalis alkekengi*). En japonés puede escribirse con los ideogramas de «fuego del demonio».

提灯お化け

Chōchin obake. Hace mucho tiempo, un hombre tuvo ir a la aldea vecina cuando ya era noche cerrada, así que se encaminó hacia allí con un farolillo de mano.

Al llegar al límite entre las dos aldeas, las nubes cubrieron la luna y el viento se levantó, provocando que la luz del farolillo comenzara a oscilar vacilante, como si fuera a apagarse. El hombre se vio asaltado por un miedo inexplicable y, de repente, al farolillo que llevaba en la mano le crecieron unas alas y alzó el vuelo alejándose de su portador.

—¡Aaah! ¡Un fantasma! —exclamó sobrecogido por el susto.

Pero a continuación, mientras el farolillo revoloteaba alrededor del hombre, sobre su superficie aparecieron unos ojos y una nariz y luego una enorme boca, que abrió para soltar una carcajada.

El hombre ya apenas podía tenerse en pie y no paraba de temblar mientras juntaba las manos en un rezo.

Finalmente, sin dejar de reír, el farolillo se alejó volando. Olvidado ya aquel asunto urgente que lo había llevado hasta allí, el hombre regresó a casa y, cuando por fin llegó, guardó cama durante un tiempo.

Los farolillos fantasma (*chōchin obake*) son avistados con bastante frecuencia, pero no hay muchas historias acerca de ellos. Si hablamos de apariciones fantasmales relacionadas con estos farolillos de papel, la del *okuri andon* (lámpara acompañante), uno de los siete misterios de Honjō, o la del farol que prende un zorro son de las más famosas, pero todas tienen que ver con la luz del farolillo y no con este en sí mismo en su calidad de utensilio, de modo que apenas existen historias de fantasmas de esta categoría.

提灯お岩

Chōchin O-Iwa. Este dibujo de *chōchin O-Iwa* (farolillo de O-Iwa) se basa en uno que Katsushika Hokusai hizo a partir de una escena de *Yotsuya kaidan*. La historia de O-Iwa es muy conocida por la obra *Historia sobrenatural de Yotsuya, en el camino de Tōkai* (*Tōkaidō Yotsuya kaidan*, 1825), escrita por Tsuruya Namboku.

Tras asesinar a su esposa O-Iwa, Iyemon es atormentado por su espectro y huye a refugiarse en la cabaña de Hebiyama. Sin embargo, allí también se le aparece el espectro rencoroso de O-Iwa. Nada más vislumbrar el rostro de la mujer cubriendo toda la pantalla de un farolillo encendido, este se rasga, y el espectro entra en escena escurriéndose desde el interior.

Se dice que la *Historia sobrenatural de Yotsuya en el camino de Tōkai* se basa en unos hechos reales e inexplicables que sucedieron en el barrio de Yotsuya. Del mismo modo, O-Iwa sería una mujer que existió realmente, y que perdió la vista de un ojo debido a una enfermedad contraída de niña. Además, poseía un carácter muy obstinado, pero, como era de familia adinerada, un rōnin buscó contraer matrimonio con ella por mero interés económico. Sin embargo, pronto se cansó de ella y, engañándola con habilidad, la envió a trabajar fuera y, durante ese tiempo de ausencia, se casó con otra mujer. Tras enterarse del asunto, O-Iwa desapareció y aquellos que, de una forma u otra, intervinieron en su desgracia comenzaron a morir uno tras otro de forma misteriosa... Esta viene a ser más o menos la trama de la historia real.

En el barrio tokiota de Yotsuya existe un santuario sintoísta relacionado con O-Iwa llamado Tamiya Jinja. Allí acuden a rezar sin falta aquellos relacionados con alguna representación teatral o adaptación cinematográfica de *Yotsuya kaidan*, pues, de no hacerlo, se dice que les sucederá alguna desgracia.

蝶化身

Chōkeshin. En las montañas de Zao, de la prefectura de Yamagata, se cuenta la historia de una persona que se convirtió en mariposa al morir.

Hace mucho tiempo, en la falda de las montañas de Zao, un viajero exhausto de tanto caminar llegó a una casa destartalada. Pidió permiso para entrar a descansar y, al no recibir respuesta, abrió la puerta por su cuenta y riesgo y pasó adentro. En ese momento, el viajero soltó una exclamación de sorpresa y quedó allí paralizado. Por todo el interior de la casa volaban miles de mariposas.

Con objeto de ver con detalle la bandada de mariposas, descorrió uno de los paneles destinados a dejar pasar la luz. Entonces, las mariposas dieron muestras de agitación y escaparon volando todas a una, como si se tratase un reluciente arcoíris. Lo único que quedó detrás fue una larga y negra cabellera de mujer y un esqueleto humano. El viajero se llevó un susto tan grande que olvidó por completo su cansancio y se dirigió a toda prisa a la aldea más cercana. Agarrando por el brazo a la primera persona que encontró, le contó lo que acababa de ver, a lo cual recibió esta respuesta:

—A la mujer que vivía en aquella casa le gustaban mucho las mariposas y siempre andaba en pos de ellas. Pero un día contrajo una enfermedad que, con el tiempo, terminó por matarla. Y como nadie solía pasar por allí, nadie se dio cuenta de su muerte, así que el cadáver se fue pudriendo dentro de la casa. Posiblemente se llenó de gusanos, que luego se convirtieron en las mariposas.

Cuando el viajero escuchó esta explicación pensó que, seguramente, la mujer se había encarnado en las mariposas (*chōkeshin*).

Todavía hoy existen lugares donde se cree que las mariposas son la encarnación del espíritu de una persona muerta. En Okinawa, se considera de mal agüero que las mariposas vuelen de noche. Según dicen, significa que el espíritu de un muerto ha venido a visitarnos.

猪口暮露

Choku boron. Se llama *choku* al vasito para beber sake, pero hay un yōkai de pequeña estatura que lleva algo similar por sombrero y toca una flauta *shakuhachi* parecida a un palillo y va ataviado como los monjes *komuso*. Esta criatura es el *choku boron* (monje del vasito). Según dicen, surge del interior de una caja de madera, cuyas paredes rompe para salir, y luego comienza a caminar arrastrando los pies.

La palabra *boron* designa a los monjes budistas mendicantes de la escuela *Fuke* (una variante del zen), también conocidos como *boronji* o *komuso*.

Los *komuso* son conocidos por caminar en grupo, ataviados con un ropaje que les llega hasta los pies y cubiertos por un sombrero de mimbre llamado *tengai* que oculta el rostro, mientras hacen sonar su *shakuhachi* en su deambular por las calles de la ciudad. Pero, pese a ser monjes zen, no practican la meditación sentada *zazen* al uso y se limitan a peregrinar mientras tocan sin descanso su *shakuhachi*.

Durante el período Edo, los *komuso* gozaban de un trato privilegiado, por lo que podían recorrer todo el país libremente y sin cortapisas. Por eso, los samuráis que habían incurrido en algún delito solían convertirse en grupo a dicha religión y, transformados en monjes *komuso*, podían escapar al castigo peregrinando por otras tierras. También era un disfraz adecuado para aquellos rōnin que pretendían vengar sus ofensas de sangre. Además, el largo *shakuhachi* podía servirles como arma que sustituía a la katana o como instrumento de defensa.

En el libro *Tsurezuregusa* (Ocurrencias de un ocioso), escrito por Kenkō, se incluye una historia muy sangrienta acerca de un grupo de monjes *boron* que llevan a cabo en Shukugawara la venganza por la muerte de su antiguo maestro.

En cualquier caso, el *choku boron* es de pequeño tamaño, pese a lo cual puede resultar un yōkai peligroso.

長面妖女

Chōmen yōjo. Había un hombre llamado Tsuhara Tokusai que vivía en una mansión de la zona de Kaga Daishoji (la actual ciudad de Kaga, en la prefectura de Ishikawa). Una noche, cuando iba caminando por el bosquecillo de pinos de Mimikiyama, cerca del río Fukudagawa, tuvo la poca fortuna de que se le apagara la luz de su farolillo de mano. Como ya no le quedaba mucho para llegar a casa, decidió continuar el camino a oscuras. Cuando, un poco más adelante, distinguió lo que parecía la luz de otro farolillo, aligeró el paso para acercarse alegrándose de su suerte y descubrió que quien portaba el farolillo era una mujer con los pies descalzos.

Como todo indicaba que la luz apuntaba hacia la misma dirección en que iba él, se tranquilizó y anduvo tras ella.

La esplendorosa residencia de Tokusai estaba cerca de la esquina de una calle estrecha y, pegada a ella había otra mansión que formaba la esquina en sí. Junto a la valla que separaba ambas viviendas crecía un gran *enoki* (*Celtis sinensis*) que había sido talado a una altura de tres *jo* (unos 9 metros). Misteriosamente, la mujer se arrimó a este árbol y se giró hacia él. Como le extrañó su actitud, Tokusai la observó con cautela y, para su sorpresa, descubrió que la mujer iba aumentando de tamaño hasta una altura de 9 metros. Entonces, acariciando el corte del árbol, lo miró desde arriba con una maliciosa sonrisa en los labios. El pecho y el resto del cuerpo quedaban ocultos por el tronco del árbol, por lo que Tokusai no podía verlos, pero la longitud de la cara de la mujer debía de alcanzar unos 3 metros.

Al toparse de improviso con esta transformación ante sus ojos, Tokusai se llevó un susto tan grande que, lanzando un alarido, no pudo sino precipitarse corriendo en su casa.

A continuación, despertando a los somnolientos sirvientes, volvió a salir fuera, pero según cuentan ya no había ni rastro de la luz misteriosa ni de la mujer.

Chō no yūrei. En la comarca de Senboku, prefectura de Akita, hay un enclave cuyo nombre es Ishido. Se dice que, antiguamente, allí tuvo lugar la llamada «Batalla de las Piedras».

Había un vasallo de Abe, señor del castillo de Matsuyama, que se llamaba Akimoto Bitchū y que, en mitad de la «Batalla de las Piedras», resbaló y se cayó en el pantano que quedaba a sus pies, pereciendo en sus aguas.

Al poco tiempo, el cadáver de Akimoto Bitchū se convirtió en una mariposa que, todavía hoy, vive en el fondo del pantano y que, por las noches o en los días nublados, emerge a la superficie y revolotea por los alrededores.

Según aquellos que la han visto, sus alas relucen debido al agua que las impregna, y su hermosura es tal que resulta imposible pensar que pertenezca a este mundo.

La gente de esta zona llama *bitchō* (mariposa diferente) a esta criatura y, a su morada, pantano de Bitchō.

La creencia de que las mariposas son la encarnación de los espíritus de los muertos es bastante frecuente. Así, en la prefectura de Kanagawa, cuando una mariposa revolotea dentro de la habitación, se dice que el alma de un difunto ha regresado.

Por lo visto, esta idea no se asocia solo a las mariposas, pues antiguamente era habitual creer que los insectos voladores eran la reencarnación de espíritus, o que estaban poseídos por ellos, y por eso hay variedades de saltamontes o de libélulas que reciben el nombre de *shoryo-batta* (saltamonte-alma) o *shoryo-tonbo* (libélula-alma).

Chūko. En la región de Hizen (la actual prefectura de Okayama), llaman *chūko* a un fuego sobrenatural que se aparece flotando en el aire. Se cree que guarda relación con la palabra «zorro» por un lado y «aire» o «en medio» por otro. Este fenómeno es similar a lo que en otras regiones llaman «fuego de los zorros» (*kitsune-bi*).

Según Inoue Enryō, el estudioso de las criaturas sobrenaturales de la Era Meiji (1868-1912), cuando ese fuego aparece volando a gran altura se le llama *tenko* y cuando flota a una altura intermedia recibe el nombre de *chūko*. Pertenece al tipo de espíritus llamados «encuentros funestos» y, según cuentan, aquel que se topa con él, comienza a sentirse mal.

Hace mucho tiempo, en Izumo (la actual prefectura de Shimane) hubo un caso de estos «encuentros». Un hombre sintió de pronto una intensa fiebre y fue a que le viese un médico del vecindario. Bueno, ciertamente ejercía como médico, aunque su actividad principal era la de agricultor y también la de intermediario en la compraventa de caballos. Además, como también había sido místico y adivino, de tanto en tanto recibía consultas sobre asuntos inexplicables. Así que, tras examinar durante un rato al enfermo, dijo lo siguiente:

—Esto se debe a un encuentro funesto con el *chūko*.

Aquellos que estaban a su lado le preguntaron qué era el *chūko*, a lo cual respondió pomposamente:

—El *chūko* es el *chūko*.

Probablemente carecía del conocimiento suficiente para concretar más su explicación.

D

大光寺の怪異

Daikōji no kaii. El templo budista llamado Daikōji era el lugar elegido por cierto noble para pedir rezos protectores. En una ocasión, un samurái llamado Mitsuo Denryū se encerró en dicho templo por motivos particulares.

Puesto que se trataba de una zona rural, extendió una mosquitera sobre el futón para dormir; pero, en su primera noche allí, algo comenzó a levantar la tela de la mosquitera sigilosamente. «¿Quién andará por aquí a estas horas de la noche?», pensó el samurái y, al echar un vistazo, descubrió a un monje de gran estatura y una tez tan pálida que parecía azulada, cuyo rostro se quedó mirando fijamente. Denryū era un guerrero intrépido, así que desenvainó su katana y descargó un mandoble tras otro sobre la figura, pero el arma no golpeaba contra nada sólido. A la mañana siguiente, le contó el incidente a un monje del templo, que le replicó:

—¡Aah! Me olvidé de preveniros...

Al preguntarle a qué se refería, el monje añadió:

—Si se deja abierta la puerta del retrete de la biblioteca del templo, esa cosa se aparece sin falta por las noches.

Ante semejante respuesta, Denryū arguyó:

—Pero se supone que precisamente los monjes sois especialistas en derrotar a este tipo de apariciones, ¿no?

Entonces, el monje confesó que habían probado todo tipo de rezos y sortilegios, pero que ninguno resultó efectivo.

Según dicen nunca se llegó a saber en qué consistía aquella aparición sobrenatural ni por qué adoptaba figura de monje.

Daisen no kitsune-gami. Un hombre llamado Ojun volvía a su casa desde Unshū (en la actual prefectura de Shimane), cuando decidió hacer noche a mitad de camino en Yonago. Sin embargo, allí cayó repentinamente enfermo y, por fin, diez días después, consiguió llegar hasta Maruyama, en el territorio de Daisen. Y esa misma noche sucedió algo extraordinario. Una mujer de Yonago contrajo una enfermedad idéntica a la que le había afectado a él y en sus delirios murmuraba unas palabras enigmáticas:

—Veo junto a mi almohada al mensajero del espíritu de Daisen.

La gente de la casa decidió llamar a toda prisa al sacerdote del templo dedicado al espíritu de los zorros. Cuando este se presentó, la mujer se incorporó y dijo abruptamente:

—Llamad al dueño de la casa donde se alojó Ojun y a un médico.

Entonces, procedieron a llamar a ambos y la mujer habló ante ellos de la siguiente manera:

—Soy el mensajero del espíritu divino del templo de Daisen. Hace unos días, llegué hasta aquí resguardado dentro del cuerpo de Ojun, tras lo cual él cayó enfermo. Sin embargo, el dueño del albergue, haciendo uso de un fuego impuro, le preparó alimento y bebida, y de esta manera mancilló las normas del mundo ultraterreno. Por eso ahora me encuentro aquí sin poder regresar.

El sacerdote, el médico, el dueño del albergue y todos los presentes se disculparon insistentemente y el espíritu consintió en perdonarlos. Según dicen, la mujer recobró la salud al momento.

Por lo que cuenta esta historia, parece que se trataba de un espíritu similar al de los zorros, pero quizá fuera simplemente un caso de espíritu invisible que poseía a los humanos.

ダキ

Daki. En la aldea de Chinsei, prefectura de Saga (dentro del actual término municipal de Karatsu), había un yōkai femenino que se aparecía por la parte de Kakara, y que resultaba temible porque intentaba matar a los humanos. Originalmente, la palabra *daki* con la que se le denominaba era utilizada en las prefecturas de Miyazaki y Ōita para designar los acantilados, así que quizá se tratase de un yōkai que vivía en los acantilados más escarpados.

En cierta ocasión, un pescador de Karatsu acompañado por sus dos niños amarró su barca en la playa a los pies de los acantilados y encendió una pequeña hoguera. Entonces, llegó una mujer desconocida que les dijo:

—Dadme pescado.

El padre, que era ya un hombre con muchas experiencias vitales a cuestas, tuvo un presentimiento y les ordenó a sus hijos:

—Traed los peces que tenemos en el barco.

En realidad, no había pescado alguno, de modo que los niños gritaron desde el barco que no conseguían encontrarlos.

—Eso no es posible, vamos a ver —replicó el padre mientras subía al barco. Y, al instante, cortó la amarra de popa y la soga del ancla, huyendo con la embarcación mar adentro.

La yōkai, desconcertada al advertir el engaño, masculló rabiosa:

—¡Maldita sea! No he conseguido matarlos.

Se trataba de la criatura llamada *daki*. A partir de entonces, cuando los barcos de Higashi Karatsu llegaban a Kakara, no amarraban la soga, sino que únicamente echaban el ancla.

Se cree que la *daki* pertenece a la misma familia de yōkai que la *iso-onna* o la *nure-onna*.

Darashi. En la comarca de Minami Takagi, prefectura de Nagasaki, se dice desde tiempos remotos que, cuando subes a la montaña de las aguas termales, has de llevar bolas de arroz y *umeboshi* (ciruelas maceradas) en abundancia. El motivo es que allí te conviertes en una especie de demonio insaciablemente hambriento (*gaki*) al ser poseído por el *darashi*. *Darashi* es la palabra del dialecto local para lo que en general se denomina *hidaru-gami* (espíritu del cansancio).

Una vez que un estudiante se encontraba en viaje de regreso a casa con motivo de las vacaciones de verano, se topó en el camino con un hombre al que se le había adherido este yōkai.

El hombre estaba caído en un camino de montaña, respirando trabajosamente y, al ver al estudiante, dijo con un hilillo de voz: «*Darashi*». Luego, con aspecto de estar sufriendo considerablemente, alargó el brazo mendigando un poco de arroz.

Como el estudiante estaba familiarizado con las historias sobre el *darashi*, le entregó las bolas de arroz que llevaba y, gracias a eso, el hombre consiguió recobrarse.

Según contó el hombre después, caminaba por el sendero de montaña cuando, al llegar a aquel punto, sintió de pronto un hambre atroz y un entumecimiento de brazos y piernas, y ya no pudo dar un paso más. Justo cuando estaba en ese estado en que era incapaz de avanzar ni retroceder, pasó por allí el estudiante.

También hay otra historia, muy anterior, según la cual en cierta ocasión un hombre que cruzaba por este mismo lugar sufrió parecida desdicha al ser poseído por el *darashi*. Como no hubo nadie que pasara después por allí, el hombre consiguió hacer un esfuerzo y fue arrastrándose lentamente hasta que, a duras penas, llegó al puesto de té del desfiladero, donde suplicó por su vida, y así se salvó.

ダリ

Dari. Los seres del tipo del *hidaru-gami* o *gaki-tsuki*, que poseen a uno haciéndole sentir un hambre irrefrenable, son conocidos a lo largo de todo el país por diversos nombres, y el de *dari* es el nombre más común para referirse al *hidaru-gami* en las regiones de Chūbu, Tōkai y Kinki.

Cuando uno es poseído por este yōkai, le asalta un hambre tan feroz que se siente incapaz de dar un paso y, en casos extremos, sufre también accesos de vértigo y mareos.

Ser poseído por el *dari* es algo frecuente en lo profundo de la montaña, pero tampoco resulta demasiado raro que estos desafortunados encuentros se den en lugares como los cruces de caminos de las aldeas.

Si uno siente que ha sido poseído por esta criatura, lo mejor es llevarse a la boca cualquier cosa de comer que se tenga a mano.

Por otra parte, se dice que el *dari* no solo posee a los humanos, sino también a los animales, causando en ellos una influencia perniciosa.

Así, en la aldea de Mori, de la comarca de Iinan, perteneciente a la prefectura de Mie (incluida en la actual ciudad de Matsuzaka), hay un lugar llamado Cuesta de Katsue. Al pasar por allí, incluso las vacas son poseídas por el *dari*.

Al igual que ocurre con los humanos, parece que las vacas que han sido poseídas por el *dari* apenas pueden dar un paso. Claro que, como las vacas no pueden hablar para decirnos: «Tengo tanta hambre que no me puedo mover», no podemos estar seguros de la verdad...

La medicina actual explica el estado físico en que uno se encuentra al ser poseído por espíritus como el *gaki-tsuki* o el *dari* como el resultado de una repentina bajada del nivel de azúcar en la sangre, o sea, un tipo de hipoglucemia.

百々目鬼

Dodomeki. Había una vez, hace mucho tiempo, una mujer extraordinariamente singular. Por naturaleza, era muy hábil con las manos y, además, las tenía muy largas.

Coloquialmente, se llama «manos largas» a aquellos que tienen el mal vicio de andar robando las pertenencias de los demás o a los que se dedican a ello de manera profesional, y se dice que también esta mujer le robaba el dinero a la gente de un modo muy habilidoso.

Si solamente se tratara de esto, estaríamos ante una ladrona sin más, pero lo extraordinario de esta mujer no residía en eso. Según se dice, las monedas que robaba se adherían al momento a su cuerpo. Y no solamente eso. Tras adherirse a su cuerpo, al parecer las monedas se convertían en ojos. Por eso le pusieron el nombre de *dodomeki* (demonio de los cien ojos).

Antiguamente, las monedas con un agujero en el centro eran conocidas como «ojo de pájaro», por su evidente parecido. ¿Acaso por eso las monedas y los ojos se veían como algo similar?

Según escribe Toriyama Sekien, que dibujó este yōkai: «Hay una teoría que asegura que *dodomeki* es el nombre que se daba a la ciudad de Toto». Por lo visto, Toto es el nombre que designaba antiguamente a la ciudad de Utsunomiya (en la prefectura de Tochigi); y, al parecer, en dicha ciudad, en las inmediaciones del monte Hachiman hubo un barrio llamado *hyakumokuki* (demonio de cien ojos). Además, en esa zona existe también una leyenda acerca de un demonio llamado *hyakumokuki*. Sin embargo, en este caso se trata realmente de un demonio que tiene cien ojos y no guarda relación alguna con una mujer ladrona. Parece seguro que Sekien se inspiró en esta leyenda para dibujar su criatura.

どうもこうも

Dōmo kōmo. El *dōmo kōmo* es conocido por el siguiente cuento, que se narraba antiguamente en lugares como la comarca de Enuma en la prefectura de Ishikawa (en el actual término municipal de Kaga) o la comarca de Chiisagata, en la prefectura de Nagano, y que constituye el origen de la expresión *dōmo kōmo naranai* (ni por esas ni por aquellas se puede hacer nada).

Hace mucho tiempo había dos médicos llamados Dōmo y Kōmo, y ambos presumían de ser el mejor médico de todo Japón. Y es que realmente la habilidad de ambos era capaz de obrar prodigios milagrosos.

Un día, decidieron competir para ver cuál de los dos era mejor médico y, a tal fin, ambos se cortaron el brazo, volviendo a unirlo luego a su cuerpo sin que quedase cicatriz alguna. Sin embargo, la sorprendente habilidad que mostraron los dos era idéntica, por lo que quedaron empatados. Entonces, decidieron competir por ver cuál de los dos unía mejor las cabezas, de modo que, tras cortarse la cabeza por turnos, ambos médicos probaron luego a volver a coserla, terminando en un santiamén. Hicieron un trabajo maravilloso, pero de nuevo el resultado fue un empate.

Entonces se dijeron: «¿Por qué no nos arrancamos la cabeza los dos al mismo tiempo y luego probamos a unirla otra vez?».

Y, antes de que uno pudiera contar tres, se habían cortado la cabeza el uno al otro. Sin embargo, como lo hicieron al mismo tiempo, no quedó nadie para volver a coserlas. Entonces, como ni por esas ni por aquellas (*dōmo kōmo*) se pudo hacer nada, ambos murieron. Y así, según se cuenta, nació la expresión *dōmo kōmo naranai* (ni por esas ni por aquellas se puede hacer nada).

Al parecer, el yōkai llamado *dōmo kōmo* guarda relación con esta antigua historia.

泥田坊

Dorotabō. Se trata de un yōkai que antiguamente se aparecía en la región de Hokuriku, en las zonas donde se cultivaba el arroz. Hace mucho tiempo, vivía en aquella región un hombre pobre pero muy trabajador. Este hombre labró las áridas tierras con tal afán que consiguió su recompensa al lograr convertirlas en un arrozal.

La cosecha iba aumentando de año en año y, poco a poco, el labriego consiguió llevar una vida más o menos próspera. Pero, cuando parecía que había llegado el momento de vivir con holgura, contrajo una enfermedad y falleció.

Aquel hombre tenía un hijo, pero era un vago y un indolente que en nada se parecía a su padre. El hijo dejó abandonado ese arrozal que tanta hambre y desvelos le había costado a su progenitor labrar y mantener. Y no solo eso, sino que se pasaba el día sin otra ocupación que beber sake.

Con el tiempo, sus tierras terminaron por pasar a manos ajenas. La persona que las compró se alegró enormemente y pensó: «Realmente me he hecho con una tierra estupenda para los arrozales». Sin embargo, una noche en que se paseaba por allí verificando el estado de los cultivos, de pronto surgió un yōkai del barrizal de los arrozales que le gritó: «Devuélveme mis campos, devuélveme mis campos».

A partir de entonces, en las noches de luna clara, se escuchaba este lamento quejumbroso procedente de los arrozales, por lo que a este yōkai se le dio el nombre de *dorotabō* (hijo embarrado del arrozal). Según la recopilación *Gazu hyakki yagyō* (Desfile nocturno de los cien demonios) de Toriyama Sekien, el *dorotabō* tiene un solo ojo y su aspecto es el de un vejestorio de piel renegrida.

江戸の金霊

Edo no kanedama. En el libro *Cuentos de lluvia y de luna* de Ueda Akinari aparece un ente llamado «espíritu del oro» y se dice que el yōkai conocido como *kanedama* es la emanación de energía del metal.

Según un pasaje de poesía china de la dinastía Tang, cuando una persona que carece de codicia pasa junto a un lugar donde hay enterrado oro o plata, puede llegar a percibir la energía que exhala el metal; también en las *Analectas* de Confucio se lee: «La dicha acude al hombre bueno que actúa sin codicia».

En definitiva, todo esto viene a decir que el Cielo es quien decide la fortuna de las personas, así que debe de ser bastante difícil percibir la energía del metal de la que hablamos.

Para empezar, eso de mantenerse carente de codicia parece algo fácil de decir, pero casi imposible de llevar a la práctica. Además, la carencia de codicia es algo diferente de cosas como la falta de ánimo o la falta de relaciones.

Aparte de este *kanedama* como espíritu del oro, existe otra palabra que se pronuncia también *kanedama* (bola de metal), pero que en este caso se refiere a un objeto que acude rodando ante las personas con suerte y que, si recogemos y colocamos como ornamento en el *tokonoma*, nos convierte en millonarios. Para algunos, este *kanedama* sería un meteorito. Y, ciertamente, así se comprendería que estos últimos sean llamados «bola de metal». En cualquier caso, puesto que se trata de algo que aparece y viene a nosotros de manera súbita y fortuita, realmente puede decirse que convertirse en millonario es una cuestión de suerte.

Edo no kuda-kitsune. Existen muchos tipos de zorros que pueden poseer a los seres humanos, y el *kuda-kitsune* (zorro-tubo) es uno de ellos.

Hace mucho tiempo, en la zona del actual distrito tokiota de Chiyoda, vivía un médico de barrio llamado Ito Naosada, que de vez en cuando atendía a pacientes que habían sido poseídos por este zorro-tubo.

Al parecer, el zorro-tubo se introduce bajo la piel de las personas comenzando por las uñas de las manos y los pies. Para aplicar la cura, en primer lugar hay que atar los dedos de las manos y de los pies y después perseguir al zorro-tubo hasta el lugar donde se ha escondido. Si se hace un corte en dicho lugar, sale por allí una bola de pelo, que es la energía espiritual del zorro. Posteriormente, si se procede a registrar la casa de la persona que ha sido poseída, se dice que aparecerá sin falta el cadáver de un zorro. La mayor parte de las veces se trata de un zorro que ha entrado en el revés del techo y ha muerto allí.

Las personas poseídas por el zorro-tubo apenas comen ni beben pero, de pronto, les da por comer pasta de miso a medio fermentar, por lo que la gente de alrededor enseguida se da cuenta de que sucede algo raro.

Según se cree, originariamente el zorro-tubo era ofrecido por los superiores de los templos donde se ordenaban los monjes *yamabushi* (en montañas como Kinbu u Omine) cuando estos finalizaban con éxito sus pruebas de formación en las montañas sagradas. Se introducía el zorro en una caña de bambú hueca con objeto de domesticarlo y, posteriormente, era utilizado para realizar todo tipo de magia. Cuando uno domestica al zorro-tubo, se mantiene a su lado de por vida y, aunque uno intente librarse de él abandonándolo en cualquier parte, el zorro-tubo siempre regresa. Al morir su dueño, se convierte en un zorro-tubo callejero (bueno, en realidad no existe semejante expresión) y se dedica a realizar todo tipo de fechorías, pero al final siempre termina reuniéndose con sus compañeros en el templo Inari del barrio de Oji.

Ema no sei. Hace mucho tiempo, vivía en Asakusa un hombre llamado Komagata Dōan, que era un ferviente estudioso de las tablillas de madera de los templos conocidas como *ema*.

En cierta ocasión, cuando se encontraba en un lugar lejano debido a sus estudios, se vio sorprendido por una copiosa lluvia, resultándole imposible regresar a casa.

—Vaya un fastidio... Y además, no hay ningún lugar donde alojarse por estos alrededores.

Ante esta tesitura, Dōan se introdujo en un templillo cercano con objeto de esperar a que amainase la lluvia. Sin embargo, la lluvia no tenía visos de escampar y, mientras esperaba, Dōan terminó por quedarse adormilado antes de que se diera cuenta.

Cuando se espabiló, se encontró con que ya estaba a punto de amanecer. Echando una ojeada a su alrededor por el todavía oscuro interior del templo, Dōan descubrió en un rincón la figura de un anciano fantasmal.

Lo normal en una situación así hubiera sido llevarse un susto pero, extrañamente, Dōan no sintió miedo en absoluto. El anciano, al ver la extrañeza con que le miraba Dōan, le dijo con una mirada de gran afabilidad:

—Veo que le gustan a usted sobremanera las tablillas *ema*. Y yo entiendo mucho de ese tema, así que he pensado en transmitirle los secretos que ocultan.

—Se lo ruego. Me gustaría mucho que me enseñase acerca de ello —contestó Dōan muy agradecido, según cuentan.

La verdad es que, precisamente, este anciano era el espíritu de las tablillas de madera (*ema no sei*). Probablemente lo que sucedió es que, fuese el espíritu que fuese, decidió que, ante un hombre tan apasionadamente interesado por su campo, debía contribuir a sus estudios.

槐の邪神

Enju no jashin. Hace mucho tiempo, en la falda del monte Minobu, en Kōshū (la actual prefectura de Yamanashi), había un bosque donde crecían unos árboles de enorme tamaño y, entre ellos, había un gran árbol de sófora.

Quizá con objeto de venerar su espíritu, al lado se había edificado un santuario sintoísta muy sencillo, y si tras la puesta de sol, quienes pasaban por delante no dejaban como ofrenda objetos de oro o plata, o vestidos, o cualquier otra cosa de valor, temían que la maldición de dicho espíritu cayera sobre ellos. Aun cuando se tratase del espíritu de un árbol, era conocido en la región como «el demonio maligno del gran bosque».

En cierta ocasión, un campesino pobre recibió la noticia de que su madre estaba a punto de fallecer, por lo que se vio en la necesidad de regresar cuanto antes a su hogar natal. El camino más corto suponía cruzar por delante del demonio maligno del gran bosque; pero, por desgracia, no tenía nada que pudiera utilizar como ofrenda. Como no le quedaba otra opción, al llegar al santuario le prometió al espíritu maligno que le traería algo a la vuelta y continuó su camino a toda prisa. Entonces, el malvado espíritu tomó la forma de un guerrero con armadura y persiguió al hombre. Dada la situación, el hombre se arrodilló y pidió disculpas inclinando la cabeza hasta rozar el suelo con la frente y consiguió ser perdonado.

Días más tarde, y a pesar de su pobreza, el hombre acudió con una ofrenda de quinientas monedas, pero por lo visto al demonio maligno la cantidad le pareció insuficiente, así que resolvió cocer al campesino en una marmita y comérselo. Según se dice, en ese momento se apareció uno de los mensajeros de Fudō-myō-ō[1], a quien el campesino siempre rezaba con fervor a diario, y que consiguió vencer al demonio maligno. A continuación, el mensajero le entregó todos los objetos de valor que hasta entonces había reunido el espíritu.

Posiblemente, en lugar de hablar del espíritu maligno de un árbol de sófora (*enju no jashin*), lo que debió de suceder en este caso es que un yōkai tomó por morada dicho árbol.

[1] Fudō-myō-ō (Acalanātha, en sánscrito) es una deidad del budismo esotérico representada con una espada y rodeado de fuego. Tiene ocho mensajeros, a los que se llama «niños».

エンコウ

Enkō. El *kappa* recibe distintos nombres según las regiones, y *enkō* es el que se le da en Chūgoku y Shikoku. Como es lógico, vive en los ríos y estanques pero, además, se dice que a veces tiene su morada en el mar. También se caracteriza por odiar los objetos de metal, por su pasión por practicar la lucha sumo y por ser capaz de poseer a los humanos.

Según relataron unos pescadores de Tosa (la actual prefectura de Kōchi) que lograron atrapar un *enkō* vivo en cierta ocasión, su figura es parecida a la de un bebé, su piel viscosa y resbaladiza como la de las anguilas y su cara roja como la de los monos.

En la ciudad de Nankoku y alrededores (perteneciente a la prefectura de Kōchi), todavía en nuestros días se celebra un festival dedicado al *enkō*. Se trata de un pequeño festival local llamado Enkō-matsuri que tiene lugar todos los años a primeros de junio. Junto a la orilla del río se disponen una especie de estanterías sencillas llamadas *enkō-dana* que se utilizan como altares y en ellas se colocan ofrendas de alimentos del gusto del *enkō*, como los pepinos, para luego rezar por la protección contra las inundaciones y otros desastres relacionados con el agua.

Por otra parte, en Tosa existe otra criatura de la familia de los *kappa* aparte del *enkō*, que es el yōkai llamado *shibaten*, también conocido por *shibatengu*. Este yōkai es más parecido al *yamawaro* (niño de montaña) que al *kappa* o al *tengu*. Según se cuenta, si el 7 de junio (según el antiguo calendario lunar), que corresponde a la festividad de Gion, alguien penetra en el río, se convierte en un *enkō*. En todo el oeste de Japón es muy frecuente la creencia de que si el *kappa* penetra en la montaña se convierte en *yamawaro* y que si el *yamawaro* penetra en el agua se convierte en *kappa*. Posiblemente, la relación entre el *enkō* y el *shibaten* guarde algún tipo de parecido con esto.

エンコ婆

Enko babā. En la zona de Uwa, prefectura de Ehime, el nombre de *enkō* utilizado para el *kappa* se convierte aquí en *enko*.

En los tiempos en que el barrio de Joben de la comarca de Uwa del Sur (incluido en el actual barrio de Ainan) era todavía una aldea, habitaba allí una anciana a la que llamaban *enko babā yan* (abuelita del *enko*).

En cierta ocasión, esta abuela se disponía a cruzar el río, pero se encontró con que, por desgracia, la última riada se había llevado el puente por delante. Como no le quedaba otro remedio, la anciana decidió cruzar dando saltitos por las piedras dispersas que asomaban del lecho. En ese momento, surgió de las aguas del río una criatura con aspecto de niñito que le dijo:

—Abuela, ¿por qué no me haces el favor de llevarme a tu espalda colgando boca abajo?

A la anciana le pareció absurdo lo de llevar al chiquillo boca abajo, así que se lo echó a la espalda de la forma normal y regresó a casa.

A partir de esa noche, la anciana cayó enferma e, incapaz de levantarse de la cama, comenzó a dar muestras de un comportamiento inusual. Los familiares y allegados, al darse cuenta de que la anciana había sido poseída por el *enko*, intentaron matar la criatura a base de agua muy caliente. Entonces el *enko*, incapaz de soportarlo, pidió que lo perdonasen, prometiendo que, en adelante, no haría más fechorías. Y como prueba de su voluntad de enmendarse, se comprometió a traer todos los días pescado fresco a los habitantes de la casa.

Entonces, dejaron colgando de la puerta exterior de la casa una cornamenta de ciervo con las puntas curvadas hacia arriba en forma de gancho y, al ir a mirar a la mañana siguiente, se encontraron sobre la concavidad que formaban los cuernos, una gran cantidad de peces de río.

En adelante, la anciana comenzó a ser conocida como la abuelita del *enko* y, según cuentan, su casa prosperó enormemente.

Enra-enra. En las casas de campo, el humo que asciende silenciosamente del incienso utilizado contra los mosquitos adopta de vez en cuando formas extrañas. Si se pone uno a mirar fijamente esas volutas de humo, pueden llegar a asemejarse de vez en cuando a un rostro humano o a una misteriosa bestia.

Pero esto no sucede solamente con el incienso para los mosquitos, sino también con el fuego del hogar, y se dice que estas formas estrambóticas que adopta el humo se deben a la acción de un yōkai llamado *enra-enra*.

Hay que tener en cuenta que el fuego del hogar en las casas campestres o las fogatas de leña muestran que, antiguamente, la vida cotidiana era inseparable del humo y del fuego.

Antaño, según el tipo de fuego de que se tratase, despedía un olor tan distintivo como nostálgico, y, además, dichos elementos ejercían el papel de puente hacia el mundo de las antiguas tradiciones orales.

En nuestros días, con el avance del uso del gas o la electricidad, el fuego y el humo han sido separados por completo, y cuando uno oye hablar del humo, no asocia con él sino un significado negativo, como la imagen de algo dañino.

Además, como en los fuegos del hogar de antes se quemaba todo tipo de cosas, había también muchos tipos de humo. Cuando era un niño, si echaba al fuego hojas de pino, el humo que estas despedían era realmente digno del *enra-enra*.

En cualquier caso, parece bastante claro que, a no ser que se trate de alguien sensible y con tiempo para estar contemplando distraídamente el humo mientras se eleva, debe de resultar bastante difícil ver este yōkai.

襟立衣

Eritate-goromo. Se llama *eritate-goromo* (manto de cuello levantado) al atuendo distintivo que lucen los monjes de alto rango sobre la vestimenta ordinaria y que se caracteriza por que la parte trasera del cuello sobresale hasta un punto que llega a ocultar la parte posterior de la cabeza.

Según el maestro de ukiyo-e Toriyama Sekien, que dibujó este yōkai, el *eritate-goromo* es el traje que utilizaba Sojobō, el Rey del Mal del monte Kurama.

Sojobō es un gran *tengu* que vive en la montaña Atago, en Kioto, y que se disputa con Tarobō el puesto de *tengu* número uno de Japón. Se dice que otros famosos *tengu*, como el Buzenbō del monte Hikosan, en Kitakyūshū; el Sagamibō del monte Shiramine, en Shikoku; el Hokibō del monte Daizen, en San-in; el Iizuna no Saburō, en Shinshū; y el Fuji Tarō, del monte Fuji, además de otros como el *tengu* Konoha, de Tōkai, siguen todos a Sojobō tan fielmente como las plumas de un abanico la dirección del viento.

Puesto que se emplea como atuendo de ese general de los *tengu*, podemos decir que el *eritate-goromo* es un tipo de objeto poseído por un espíritu, de manera que ha sido imbuido de una fuerza sobrenatural.

Sin embargo, no se trata solo de que esta fuerza sobrenatural se haya encarnado en un atuendo, sino que, de hecho, todo el monte Kurama está poseído por la fuerza sobrenatural de los *tengu*.

Al decir de la tradición popular del templo budista Kurama, ubicado en el mismo monte Kurama, este es el monte que concentra un mayor número de *tengu* de todo Japón: todos los rincones de la montaña albergan un *tengu* oculto, desde las sombras entre los árboles hasta la maleza o las gotas de rocío.

F

淵猿

Fuchizaru. Hace mucho tiempo, entre los vasallos del señor Mori, había un guerrero llamado Ara Genzaburo, que era tremendamente fuerte. Confiando en la fuerza de su brazo, en cierta ocasión se le encargó que terminase con unos monstruos llamados *fuchizaru* (monos de las pozas), que moraban en las Pozas de Kama, sitas en la aldea de Yoshida, perteneciente a la comarca de Takada, en la prefectura de Hiroshima (la actual ciudad de Agi Takada).

Estos monos de las pozas no solo resultaban dañinos para el ganado, sino también para las personas. Tenían, además, una fuerza increíble, que según se dice equivalía a la de cien hombres, por lo que la gente se sentía impotente ante ellos y no veía solución.

El propio Genzaburo, por muy fuerte que fuera, podría llegar como mucho al equivalente de la fuerza de cincuenta hombres. Si luchaba de frente contra aquellas criaturas, no tenía la menor posibilidad de ganar. Por tanto, se puso a pensar cuál sería el punto débil de los monos de las pozas. Entonces recordó que los monstruos tenían una concavidad en forma de plato en lo alto de la cabeza que contenía agua. Así pues, adentrándose en territorio enemigo, agarró a un *fuchizaru* por el cuello y comenzó a sacudirlo a izquierda y derecha con todas sus fuerzas. Debido a la intensa sacudida, el agua salió disparada y el *fuchizaru* perdió sus fuerzas al momento. Se cuenta que Genzaburo consiguió hacer prisioneras a estas criaturas con vida.

Pese a que el nombre de este monstruo incluye la palabra «mono», teniendo en cuenta el agua contenida en la concavidad en forma de plato de la cabeza, cabe pensar que se trataba de criaturas de la misma familia de los *kappa*.

Fuda-gaeshi. En el texto de Koizumi Yakumo titulado *Bakemono no uta*[1] hay una parte que alude a un yōkai llamado *fuda-gaeshi*. Todo apunta a que esta mención hace referencia a una de las escenas de la obra *La lámpara de las peonías*.

En la historia de *La lámpara de las peonías*, el fantasma de O-Tsuyu acude todas las noches a la casa del hombre del que se ha enamorado. Pero, pasado un tiempo, el hombre se da cuenta de que ella no pertenece a este mundo y sella todas las entradas y aberturas de su casa con etiquetas sagradas de un templo budista. Puesto que O-Tsuyu no puede tocar estas etiquetas, no le queda más remedio que servirse del hombre de la casa vecina y pedirle que arranque los precintos.

A esto es a lo que se llama *fuda-gaeshi* (despega-etiquetas). Por lo que parece, Yakumo tomó este nombre de un antiguo libro titulado *Kyōka hyaku monogatari* (Cien historias de poesía humorística). En el *Kyōka hyaku monogatari*, escrito en verso, hay varias estrofas como las siguientes: «cuando se disponía a arrancar los precintos de seis caracteres, incluso la voz del espectro al contarlos sonaba como un responso budista», o también «aun siendo solo una etiqueta de papel, adherida sin ningún tipo de pegamento, es imposible para mí arrancarla».

Total, que el nombre de *fuda-gaeshi* (despega-etiquetas) debe de ser una manera un tanto humorística de llamar a aquellos espectros que, por algún motivo, intentan arrancar las etiquetas protectoras que fabrican los monjes budistas.

---

[1] Koizumi Yakumo era el nombre japonés de Lafcadio Hearn (1850-1904) y el título de la obra que menciona Mizuki es conocido en inglés por *Goblin Poetry*.

文車妖妃

Fuguruma yōhi. Se llamaba *fuguruma* al carro utilizado en palacio para transportar libros, cartas y documentos. Al parecer, la *fuguruma yōhi* (reina sobrenatural del *fuguruma*) era un yōkai formado por la materialización de los sentimientos encerrados en textos como las cartas de amor.

Respecto a los fenómenos sobrenaturales relacionados con las cartas, existe una historia llamada «De cómo se convirtió en demonio la pasión contenida en una carta de amor», incluida en la recopilación titulada *Shokoku hyaku monogatari* (Cien historias de varias tierras).

Esta historia fue protagonizada por el monje zen Ikkyū. En cierta ocasión en que Ikkyū se encontraba practicando ejercicios espirituales, se alojó en un templo budista de Hojiro, en Iga (la actual ciudad de Iga, en la prefectura de Mie). Allí solo había un aprendiz adolescente y, además, corría el rumor de que en el lugar se aparecía un demonio que devoraba a la gente. En mitad de la noche, tal y como decía el rumor, apareció el demonio. Pero, como Ikkyū estaba concentrado en sus meditaciones sobre Buda, la criatura no advirtió su presencia y, con la llegada del amanecer, su figura se esfumó junto al lugar donde dormía el jovencito.

Por la mañana, cuando Ikkyū examinó el lecho donde había dormido el adolescente, encontró oculta bajo el futón una gran cantidad de cartas de amor dirigidas a él. Preguntado al respecto, el chico dijo que las había metido allí sin leerlas siquiera, y entonces se llegó a la conclusión de que la pasión contenida en esas cartas se había materializado en un espíritu demoníaco que se introducía en el cuerpo del muchacho para dotarse de una forma física.

La *fuguruma yōhi* fue dibujada por Toriyama Sekien en su antología *Gazu hyakki tsurezure-bukuro* (Almanaque ilustrado de cien demonios imaginados por un ocioso) y, como sucede con esta historia del *Shokoku hyaku monogatari*, también puede decirse que se trata de la forma material que toma el conglomerado de profundos sentimientos que encierran los textos escritos.

吹き消し婆

Fuki-keshi babā. Antiguamente, con ocasión de alguna celebración en la que se prendían velas o lamparillas en gran cantidad, a veces sucedía que las luces se apagaban de pronto aunque no soplara el viento. Cuando, de manera atropellada, se trataba averiguar el motivo, resultaba que no era cuestión de que faltase aceite ni mecha.

El causante de este fenómeno era la *fuki-keshi babā* (vieja apaga-luces). La explicación residía en que la *fuki-keshi babā* había soplado desde la distancia y así había apagado las luces.

Cuando se terminaban las fiestas y llegaba la hora de que los invitados se marchasen, se les hacía esperar un tiempo mientras se encendían los farolillos portátiles que se les entregarían para el camino. Y entonces sucedían cosas como que, de pronto, se apagaran dichos farolillos de un soplo, o que su llama se hiciese muy pequeña. Pero, por más que se examinaban los farolillos, no presentaban nada anormal. Llegados este punto, no quedaba sino reconocer que se trataba de la acción de la *fuki-keshi babā*.

La *fuki-keshi babā* no causaba mayor perjuicio que el de apagar las luces, pero el caso es que, cuando se aparecía, el barrio se quedaba a oscuras, por lo que no dejaba de resultar un fastidio.

Antiguamente, la luz dependía siempre del fuego, así que, en una época en que no existía la electricidad, este yōkai debía de resultar una presencia bastante temible.

Fuera como fuera, suponía todo un engorro tener que estar siempre preparado para responder ante una criatura como la *fuki-keshi babā*, que aparecía siempre de improviso.

袋貉

Fukuro mujina. Al parecer, durante el período Edo era habitual que los ladrones se diesen a la fuga llevando un gran saco a sus espaldas y cabe pensar que la imagen que se tiene del *fukuro mujina* (tejón del saco) naciera por esta asociación de ideas.

Quizá por eso se dice que si, pensando que se trata de un ser humano, uno convive dos o tres días con este *fukuro mujina*, termina siendo hechizado por él y una noche, tal y como aparece en el dibujo, finalmente la criatura echa en su saco todas las cosas de valor de la casa y desaparece.

Se cree que los *mujina* son muy hábiles a la hora de transformar su aspecto, y el ejemplar más representativo al respecto de esta especie es el llamado Dansaburo, de la isla de Sado.

Dansaburo era el jefe de los *mujina* de Sado y podía cambiar su aspecto según requiriese la ocasión. De esa manera, acudía a la bodega de sake o a la tienda de arroz para hacer sus compras, pagando con una hoja de árbol por moneda. A veces tomaba la apariencia de un monje zen y, de tal guisa, lo mismo viajaba hasta Akita que hasta Ise. Hay un refrán que dice: «Al templo de Ise hay que ir siete veces en la vida, al de Kumano, tres y al de la montaña cerca de casa, todos los meses», y este dicho realmente parecía hecho a propósito para describir las correrías de Dansaburo. Probablemente en los tiempos antiguos, a diferencia de los actuales, abundaban los animales extraños.

Se cree que, por lo general, la idea de que los *tanuki* o zorros se transforman para cambiar su aspecto tiene su origen en el folclore de los pueblos del período Jomon, según el cual «en los tiempo remotos, los dioses vivían en los bosques y utilizaban a los animales como sus mensajeros».

Puede que, debido a eso, las historias acerca de animales que transforman su aspecto hayan continuado contándose durante tanto tiempo como si se tratase de hechos completamente reales.

Fukuro-sage. Antiguamente, en los alrededores de la aldea de Ōmachi (incluida en la actual ciudad de Ōmachi), en la comarca de Kita Azumino de la prefectura de Nagano, se aparecía una criatura llamada *fukuro-sage* (portador del saco). Al parecer, cuando la gente cruzaba por el bosquecillo local, desde lo alto de los árboles descendía de pronto algo similar a un saco de color blanco. Se decía que, en realidad, este saco no era sino un *tanuki* y que consistía en el mismo fenómeno sobrenatural conocido como el *meshitsugi korobashi* (el que vuelca el cuenco de arroz) de la zona de Taya no shita.

En distintas regiones se escucha hablar con frecuencia de estos yōkai consistentes en algo que desciende colgando de las ramas de los árboles. Por ejemplo, en la prefectura de Kōchi, en lugar de un saco blanco, se da el fenómeno sobrenatural de la aparición de un saco de té colgante (*chabukuro*). En este caso no se escuchan teorías acerca de la naturaleza real de este fenómeno, pero no se puede descartar la posibilidad de que se trate también de la acción de un *tanuki*. Y es que hay que tener en cuenta que los *tanuki* son capaces de adoptar cualquier forma; además, tratándose de un lugar como Shikoku, donde se conservan tantas leyendas sobre *tanuki*, pues con mayor razón todavía.

Por otra parte, «el que vuelca el cuenco de arroz» es un fenómeno igual al de «el portador del saco» y lo cierto es que muchos de los yōkai que juguetean con las cosas o las vuelcan son explicados como travesuras de los *tanuki*.

En la prefectura de Tokushima se habla también de un fenómeno sobrenatural conocido como *tokkuri korogashi* (vuelca-botellas). Consiste, al parecer, en una botellita de sake de cerámica que va rodando cuesta abajo por los caminos hasta que termina golpeando contra alguien o saltando a una cuneta.

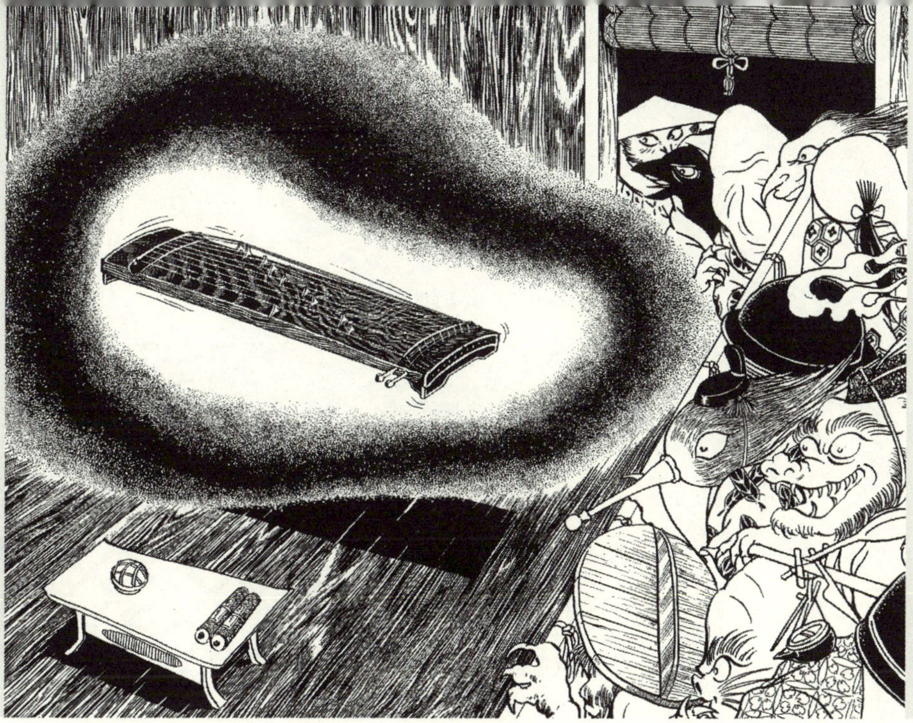

舟板の琴

Funaita no koto. El barco llamado Karano, que en tiempos remotos el país de Izu (la actual península de Izu, en la prefectura de Shizuoka) había sido entregado a la corte como ofrenda durante el reinado del emperador Ōjin (hacia principios del siglo V de la actual cronología), comenzó a pudrirse hasta que quedó totalmente inservible. Sin embargo, el emperador apreciaba sobremanera este barco Karano, que otrora tan bien le había servido en sus usos oficiales, y deseaba preservar su nombre para la posteridad. Haciendo caso de sus deseos, los ministros deliberaron entre sí y decidieron convertir la madera que todavía se hallase en buen estado en material para construir barcos nuevos, y así sacarle provecho. De esta manera, repartieron la madera entre varias regiones y, finalmente, hasta quinientos barcos de uso oficial llegaron a utilizar madera procedente de aquella nave.

Los barcos entregados luego a la flota imperial se encontraban amarrados junto a las compuertas del puerto militar y, en cierta ocasión, un barco mensajero llegado de la corte de Silla (en la península coreana) atracó en el mismo lugar. Una noche se declaró un incendio en dicho barco y las llamas se propagaron a las naves contiguas, por lo que al final ardieron los quinientos barcos sin que quedara uno solo intacto. Cuando el suceso llegó a oídos del rey de Silla, el soberano quedó muy alterado y, como muestra de arrepentimiento por su falta, se apresuró a enviar unos artesanos armadores, maestros en la técnica de construir barcos.

Por cierto que, cuando en un principio se quemaron los restos medio podridos de la nave Karano, la mayor parte ardió con facilidad, pero hubo otra parte del maderamen que no ardía de manera alguna. Como a todos los presentes les pareció algo extraordinariamente misterioso, decidieron enviar dicha madera al emperador como ofrenda. El regente también quedó maravillado ante la historia y decidió encargar que fabricasen un *koto* con dicha madera. Se dice que, cuando le entregaron este instrumento musical y lo probó, su sonido era de una elegancia y delicadeza extraordinarias y, además, alcanzaba gran distancia. El emperador quedó tan gratamente impresionado que compuso una pieza para dicho *koto* en la que elogiaba la virtud del instrumento.

Funa mōren. Estos yōkai aparecen en los mares junto a las prefecturas de Wakayama y Nagasaki. Los tripulantes de los barcos naufragados se convierten en espectros al ahogarse y se aparecen a los marineros de otros barcos. Se acercan en grupo y, apoyando la barbilla en el borde de los barcos, comienzan a gemir: «Conviértete en uno de nosotros». Cuando esto sucede, lo mejor es arrojar en derredor las cenizas del fogón ya que, por algún motivo, a los *funa mōren* (espectros de los barcos) esto les disgusta tremendamente y se esfuman al instante. Sin embargo, si entre las cenizas se encuentran mezcladas las resultantes de haber quemado una soga de atar haces de leña, entonces no surten ningún efecto. Es decir, que en ese caso las cenizas son impuras. Por eso se dice que, como precaución, cuando los pescadores queman leña, nunca echan al mismo fuego las sogas con las que se atan los haces.

En la ciudad de Matsuura, prefectura de Nagasaki, se cuenta también la siguiente historia:

Unos hermanos que vivían en Shisaura salieron a pescar en una noche de lluvia y se les aparecieron los *funa mōren*. Con los cabellos revueltos y los rostros más pálidos que la nieve, se quedaron sonrientes mirando fijamente a los hermanos, con un aspecto incomparablemente espantoso. Entonces, los hermanos comenzaron a remar con todas sus fuerzas intentando librarse de ellos como fuese; pero, hicieran lo que hicieran, no hubo manera. Entonces, al arrojarles restos de leña a medio quemar, quizá porque aquello les asustaba, se alejaron por fin; y de esa manera, tras muchos esfuerzos, consiguieron escapar del peligro.

Sin embargo, se dice que después de aquello, los *funa mōren* se les aparecían de tanto en tanto, por lo que los hermanos, incapaces de volver a subir a un barco, terminaron cambiando de oficio.

Funa yūrei. Los *funa yūrei* (espectros de los barcos) son un tipo de yōkai que se aparece prácticamente por todo el país. En cualquier aldea cercana a la costa, es seguro que nos encontraremos con que se cuenta alguna historia de este tipo.

Por las noches, se aparece sobre la superficie del mar la difusa figura de un barco y unos tripulantes que dicen: «Préstanos un cucharón». Y luego, con este cucharón, se dedican a echar agua de mar en los barcos ajenos con el secreto propósito de hundirlos y aumentar el número de sus compañeros. Por ese motivo, de ningún modo debe entregárseles un cucharón corriente. Lo que debe hacerse en una situación así es arrojar al mar un cucharón que tenga un agujero en el fondo. Entonces, como por mucha agua que quieran recoger para echar en los barcos, se va por el fondo, los *funa yūrei* terminan dando la tarea por imposible y se marchan.

En las noches de tormenta, como señal para los pilotos de los barcos en ruta, es normal encender hogueras en los promontorios, pero los *funa yūrei* también prenden fuegos similares en alta mar con objeto de engañar los ojos de estos pilotos. Quien se deje engañar por estos fuegos está perdido y no le espera otro destino que el de morir ahogado.

Según contaba un piloto de barco, las hogueras que encienden los humanos no cambian de posición, pero los fuegos de los *funa yūrei* se desplazan a izquierda o derecha. Además, parece como si su barco navegase a toda marcha alzando las velas. Si se navega en pos suyo, uno termina en el fondo del mar. También se dice que, mientras que las velas de los barcos guiados por humanos siguen la dirección del viento, las velas de los barcos de los *funa yūrei* van contra el viento.

Por muy experimentados que sean los marineros, parece ser que es muy difícil sobrevivir a un encuentro con los *funa yūrei* y regresar sano y salvo.

ふらり火

Furari-bi. La particularidad de este yōkai es la aparición conjunta de un ave y una llamarada; aunque el pájaro parece el miembro principal, en realidad el amo es el fuego y el ave es su servidora. Es decir, que les une una relación de señor y vasallo.

Aquellos que divisaban este yōkai desde lejos solamente podían pensar que se trataba de un borracho que caminaba tambaleante haciendo oscilar el farolillo que llevaba en la mano, y es que no parecía otra cosa. Sin embargo, los que probaban a acercarse, se encontraban con que no había figura humana alguna y, en su lugar, solo se veía un pájaro y una llamarada volando por los aires de manera errática.

Algunos explican el fenómeno diciendo que se trata de un pájaro que vuela agarrando con el pico algún tipo de madera reluciente. Pero las aves, dejando aparte algunas como el búho, no vuelan de noche, puesto que no pueden ver en la oscuridad. Si existe una relación entre ese fuego errático y algún pájaro, obviamente no estamos hablando de un ave corriente.

Hay quien dice que esta llamarada errática que flota por los aires podría ser el alma de algún muerto. El motivo para esta creencia es que, al igual que otros tipos de fuego sobrenatural, no causa daño alguno a la gente, y simplemente vaga de un lado para otro.

Los fuegos se dividen en dos tipos, los de signo positivo y los de signo negativo. Los primeros son aquellos que desprenden calor y poseen la capacidad de quemar, mientras que, por el contrario, los segundos ni son calientes ni, como es lógico, poseen la capacidad de quemar. El *furari-bi* (fuego errabundo) es, por supuesto, de este último tipo, y su único efecto es que asusta tremendamente a aquel que lo ve.

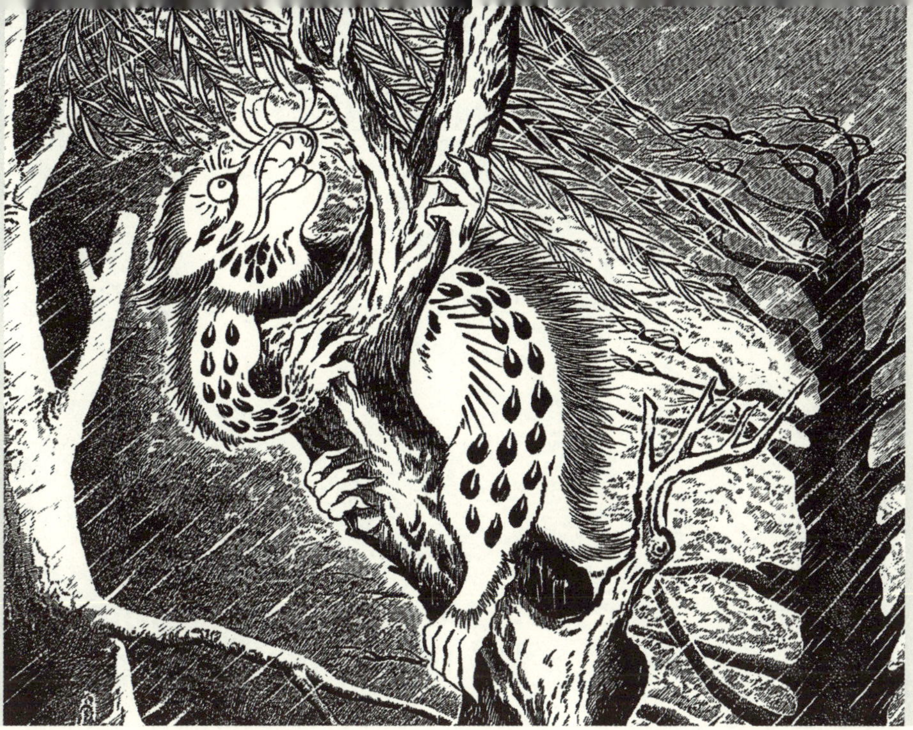

風狸

Fūri. El *fūri* (*tanuki* del viento) es una criatura de aspecto similar al de la nutria y que se caracteriza por tener muy poco pelo, a excepción de una línea que va desde el cuello hasta la cola. Cuando el *fūri* se topa con un ser humano, agacha la cabeza como si sintiera vergüenza. Posee, además, la capacidad de desplazarse volando por los aires. Las gentes de antaño lo consideraban como un tipo de *tanuki*.

Cuando el *fūri* encuentra una misteriosa planta en el campo, la arroja a la rama donde esté posado algún pájaro y, se dice que, entonces, el pájaro en cuestión cae derribado sin falta. Es decir, que sobrevive a base de alimentarse de pájaros a los que caza, pero nadie ha conseguido averiguar cuál es la planta que les arroja por más que se ha intentado.

Se cuenta que, en cierta ocasión, alguien consiguió arrebatarle inesperadamente la planta al *fūri*. Resulta que una persona estaba subida al mismo árbol al que el *fūri* lanzó la planta, así que pudo atraparla y, a continuación, la lanzó a su vez con fuerza. Entonces, según dicen, cayeron los tres del árbol: *fūri*, pájaro y persona.

También hay otra historia según la cual el *fūri* aprovecha el impulso que le da la fuerza del viento para subir a gran velocidad a las rocas o a los árboles, y es entonces cuando parece un ave en vuelo.

La ilustración aquí incluida está inspirada en la que realizó el dibujante de yōkai del período Edo Toriyama Sekien para su antología *Konjaku hyakki shūi* (Recopilación adicional de los cien demonios de antaño). Seguramente en tiempos de Sekien el *fūri* debía de ser un yōkai tan activo como para ser considerado de primera clase. Pero la verdad es que su aspecto recuerda más al de un animal corriente y moliente que al de un yōkai.

風呂桶の火の玉

Furo oke no hi no tama. Había una vez una persona que fue testigo de un fenómeno inexplicable y extraordinario cuando era niño. Cuando se estaba bañando, descubrió una gran bola de fuego moviéndose alrededor del arce del jardín. Asustado, llamó a su madre a gritos, la cual, al llegar y ver aquella bola de fuego, chilló a su vez sin saber qué hacer.

Dicen que, en una casa un poco más allá, acababa de morir alguien, por lo que llegaron a la conclusión de que lo más probable era que su alma hubiera acudido para despedirse.

También en la aldea de Tsumagoi, en la prefectura de Gumma, un hombre que se estaba bañando vio por la ventana una bola de fuego sobrevolando el tejado de la casa de enfrente. La bola de fuego tenía una coloración en la que se entremezclaban el rojo y el azul. Volaba despacio y de manera errática, hasta que se perdió por alguna parte. En aquella ocasión, acababa de fallecer la señora de una importante mansión cercana, por lo que en la aldea se rumoreó que aquello que revoloteaba era el alma de la señora, que había abandonado el cuerpo.

De manera similar, son varias las personas que han visto este tipo de bolas de fuego cuando se encontraban tomando un baño. Tenemos el caso de cierto científico que decidió dedicarse al estudio de estas bolas de fuego debido al susto que se llevó cuando, siendo un niño, una bola de fuego (*hi no tama*) del tamaño de un caldero se introdujo en su bañera (*furo oke*). Se trata del profesor Yoshihiko Otsuki, de la Universidad de Waseda. Al profesor Otsuki le llamó tanto la atención el fenómeno que se dedicó largo tiempo a investigar cuál podría ser su naturaleza.

古杣

Furusoma. Según cuentan, en las montañas de la comarca de Nagaoka, en Tosa (perteneciente a la actual prefectura de Kōchi), puede escucharse la voz de un leñador de figura invisible que dice así: «¡Allá va, sí, allá va, echaos a un lado!». Y, a continuación, se escucha, de un modo tan real como si uno lo tuviera delante, el sonido de un árbol que se desgaja hasta partirse seguido del tremendo impacto de un gran tronco que se desploma. Sin embargo, al acercarse al lugar de donde procede el sonido, no se ve nada anormal. Se dice que, en lo más profundo de la montaña, puede escucharse esta voz incluso en pleno día.

Furusoma (antiguo leñador) es el nombre que se le da al yōkai que produce esta misteriosa voz y sonido. Se dice que su verdadera condición es la del espíritu de un antiguo leñador que falleció al ser golpeado por la caída de un árbol que estaba cortando.

Dentro de la misma prefectura de Kōchi, en la antigua carretera de Noneyama que discurre por la zona del este, el *furusoma* no se limita a dejar oír su voz o los otros sonidos, sino que también hace retemblar los refugios de montaña.

En la antigua carretera de Noneyama, hay varias cabañas muy sencillas que se edificaron antiguamente con objeto de que los viajeros pudieran pasar la noche y protegerse de la lluvia o de la humedad del rocío. Pero al caer la noche y a pesar de que no soplaba el viento, la cabaña comenzaba a temblar en ocasiones. Al parecer, esto se debía a que el antiguo leñador deseaba medir sus fuerzas con los viajeros. Si cuando la cabaña empezaba a agitarse, no se detenía el temblor sujetando la columna principal, continuaba vibrando hasta el amanecer.

Sea como sea, no hay duda de que el espíritu de quien perece en la montaña, permanece en la montaña.

En otras regiones se producen también fenómenos sobrenaturales similares, pero en esos casos lo más normal es que se atribuyan a la acción de criaturas como el *tengu* o el *tanuki*.

古椿

Furu tsubaki. Desde los tiempos antiguos se dice que los árboles de camelias muy añejos *(furu tsubaki)* terminan por convertirse en fantasmas. En prefecturas como Ishikawa o Gifu abundan las historias acerca de viejos árboles de camelias que bailan o que se aparecen con forma de mujer, pero el caso es que los árboles viejos de la camelia poseen una belleza un tanto siniestra.

Hace mucho tiempo, un tratante de caballos caminaba por las calles de la ciudad situada a los pies del castillo de Yamagata. También cruzaba por allí un comerciante de flores de cártamo. A la salida de la ciudad, llegaron a un paso entre las montañas donde, en un momento dado, el tratante de caballos se dio cuenta de que una mujer caminaba junto a él, apenas un paso por delante. Puesto que le daba la espalda, no distinguía bien su rostro. De pronto, ella se dio la vuelta y echó el aliento sobre el tratante de caballos, que se convirtió en una abeja.

La abeja comenzó a zumbar revoloteando en torno del cuerpo de la mujer. La mujer se adentró en un desvío lateral del camino y luego penetró en un árbol de camelias que florecía con colores muy intensos.

El tratante de caballos que había sido convertido en abeja fue absorbido por una de las flores de la camelia. Un rato después, aquella flor se desprendió y cayó al suelo. El comerciante de flores de cárcamo, que había sido testigo de toda la escena, probó a recoger esa flor. Para entonces, la abeja ya estaba muerta. El comerciante, con la flor en la mano, se acercó al templo budista más cercano y contó lo sucedido. Entonces, el prior le dijo:

—Ya había escuchado antes relatos de personas que desaparecen al cruzar aquel paso de montaña. Así que la causa es esa mujer, ¿no?

Entonces, el prior sugirió que quizá el tratante de caballos volvería a la vida si entonaba unos rezos, y se puso a recitar versos sagrados con el mayor fervor. Pero, según dicen, como no consiguió ningún resultado, terminó por enterrar la abeja junto con la flor de camelia.

古空穂

Furu-utsubo. Antiguamente, la esperanza de vida era mucho más corta que ahora, hasta el punto de que se decía: «La vida son cincuenta años». Vivir hasta los ochenta o noventa años era en sí mismo algo extraordinariamente raro. Y al parecer muchos pensaban que «esa persona vive tanto tiempo porque está poseída por alguna criatura sobrenatural». También hoy, cuando uno pasa de los cien años y continúa gozando de buena salud, todavía hay quien piensa si esa persona tan longeva no estará poseída. Y de la misma manera, esto se aplica también a animales como los gatos o los zorros, e incluso a los utensilios cotidianos. Posiblemente el fenómeno conocido como *tsukumogami* para este último caso tenga su origen en esta forma de pensar.

El *furu-utsubo* (carcaj viejo) del que nos ocupamos ahora fue dibujado por Toriyama Sekien en su recopilación *Gazu hyakki tsurezure-bukuro* (Almanaque ilustrado de cien demonios imaginados por un ocioso). Parece tratarse de utensilio que, con el paso del tiempo, terminó por albergar un espíritu y convertirse en yōkai.

El *furu-utsubo* era un recipiente para guardar las flechas con una boca en la parte inferior por la que se podía meter y sacar las flechas. Normalmente, estaba fabricado con bambú recubierto de laca, pero por dentro estaba forrado de piel o de plumas de ave. Se trata, por tanto, de componentes que dan la impresión de poder transformarse en criaturas sobrenaturales al volverse viejos. De hecho, se dice que los utensilios fabricados con pelo o piel de animales tienen mucha mayor tendencia a convertirse en *tsukumogami*.

古屋の妖怪

Furuya no yōkai. Hace mucho tiempo, en la localidad de Tomotsu, de la región de Higo (perteneciente a la actual ciudad de Fukuyama, en la prefectura de Hiroshima), habitaba un próspero comerciante de sake llamado Kaneya Koheiji. En una de las habitaciones de su casa sucedían fenómenos sobrenaturales que terminaron por ser conocidos en toda la ciudadela que se extendía a los pies del castillo.

Koheiji, molesto por las habladurías, decidió desmantelar aquella amplia sala, para lo cual contrató a unos carpinteros. Sin embargo, los artesanos no pudieron emprender la tarea, ya que al momento se les nubló la vista y no estaban en condiciones de trabajar. Entonces, como no quedaba otra solución, dejó la sala como estaba. Sin embargo, el asunto terminó por llegar a oídos del señor feudal local, que le pidió a un grupo de sus samuráis que examinara el lugar.

Cuando los samuráis estaban en la sala en cuestión de la vivienda de Koheiji, apareció Hashimoto Uzen, un samurái muy próximo al señor feudal, junto con un anciano con aspecto de monje, que prepararon té y se lo sirvieron a los demás samuráis. Estos, que conocían la alta posición y poderío de Hashimoto, inclinaron temerosos sus cabezas hasta tocar el suelo y, cuando volvieron a alzarlas, tanto el monje anciano como Hashimoto habían desaparecido.

Asumiendo que habían sido engañados por un nuevo fenómeno sobrenatural, los samuráis regresaron y contaron lo sucedido al señor feudal, quien, llevándose la mano al pecho con una exclamación de sorpresa, explicó:

—¡Increíble! A la misma hora en que ibais de camino para cumplir mi encargo, yo recibía al maestro Shimakura Ryokan, que acudía para celebrar la ceremonia del té e iba vestido tal y como decís. Realmente es algo extraordinario.

Luego, permaneció en actitud pensativa y se dice que, finalmente, decidió conceder a Kanaya un terreno en otro lugar y hacer que se mudase allí. Tras aquello, el caserón recibió el nombre de *Kanaya furuya* (antigua casa de los Kanaya) y quedó abandonado, sin habitantes ni mantenimiento alguno.

衾

Fusuma. El *fusuma* era un tipo primitivo de edredón para taparse por las noches usado antes de que se generalizase el empleo de los futones.

En la región de Sado, de la prefectura de Niigata, se llamaba *fusuma* a una criatura similar a un pañolón de envolver regalos que atacaba de repente a quienes que iban caminando por la noche, tapándoles los ojos y la nariz e impidiendo el funcionamiento de los sentidos.

Como todo yōkai tiene su punto débil, se decía que si el *fusuma* era mordido por alguien que llevase los dientes teñidos de negro mediante el sistema conocido como *haguro*, se le podía desgarrar sin mayor dificultad. Por ese motivo, en la región de Sado dicen que antiguamente los hombres también se teñían los dientes de negro. Por lo visto, incluso entrada ya la Era Meiji (1868-1912), todavía quedaban allí algunos hombres con los dientes teñidos de negro, por lo que el temor que les causaba el *fusuma* debía de ser considerable.

En la ciudad de Nishio, prefectura de Aichi, en una zona llamada Sakushima, cuentan historias sobre un yōkai al que denominan *futon kabuse* (futón que cubre), que llega arrastrándose suavemente hasta que te cubre por completo e intenta asfixiarte, lo cual se parece bastante al *fusuma* de Sado. Por lo que respecta a los nombres, hay que reconocer que este de *futon kabuse* expresa de una manera más directa el fenómeno.

二口女

Futakuchi onna. Hace mucho tiempo vivía en Shimōsa (región a caballo entre el norte de la actual prefectura de Chiba y el suroeste de la de Ibaraki) una mujer que no amaba más que a su propio hijo y, como no alimentaba al hijo de la anterior esposa de su marido, el hijastro terminó por enfermar y murió de hambre.

Cuando llegó el día cuadragésimo nono de la muerte del niño, sucedió que la mujer se cruzó por delante del hombre que trabajaba en su casa como cortador de leña en el preciso momento en que este se encontraba dando un hachazo, que fue a golpear en la parte posterior de la cabeza de ella, de la que brotó un gran chorro de sangre.

Por más tiempo que pasaba, aquella herida no tenía visos de sanar y, finalmente, el corte terminó cobrando el aspecto de unos labios, la parte del hueso que había quedado al descubierto, la de unos dientes, y la carne de dentro, la de una protuberancia como una lengua. Así que no solo la herida no se cerró, sino que encima la mujer terminó con una boca en la parte delantera y otra en la parte trasera.

Al llegar determinada hora, la nueva boca le empezaba a doler de una manera salvaje; pero, por algún motivo, si se introducían alimentos por ella, el dolor cesaba. Además, la boca posterior parecía farfullar y cuentan que, si se uno probaba a escuchar con atención, podía distinguir las palabras «pide perdón, pide perdón».

Con carácter general, se dice que la *futakuchi onna* (mujer de dos bocas) nace cuando una mujer que odia a su hijastro lo mata de hambre por no alimentarlo. Tiene una boca delante y otra detrás y, cuando come, los extremos de sus cabellos se convierten en serpientes; también utiliza la boca trasera como si fueran unos palillos. Si no se introduce comida por la boca trasera, sufre y gime farfullando cosas sin sentido.

Aparte de esto, en varias regiones existen cuentos tradicionales acerca de esposas que no comen y en los que también aparece la mujer de dos bocas.

二つ塚の化け物

Futatsu-zuka no bakemono. Hace mucho tiempo, en un lugar de Kioto llamado Rendaino, había dos túmulos funerarios separados por unos 200 metros. De uno de los túmulos surgía todas las noches sin falta un fuego misterioso y, de la misma manera, del otro brotaba una voz no menos misteriosa que decía: «Ven aquí, ven aquí».

Una noche en la que estalló una gran tormenta, un hombre decidió ir a comprobar cuánto de verdad había en esta historia y encontrar una explicación. Cuando por fin el hombre llegó ante el primero de los túmulos funerarios, escuchó la misteriosa voz de la que hablaban los rumores. Entonces preguntó:

—¿Quién es el que habla?

Y al momento apareció una mujer de mediana edad y de aspecto enfermizo que respondió:

—Lléveme hasta el túmulo funerario en el que arde el fuego.

Como se trataba de un hombre fuerte, se cargó la mujer a la espalda y, tal y como le había pedido, la llevó hasta el otro túmulo. Una vez allí, la mujer penetró en el túmulo como si se filtrase. Al instante sonó un restallido acompañado de una tremenda vibración y volvió a aparecer convertida en un demonio que pedía que la devolviesen al túmulo funerario original. El hombre se volvió a cargar la mujer a la espalda y regresó por el mismo camino por el que había venido.

Al llegar al túmulo original, la mujer extendió un saquito hacia él y le dijo:

—He conseguido realizar mi deseo. En agradecimiento te regalo esto.

Entonces, por primera vez el hombre sintió un miedo repentino y, tras regresar a su casa a toda prisa, abrió el saquito para examinar su contenido. Y se encontró con que contenía una cantidad de dinero que llegaba a los cien *ryō*. En adelante, no volvió a suceder ningún fenómeno sobrenatural en torno a esos dos montículos funerarios.

浮遊霊

Fuyūrei. Cuando una persona muere, su alma sale del cuerpo y durante un tiempo determinado, por lo general se dice que son cuarenta y nueve días, dicha alma separada del cuerpo permanece flotando por toda la casa y sus alrededores.

Durante ese tiempo, lo mejor que puede hacer la gente que está a su alrededor es no alterar la tranquilidad de esta alma, de manera que pueda encaminarse sin incidencias hacia el país de los muertos.

Sin embargo, si alguna persona de carácter brusco o impaciente provoca cualquier altercado por una cuestión insignificante, el alma es incapaz de alejarse de la casa. Si se da la desgracia de que esta situación se prolongue más allá de los cuarenta y nueve días establecidos, el alma pierde la oportunidad de viajar al mundo de los muertos y entonces se convierte en un *fuyūrei*, o espíritu que flota vagabundo.

Probablemente, el alma continúa queriendo viajar al país de los muertos. Entonces, atrapa a los que pasan cerca, pegándose a ellos y pidiéndoles ayuda. Pero, como la gente corriente no comprende lo que debe hacer, el alma se ve obligada a permanecer en su condición de espíritu errante.

En resumen, *fuyūrei* es el nombre general con que se denomina a las almas que, sin poder alcanzar la paz budista del nirvana, vagan errantes. Y si además estas *fuyūrei* causan algún daño a los humanos, entonces son consideradas yōkai.

G

元興寺

Gagoji. En los tiempos del emperador Bidatsu, una campesina se quedó encinta del espíritu del trueno y tuvo un hijo. Al crecer, el hijo se hizo famoso por su gran fuerza, y un día, en la competición que organizaba la corte imperial, consiguió una victoria espectacular, quedando en el primer puesto. En consecuencia, se concluyó que era un desperdicio que continuase su vida como campesino y fue ordenado monje del templo budista Gangoji, que Soga no Umako había hecho edificar en Asuka por aquel entonces.

En esos días, en el torreón del templo Gangoji destinado a albergar la campana, se aparecía un espíritu demoníaco. Cada monje que iba a tañer la campana, terminaba siempre siendo asesinado, así que decidieron que ese papel lo desempeñase alguien de gran fuerza.

El nuevo monje decidió que había que poner fin a esa desgracia que asolaba al templo Gangoji, y resolvió terminar con el espíritu maligno. A tal fin, se dispuso a aguardar el amanecer en el torreón de la campana. Pasado un tiempo, el demonio hizo su aparición, pero, en cuanto vio al robusto monje, intentó huir a toda prisa. Entonces, el monje agarró al demonio por la cabellera y tiró de él con fuerza. Según cuentan, la criatura escapó dejando en sus manos tanto el pelo como el cuero cabelludo.

Esta historia está recogida en el libro *Nippon Ryōiki* (Crónica de los espíritus de Japón), y en ella se cuenta que, después de este incidente, el robusto monje continuó viviendo en el templo y, gracias a su enorme fuerza, labró sin dificultad los campos y, finalmente, fue recordado en la zona con el nombre de Dojo-bōshi.

Hasta no hace mucho tiempo, en algunas regiones se denominaba a los yōkai con nombres como *gagoji* o *gagoze*, y se cree que esto tiene su origen en la historia del templo Gangoji aquí referida.

餓鬼

Gaki. En el budismo se habla de seis mundos o reinos de sufrimiento, y uno de estos mundos es el llamado *gaki*. Se cree que aquellos que en vida han cometido algún pecado caen en este mundo espiritual del *gaki* y se convierten a su vez en los denominados *gaki* (demonio hambriento), seres que sufren continuamente debido al hambre y la sed.

La expresión «seis reinos» hace referencia a los seis mundos posibles que, según el budismo, existen tras la muerte. Estos seis mundos son: el del infierno, el de las bestias, el *ashura* o de los celos, el de los humanos, el del cielo y el de los demonios hambrientos. También la reencarnación de la que habla el budismo depende de estas seis modalidades.

Aquellos que caen en el mundo de los demonios hambrientos padecen continuos sufrimientos a causa del hambre. Quienes habitan este mundo no pueden llegar a ingerir alimento alguno, pues, aun cuando consigan llevarse algo a la boca, este alimento se convierte al instante en una llamarada.

En el libro *Inga monogatari* (Historias de actos y consecuencias), hay una historia según la cual, en una aldea de Edo llamada Ishihara, vivía un hombre muy tacaño y codicioso que a los sesenta años se convirtió en *gaki* a pesar de hallarse todavía con vida. Comía casi un kilo de arroz al día, y aún no le parecía suficiente. Finalmente terminó muriendo mientras se retorcía de hambre. A continuación, su espíritu hambriento poseyó a su nuera, que comenzó a gemir con aire de sufrimiento: «Quiero comer, quiero comer». Con todo, gracias a que sus convecinos realizaron las exequias por el difunto, el alma del hombre abandonó el cuerpo de su nuera y ella pudo recuperarse.

Cuando sucede algo así, se habla de «poseído por el *gaki*», y quien lo sufre es asaltado por un hambre feroz, que no hay manera de saciar.

Gaki-tsuki. Hace mucho tiempo, un viajero caminaba por la antigua carretera de Ise hacia Iga cuando se dio cuenta de que alguien que iba detrás le estaba llamando. Al darse la vuelta, vio a un hombre con aspecto de estar sufriendo que le dijo lo siguiente:

—Vengo de Osaka. Parece ser que, en algún momento, un *gaki* se ha introducido dentro de mí. Tengo tanta hambre que no puedo dar un paso más. ¿No llevará usted algo de comer que pueda darme?

El viajero pensó: «Vaya cosas más raras que dice este hombre», pero aun así sacó unas tiras de alga kombu que llevaba consigo y se las entregó. El hombre se alegró enormemente y se echó las algas a la boca. Pasado un rato, por fin pareció tranquilizarse y le contó la siguiente historia:

—El *gaki* es invisible a nuestros ojos. El sufrimiento de quienes han fallecido de hambre permanece en ese lugar, convirtiéndose en un espíritu hambriento, que luego se introduce en las personas que pasan por allí. Si uno es poseído por este demonio, siente un hambre tan intensa que es incapaz de dar un solo paso. Por eso, para estar prevenido contra el *gaki*, siempre llevo algo de comida conmigo cuando emprendo un viaje. Pero justo hoy parece que se me ha caído por alguna parte.

También yo, cuando estaba en el primer curso de la escuela secundaria, experimenté la *gaki-tsuki* (posesión por el demonio hambriento). Ciertamente, si uno se echa algo de comer a la boca, en cosa de unos treinta minutos desaparece el fenómeno. Si desde el punto de vista médico no se encuentra explicación alguna a esta sensación puntual de hambre atroz, entonces no cabe sino pensar que se trata de un tipo de posesión por parte de un espíritu.

蝦蟇

Gama. Por lo que respecta a los fenómenos sobrenaturales relacionados con animales, los más frecuentes son los protagonizados por los zorros y los *tanuki*. Sin embargo, los sapos (*gama*) también intervienen en la aparición de estos fenómenos, y en los libros antiguos pueden encontrarse varias historias que lo atestiguan.

Al parecer, si un sapo toma por vivienda una cuadra de caballos, estos pierden su vitalidad y terminan por quedarse en los huesos. Y, según cuentan, lo mismo les sucede a las personas, por lo que si un sapo se instala bajo las tablas del suelo de la casa, la gente que vive en ella se va debilitando y deprimiendo, y terminan por enfermar sin remedio.

Un hombre que vivía en una casa muy vieja cayó enfermo de pronto por causas desconocidas y, cada día que pasaba, se encontraba más débil. Un día, un gorrión se posó en el repecho de madera que circundaba la casa y se metió por un agujero entre las tablas. Pero, por más tiempo que pasaba, el pajarillo no volvió a salir. Al enfermo le pareció algo extraño y estuvo observando durante un tiempo con atención, sin que sucediera nada. Posteriormente, un gato vagabundo que solía aparecer por el jardín se metió también bajo el suelo de tablas, y de nuevo fue como si se lo hubiera tragado la tierra, pues nada más se volvió a saber de él.

Tras darle muchas vueltas a la cabeza, el hombre encargó que levantasen el suelo de tablas. Y entonces, en un hueco bajo la madera, apareció un sapo de gran tamaño. A su alrededor había desperdigados una gran cantidad de pelos y huesos. Convencidos de estar ante el causante de todos los males, dieron muerte al sapo y limpiaron todo el fondo del suelo, tras lo cual el enfermo se fue recuperando día a día.

En general, las historias de corte sobrenatural relacionadas con sapos son todas de este estilo.

岸涯小僧

Gangi kozō. El *gangi kozō* (muchacho de la costa), como su nombre indica, vive en la orilla del mar y atrapa peces, que devora con fruición de la cabeza a la cola. A veces también se escribe con los ideogramas de «árbol» y «ganso». Escrito de esta última manera, *gangi* es un tipo de serrucho circular, y este mismo nombre se le aplica a esta criatura por el aspecto que tiene cuando abre la boca.

Se dice que, cuando los pescadores que pasan por la playa ven al *gangi kozō*, le arrojan el más barato de los pescados grandes que lleven y se dan a la fuga despavoridos mientras escuchan a su espalada el sonido de la criatura masticando el pescado.

Armar un gran ruido mientras se mastica la cabeza de los peces es algo que este ser guarda en común con los perros y los gatos. O también con las nutrias, que montan un escándalo tremendo al comer. Por extraño que pueda parecer, quizá estos animales también fueran considerados en el pasado como un tipo de *gangi kozō*.

Cuando, finalizada la Segunda Guerra Mundial, viajé a las islas Salomón, vi cómo uno de los habitantes locales atrapaba un pez. Entonces, me quedé enormemente sorprendido al ver que el capitán que me hacía de guía comenzó a comerse a bocados sin más aquel pescado de unos 40 centímetros, masticando desde la cabeza con un ruido impresionante. Era un sonido completamente digno del *gangi kozō*. Sin duda tenía buenos dientes, pero el sonido tampoco desmerecía del conjunto.

Como antiguamente apenas se comían dulces, probablemente la gente tenía una dentadura tan buena como la del *gangi kozō*.

Gan no sei. Se llama *gan* al ataúd donde se transportan los muertos. En la aldea de Nakijin, en la prefectura de Okinawa, habita un monstruo que ataca a la gente y que puede aparecerse con forma de vaca o de caballo. Por lo visto, se trata de la forma que adopta el espíritu de estos *gan* (*gan no sei*).

También se dice que, unos instantes antes de que alguien muera, se oye pasar por delante de su casa un sonido de pasos y de crujidos, como si estuvieran cargando un objeto pesado. Pues bien, esto se suele explicar como que el espíritu del *gan* va y viene por delante de la casa en cuestión.

Cuando, con ocasión de los funerales, se saca el *gan* del lugar donde se almacenan, hay que ir diciéndole palabras con las que se sienta a gusto. Y, por el contrario, cuando se vuelve a guardar, hay que hacerlo soltando malas palabras. Si no se hace así, el espíritu del *gan* se aparece y vuelve a arrastrar a alguien consigo.

Hay otra serie de advertencias que se cuentan en torno al espíritu del *gan*, como por ejemplo que si, cuando hay un funeral, uno lleva un kimono o un *obi* de color rojo, el espíritu del *gan* le roba el alma, o que si alguien señala con el dedo al *gan* durante un funeral, su mano aparecerá cortada. Sin embargo, si se ha señalado sin intención, de manera impulsiva, y acto seguido se muerde uno el dedo y da siete vueltas en círculo sobre sí mismo, queda a salvo.

En Okinawa se dice desde antaño que la madera vieja de los ataúdes (y por tanto también la madera vieja del *gan*) se convierte en fantasma, por lo que debe quemarse. En la aldea de Nakajin se cuenta también una historia en la que la madera vieja de un *gan* se convierte en una preciosa muchacha y mantiene una relación amorosa con un joven.

ガラッパ

Garappa. El *garappa* es un tipo de *kappa* que vive en islas del sur como Amami Ōshima o el archipiélago de las Tokara. Es de cuerpo esbelto y de brazos y piernas largos. De hecho, tiene las piernas tan largas que, cuando se sienta en cuclillas, las rodillas le llegan más arriba de la cabeza. La coronilla tiene forma de plato, de su boca caen babas continuamente y, además, despide un olor a pescado crudo.

Se dice que en primavera vive junto a los ríos, y que el otoño lo pasa en las montañas, por lo que es frecuente que gaste jugarretas a la gente que cruza la montaña e incluso se dan casos de posesión. Por lo que cuentan, el *garappa* está casi siempre relacionado con sucesos extraños que puedan darse en la montaña, como perderse por un camino que parece fácil, golpearse de pronto la cabeza con una rama, sentir un repentino dolor de estómago, escuchar sonidos extraños o que se nos meta algo en el ojo.

Pero así y todo, no se debe hablar mal de los *garappa* cuando uno se encuentra en la montaña. Si uno va calzado, todavía, pero si vas descalzo cuando hablas mal de ellos y los *garappa* que están cerca te oyen, te gastarán alguna jugarreta en venganza.

Las historias que cuentan que si uno se hace amigo de un *garappa* consigue buena pesca son otro elemento en común de estas criaturas con otros tipos de *kappa* de las tierras del sur.

Sea como sea, lo cierto es que, en comparación con los *kappa* de las islas principales de Japón, los *garappa* parecen poseer muchas más habilidades y un poder mágico mayor. En cierto modo, guardan una gran similitud con las divinidades de las montañas. Probablemente esto quiere decir que se hallan próximos a las divinidades de las tradiciones primitivas.

画霊

Garei. Antiguamente, en la residencia de la familia del primer ministro Gajuji, había un viejo biombo en el que estaba dibujada una figura de mujer. En cierta ocasión, acudió a la residencia un mensajero de la guardia de samuráis del señor Honami que le dijo a la familia Gajuji: «Me gustaría que me prestasen este biombo», cosa que los Gajuji hicieron con mucho gusto. Y desde ese momento, una misteriosa mujer que abrazaba un niño comenzó a aparecerse todas las noches en las cercanías de la mansión del señor Honami. Entonces alguien decidió seguir los pasos de aquella mujer y descubrió que, al llegar junto al biombo, esta desaparecía. Pensando que todo se debía al biombo, recelaron de él y lo devolvieron a su lugar original, con la familia Gajuji.

Pero comenzó a suceder lo mismo en el hogar de los Gajuji y un samurái joven cayó en la cuenta de si aquella mujer no sería el dibujo del biombo. Para comprobarlo, pegó un papel fino sobre la cabeza de la mujer que estaba dibujada en dicho biombo. Entonces, a partir de esa noche la mujer que se aparecía en el jardín llevaba la cabeza cubierta por un papel.

Al comprobar cuán extraño resultaba todo aquello, el primer ministro reunió a varios maestros del dibujo y les mostró el biombo. Los maestros llegaron a la conclusión de que aquel dibujo era obra de Tosa Mitsuaki, pintor de los primeros tiempos del período Edo, y que poseía un gran valor. Por tanto, se llevó a cabo una restauración del dibujo y se guardó el biombo con el mayor cuidado, tras lo cual la mujer que se aparecía todas las noches, ya no volvió a mostrarse.

En resumen, que lo que quería el *garei* (espectro del dibujo), era que conservasen en buen estado su retrato.

がしゃどくろ

Gashadokuro. Cuando hay una gran cantidad de cadáveres caídos en el campo, se dice que el rencor que emana de ellos se aglutina para conformar un yōkai gigante llamado *gashadokuro* (esqueleto que cruje).

Por el día no muestra su figura, pero, al caer la noche, camina produciendo un sonido similar a un crujido y, cuando se topa con algún incauto, se abalanza sobre él para atacarlo.

Aunque no se trata exactamente del *gashadokuro*, en el libro *Nippon ryōiki* (Crónica de los espíritus de Japón) se recoge también la siguiente historia, que sucedió a finales del año 9 de la Era Hōki (778). A un hombre que vivía junto a la gran montaña de la comarca de Ashida, en Bingo (en la actual prefectura de Hiroshima), le sorprendió la noche cuando regresaba del mercado de la ciudad de Fukatsu, así que decidió pasarla al aire libre. Sin embargo, durante la noche escuchó cerca de sí una voz que decía: «Me duelen los ojos», así que, al clarear el día, comenzó a buscar por la zona y encontró una calavera con un brote de bambú que crecía atravesando una de las cuencas oculares. Entonces, suponiendo que de ahí procedía la voz que había escuchado durante la noche, arrancó el bambú y luego colocó ante la calavera parte del arroz que traía para su viaje. Entonces, la calavera comenzó a relatarle al hombre lo que le había sucedido con las siguientes palabras:

«Fui asesinado por mi tío en esta campiña, que dejó aquí tirado mi cadáver a la intemperie hasta que, con el paso del tiempo, quedó reducido a los huesos. Luego creció el bambú que, al atravesar la cuenca de uno de mis ojos, me producía un dolor insufrible; pero, gracias a vuestro buen corazón, he conseguido librarme de ese dolor. Deseo mostraros mi agradecimiento, por lo que me gustaría que acudieseis a casa de mis padres el día de Nochevieja».

Así pues, el hombre acudió al lugar indicado y el espíritu lo invitó a entrar y le ofreció manjares con generosidad, así como objetos de valor, tras lo cual desapareció. Cuando llegaron los padres del difunto, el hombre les relató la historia de cómo había perecido su hijo y supieron así que el culpable había sido su propio tío, por lo que consiguieron hacerlo detener. Y en esto consiste, más o menos, esta historia.

がたがた橋

Gatagata-bashi. El pequeño puente de madera que había en Hida Kosaka (la actual ciudad de Gero, en la prefectura de Gifu), a pesar de estar en lo profundo de la montaña, tenía mucho tránsito, puesto que era el camino que unía el pueblo con la localidad vecina. Cierta noche, un hombre llamado Kin'emon, que vivía en una casa junto al puente, escuchó varias voces hablando y, seguidamente, distinguió el sonido de las tablas del puente temblando bajo unos pasos atropellados y de gran fuerza.

«No debe de ser nada fácil cruzar el desfiladero a estas horas de la noche y llegarse hasta la aldea vecina», pensó mientras se dirigía a abrir la cancela del puente, pero, para su sorpresa, se encontró con que allí no había nadie. Sin embargo, al día siguiente volvió a suceder lo mismo, y de nuevo se escucharon el rumor de muchas voces y el ruido de los pasos sobre el puente. Y así sucedió en los días siguientes también, sin falta.

Llegó el día en que Kin'emon se sentía tremendamente asustado por el fenómeno, así que fue a visitar a un adivino, el cual le ofreció la siguiente explicación:

—El camino que pasa por delante de tu casa continúa hasta Tateyama, en la región de Etchū (la actual prefectura de Toyama). En Tateyama hay una montaña donde se reúnen los espectros. Sin duda eso que oyes cruzar por las noches son grupos de almas de los difuntos.

De vuelta en casa, Kin'emon se apresuró a deliberar el asunto con los suyos y, tras decidir que no podían continuar viviendo en aquel lugar, se mudaron a una casa alejada del puente.

Posteriormente, con objeto de apaciguar las almas de los difuntos, levantaron un mojón funerario en el que esculpieron palabras sagradas. Se dice que, en adelante, dejaron de suceder fenómenos extraños. Pero, aun así, los aldeanos de los alrededores terminaron denominando a este puente como *gatagata-bashi* (puente que retiembla).

Gedo. En el oeste de la región de San-in, había una casa a la que llamaban «la del *gedo*». Se trataba de una familia adinerada, pero muy cuidadosa con los gastos, hasta el punto de que los niños de esa casa echaban en falta determinados materiales para sus estudios.

Un otoño, en la temporada de la cosecha, hubo una persona que robó una pequeña cantidad de arroz de esta casa. No se sabe por qué, pero dicha persona de pronto comenzó a sufrir trastornos psicológicos y, nombrando a aquella casa, gritaba cosas como: «El *gedo* me está mordiendo. Sálvenme enseguida, por favor».

Cuando por fin parecía que dormía tranquilamente en el lecho, de pronto volvía a abrir los ojos y comenzaba a gritar: «Ha venido el *gedo* de aquella casa y me está mordiendo!». Y corría de un lado para otro intentando esconderse en el almacén de adobe o en resquicios tan pequeños que no cabía ni su propio cuerpo.

Preocupada, la gente de la casa probó a preguntarle cómo demonios era aquello que llamaba *gedo*. Y les respondió que se trataba de un ser parecido en tamaño y forma a los gatos, y de color negro-azulado. De lo que se deduce que el afectado debía verlo con claridad.

Desde entonces, la gente empezó a decir: «Por haber robado arroz de aquella casa, le pegaron el *gedo* y no para de sufrir» y, al mismo tiempo, la casa en cuestión recibió el nombre de « la del *gedo*» y todos tenían miedo de pasar por allí.

ゲドガキのバケモン

Gedogaki no bakemon. En la isla de Fukue, prefectura de Nagasaki, entre Nihongusu y Tamanoura Aza Arakawa, hay un lugar llamado Gedogaki en el que hacía mucho tiempo vivía un monstruo.

Cerca de allí, en Tamanoura Nakasu, vivía un niño llamado Ushimatsu. Una noche en la que Ushimatsu no dejaba de llorar, para asustarlo y que se callase, su padre le dijo: «Te voy a dar de comer al monstruo de Gedogaki (*Gedogaki no bakemon*)». Y según terminó de pronunciar estas palabras, desde el lado exterior de la puerta se escuchó una voz que dijo: «Pues entonces, deja que me lo coma».

Aquel padre que solo había tenido la intención de asustar al niño, terminó por ser el asustado y, sin pensarlo bien, para salir del paso no se le ocurrió otra cosa que replicar:

—Bueno, te lo daré para comer, pero cuando crezca.

Con el paso de los años, Ushimatsu fue creciendo sin mayores problemas hasta convertirse en un adolescente sano. Y cierto día en que el muchacho pasaba por Gedogaki, fue asaltado por el monstruo, que le dijo:

—Eres mío, porque tu padre me ofreció entregarte.

Como Ushimatsu además era fuerte, se desencadenó una lucha entre ambos, de la que el joven consiguió salir con vida, no sin esfuerzo. Sin embargo, el monstruo tenía un carácter muy persistente, y al día siguiente volvió a atacar al joven. Y, finalmente, Ushimatsu terminó devorado por el monstruo.

Si uno intenta engañar a los yōkai, las cosas pueden terminar de esta manera. Lo mejor que se puede hacer es tomárselos en serio y tener mucho cuidado con ellos.

Gehō-gashira. Según el libro *Shoku Nihongi* (Crónicas de Japón, segunda parte), en el mes de mayo del año 3 de la Era Jingo Keiun (769), durante el reinado de la emperatriz Shōtoku, la cortesana Agata Inukai no Aneme robó unos cabellos de la soberana con el objetivo de maldecirla. A continuación, los metió en una calavera que había recogido en el río Saho de Nara y se la llevó al santuario sintoísta, donde realizó tres veces el ritual llamado *enmi*. Sin embargo, el asunto fue descubierto enseguida, y Aneme fue acusada del delito de brujería y condenada al destierro.

Se llama *enmi* a un tipo de conjuro originario de China que llegó a Japón en el período Asuka, a la vez que el budismo, y que alcanzó su mayor popularidad en el período Heian. Consistía en escribir sobre un muñeco el nombre de la persona a la que se deseaba echar la maldición y, a continuación, clavarle agujas en los ojos o en el pecho. Por último, había que enterrar el muñeco.

Así pues, lo normal en el *enmi* era utilizar un muñeco pero, según el caso, por ejemplo en este de Agata Inukai no Aneme, a veces se utilizaba un esqueleto o una calavera humana. Esto recibe el nombre de *gehō-gashira* o *dokuro-shin* (espíritu de la calavera).

Según el libro *Masukagami* (El espejo, nueva entrega), cuando Fujiwara no Kinsuke, Consejero Mayor del Gobierno, murió y fue enterrado, un hechicero especializado en maldiciones *gehō-gashira* profanó su tumba, le cortó la cabeza, que era anormalmente grande, y se la llevó. Por lo visto, a la hora de practicar el *gehō-gashira*, cuanto más grande sea la cabeza y mayor el rango de su propietario, mejores resultados se obtendrán.

En cualquier caso, el *gehō-gashira* resultaba un poderoso conjuro para maldecir a un rival y un medio que se empleaba para conspirar contra enemigos políticos.

馬魔

Gima. También conocido como *taiba* (agota-caballos), es un yōkai que, como su nombre indica, se especializa en agotar a los caballos.

A veces, un caballo va caminando por la carretera y, de repente, es azotado como por un vendaval. Esto se debe a que, en esos momentos, una bruja vestida de escarlata desciende desde los cielos volando grácilmente a lomos de un caballito color verde iridiscente que se pega al caballo original. Al poco tiempo, a lo largo de las crines del caballo al que se ha pegado esta bruja, aparece un rayo de luz roja delgado como un hilo y el animal, tras dar tres vueltas hacia la derecha, lanza un relincho y se derrumba. Al llegar aquí, la bruja suelta una risotada y se esfuma. Sin duda, esta bruja es precisamente la condición real de lo que se llama *gima* (demonio de los caballos).

Al parecer, si uno procede a examinar el caballo caído, descubrirá que presenta el ano completamente abierto, como si hubiera sido atravesado por una gruesa barra o palo desde dentro hacia fuera.

Según cuentan, si se advierte la presencia del *gima*, ya sea por parte del jinete o del encargado de ir a pie llevando las riendas, lo mejor es desenvainar la katana y avanzar dando mandobles ante sí, ya que entonces el *gima* no ataca y puede uno continuar su camino sin problemas.

Por otra parte, como este tipo de encuentro desafortunado es frecuente cuando se ata el caballo mirando al sur, los encargados de riendas previsores se preocupan de no atar el animal en dicha dirección.

Para un encargado de riendas, un suceso de esta índole era algo que podía costarle la vida, así que antiguamente se vendía un alfiler llamado «ahuyenta *gima*», y los encargados se lo pendían en el moño mientras trabajaban. También podían salvarse si, cuando eran atacados por el *gima* y el caballo comenzaba a girar hacia la derecha, tiraban de él con todas sus fuerzas hacia la izquierda, o prendían dicho alfiler en la cola del caballo.

護法童子

Gohō dōji. Se denomina *gohō* a los demonios o espíritus que protegen a los eremitas y ascetas del budismo esotérico *shugendō* y que son utilizados como sirvientes por estos monjes. Debido a que, con frecuencia, presentan aspecto de niños, se les llama *gohō dōji* (niños protectores).

Libros como el *Konjaku monogatari* (Cuentos de antaño) o *Uji shūi monogatari* (Relatos complementarios a los cuentos de Uji) refieren que los *gohō dōji* tienen largos cabellos, mirada espantosa y trabajan adecuadamente para su amo, pero se dice que, de vez en cuando, pierden la moderación y cometen también actos crueles.

En resumen, que a la hora de servirse de los *gohō dōji* intervienen en gran medida las capacidades que tenga su usuario (es decir, el eremita del *Shugendō*), así que cuanto mejor haya sido el entrenamiento espiritual del monje esotérico, mayor es la fuerza que puede imprimir al *gohō dōji*.

Cuenta la leyenda que, en los tiempos del emperador Daigō (897- 930), cuando este cayó enfermo, un santo llamado Myoren, procedente del monte Shigi (en el límite entre las prefecturas de Osaka y Nara) envió junto al lecho imperial un *gohō dōji* llamado «el protector de la espada» que curó sus dolencias. En el rollo ilustrado *Shigisan engi e-maki* puede verse dibujada la figura de este *gohō dōji*.

Los *gohō* no tienen por qué adoptar forma de niño necesariamente. En ocasiones pueden aparecerse bajo la forma de espíritus divinos o de animales e incluso hay ocasiones en que llegan a convertirse en espíritus malignos que poseen a las personas. Ni qué decir tiene que, también en estos casos, el que el *gohō* trabaje por una buena causa o para hacer el mal dependerá de las intenciones del amo humano a quien sirve.

牛蒡種

Gonbō-dane. En las zonas de Hida o Mino (en la actual prefectura de Gifu) y en Shinano (la actual prefectura de Nagano) se denomina *gonbō-dane* (semilla de bardana) a un tipo de posesión en la que el poseído muestra un rechazo feroz hacia las personas, a las cuales dirige miradas de odio. La persona receptora de dichas miradas padece al momento una altísima fiebre y dolores de cabeza y termina sufriendo trastornos mentales. Cuando la intensidad del odio proyectado es baja, el afectado se recupera finalmente pasados unos meses, pero cuando se trata de un odio muy fuerte, se han dado casos en que la víctima expira sin remedio tras un largo período de padecimientos.

Aquellos que son poseídos por este *gonbō-dane* adquieren poderes similares, independientemente de la edad o el sexo, pero si dos personas se encuentran poseídas al mismo tiempo por el *gonbō-dane*, la fuerza de la una no tiene efectos sobre la otra. Además, aun en el caso de que hagan sufrir a un tercero hasta causarle la muerte, el portador del *gonbō-dane* no se ve afectado en absoluto.

Hace mucho tiempo, en una aldea de la región de Mino, vivió una mujer que fue poseída por el *gonbō-dane*. Si dirigía su ira hacia su esposo, este enfermaba al instante, por lo que el hombre procuraba no enfadarla de ningún modo. Así, para tenerla contenta, lo mismo lavaba la ropa que cosía. Si alguien contemplara la escena desde fuera, creería sin duda que este marido era un completo vasallo de su mujer. Para este esposo, la situación era toda una desdicha.

Según parece, el poder del *gonbō-dane* no alcanzaba a la gente importante, como los jefes o alcaldes de comarcas y aldeas. Por lo visto, las capacidades de estos *gonbō-dane* también tenían sus límites.

五体面

Gotaimen. El yōkai *gotaimen* (cara-cuerpo) es un monstruo que consiste en una enorme cabeza humana de la que salen los brazos y las piernas. Es decir que, tal y como su nombre indica, tiene una cabeza y cuatro miembros (dos piernas y dos brazos), pero carece de tronco y su lugar lo ocupa el rostro.

En los palacios de los señores feudales importantes, como los daimios, o en los caserones de los menos importantes o de personas de la nobleza, hay unos amplios salones en los que el dueño recibe a sus invitados. Según dicen, a veces, en medio de estas visitas, el *gotaimen* hace su aparición irrumpiendo por sorpresa.

Este yōkai pertenece al tipo de los *hara-dashi* (enseña-barrigas), porque su arte se parece al de esa gente que se dibuja un rostro en el vientre en las fiestas donde corre el alcohol para bailar con la mitad superior del cuerpo al descubierto y hacer reír a los presentes.

La mayoría de la gente que ve a esta criatura de aspecto tan extraño y que cambia la expresión del rostro con cada movimiento del cuerpo no puede sino estallar en carcajadas, pero cuando entre los presentes hay algún guerrero o algún miembro de la nobleza, en definitiva, gente de alto rango que se tiene a sí misma en alta estima, reprimen sus sentimientos y apenas hay quien se ría.

Si eso sucede, el *gotaimen* se enfada y comienza a armar jaleo, sin importarle la situación de que se trate. Y, después de haber revuelto todo el salón montando un escándalo, pierde las ganas de hacer nada y se queda dormido allí mismo.

Al parecer, si el *gotaimen* ve que la gente no comprende la comicidad de su arte, se enfada tanto que puede llegar a llorar.

五徳猫

Gotoku neko. Se llama *gotoku* al utensilio metálico de cinco patas que se emplea para poner encima la tetera o la cazuela que se va a calentar sobre el fogón, y se llama *gotoku neko* al gato que lleva puesto este cacharro en la cabeza como si fuera una corona. Su cola se divide en dos hacia el final, lo cual indica que ya ha alcanzado una considerable edad. Podemos considerarlo una variante del *nekomata*.

Por norma general, todos los animales, gatos incluidos, tienen miedo del fuego, sin embargo, al *gotoku neko* no solo no le asusta, sino que es él mismo quien prende fuego, con la misma facilidad que quien se desayuna.

Dejando aparte este yōkai, no son habituales las historias sobre monstruos-gato que se dedican a encender el fuego del hogar cuando les apetece, pero en cambio existen relatos sobre monstruos-gato que se aparecen convertidos en bola de fuego. Y puesto que también hay historias en las que estos felinos tienen los ojos rojos como ascuas, seguramente existe alguna relación entre los gatos y el fuego. Además, la rueda de fuego que actúa como mensajera del infierno y que acude a buscar las almas ha sido interpretada *a posteriori* como un tipo de transformación de los gatos, de modo que encontramos un nuevo punto de contacto entre los gatos y el fuego, lo cual no deja de ser una extraña relación.

El caso es que, no se sabe muy bien por qué, el *gotoku neko* lleva un *gotoku* por corona.

En el dibujo que se atribuye a Tosa Mitsunobu, artista del período Muromachi, de título *Hyakki yagyō e-maki*, aparece un yōkai que tiene en las manos una caña de bambú para avivar el fuego y que lleva el *gotoku* por corona. A juzgar por dicho dibujo, no es que se parezca demasiado a un yōkai gatuno, pero seguramente guarda alguna relación con él.

瞽女の幽霊

Goze no yūrei. Esta historia sucedió en los tiempos de la Era Kyōhō (1716-1736). De camino hacia Edo, un guerrero llamado Kitakuni no Hozumi Kanji se alojó en una posada y allí escuchó la hermosa voz de una trovadora ciega itinerante (*goze*).

Como la voz era tan bella, Kitakuni imaginó que debía tratarse de una mujer hermosa, así que esperó a que la trovadora se acostase y, luego, se introdujo sigilosamente en su habitación, donde pasó la noche.

El guerrero quedó muy satisfecho pero, con la salida del sol, se dio cuenta de que la mujer era tan fea que daba miedo. Entonces, abandonó la posada enormemente disgustado. Pero la mujer lo siguió con expresión de felicidad. A mitad del camino, en el momento en que cruzaban por un desfiladero, Kitakuni, molesto, la despeñó por un barranco.

El guerrero continuó su viaje hacia Edo y, pasado un año, cuando volvió a hacer el mismo itinerario a la inversa para regresar a su tierra, hizo un alto en el camino y se alojó en un templo budista de montaña. Entonces, esa noche se apareció el espectro de la mujer, que le dijo: «¿Te has olvidado de lo que sucedió el pasado otoño? Después de disfrutar de mi cuerpo aprovechándote de que era ciega, encima me asesinaste». Y, acto seguido, mordió al guerrero en la garganta, causándole la muerte.

ハカゼ

Hakaze. En la prefectura de Kōchi, se suele decir que a alguien «le ha entrado el *hakaze*» cuando sufre de pronto una fiebre muy aguda.

Hace tiempo, en la ciudad de Nakamura, sita en la misma prefectura, sucedió lo siguiente. A cierta mujer le subió la fiebre de repente y quedó postrada en cama. Por la noche la fiebre bajó, pero como al llegar la mañana comenzaba otra vez a subir, su familia decidió que la viese el exorcista de su tierra natal. Este dictaminó que la mujer había sido afectada por el *hakaze* y le recomendó acudir a cierto santuario sintoísta de la ciudad de Nakamura con objeto de que le practicaran un sortilegio para ahuyentar los malos espíritus. Según se dice, la mujer siguió el consejo del exorcista y, al momento, la fiebre bajó y, de este modo, pudo recuperarse.

El llamado *hakaze* no es otra cosa que el espíritu de un muerto. Se dice que los espíritus de siete guerreros que fueron asesinados en esta región hace mucho tiempo vagan ahora errantes y poseen a los vivos. Otros dicen que son los espíritus de los ahogados en el río, que vagan en torno de las riberas y poseen a quienes pasan por allí.

En el caso que acabo de relatar, la mujer vivía con su esposo en una habitación alquilada en la segunda planta de una casa y, en la habitación que tenían justo debajo, había un altar funerario con los huesos de un muerto. Según dicen, el espíritu de aquellos restos mortales se introdujo en ella. No es que hubiera ninguna relación de consanguinidad entre el muerto y la mujer, pero el problema estaba en que, sin saberlo, ella estaba durmiendo justo encima, como se descubrió más adelante.

Hakuzōsu. Hace mucho tiempo, en Kai (la actual prefectura de Yamanashi), en las faldas del monte Yumeyama, vivía un cazador llamado Yasaku que se dedicaba al comercio de las pieles de zorro. En Yumeyama vivía también una zorra ya mayor que odiaba profundamente a Yasaku porque, por más crías que paría, todas eran apresadas por el cazador.

En las cercanías había un templo budista llamado Hotoji, y el monje al cargo del mismo, de nombre Hakuzōsu, era tío de Yasaku. Tras mucho cavilar, la zorra decidió adoptar la figura de Hakuzōsu y, de esta guisa, fue a visitar a Yasaku y le dijo:

—No está bien matar seres vivos. Aquí te ofrezco un rollo de monedas para que, a cambio, me entregues tus trampas para zorros.

Y de este modo consiguió llevarse las trampas, pero Yosaku vivía de la caza de zorros y, sin ellas, no podía mantenerse. Por tanto, pasado un tiempo, el cazador decidió pedir dinero a su tío de nuevo y, a tal fin, se encaminó al templo Hotoji. La zorra se dio cuenta de sus intenciones y, entonces, mató a mordiscos a Hakuzōsu y se transformó en él para ocupar su lugar. Yasaku se tragó el embuste y la zorra vivió en el templo durante cincuenta años, desempeñando el papel de prior.

Sin embargo, en cierta ocasión en que acudió a ver las flores de cerezo, dos perros advirtieron su verdadera condición y la mataron a mordiscos, descubriéndose así su auténtica identidad. Según dicen, los pelos que crecían en la blanca cola del viejo animal parecían agujas de plata.

Cuentan que, desde que sucedió este incidente, el hecho de que un zorro adopte el aspecto de un monje se conoce como *hakuzōsu*.

花子さん

Hanako-san. Antiguamente se creía que, en torno a los retretes, moraban yōkai como el *kawaya-gami* o el *kanbari nyūdō*; pero, en la actualidad, tampoco dejan de escucharse relatos de sucesos sobrenaturales relacionados con este tipo de lugares.

Probablemente, el ejemplo más prototípico de criatura sobrenatural de los retretes es la llamada Hanako-san.

Se dice que Hanako-san se aparece en los lavabos de las escuelas. Si golpeas con los nudillos en la puerta de uno de los compartimentos vacíos y preguntas: «¿Estás aquí, Hanako-san?», dicen que desde el interior se oye una voz que contesta: «Sííí». Pero también cuentan que otras veces no solo se escucha la voz, sino que una mano pálida surge del interior del retrete o se aparece la figura de una niña con el pelo cortado a tazón.

Al igual que sucede en las sesiones con la *kokkuri*, por lo visto Hanako-san da un golpecito para contestar que sí y dos para contestar que no.

Dicen que en cierto colegio de primaria del distrito de Adachi, en Tokio, Hanako-san se aparece en el gimnasio. Si recorres cuarenta y cuatro veces el gimnasio gritando «¡Hanako-saaan!», terminarás escuchando un «aquí estoooy» como contestación. Y si gritas «¿alguien quiere jugar conmigo?», se oye en respuesta un «vale, ¿a qué jugamos?».

Muchos creen que Hanako-san, más que en la categoría de los yōkai, debería catalogarse dentro del grupo de los espectros.

Hangonkō. Hace mucho tiempo, en China, el emperador Wu de la dinastía Han fue precedido en la muerte por su amadísima esposa. Entonces, el inconsolablemente triste emperador Wu le pidió a su mago que encendiese el *hangonkō* (incienso para traer a las almas de vuelta). Acto seguido, entre las volutas de humo del incienso, apareció la figura de la esposa, pero ello no hizo sino aumentar la tristeza del emperador. Debido a esta historia, la gente de a pie del período Edo creía que el *hangonkō* era un incienso que tenía el poder de invocar a los muertos y el término *hangon* comenzó a utilizarse en combinación con otras palabras.

En una isla de gran extensión que se alza solitaria en medio del mar del Oeste hay un enorme árbol al que llaman *hangonju* (árbol que trae de vuelta a las almas). Es parecido a un arce y, cuando florece, se dice que el aroma que desprende llega a varios kilómetros de distancia; también cuentan que, si cuando alguien fallece se recogen hojas de este árbol y se meten en la boca del muerto, este resucita sin falta. Es gracias a este poder de traer de vuelta el alma por lo que recibe este nombre.

En la localidad de Oritsu, en la comarca de Owari Nakajima (la actual ciudad de Inazawa, en la prefectura de Aichi), hay un túmulo funerario en el bosque de Awade llamado Hangonzuka. Antiguamente, vivía allí una mujer llamada Fuji, cuyo esposo tuvo que viajar a las lejanas tierras del nordeste de Japón. Como él tardaba tanto en regresar, ella se pasaba los días llorando, sumida en una gran tristeza. Y debido a ese estado de ánimo, terminó por morir. Finalmente el esposo regresó sano y salvo pero, cuando supo que su mujer había fallecido, se hundió en la desesperación. Entonces, le pidió a un reputado monje budista llamado Tougan que llevase a cabo el conjuro del *hangon* y así pudo distinguir la figura de su esposa flotando en medio del humo del incienso. El esposo lloró de felicidad y, al parecer, en adelante, el túmulo funerario de la mujer pasó a ser llamado Hangonzuka.

Hannya. La palabra *hannya* viene del término sánscrito *prajna*, que significa «gran conocimiento». Al parecer, cuando un hombre llamado Hannya-bō talló una máscara de mujer demonio, el término *hannya* comenzó a emplearse para denominar a las mujeres demonio.

La mujer demonio es un yōkai cuyo espíritu arde con las flaquezas indeseables de una mujer, como puedan ser los celos y la ira.

Las historias relacionadas con la máscara de *hannya* existen en muchos lugares, pero probablemente la más famosa de todas sea la llamada *Nikutsuki men* (La máscara pegada a la carne). La trama de *Nikutsuki men* aborda un caso habitual de celos entre mujeres, como es la rivalidad entre suegra y nuera.

Había una vez una suegra con muy mal carácter. La nuera había perdido a su esposo y a su hijo por una enfermedad y, por más que le disgustase, no le quedaba más remedio que tratar a diario con su suegra. Y esta aprovechaba cualquier excusa para martirizar a su nuera. Cierto día, mientras la nuera se dirigía a la tumba de su esposo y de su hijo para rezar, la suegra le salió al paso con una máscara de *hannya* con objeto de asustarla. Para la mujer supuso un gran regocijo ver el pánico que reflejado en rostro de la joven pero cuando, muy satisfecha, intentó quitarse la máscara de la cara, no pudo por más empeño que puso. Incapaz de hacer otra cosa, reveló a su nuera lo sucedido y le pidió disculpas. Entonces esta, pensando que el motivo del fenómeno debían ser los retorcidos sentimientos de su suegra, fue con ella a visitar a un monje de alto rango. Gracias a los rezos del monje y a sus invocaciones a los poderes de Buda, la máscara de demonio se desprendió por fin del rostro de la mujer.

Esta historia fue muy difundida por quienes predicaban la religión budista. En algunos templos de la prefectura de Fukui, como el Gankeiji o el Yoshizaki, se conservan máscaras de demonio que acreditan ser las originales del relato.

般若憑き

Hannya tsuki. A comienzos de la Era Meiji, un joven de una familia muy religiosa decidió ingresar en la Escuela de Teología del santuario sintoísta de Ise, para lo cual partió de Sanuki en dirección a Osaka. Como ya había caído la noche cuando llegó a esta ciudad, decidió hospedarse en una posada, pero la habitación en la que le alojaron tenía un ambiente un tanto lúgubre y resultaba desagradable. Era noche cerrada, y al llegar la hora más propicia para los aparecidos, el joven se encontraba acostado pero, de pronto, sintió un escalofrío en la parte posterior del cuello y notó la presencia de alguien que se sentaba encima de su futón. Intentó librarse de la criatura, pero no consiguió mover un solo músculo. Poco después, el ser que se había subido sobre el futón adelantó su cabeza hacia él y estuvo escrutando su rostro. ¡La cara de ese demonio era la de un espantoso *hannya*! El *hannya* abrió la boca y echó su aliento sobre el rostro del joven. Era un aliento indeciblemente frío. El joven pasó toda la noche sufriendo.

Cuando por fin amaneció y el joven pudo moverse libremente, abandonó a toda prisa la posada y, acto seguido, acudió a la delegación que había en Osaka de la Escuela de Teología Sintoísta, donde alquiló una habitación en el segundo piso. Sin embargo, también allí volvió a aparecerse el *hannya* y a martirizar al joven de la misma manera.

Medio año después, cuando por fin consiguió ingresar en la Escuela Central de Teología en Ise, de nuevo se le volvió a aparecer el *hannya*. Este joven, que siempre era incapaz de moverse o de levantar la voz en presencia del *hannya*, terminó gravemente afectado de los nervios, por lo que abandonó la escuela y acabó en paradero desconocido.

Probablemente, este caso fue provocado por algún tipo de espíritu que perseguía a este joven en concreto.

ハンザキ大明神

Hanzaki daimyōjin. En el municipio de Yubara (la actual ciudad de Maniwa), en la prefectura de Okayama, hay un diminuto templo que supone toda una rareza en Japón y que se conoce como *hanzaki daimyōjin* (augusta divinidad *hanzaki*). *Hanzaki* (cuerpo a medio desgarrar) es el nombre que recibe una enorme salamandra que, según cuentan, tiene una fuerza vital tan poderosa que puede seguir con vida a pesar de que le hagan un corte que desgarre la mitad de su cuerpo, y de ahí viene su nombre.

Esta historia data de la Era Genroku (1688-1704). Corrían habladurías acerca de un monstruo gigante que se tragaba a la gente y que moraba en el río Asahi, que discurría por Yubara.

Un joven llamado Mitsui Hikosaburo se decidió a acabar con el monstruo y, para ello, se zambulló de manera temeraria en las aguas sin llevar más que un puñal sujeto con los dientes. El monstruo apareció y se tragó a Hikosaburo de un solo bocado. Pero el joven, sin dejarse vencer, desgarró desde dentro las entrañas de la criatura con su puñal y de esta manera alcanzó el éxito en su cometido de terminar con el monstruo. Se dice que este gigantesco *hanzaki* tenía una longitud de 10 metros, que la circunferencia de su cuerpo era de 4 metros y que la sangre que brotó de él tiñó todo el río de color rojo.

Aquella noche, para festejar el valor de Hikosaburo, se celebró un gran banquete en la aldea. Sin embargo, Hikosaburo, que por algún motivo desconocido tenía mal aspecto, sufrió un violento acceso de fiebre y falleció poco tiempo después.

Los aldeanos estaban muy asustados, convencidos de que todo aquello se debía a la venganza del espíritu del *hanzaki* y, según dicen, construyeron un pequeño templo destinado a adorar al *hanzaki* para evitar que sucediesen más desgracias a la aldea. Al parecer, ahí reside el origen del *hanzaki daimyōjin*.

八百八狸

Happyakuhachi-danuki. Cuando se habla de animales con capacidad de transformación, los zorros y los *tanuki* compiten más o menos a la par por el primer puesto. Por lo general, se considera que los zorros poseen gran astucia y que los *tanuki* son más apacibles y despistados, pero esta es simplemente la imagen que dan, ya que los *tanuki* no tienen nada de tontos. Y es que aquí y allá se escuchan historias de enfrentamientos entre zorros y *tanuki* donde estos últimos resultan vencedores.

Los *tanuki* son famosos en las islas de Shikoku y Sado. En Shikoku son muy conocidas las historias del *happyakuhachi-danuki* (*tanuki* de los 808) de Iyo Matsuyama (la actual ciudad de Matsuyama, en la prefectura de Ehime) y la del *hage-danuki* (*tanuki* calvo) de Sanuki (en la actual prefectura de Kagawa). Al parecer los *tanuki* ejercen un dominio tal sobre la isla de Shikoku que, según cuentan, mantienen a raya a los zorros y no les permiten dar un solo paso en la isla. Debido a eso, la gente de Shikoku no padece los perjuicios que causan los zorros y sienten una enorme gratitud hacia los *tanuki*.

Todavía hoy en día, si uno viaja a Shikoku, puede ver que en todas las tiendas de recuerdos se venden figuras de *tanuki* como adorno, así que las personas que viven del turismo están incluso más agradecidas a los *tanuki*.

Se llama *happyakuhachi-danuki* al gran jefe de los *tanuki* de Iyo Matsuyama, de nombre Inugami Gyobu. Al parecer, ochocientas ocho familias de *tanuki* estaban a su servicio y había ideado un plan para hacerse con el castillo de Matsuyama, pero fracasó y fue encerrado en la cueva de Kutani, en Iyo. Al parecer, en la zona de Kutani Yamaguchi todavía hoy esta cueva es considerada como un lugar de adoración bajo el nombre de Yamaguchi Reishin (espíritu divino de Yamaguchi).

Harionago. También llamada *nure joshi* o *warau joshi* en la zona de Uwajima, prefectura de Ehime.

Los largos cabellos de la *harionago* penden en todas direcciones, ocultando su rostro, y el extremo de los mismos termina en una especie de garfios metálicos, finos como agujas, con los que, según dicen, engancha a los hombres para arrastrarlos y llevárselos consigo. Cuentan que si uno de estos garfios te alcanza, no podrás moverte por muy fuerte que seas.

En la zona de Sakuraoka, en la población de Johen (la actual población de Ainan) las apariciones de la *harionago* eran frecuentes y suponían todo un tormento para los hombres jóvenes.

Una noche, cuando un joven de una aldea de montaña caminaba solo por aquella zona, se le acercó una preciosa chica que avanzaba en dirección opuesta. Como en su rostro se dibujaba una sonrisa traviesa, se sintió un tanto inquieto, pero, dejándose llevar por su belleza, le devolvió la sonrisa y, de pronto, la mujer se revolvió agitando su larguísima cabellera y se abalanzó sobre él. El joven se asustó enormemente y salió disparado como una flecha de regreso a su casa, donde entró temblando como un flan mientras echaba el cerrojo del portón a toda prisa.

El joven esperó a que amaneciese y, por la mañana, cuando temerosamente probó a salir afuera, vio que en el portón había innumerables marcas de arañazos causados por las puntas de los cabellos de la *harionago*. Es decir, que se salvó del peligro porque el portón había sido construido con recia madera. Si se hubiera tratado de una puerta corredera de madera fina y papel, las agujas del pelo la habrían rasgado y, sin duda, la criatura habría podido abrirse camino al interior.

Al parecer, después de este incidente, todos aprendieron la lección: si uno quería protegerse de la persecución de la *harionago* (mujer de las agujas), no servía parapetarse tras una puerta corredera de papel, sino de una hecha con una única tabla de recia madera.

橋姫

Hashi hime. La *hashi hime* (princesa del puente) es un espectro femenino que se aparece junto a los puentes. Sobre ella se cuentan historias muy diversas.

Hace mucho tiempo, junto a las márgenes del río Uji, vivía un matrimonio. Un día, de pronto el esposo dijo que se iba al Palacio del Dragón y se fue de casa, pero no regresó nunca. La esposa, agotada de llorar y consumida por la tristeza, terminó muriendo de pena, y se dice que su figura, transformada en fantasma, comenzó a aparecerse junto al puente vecino.

También existe otra historia en la que una mujer, celosa porque su marido se echa una amante, muere sintiendo un gran rencor hacia él y, en consecuencia, termina convertida en dicho fantasma.

Hay también otra variante según la cual la *hashi hime* sería el espíritu femenino del río Uji, al que acude el espíritu del templo de Sumiyoshi de tanto en tanto para mantener relaciones matrimoniales con ella. Cuando, con el amanecer, el espíritu del templo de Sumiyoshi se marcha, la *hashi hime* se revuelve enloquecida, incapaz de soportar tanta tristeza.

Y todavía encontramos otra historia más.

Hace mucho tiempo, había una mujer tremendamente celosa que, con el fin de matar a la persona objeto de su rencor, todas las noches se metía en el río Uji para realizar allí un ritual de maldición. Entonces, tras muchos sufrimientos, terminó por convertirse en un demonio, llevando a cabo su venganza bajo esta forma.

Según dicen, puesto que estos demonios se crean a partir de los celos, cuando ven a una mujer hermosa le causan todo tipo de desgracias. Por eso, los cortejos organizados con motivo de esponsales tienen que protegerse de la maldición de la *hashi hime* evitando ir por el camino habitual al que será el nuevo hogar de la novia y, en su lugar, van dando rodeos.

機尋

Hatahiro. Si una mujer está trabajando con el telar mientras piensa con rencor en ese marido que no vuelve, se dice que dicho rencor femenino se transmite al telar y, convirtiéndose en espíritu-serpiente, parte a la búsqueda del esposo. En esto consiste el *hatahiro* (buscador de los telares). Son muy frecuentes las historias en las que una obsesión humana adopta la forma de una serpiente.

Hace mucho tiempo, unos hombres que iban camino de Shinshū (la actual prefectura de Nagano), hicieron una pausa para descansar en una cabaña de Bushū Kawagoe (la actual ciudad de Kawagoe, en la prefectura de Saitama). A uno de ellos se le ocurrió utilizar los lavabos y, a tal fin, se encaminó hacia el jardín de la parte trasera. Entonces, descubrió una serpiente sobre una de las piedras planas del jardín. Al ver que el ofidio no huía de él, le lanzó una piedrecita que fue a dar en la cabeza de la serpiente, con lo cual finalmente se dio a la fuga.

Cuando el hombre regresó, el monje al cargo del lugar, que hasta entonces había estado medio adormilado, se espabiló de repente y le dijo muy enfadado:

—¿Por qué me has herido en la cabeza?

Y, al fijarse, advirtió que, efectivamente, el monje tenía un chichón en la cabeza. Entonces, el hombre que acababa de regresar de los lavabos le dijo:

—Le he tirado una piedrecita a una serpiente que estaba sobre una losa del jardín, pero a usted no le he hecho nada.

Al oír eso, el monje bajó la cabeza y contestó:

—Ah, ¿entonces fue así? No hago más que cometer actos vergonzosos.

A continuación, llevó al grupo hacia las proximidades de los lavabos y levantó la piedra plana sobre la que había estado la serpiente. Allí, oculta bajo la piedra, apareció una cantidad de dinero que sumaba siete *ryō*. El monje explicó que había acumulado aquel dinero con mucho esfuerzo y que, por miedo a los ladrones, lo había escondido allí. Y, según cuentan, añadió con lágrimas en los ojos: «Ahora, como muestra de arrepentimiento por la tentación que supuso este apego por lo material, quiero entregaros este dinero a vosotros».

Hata onryō. Antiguamente se creía que, si en tiempos de mala cosecha, alguien moría de hambre y no se le hacían las exequias funerarias como es debido, dejando el cadáver sin atender, se aparecía luego convertido en un yōkai llamado *hata onryō* (espectro vengador de los campos).

En el libro de Fujisawa Morihiko titulado *Zusetsu Nippon minzokugaku zenshu. Minkan shinko, yōkai, fuzoku, seikatsu hen* (Antología ilustrada de etnografía japonesa. Creencias populares, yōkai, costumbres y vida cotidiana) se lee lo siguiente:

«Los japoneses de la Antigüedad, aparte de temer a los espíritus de los vivos y de los muertos, temían también a las criaturas nacidas de la transformación de un espectro vengador en otra forma. Por ejemplo, existe la idea de que Raigo Ajari se convirtió en ratón para intentar alcanzar sus propósitos, o que el espíritu de la esposa muerta se convierte en demonio e intenta intimar con su antiguo esposo. En este último caso, se cree que el alma de la esposa muerta, más que desear estar junto a su marido en vida, se convierte en demonio con objeto de arrastrarlo hasta la tumba. En estos casos, con el propósito de proteger a las personas de este tipo de peligros, se despliegan las habilidades y sortilegios transmitidos por la tradición de los maestros del budismo esotérico *shingon* y de los exorcistas del yin y el yang».

Cuando era un niño, yo mismo escuché a menudo por boca de las ancianas numerosas historias acerca de espíritus que intentaban arrastrar a la tumba a la gente. En particular, se creía que las ancianas a punto de morir poseían una gran capacidad de arrastrar a los vivos con ellas. Y también se escucha a menudo que, cuando una de estas mujeres está a punto de morir, recibe la visita de otras ancianas que le dicen: «Por favor, llévate contigo a fulanito o menganita».

Así es que el temor de los japoneses a los espectros vengativos viene de mucho tiempo atrás, aunque parece que hoy día estas creencias solo persisten en zonas rurales.

髪魚

Hatsugyo. Cuentan que el *hatsugyo* (pez peludo) es una criatura de cabellos tan largos como un fajín de kimono, rostro de mujer y piel blanca recubierta de escamas.

Hacia el año 12 de la Era Kansei (1800), un hombre que vivía cerca del barrio de Nishibori, en Osaka, pescó un extraño pez que nadaba entre los troncos de madera que los comerciantes transportaban por el río. Tenía una longitud de unos 90 centímetros y su cuerpo recubierto de escamas recordaba al del mújol. La cabeza tenía ojos, nariz y boca, con un rostro vagamente humano, y gemía con una voz similar al llanto de un bebé. Según cuentan, se armó un gran revuelo y la gente pensó que la extraña criatura era una especie de sirena. Probablemente se trataba de una cría de *hatsugyo*.

Y hay una historia todavía más antigua, que al parecer data de los tiempos de la emperatriz Suiko (592-628). En la región de Ōmi (la actual prefectura de Shiga) se propagó como la pólvora el rumor de que en el río Gamo se aparecía un pez extraordinario de aspecto similar al de un humano. Tras oír la noticia, cierto pescador de la región de Settsu (que abarcaba el noroeste de la actual Osaka y el sudoeste de la prefectura de Hyōgo) se propuso pescarlo y, a tal fin, extendió sus redes en el extremo del canal que partía de dicho río. Esperó y esperó y, al poco tiempo, notó que algo de gran tamaño había quedado atrapado. Se apresuró a recoger la red y, al alzarla con su captura, vio que había cumplido su objetivo y había atrapado un ejemplar del pez sobrenatural. Cuentan que su aspecto era tan parecido al de un niño que resultaba muy difícil determinar hasta qué punto era humano o hasta qué punto se trataba de un pez.

Aparte de esta, existen otras criaturas como el *umizaru* (mono de mar) o la *umiotome* (chica de mar) que, junto con el *hatsugyo*, se cree que pertenecen a la familia de las sirenas.

Hebimiko. En la isla Shodojima, prefectura de Kagawa, se escucha a menudo, en referencia a ciertas casas, el término *hebimiko* (hechizadas por la serpiente). Se dice que los moradores de estas casas son capaces de provocar el sufrimiento de un rival con solo pensar «cómo odio a ese tipo». Según otros, pueden llegar a provocar que las serpientes devoren las tripas de sus oponentes, causándoles la muerte.

En cuanto a los orígenes de las *hebimiko*, existe la siguiente leyenda.

Hace mucho tiempo, arribó a las costas de Shodojima un baúl arrastrado por las olas. Poco a poco, varios habitantes de la aldea fueron reuniéndose en torno al baúl y, sin haberlo abierto siquiera, comenzaron a decir:

—Ese baúl es mío porque lo he encontrado yo.

—No, yo lo vi antes.

De esta manera, discutían acerca de su posesión y, como nadie daba su brazo a torcer, el anciano de la aldea concluyó:

—Lo que haremos será repartir su contenido entre aquellos que reclaman haberlo descubierto primero.

Con esta decisión, por fin todos quedaron conformes. Y llegó el momento de abrir el baúl. Llenos de emoción por ver lo que podría haber en el interior, se reunieron en torno del baúl. Se abrió la tapa. Y entonces, lo que surgió del interior fue un gran número de serpientes que, acto seguido, se introdujeron en varias casas sin que nadie pudiera hacer nada para evitarlo. Todas estas viviendas resultaron pertenecer sin excepción a aquellos que habían reclamado la propiedad del baúl y por eso se dice que algunas casas de la isla reciben el nombre de *hebimiko*.

Hebi no kai. A su paso por la aldea de Aimoto, en la región de Etchū (la actual ciudad de Kurobe, en la prefectura de Toyama), las aguas del río Kurobe son extremadamente profundas. Sobre dicho río, se extiende el puente llamado Aimoto y, junto al extremo oeste del puente, había una casa de té.

Hace mucho tiempo, en aquella casa de té vivía una preciosa muchacha. Una noche, un apuesto samurái se presentó en el establecimiento y pidió su mano diciendo:

—Soy un vasallo del clan de Kaga y, como todavía no tengo esposa, he venido porque he oído hablar muy bien de la joven de esta casa.

Los esposos que regentaban esta casa de té se alegraron mucho al escuchar estas palabras y, tras una breve conversación, accedieron encantados a entregar a su hija en matrimonio.

Pasó el tiempo y, transcurridos tres años sin recibir noticia alguna de la hija que había dejado su hogar para casarse, la joven inesperadamente un día volvió. Regresaba para dar a luz en la casa de sus padres. Llegado el día, la muchacha les pidió que, hasta que no finalizase el parto, no entrasen ni mirasen en la habitación destinada al alumbramiento. Los padres no podían quitarse la preocupación de encima, ya que se trataba de la primera vez que su hija daba a luz. Por ello, furtivamente, terminaron por escudriñar el interior de la habitación a través de una rendija de la puerta corredera. Y, entonces, vieron que lo que su hija había parido era un gran número de pequeñas serpientes.

La joven, al saber que la habían visto en aquella situación, rompió a llorar y, entre lágrimas, explicó lo sucedido, confesando que su esposo era la gran serpiente que vivía bajo el puente.

—Ahora que he sido descubierta, no me queda más remedio que despedirme de vosotros para siempre.

Se dice que, tras pronunciar estas palabras de adiós, la joven se introdujo junto con sus criaturas en una profunda poza que quedaba bajo el puente y nunca más se la volvió a ver.

平家一族の怨霊

Heike ichizoku no onryō. Por culpa de las falsas acusaciones que Kajiwara Kagetoki vertió sobre él, Minamoto no Yoshitsune se vio perseguido por su hermano Yoritomo y pensó en exiliarse a la región de Kyūshū. Con tal propósito, decidió huir embarcándose en el puerto de Daimotsu no Ura, provincia de Settsu (la actual ciudad de Amagasaki, en la prefectura de Hyōgo).

Una vez en altamar, el tiempo cambió de repente, ennegreciéndose los cielos y encrespándose las olas. El barco, imposibilitado tanto de avanzar como de regresar y zarandeado furiosamente por las olas, estuvo varias veces a punto de volcar.

Un vasallo de Yoshitsune llamado Musashibo Benkei, convencido de que aquello era obra de los espíritus del clan Taira impelidos por el rencor hacia los Minamoto que los habían derrotado, se plantó de pie junto a la borda y comenzó a recitar oraciones budistas con todas sus fuerzas. Entonces, los espectros de los Taira se aplacaron y el barco de Yoshitsune se salvó.

Esta es la famosa historia de los espectros de la familia Taira (*Heike no onryō*) y constituye una de las escenas de la obra *Funa Benkei* (Benkei en el barco).

Las historias sobre los espectros vengadores de los Taira continuaron contándose a lo largo de los siglos. Por ejemplo, según dicen, si se cruza el estrecho de Kanmon y alguien habla de dicha familia, se observan fenómenos extraños sobre la superficie del mar. También se cuenta la historia de unos samuráis que, cuando estaban hablando despreocupadamente sobre el tema, vieron cómo aparecían ante sus ojos incontables cabezas de mujer de una extrema palidez flotando en el aire de manera desordenada.

En el santuario sintoísta de Akama, cerca de la costa de Dan no Ura, se cuenta la leyenda de *Hoichi el desorejado*, y también está la leyenda de los *Heike-gani*, según la cual los espectros de los Taira se reencarnaron en cangrejos. Así pues, aun en nuestros días, se conservan muchas historias acerca de estas apariciones.

幣六

Heiroku. En la antología de Toriyama Sekien titulada *Gazu hyakki tsurezure-bukuro* (Almanaque ilustrado de cien demonios imaginados por un ocioso) aparece el dibujo de un yōkai que recuerda a un demonio rojo y que corre mientras alza con la mano una varilla de madera sagrada como las que se utilizan en los rituales sintoístas. Cuentan que esta criatura se autodenomina «el oráculo divino», y se dedica a difundir información falsa, confundiendo a las personas y provocando alborotos.

Se desconoce el origen del nombre de *heiroku* que recibe esta criatura, pero su aspecto es muy parecido al del servidor del santuario sintoísta que en el período Edo se conocía como «el oráculo itinerante de Kashima».

El término *Kashima* se refiere a la población de Kashima, en la prefectura de Ibaraki, famosa por el santuario sintoísta del mismo nombre. Durante el período Edo, este santuario contaba con un miembro que, en calidad de oráculo, recorría los alrededores comunicando a los habitantes augurios como el resultado de la próxima cosecha.

Estos servidores religiosos imitaban la costumbre de los miembros del linaje de los Urabe, que durante todo el año acudían desde el gran templo a palacio para realizar predicciones sobre parabienes o desgracias; posiblemente el *heiroku* era una criatura que se mezclaba entre estos oráculos itinerantes, imitando su actuación. O también siente uno ganas de pensar que quizá las gentes del período Edo, al ver la actuación de estos adivinos, se imaginaran dicho yōkai a partir de ellos.

En el rollo ilustrado *Hyakki yagyō emaki*, también aparece dibujado un yōkai con el mismo aspecto, así que es posible que este yōkai fuera mucho más conocido de lo que pensamos para la gente de antaño.

ヒバゴン

Hibagon. La criatura llamada *hibagon*, que fue avistada hacia el año 1970, tiene una estatura de entre 150 y 160 centímetros, cuerpo recubierto totalmente por una pelambrera color marrón claro, cabeza en forma de triángulo con el vértice hacia abajo y rostro de aspecto humanoide, aunque no pertenece ni al grupo de los humanos ni al de los simios.

Apareció en la zona boscosa de las montañas del municipio de Saijo, en la comarca de Hiba, lo que viene a ser el nordeste de la prefectura de Hiroshima y, debido a esto, se le puso el nombre de *hibagon*. En el ayuntamiento local del municipio de Saijo se estableció un grupo de trabajo especial llamado «Departamento del Antropoide» que, por lo visto, se dedicó a atender a los periodistas que acudían en busca de información sobre el particular.

En el año 1970, un estudiante de la escuela primaria que fue a la montaña para recoger setas vio una gran cabeza que asomaba entre unos matojos de bambú enano. Desde entonces y hasta, más o menos, el año 1975, se recogieron varios testimonios de personas que aseguraban haber visto al críptido, pero de pronto los avistamientos cesaron y ya no volvió a oírse hablar más de él.

Unos cinco años después, a unos cien kilómetros de este lugar, en la zona de Yamano (perteneciente a la ciudad de Fukuyama) apareció una criatura del mismo aspecto. Como ahora se había presentado en Yamano, se le puso el nombre de *yamagon*. Cuando se recabaron las declaraciones de los testigos, los investigadores comprobaron que las características del animal eran prácticamente las mismas que las del *hibagon*. Sin embargo, también en este caso dejaron de escucharse nuevos testimonios al cabo de un tiempo, pasando la historia a formar parte de la rumorología local. Y ahora ya nadie habla del asunto.

En definitiva, el caso del *hibagon* se cerró sin que pudiera establecerse la verdadera naturaleza del fenómeno.

ひだる神

Hidaru-gami. Al igual que sucede con el *gaki* o con el *dari*, si uno es poseído por el *hidaru-gami*, siente un hambre feroz y se ve incapaz de dar un paso.

Se denomina *hidaru-gami* (espíritu del cansancio) a aquellas almas que, tras la muerte, no tienen a nadie que rece por ellas y se pegan a los vivos, llegando a poseerlos.

Cuando en la montaña uno se ve asaltado por un cansancio repentino, se dice que ha sido poseído por el *hidaru-gami* y, o bien se come un bocado del almuerzo que lleve consigo o, si no se tiene a mano, hay que escribir tres veces sobre la palma de la mano el ideograma de «arroz» y luego lamerlo tres veces, con lo cual uno se repone. Por eso se dice que siempre hay que guardar hasta el final del camino el último bocado del almuerzo que uno lleve.

En la prefectura de Wakayama, se cuenta que un hombre que estaba atravesando la montaña fue poseído por esta criatura y, como se recomienda, dibujó el ideograma de «arroz» sobre la palma de su mano. Gracias a eso, pudo escapar del peligro.

En las regiones montañosas, especialmente en los puertos de montaña, abundaban los lugares donde se transmitía de boca en boca lo siguiente: «Aquí se aparece el *hidaru-gami* y puede poseerte».

Incluso Kumagusu Minamikata, célebre naturalista de los tiempos de la Era Meiji, escribió: «Este servidor, desde el año 1901 y durante unos dos años y medio, estuvo viviendo en las faldas del monte Nachi. También recorrí las cumbres de la zona del Kumotori, donde fui poseído por el espíritu que llaman *gaki* (...)».

El *gaki* es el espíritu de alguien que ha muerto de hambre, y se introduce en las personas que están agotadas de cansancio. Quienes son poseídos por esta criatura sienten un hambre irrefrenable en plena montaña. Si no son atendidos adecuadamente cuanto antes, pueden incluso llegar a morir.

Ser poseído por un espíritu es algo tremendamente molesto y, si uno no se lo toma en serio, puede terminar muy mal.

魃

Hideri-gami. El *hideri-gami* (divinidad de la sequía) recibe también el nombre de *kanbo* (maestro de la sequía). Vive en lo más profundo de las escarpadas montañas y, aunque su rostro es parecido al de los humanos, su cuerpo es el de una bestia. Aunque solo tiene un brazo y una pierna, cuando corre es rápido como el viento. Cuando este yōkai se manifiesta, la lluvia jamás aparece y un sol implacable se sucede sin descanso. Es decir, provoca la sequía.

Sin embargo, se dice que si uno consigue atraparlo y arrojarlo enseguida a unas aguas turbias, muere instantáneamente retorciéndose de sufrimiento. Claro que, teniendo en cuenta que nos hallamos ante una divinidad maligna, la tarea de atraparla debe de resultar bastante difícil.

Originalmente el *hideri-gami* procede de China, y en el antiguo libro chino *Sansai ezu* aparece una referencia a esta criatura dentro del apartado de «bestias avianas». Según dicho texto, en el monte Gang viven muchos *hideri-gami* que son descritos como criaturas de rostro humano, cuerpo de bestia, un solo brazo y una sola pierna. También refiere que allá donde se presentan, no llueve. El monte Gang es un pico que aparece mencionado en un antiguo libro de geografía chino titulado *Shanhaijing*, pero se desconoce el nombre actual y situación de dicha montaña.

Dado que se trata de un yōkai chino, apenas existen en Japón relatos sobre apariciones del *hideri-gami* en tal o cual sitio como causante de la sequía.

狒々

Hihi. La bestia llamada *hihi* expresa en su rostro la ferocidad de su carácter y, aunque sea solo por su apariencia, reúne méritos suficientes para considerarla un yōkai. Su aspecto es vagamente humano, corre muy deprisa y devora a las personas. Según el *Wakai sansai zue* (Diccionario enciclopédico de los tres mundos) del período Edo, su cuerpo es negro y está recubierto de pelo, tiene unos labios prominentes que destacan en el rostro de aspecto humanoide, cuando ve a una persona, se echa a reír, y su estatura puede llegar a superar los tres metros.

Las leyendas sobre su aparición son frecuentes en varias regiones y, por lo general, su contenido recuerda al de aquellas que narran cómo se venció al *sarugami* (divinidad mono). En un lugar llamado Kuroda Shimogawara, en la ciudad de Nabari, prefectura de Mie, hay un monumento llamado Koshinzuka, que se dice que fue erigido para rezar por el espíritu del *hihi*.

Cuentan que, en los tiempos de la Era Kan-ei (1624-1644), un enorme *hihi* apareció en este lugar de Kuroda y, tras raptar a una niña, la devoró. Por aquel entonces, un hombre llamado Yui Shosetsu, que se encontraba viajando de Yamato (la actual prefectura de Nara) a Iga (la parte noroeste de la actual prefectura de Mie) con objeto de completar su formación como futuro guerrero, escuchó esta historia al llegar a Kuroda y decidió que, para salvar las vidas de la gente de allí, debía derrotar a esta bestia; y, en efecto, lo consiguió. Al parecer, el monumento conmemorativo data de entonces.

Puesto que en China también existe una criatura similar a este yōkai llamado *hihi*, es posible que se trate de una criatura originaria de allí.

Hiki mōren. Según la dirección de las corrientes marinas, en ciertos lugares de la costa suelen acumularse algas, trozos de madera o desperdicios. En la zona de Ise-Shima esto recibe el nombre de *naiba*. Se dice que, en las noches sin viento, cuando la humedad es pegajosa, suele verse en torno a las *naiba* una especie de vacilantes fuegos fosforescentes. Los marineros cuentan que se trata de la luz que despiden los temibles *hiki mōren* (espectros que atraen), por lo que nunca se acercan a esas zonas.

Los *hiki mōren* son los espectros de la gente que ha perecido en el mar y que flotan sobre la superficie de las aguas en busca de los vivos para arrastrarlos con ellos y convertirlos en sus compañeros. Según los pescadores, la partícula *hiki* de su nombre viene de «arrastrar».

También se les conoce como *hiki mōja* (condenados que arrastran) y, según cuentan, si un barco mercante se hace a la mar por la noche, es seguro que se topará con ellos. Aunque durante la noche el mar está completamente a oscuras, se distinguen con facilidad porque su luz blanquecina brilla en un punto concreto. Al parecer, en esos momentos los marineros, advertidos sobre cómo actuar, pisotean al instante la cubierta del barco con todas sus fuerzas. Si el resplandor se dispersa enseguida, simplemente se trata de un banco de peces, pero, de lo contrario, se trata sin duda de los *hiki mōren*, pues permanecen estáticos en el mismo lugar.

Los *hiki mōren* son almas que no pueden alcanzar la paz budista y persiguen a los vivos para convertirlos en sus compañeros. Desde este punto de vista, difieren de los espectros vengadores que se aparecen para perjudicar a las personas concretas que les causaron algún agravio en vida.

Más bien cabe pensar que los *hiki mōren* se aparecen en los lugares donde perecieron y se pegan a los barcos que pasan por allí, conduciendo a sus tripulantes al mismo destino que sufrieron ellos.

火間虫入道

Himamushi nyūdō. Este yōkai fue dibujado por Toriyama Sekien en su *Konjaku hyakki shūi* (Recopilación adicional de los cien demonios de antaño). Cuando alguien está trabajando por la noche concentrado en su tarea con todas sus fuerzas, llega sigilosamente el *himamushi nyūdō* (monje del ocio) y sorbe el aceite de las lámparas.

Se dice que la gente que ha sido perezosa durante toda su vida y que no se ha dedicado más que a holgazanear se convierte tras la muerte en este yōkai, que también recibe el nombre de *himamushi yanyūdō* (monje nocturno del ocio).

«Hay un proverbio que dice: "La vida es esfuerzo y, el que se esfuerza, no pasa estreches". Aquellos que dejan pasar su vida sin sacarle beneficio ni hacer nada útil y malgastan sus días ociosos continúan de la misma manera cuando mueren, pues su espíritu se convierte en el *himamushi yanyūdō*, que se dedica a chupetear el aceite de las lámparas, molestando de este modo a los que trabajan de noche. En nuestros días se pronuncia también *hemamushi*, cambiando el *hi* por un *he*».

Este es el tipo de comentarios que podemos leer en la explicación que adjunta Sekien. En definitiva, viene a decir que este yōkai procede de la transformación de alguien que en vida fue un vago y que ahora se dedica a fastidiar a los que trabajan de noche.

El apunte final acerca de la pronunciación *hemamushi* consiste en un juego de palabras similar al tan célebre en nuestros días de *henohenomoheji*, cuyos ideogramas, escritos de determinada manera, recuerdan a un rostro humano de perfil, puesto que, si después de *hemamushi*, se escribe la palabra *nyūdō* en caligrafía *sosho*, los ideogramas se parecen al dibujo de una persona sentada.

Si seguimos la descripción de Sekien, este juego de palabras del *hemamushi* no es más que un modo de divertirse dibujando la figura del *himamushi nyūdō*.

人形神

Hinna-gami. En la zona oeste de la prefectura de Toyama, cuando alguna familia conseguía de pronto aumentar sus bienes y prosperaba, la gente difundía el rumor de que tal prosperidad era debida a que rezaban al *hinna*.

Hinna es la palabra del dialecto de esta región para decir «muñeco». Se dice que el *hinna-gami* (divinidad muñeco) es un tipo de espíritu que posee a la gente. Para fabricarlo, hay que recoger tierra del cementerio y disponerla de manera que durante tres años sea pisoteada por tres mil personas. A continuación, hay que fabricar con esta tierra bien pisoteada un millar de muñecos *hinna-gami* de unos diez centímetros y cocerlos en una marmita hasta que solo uno de ellos salga flotando a la superficie. Este último recibe el nombre de *kochobo* y se cree que alberga en su interior un millar de espíritus.

Si luego convertimos este *kochobo* en objeto de adoración, se cumplen todos nuestros deseos. Ascendemos en la escala social, aumentan nuestros bienes y pasamos a disfrutar de una vida próspera.

Ahora bien, todo esto exige una contrapartida. Según dicen, cuando a uno le llega la hora de morir, el *hinna-gami* continúa firmemente adherido a nosotros y, sin llegar a separarse, al final nos lleva al infierno.

Estos *hinna-gami* son muy similares a los llamados *shiki-gami*, que constituían una de las habilidades secretas de los exorcistas de la época medieval. Los *shiki-gami* se preparaban encerrando un espíritu de la naturaleza dentro de un muñeco, al que luego se convertía en servidor propio, pero no resultaban tan terribles como los *hinna-gami*, que te poseen y te arrastran al infierno.

飛縁魔

Hinoenma. *Hinoenma* (demonio que aleja los compromisos) es un término que originalmente procede del budismo y que se utilizaba para prevenir a los novicios de la ruptura del voto de castidad. También recibe el nombre de *enshojo* (mujer que entorpece los compromisos) y hace recobrar la razón a aquellos que, engañados por una mujer, arruinan su vida o pierden su hogar.

En cierto modo, también se puede decir que este yōkai viene al pelo para echar la culpa a las mujeres de las incapacidades masculinas.

Su aspecto exterior es similar al de las beatíficas figuras *bosatsu* del budismo, pero en su interior es diabólico como el *yasha* y, dado que su rostro expresa algo muy diferente a su espíritu, nos recuerda que hay que tener cuidado de no cegarse por una mujer. Las gentes de antaño prevenían acerca de la acción del *hinoenma* explicando que el alma femenina está llena de envidias y rencores, por lo que se halla en una continua desorientación. Por este motivo puede provocar la ruina del hombre o la pérdida del hogar.

Casos como el de una de las concubinas del emperador chino Jie, último regente de la dinastía Xia, o el de Daji, una de la esposas de Zhou (también llamado Di Xing), soberano de la dinastía Yin, o también el de Bao Si, concubina del rey You de la dinastía Zhou, fueron todos *hinoenma*. Según dicen, si caes en las redes de una *hinoenma*, no solamente te echarás a perder, sino que te absorberá hasta la última gota de sangre de tu cuerpo y morirás.

Todos estos parecen ser casos de mujeres nacidas bajo el signo zodiacal de *hinoe-uma*, así que cabría hablar de un tipo de superstición, más que de un yōkai propiamente dicho.

Antiguamente se decía que «las mujeres nacidas en el año de *hinoe-uma* arruinan a los hombres» y la gente evitaba a las mujeres nacidas en ese año. Se creía que aquellas nacidas bajo dicho signo, si se casaban, causaban la muerte del esposo. Cierta teoría sostiene que esta idea se originó y extendió gracias a la célebre obra de teatro titulada *Yaoya no O-Shichi* (O-Shichi, la hija del vendedor de verduras), donde la protagonista, nacida en un año de *hinoe-uma* como fue el año 6 de la Era Kanbun (1666), termina provocando un incendio.

Hi no kuruma. Se dice que la rueda de fuego (*hi no kuruma*) es el enviado del infierno que entra en nuestro mundo para reclamar nuestras almas. Al respecto existe la siguiente historia.

En los tiempos de la Era Meiwa (1764-1772), había un médico llamado Mikami que vivía en los alrededores del lugar llamado Gojo Yanagi no Banba, de la ciudad de Kioto.

Cierta noche, una de las sirvientas de su casa se despertó con un fuerte presentimiento y, al abrir la ventana, vio ante sí una imagen que le cortó la respiración.

Y es que la mujer vio cómo su madre estaba montada en una rueda de fuego y gritaba y se retorcía entre gestos de dolor. Toda la escena estaba envuelta por las salvajes llamaradas del infierno.

La mujer se entristeció tanto que decidió bajar a su madre del carro de fuego como fuese y, a tal fin, salió corriendo de casa por la puerta principal, pero, acto seguido, perdió el conocimiento. Los habitantes de la casa descubrieron con gran sorpresa lo sucedido y, cuando se disponían a reanimar a la mujer, comprobaron que su cuerpo estaba lleno de quemaduras.

Al anochecer del día siguiente llegó la noticia de que la madre de la sirvienta, que vivía en el terruño natal, había fallecido.

Según dicen, el enviado del infierno que es la rueda de fuego se aparece en el momento de la muerte ante aquellos que no han llevado una vida conforme a los preceptos del bien.

Al parecer, siguiendo las órdenes de Emma, rey del infierno, los demonios o los empleados del infierno se encargan de tirar de esta rueda que, según cuentan, se aparece ante los parientes del fallecido antes de que este sea conducido al infierno.

Hirabu-gai. Esta es una historia de tiempos remotos, cuando Sarutahiko (una divinidad autóctona, perteneciente a la llamada Era de los Dioses) fue a pescar a Asaka (se cree que es la zona al norte de la actual ciudad de Matsusaka, en la prefectura de Mie).

Al llegar mar adentro, se levantó de pronto un gran oleaje y asomó entre las aguas un enorme molusco peludo. Sarutahiko desenvainó al momento su espada e intentó dar un mandoble al animal, pero fracasó en el empeño. Por contra, el barco se zarandeaó de tal manera que terminó por volcar.

Sarutahiko nadó con todas sus fuerzas y por fin consiguió alcanzar la costa. Al volver la vista hacia atrás, la monstruosa concha había desaparecido. Al contar lo sucedido, un hombre le explicó que se trataba de un molusco monstruoso al que llamaban *hirabu-gai*, que se aparecía de tanto en tanto sobre la superficie del mar y atacaba a la gente. Y luego añadió:

—Pero, en cualquier caso, se ve que Saruhiko hace honor a su fama, pues ha conseguido regresar de un encuentro como este sin un rasguño.

Más que por la aparición del monstruo en sí, este incidente fue recordado por elevar la consideración de la que ya gozaba Saruhiko.

Otra teoría dice que el *hirabu-gai* es un tipo de vieira gigante.

Hiru mochi. En una aldea de la comarca de Ōchi, prefectura de Shimane, había una casa a la que las habladurías calificaban de *hiru mochi* (poseedora de la sanguijuela).

Al parecer, alguien de dicha casa salvó muchos años atrás a una sanguijuela y, desde entonces, la familia que la ocupaba prosperó de manera prodigiosa. Cuentan que, en el día de Año Nuevo, el cabeza de familia no se tomaba la tradicional sopa, sino que la depositaba como ofrenda en el altar del hogar. Y, entonces, toda aquella sopa se transformaba en sanguijuelas.

El *hiru mochi* es una especie de divinidad de la suerte que hace prosperar a la familia, aunque no abundan las historias en las que un espíritu que se pegue a una casa traiga la felicidad.

Probablemente esta estrambótica idea de un espíritu que se pega a algo o a alguien proceda del concepto que los pobladores primitivos tenían de las almas como principio fundamental de la vida. Al parecer, creían que el alma era un ente vaporoso y liviano, y esta creencia estaba firmemente arraigada en la gente de la Antigüedad.

Esta idea justificaría también la creencia de que un ente semejante pudiera penetrar en un cuerpo ajeno. Creo que, seamos conscientes de ello o no, en el fondo del concepto de entidades que poseen a los demás, subyace de manera sutil esta visión de la vida que tenía la gente de los tiempos primitivos.

Hitodama. Se cree que dos o tres días antes de que alguien muera o justo en el instante de la muerte, el alma sale del cuerpo convertida en una bola de fuego voladora que recibe el nombre de *hitodama* (alma humana). Los relatos de testigos que aseguran haberlas visto son literalmente incontables y han sido recogidos desde los tiempos más antiguos hasta los actuales.

Según estos testimonios, las *hitodama* adoptan una forma redondeada u ovalada, siendo su característica distintiva una especie de cola en su parte posterior. Cierto testigo declaró que se trataba de «algo que flotaba errante por los aires con una forma parecida a la de un renacuajo».

En cuanto al color, muchas de estas *hitodama* son de un azul pálido o también amarillento. Según dicen, si se da un manotazo a una de estas bolas de fuego, se apagan, pero la palma de la mano queda recubierta de una especie de espuma burbujeante. Otros han declarado que, al golpear una de estas *hitodama* con un paraguas de estilo chino, el fuego se apagó, pero el paraguas quedó impregnado de una sustancia pringosa similar a una flema.

En cuanto a su velocidad de desplazamiento, en muchas regiones se cree que las *hitodama* pertenecientes a los ancianos se desplazan lentamente, mientras que las de los jóvenes van a toda marcha, o que las de los hombres salen de la casa por el salón, mientras que las de las mujeres lo hacen por la cocina.

Para algunos, las *hitodama* son «parientes» de los espectros. Por lo visto, hay testimonios recogidos antiguamente de testigos que declaraban haber visto *hitodama* con ojos, orejas, nariz y boca.

Hitokoe sakebi. También conocido como *hitokoe yobi* (el que llama una vez). Pertenece al tipo de los yōkai de montaña. Como se dice que llama a los humanos con una sola palabra, en la comarca de Ōno, en la prefectura de Gifu, advierten que, cuando uno se encuentra en un refugio de montaña y quiere llamar a un compañero, debe hacerlo siempre dos veces. De esa manera, el compañero sabe que quien le está llamando no es este yōkai.

Estos yōkai que llaman a la gente una sola vez reciben por ello nombres como *hitokoe sakebi* (el que grita una vez) o *hitokoe yobi* (el que llama una vez). Y, por lo visto, el nombre no se limita a un yōkai en concreto, sino a todos aquellos yōkai de montaña que dirigen la palabra a la gente una sola vez.

Según explica Kunio Yanagita en uno de sus libros, antiguamente, cuando dos personas se cruzaban al anochecer, se saludaban sin falta. Y es que, como en esos momentos resultaba difícil distinguir el rostro de los demás, este saludo no solo daba a conocer la identidad al otro sino que anunciaba que uno mismo no era un fantasma. Dicen que por este motivo, a esta hora del anochecer se le llamaba *ka wa dare* o *tare zo kare* (¿quién va ahí?), fórmulas que derivaron en la actual *tasogare* (atardecer).

Incluso en las palabras que nosotros mismos utilizamos a diario, a menudo encontramos algunas que guardan relación con los yōkai.

火取魔

Hitorima. De este yōkai se hablaba antiguamente en la localidad de Yamanaka, sita en la comarca de Enuma, en la prefectura de Ishikawa.

Cerca de un puente llamado Korogibashi hay un lugar al que los lugareños llaman «el bolsillo de la abuela». Antes era una zona bastante solitaria pero, como no está lejos de un manantial de aguas termales, al llegar el atardecer pasaban algunas personas yendo y viniendo con sus farolillos de mano.

Sin embargo, a partir de cierto momento, comenzaron a difundirse rumores sobre un fenómeno extraño. Se decía que, cuando la gente pasaba por allí con su farolillo encendido, se escuchaba como un sonido de succión y el fuego desaparecía como si hubiera sido aspirado. Y, al salir de esa zona, el farolillo volvía a encenderse.

Aquello era obra del llamado *hitorima* (demonio roba-fuegos).

Antiguamente la gente dependía de los farolillos para recorrer de noche los caminos, de modo que si la luz desaparecía, aunque fuera por poco tiempo, provocaba inquietud. Y, si además, era un tramo determinado el que siempre se quedaba a oscuras, no tiene nada de extraordinario que el fenómeno se atribuyera a la acción de un yōkai.

En Tosa (la actual prefectura de Kōchi) dicen que cuando uno va andando de noche por un camino y la llama de su farolillo se achica, es que «se ha pegado un demonio» y, según la gente de allí, para evitar esto, hay que apagar de un soplido la llama del farolillo un instante antes de salir afuera y luego volver a encenderla. De esta manera, el demonio no se acerca.

一人相撲

Hitori-zumo. Hace mucho tiempo, en Chikuzen Meinohama (en la actual ciudad de Fukuoka, en la prefectura del mismo nombre), vivía un hombre llamado Kyuzo que se vanagloriaba de su fuerza. En cierta ocasión, en mitad de la noche, determinado asunto lo llevó a pasar junto al río. Y, justamente, cuando por allí pasaba, se le apareció un *kappa* que, con una insistencia rayana en la pesadez, le pidió entablar un combate de sumo.

—¿Pero a quién se le ocurre echar un combate de sumo en plena noche?

Kyuzo intentó escabullirse de esta manera, pero el *kappa* lo siguió hasta su casa sin dejar de apremiarlo. Kyuzo consiguió convencerlo para que esperase hasta el amanecer, con la promesa de echar entonces un combate en la ribera del río.

Pero, cuando por la mañana Kyuzo se presentó en el río, se encontró con que ya había cinco *kappa* esperándolo. Ante tal situación, les dijo:

—Eh, vosotros. Lucharé con todos, pero de uno en uno.

Entonces, los *kappa* fueron saliendo del río por orden y, de uno en uno, desafiaron al hombre en combate. Kyuzo tenía una gran confianza en su fuerza, pero los contrincantes, además de tener el cuerpo resbaladizo, despedían un fuerte olor a pescado, por lo que la lucha se le presentaba más que ardua. Sin embargo, pasando el brazo por la entrepierna del *kappa* y poniéndolo boca abajo, consiguió vencer al primero sin dificultad. Cuentan que, cuando los *kappa* se dieron cuenta de que no tenían la menor posibilidad de ganar, terminaron por batirse en retirada.

Con ocasión de este combate, acudió mucha gente del vecindario para disfrutar del espectáculo, pero, por extraño que parezca, nadie consiguió ver a los *kappa*. Todo parecía indicar que Kyuzo estaba luchando al sumo él solo (*hitori-zumo*). Cuentan que lo único que consiguieron percibir los vecinos de cuando en cuando fue un chapoteo, como si alguien se hubiera tirado al río, y una leve ondulación en las aguas que se agitaban durante unos instantes.

一つ目坊

Hitotsume bō. En la ciudad de Yatsushiro, prefectura de Kumamoto, se conserva en el hogar de la familia Matsui un rollo ilustrado titulado *Hyakki yagyō emaki* (Desfile nocturno de los cien demonios), en el que aparece el dibujo de un yōkai bastante inusual que se llama *hitotsume bō* y que, como su nombre indica, tiene un solo ojo. Sobre ese único ojo presenta una marca de color rojo, exactamente igual que esas que se pinta la gente en la India. Y desde ahí, lanza una luz como un rayo.

En el rollo ilustrado en cuestión, no consta la menor explicación acerca de este *hitotsume bō*, por lo que no hay manera de describir sus cualidades, pero al parecer hubo una época en que los yōkai de un solo ojo se denominaban genéricamente *mehitotsu bō* en lugar de, como ahora, *hitotsume bō*.

Por todo el territorio de Kyūshū, incluida la prefectura de Kumamoto, había también un yōkai similar a este, llamado *mehitotsu goro*. Según dicen, este yōkai se metía en las casas y se aparecía en los rincones oscuros.

En las poblaciones próximas a los márgenes del río Kumagawa, muy cerca de la casa donde se encontró este rollo ilustrado, cuentan que el *mehitotsu goro* es un yōkai que vive en la montaña y que se aparece en los desfiladeros que bordean los valles. Posiblemente se trate de otra formar de denominar al *hitotsume bō*.

Apenas he oído hablar de yōkai cíclopes que lancen rayos por la frente, así que no tengo una idea clara de a qué puede deberse esta característica del *hitotsume bō*.

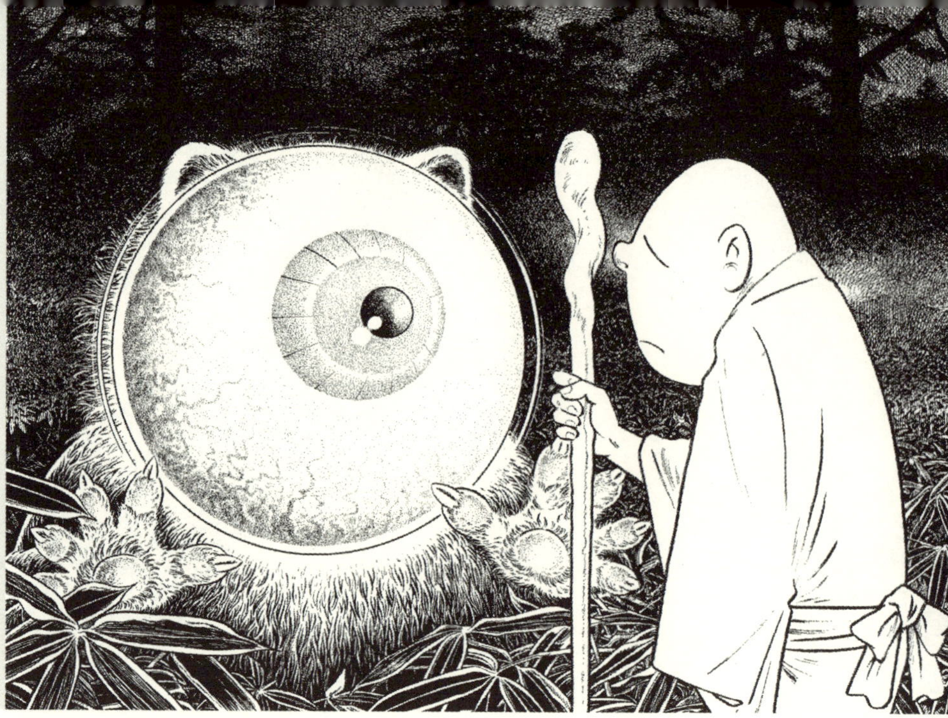

Hitotsume-danuki. Hace mucho tiempo, en un lugar llamado Tonda, en el municipio de Shirahama, en la región de Kishū, había un *tanuki* de un solo ojo (*hitotsume-danuki*) y, cuanto más se enfadaba, más grande se volvía dicho ojo. Como le gustaba asustar a la gente, al caer la noche se escondía entre las tinieblas esperando a que pasara alguien por allí.

Cierta noche en que un hombre pasaba por allí cerca, el *tanuki* cíclope se plantó de un salto ante él y lo miró fijamente haciendo centellear su ojo. El hombre se asustó tanto que salió disparado como una flecha.

Poco después pasó otro hombre. El *tanuki* volvió a saltar de repente mirando fijamente a su presa. Sin embargo, este hombre era valiente y tenía sangre fría, así que el hecho de que un *tanuki* de un solo ojo estuviera mirándolo no le pareció motivo suficiente para asustarse. Entonces, el ojo del *tanuki* fue aumentando de tamaño y se hinchó hasta el punto de que toda su cara parecía un ojo, e incluso un hombre como aquel terminó asustándose y huyendo despavorido.

El siguiente que pasó por allí era un ciego. El *tanuki* volvió a hacer su aparición y, agrandando su ojo, dijo muy ufano:

—¿Qué te parece? ¿Tienes bastante?

Sin embargo, puesto que el hombre no podía ver, permaneció inmóvil en el sitio. El *tanuki*, herido en su amor propio, continuó agrandando el ojo en sus esfuerzos por asustarlo, pero el otro ni se inmutaba y el ojo terminó saliéndose de la cara con tal fuerza que el *tanuki* cayó de espaldas. Debió de golpearse algún punto débil, porque se dice que el *tanuki* murió allí mismo.

一つ目小僧

Hitotsume kozō. En la zona de Yotsuya, en la ciudad de Edo, vivía un hombre llamado Kiemon que se dedicaba al negocio de las codornices.

Un día, al pasar delante de un vetusto caserón de un clan samurái, salió alguien del interior y le pidió unas codornices. Una vez entregadas, lo condujeron al salón para que esperase allí mientras le traían el pago.

Durante la espera, un niño de unos diez años entró en la habitación y comenzó a juguetear con la pintura enrollable que colgaba de la pared. Se dedicó a enrollarla y desenrollarla hasta que terminaba cayendo al suelo, repitiendo la operación una y otra vez. Preocupado por que la pintura se deteriorase, el comerciante decidió reprenderlo de esta manera:

—¡Eh, ya está bien! Estás llevando demasiado lejos tus travesuras.

Entonces, el niño le replicó:

—Tú, cállate.

Luego, giró el rostro hacia él y... ¡qué sorpresa! Era un *hitotsume kozō* (mozo de un solo ojo).

Kiemon se llevó un susto tan grande que se desmayó, quedando allí tirado en el suelo. Cuando se recuperó y les relató lo sucedido a los habitantes del caserón, le explicaron lo siguiente:

—También sucedió que la pasada primavera nos dimos cuenta de que alguien se estaba comiendo en secreto los dulces que guardábamos en una caja. Al sorprenderlo y preguntarle quién era, nos respondió: «Tú, cállate», y desapareció.

Según le contaron, en aquel caserón sucedían fenómenos sobrenaturales de ese tipo varias veces al año pero, aparte de eso, no les causaba mayores perjuicios, limitándose siempre a responder: «Tú, cállate».

Hitotsume no kurobōzu. En Iyo Matsuyama hay un antiguo templo budista llamado Jofuku. Hace muchos años, cuando el prior del templo acudió a la ciudad para visitar a una de las familias que contribuían económicamente a su sostén, escuchó cierto rumor. Según las habladurías, todas las noches se aparecía un *kurobōzu* (monje negro) fantasmal junto a las murallas del castillo.

El prior, que de por sí era un hombre osado, escuchó la historia con una sonrisa, sin creer media palabra ni hacer caso de los consejos de la gente de aquella casa que intentó detenerlo, y decidió pasear en solitario por los alrededores de la muralla a altas horas de la noche.

Era este un lugar donde antiguamente se ejecutaba a los condenados y ya solo por eso causaba escalofríos, pero por lo visto el prior no sentía nada extraño en particular. Al cabo de un rato, un vendedor de *soba* se acercó hacia él por el camino y el religioso le dijo:

—Había pensado en echar una ojeada a ese *kurobōzu* del que tanto hablan y por eso me he tomado la molestia de desviarme de mi camino para pasear por aquí. Pero parece que no se trata más que de cuentos de viejas. —Y acto seguido, soltó una carcajada.

Entonces, el vendedor de *soba* preguntó a su vez:

—¿Y se puede saber qué aspecto se supone que tiene ese monstruo al que llaman *kurobōzu*?

Pero, por supuesto, el prior no lo había visto nunca y respondió:

—Pues seguramente será algo así como un enorme fantasmón de un solo ojo.

Casi al tiempo que terminó de hablar, el vendedor de soba giró sobre sus talones y, dándole la espalda, replicó:

—Entonces, señor prior, ¿digamos que tendría un aspecto más o menos como este?

Y, al momento se convirtió en un fantasmón gigante que parecía llegar hasta las nubes, en el centro de cuya gigantesca cara brillaba un único ojo.

Según cuentan, el prior quedó tan espantado que terminó por perder la cordura.

一つ目の大坊主

Hitotsume no ōbōzu. Hace mucho tiempo, en Bōshū Iwakuni (la actual ciudad de Iwakuni, en la prefectura de Yamaguchi), un señor de una importante familia salió de casa por la noche junto con un sirviente para embarcarse en el río. Como además hacía buen tiempo, en un momento dado el señor dijo:

—Vamos a descansar un poco en la barca. Al amanecer podemos tirar las redes de nuevo.

Y, echándose la chaquetilla por encima a modo de futón, se tumbó en la barca para echar un sueñecito.

Entonces, el sirviente pensó que, así las cosas, también él podía echarse a dormir cuando, de pronto, se apareció ante él una enorme figura con aspecto de monje calvo (*ōbōzu*). En el centro de su gigantesco rostro se distinguía un único ojo, que relucía como un espejo y causaba un horror indecible.

—Mi señor, mi señor. ¡Es terrible! ¡Mirad eso!

El señor, alertado por la voz de su espantado sirviente, a pesar de que también se asustó tremendamente al contemplar la faz del *ōbōzu*, consiguió recuperar la serenidad y, empuñando el uno la garrocha y el otro el remo, los alzaron frente al monstruo. Entonces, la figura del *ōbōzu* desapareció de pronto, dejando a ambos con la boca abierta de asombro.

Según cuentan, cuando por fin el día clareó con la luz del amanecer, el señor, aún con el miedo en el cuerpo, decidió regresar a casa al momento.

Hitotsume nyūdō. Hace mucho tiempo, en un lugar de Edo llamado Shiba Takanawa (en el actual distrito tokiota de Minato-ku), vivía un médico pobre. Un día, al atardecer, apareció en su casa una pequeña comitiva encabezada por un hombre de porte elegante, con aspecto de samurái, que le dijo:

—Alguien de casa se ha puesto enfermo. Deseo pediros que me acompañéis.

Así que el médico subió al palanquín que traían preparado para él. Pero, por algún motivo, le vendaron los ojos. Semejante comportamiento provocó que el médico se sintiera un tanto inquieto durante todo el camino. Finalmente llegaron a una gran mansión y, tras quitarle la venda, lo dejaron esperando en una sala. Al poco llegó un sirviente para ofrecerle una taza de té. Pero, cuando el médico se fijó en su cara, se encontró con la sorpresa de que tenía un solo ojo. Por si fuera poco, este *hitotsume nyūdō* (monje de un solo ojo), que medía casi dos metros le dijo: «He traído también un cenicero» bajando la vista para mirarle desde lo alto.

El médico comenzó a temblar y, en ese momento, al tiempo que sonaba una melodía extraña, entró en la habitación una muchacha con aspecto de hada que le indicó mediante señas que la acompañara a otra sala. Allí el médico se encontró con que había dispuesta una selección tan variada como copiosa de raros manjares y delicioso sake, y sonaba una música celestial. Todo estaba a punto para la celebración de un banquete. Sintió que había sido conducido a un mundo diferente del de los humanos pero, ante el sake que le servía el hada, se dejó llevar y terminó por emborracharse. Cuando, un rato después, el médico se recuperó, vio que estaba acostado otra vez en su propia casa. Pensó que todo había sido un sueño, pero al lado su esposa lo miraba con gesto preocupado. Cuando le preguntó el motivo de dicha expresión, le contestó:

—Al amanecer han venido un demonio rojo y uno azul que te han traído borracho en un palanquín.

Desde entonces, aquel episodio se convirtió en la comidilla del vecindario.

日和坊

Hiyori bō. El *hiyori bō* (monje del buen tiempo) es un yōkai poco convencional, puesto que no se puede ver en los días de lluvia o nublados y solo se aparece cuando hace sol.

Suele frecuentar las zonas montañosas de la prefectura de Ibaraki. Como no se dedica a hacer nada malo en especial, cuando las gentes del lugar se encuentran con él, simplemente lo consideran una señal de que va a continuar el buen tiempo. Según se fueron extendiendo los rumores sobre este yōkai, la gente comenzó a decir: «Vamos a rezar al *hiyori bō* para que mañana haga buen tiempo».

Como poder decir: «El *hiyori bō* ha escuchado mi petición y hace buen tiempo» se convirtió en un motivo para presumir, la cosa derivó en un «pues yo también, y yo también», así que todo el mundo comenzó a hacer muñecos del *hiyori bō* y a colgarlos delante de las casas para luego recitar: «Haz que mañana también haga sol».

Esto terminó derivando en el actual *teruteru bōzu* que, además de ser famoso por los cuentos para niños, ha acabado por convertirse en objeto de sus juegos. Sin embargo, al parecer, en sus orígenes el *hiyori bō* era un espíritu de las montañas al que la gente mostraba gran devoción, hasta el punto de llegar a confundirlo con una divinidad.

En la época de las lluvias o la de los tifones es evidente que resultaba mucho más fiable rezar al *hiyori bō* que al *teruteru bō*, aunque lo cierto es que no parece que ni el mismísimo *hiyori bō* fuera capaz de vencer a los tifones ni a la temporada de lluvias.

Hizama. En la isla de Okinoerabu, la *hizama* es considerada como la más temible de las deidades malignas. Con unas alas de un tono moteado, similar al de una mezcla de sal con sésamo, presenta el aspecto de una gallina de carrillos colorados. Se cree que toma por morada las botellas o los calderos vacíos. Por eso, en esta isla los recipientes vacíos se ponen boca abajo o se dejan llenos de agua.

Se cree que los incendios son obra de la *hizama* y se dice que, si la *hizama* se ha instalado en una casa, hay que llamar a una *yuta* (un tipo de sacerdotisa) para que lleve a cabo un ritual de expulsión.

De por sí, las creencias populares relacionadas con las aves existen por todo el país y, de entre todas ellas, la más frecuente en muchas regiones asegura que, cuando un gallo canta de noche, es el anuncio de un incendio.

En la comarca de Higashi Katsushika, en la prefectura de Chiba, si un gallo canta de noche, se echa agua en torno de la bañera pues se cree que así se evitan los incendios. En la comarca de Yazu, en la prefectura de Tottori, suelen verter tres vasos de agua en el zaguán de tierra a la entrada de las casas. En la ciudad de Kitakyūshū, en la prefectura de Fukuoka, dicen que si se tiran plumas de pollo sobre el tejado de una casa, se produce un incendio. En fin, si continuáramos poniendo ejemplos, podríamos no terminar nunca. Probablemente, las historias sobre la *hizama* guardan alguna relación con este tipo de creencias.

Según una encuesta realizada hacia 1935 o 1936 entre la gente de las aldeas de montaña acerca sus modos de vida y sus divinidades locales, la respuesta más frecuente a la pregunta de cuáles eran los animales más odiados por las divinidades fue «las aves».

ほいほい火

Hoihoi-bi. En la prefectura de Nara, en un lugar de la ciudad de Tenri llamado Yanagimoto, aparece un fuego sobrenatural. Cuentan que si, de cara a la montaña que alberga las ruinas del castillo, se lo llama gritando dos o tres veces «*hoi, hoi*», aparece emitiendo un sonido como de «*shan-shan*». Por lo visto, hay quien desea probar si realmente se aparece o no, pero es mejor desechar la idea. El motivo es que quien lo ve sufre toda clase de males.

Cierta teoría sostiene que este fuego es el espectro vengativo del señor del castillo de Toichi, que antiguamente se alzaba en Yanagimoto. Por tanto, tratándose de un espectro vengativo, no tiene nada de raro que lleve la desgracia a la gente. En cuanto a los daños que puede causar, estos están siempre relacionados con la enfermedad.

En la prefectura de Nara se aparece también un fuego sobrenatural al que llaman *janjan-bi*. Como puede imaginarse, al volar hace un ruido que suena como «*jan jan*», y cuentan que se presenta siempre en pareja, como si las dos llamaradas se persiguieran y entrelazaran, evolucionando una en torno a la otra. Según dicen, si uno se topa con este fuego no debe mirarlo porque, de lo contrario, las dos llamaradas no podrán encontrarse.

En general, los yōkai son prácticamente imposibles de ver. Más bien cabe decir que «se sienten». Pero, en lo relativo a los sonidos, la cosa cambia. Los sonidos también nos producen sensaciones y, ciertamente, encierran una gran importancia en las comunicaciones del mundo de los espíritus. Y es que, en las historias sobre espíritus que nos llegan del extranjero, por lo general sus manifestaciones consisten en sonidos. Me he dado cuenta de que la relación entre los yōkai y los sonidos es importante, y por eso me he dedicado a grabar una gran cantidad de cintas con sonidos al respecto.

Hōki ya fue no rei. Después de finalizar su preparación militar, mientras iba de regreso a su casa, un samurái de la provincia de Settsu (la zona que comprende el noroeste de la actual provincia de Osaka y el sudeste de la prefectura de Hyōgo) se detuvo en una casa destartalada con objeto de dormir allí. En mitad de la noche, comenzó a escuchar unas voces al otro lado de los paneles corredizos. Al prestar atención, le pareció que se trataba de varios samuráis manteniendo una conversación acerca de batallas.

Sin embargo, como todo resultaba un poco extraño, se puso a escudriñar por una rendija entre los paneles y descubrió que allí no había nadie. Entonces, abrió los paneles de golpe con firme resolución pero, tal y como le había parecido antes, allí no había nadie y lo único que encontró fue una escoba (*hōki*) y una flauta (*fue*) recubiertas de polvo.

Puesto que el samurái ya había escuchado historias acerca de los llamados *tsukumogami*, es decir, utensilios que con el paso de los años acaban por albergar un espíritu y causan fenómenos sobrenaturales, enseguida comprendió lo sucedido. Pero, aun así, el suceso le causó una cierta inquietud y, con el amanecer, decidió abandonar la casa.

Este tipo de historias acerca de yōkai nacidos de utensilios son tan comunes que resultan verdaderamente incontables.

También en nuestros días, si uno se introduce en las ruinas de una casa o en un edificio abandonado, puede encontrarse desparramados cachivaches o vajilla utilizados por sus anteriores ocupantes. Cuando uno contempla esos objetos recubiertos de polvo o desportillados tiene la sensación de que podrían perfectamente transformarse en fantasmas. Quizá el concepto de *tsukumogami* naciera de esta sensación de «a lo mejor se convierte en un fantasma».

頬撫で

Hō nade. El *hō nade* (acaricia mejillas) se aparecía en el oscuro camino de montaña que bordeaba un valle de la aldea Doshi, en la comarca Minami Tsuru, prefectura de Yamanashi. Al pasar por dicho camino, algo te acariciaba la mejilla. Algunos dicen alegremente que lo que te roza las mejillas es un junco humedecido por el rocío de la noche. Pero hay que escuchar los testimonios de quienes realmente han pasado por la experiencia para comprender que esto no es así: «Una mano pálida surgió de la oscuridad y me acarició la mejilla con desfachatez».

Si caminas de noche por el campo y un junco te roza la cara, la sensación que experimentas no es precisamente agradable. Y, si además te han dicho previamente que vayas con cuidado porque hay un yōkai llamado *hō nade*, es posible que cuando tu cara roza ese tipo de planta tan habitual en la naturaleza, tengas la sensación de que es el *hō nade* quien te está acariciando.

Cierto antropólogo cultural estudioso de los yōkai hizo la siguiente observación:

«En el 40% de las veces en que alguien asegura haberlos visto, interviene el sentido del tacto, de modo que estos testimonios no corresponden a casos en los que realmente haya tenido lugar una percepción visual. Además, aun en el caso de verlos, determinados elementos como la temperatura influyen considerablemente. Por todo esto cabe suponer que, cuando en el entorno se dan unas condiciones especiales, se ven cosas especiales».

Ciertamente se trata de un comentario que mueve a reflexión. El *hō nade* pertenecería a ese tipo de yōkai que, más que con los ojos, se ve con el sentido del tacto.

骨傘

Hone karakasa. A veces, aun cuando no sople el viento, los paraguas se dan la vuelta de improviso como si se abriesen al revés y se quedan solo en las varillas, es decir, en los huesos. ¿Será acaso el efecto de una travesura del llamado *hone karakasa* (paraguas en los huesos)?

En la obra de Toriyama Sekien titulada *Gazu hyakki tsurezure-bukuro* (Almanaque ilustrado de cien demonios imaginados por un ocioso), junto al dibujo del *hone karakasa* hay un texto explicativo que dice:

«En los mares del norte vive un pez llamado *shifun*. Su cabeza es similar a la de un dragón y su cuerpo parece el de un pez ordinario. Genera las nubes y provoca la lluvia. De pronto, se me ocurrió en sueños que también este paraguas, que guarda relación con la lluvia, puede adoptar todo tipo de formas».

El *shifun* al que se refiere Sekien también se conoce como *shibi* o *shachihoko*. En los tejados de los castillos vemos a menudo figuras del *shachihoko* y esto se debe a que, como se creía que podía hacer llover, se le colocaba allí como un tipo de sortilegio de protección contra los incendios. Es famoso el *shachihoko* de oro del castillo de Nagoya.

Antiguamente (bueno, esto llega hasta los tiempos en que yo era un niño), un paraguas de estilo chino en unas condiciones muy próximas a las del *hone karakasa* era utilizado en ocasiones con el mismo objetivo. Cuando alguien colocaba dicho paraguas de estilo chino en la casa, me daba la sensación de que se trataba de una criatura fantasmal más que de un paraguas. Creo que un paraguas en esas condiciones, cuando ha perdido casi todo el papel y solo le quedan las varillas, es lo que la gente de antes llamaba *hone karakasa*.

骨女

Hone onna. Se dice que la *hone onna* (mujer de huesos) es el espectro femenino que aparece en la historia de *Botan dōrō* (La lámpara de las peonías), es decir, que se trataría del fantasma de O-Tsuyu.

Shinzaburo, el hombre del que O-Tsuyu estaba enamorada, la veía con la misma figura que cuando ella vivía; pero, para los que se hallaban al margen de su relación, posiblemente no pasaba de ser un esqueleto que caminaba portando una lámpara.

En su libro titulado *Tōhoku kaidan no tabi* (Viaje de historias sobrenaturales por la región de Tōhoku), Norio Yamada relata que en la región de Aomori se aparece un fantasma durante las noches de la festividad del O-bon al que llaman *hone onna*. Presenta el aspecto de una mujer que no es más que huesos y que produce un claqueteo con todo su cuerpo al caminar. Esta es la historia de su nacimiento.

Hace muchos, muchos años, vivó una mujer tan fea que, sumamente triste por su aspecto, se suicidó. Con los años, la mujer terminó convertida en esqueleto, pero los otros esqueletos le decían:

—Desde que te has convertido en esqueleto, te has vuelto toda una belleza.

Se cuenta que, debido a eso, comenzó a pasear el esqueleto desnudo haciendo sonar ese claqueteo característico. Al parecer a la *hone onna* le encanta chupetear las espinas de pescado y cuentan también que cuando se topa con un monje de alto rango se echa a temblar.

疱瘡婆

Hōsō babā. A comienzos de la Era Bunka (1804-1818), en una parte de la aldea de Rikuzen Shichigahama llamada Ōsu (el actual municipio de Shichigahama, en la comarca de Miyagi, prefectura de Miyagi), se propagó la viruela causando la muerte de muchos de sus habitantes.

Por esa misma época, las tumbas del cementerio empezaron a ser profanadas y los cadáveres aparecían devorados. Pese a que se entonaban rezos de exorcismo o se colocaba una gran piedra sobre la sepultura, todo resultaba inútil, pues las tumbas eran profanadas irremediablemente. La epidemia de viruela no daba muestras de remitir y, a la vez que aumentaba el número de fallecidos, el número de cadáveres devorados crecía.

Con el tiempo, se extendió el rumor de que todo aquello era obra de un yōkai llamado *hōsō babā* (vieja de la viruela), que propagaba la enfermedad con objeto de obtener cadáveres para comer, así que los aldeanos decidieron apostar dos cazadores en el cementerio como centinelas para que vigilasen las tumbas.

Tras un tiempo de espera, en mitad de la noche apareció el monstruo. Pero, en cuanto encendieron las antorchas, huyó raudo como el viento. Al examinar el lugar donde había estado la criatura, comprobaron que una enorme lápida que necesitaría de diez personas para ser movida había sido apartada pero, por fortuna, el cadáver estaba intacto. A partir de esa noche, el monstruo desapareció y no volvió a presentarse en el cementerio.

Unos tres años después de aquellos incidentes, una anciana de la aldea vio en la montaña una figura monstruosa de unos tres metros de altura recostada en un gran árbol. Tenía el pelo blanco, la cara roja y unos ojos muy brillantes. Cuentan que entre la gente de la aldea arraigó la creencia de que se trataba de la misma *hōsō babā* que había profanado sus tumbas tres años atrás.

細手

Hosode. Este yōkai es propio de la región de Tōhoku y se manifiesta sobre todo en la prefectura de Iwate.

Consiste en un fenómeno sobrenatural caracterizado por la aparición de un brazo muy delgado, como un zarcillo de enredadera, que recibe los nombres de *hosode* (mano delgada) o *nagade* (mano larga).

Una persona que se alojó en cierta casa de la región de Tōhoku se encontraba en el salón interior de la vivienda cuando, por una rendija de la puerta corredera, asomó una mano muy larga y muy delgada que, con gestos, le invitaba a acercarse. Al parecer, aquella mano se había estirado hasta allí originándose en la estancia de al lado, que es donde estaban los pequeños altares de adoración a los espíritus del budismo y el sintoísmo.

En aquella ocasión eso fue todo lo que sucedió, pero dicen que poco después aquel hombre perdió tanto su casa como su esposa e hijos en un tsunami.

Según cuentan, en otra ocasión un hombre vio también cómo una mano delgada y roja, similar a la de un niño de tres o cuatro años, descendía estirándose desde el listón de madera que suele haber encima del dintel de la puerta y, de la misma manera, ese hombre sufrió la acometida de una gran inundación no mucho tiempo después.

Parece que el *hosode* (mano delgada) es una criatura del mismo tipo que el *zashiki warashi*. Por lo visto, hay muchas clases de *zashiki warashi* y, probablemente, el *hosode* sea una de ellas, caracterizada por que lo único que muestra es la mano.

Cuentan que el *hosode* avisa tanto de las desgracias como de las alegrías, pero más bien parece anunciar desastres y desgracias.

払子守

Hossu mori. Se llama *hossu* a un utensilio similar a un plumero, fabricado con un haz de pelos largos o cáñamo sujeto a un mango y que se utiliza en ritos budistas. El *hossu mori* (guardián del *hossu*) sería el espíritu de este haz y, por lo tanto, entraría en la categoría de los *tsukumogami*.

En un templo del budismo zen se utilizaba un *hossu* que ya era muy antiguo y cuentan que por las noches comenzaba a bailar. Sus largos pelos parecían una cabellera humana pero, si encima se ponía un kimono, entonces el aspecto que presentaba era similar al de los humanos.

Si uno visita algún templo budista antiguo, podrá observar que, como quien no quiere la cosa, hay por ahí algún viejo *hossu*. Pero, desde otro punto de vista, podemos pensar que ese *hossu* nos cuenta la historia del templo donde se halla. Aunque no lo hace con palabras humanas, sino mediante una especie de sentimiento que entra dentro del terreno de las sensaciones, por lo que resulta complicado comprender con exactitud lo que nos está diciendo.

Con respecto al *hossu mori*, Toriyama Sekien escribe lo siguiente:

«En un intercambio de preguntas zen, un joven monje inquirió a su superior si en los perros vive el espíritu de Buda, y este le contestó que sí. Entonces, a continuación le preguntó por qué siendo así, los perros tenían cuerpo de bestia y la respuesta fue que esto era así porque, a pesar de ser conscientes de que en ellos latía el espíritu de Buda, habían cometido algún acto malvado».

Sekien concluye que, tratándose de un *hossu* que durante nueve años ha sido agitado en el aire para disipar las tentaciones de un monje zen en una sala donde se enseñan los preceptos budistas, no tiene nada de extraordinario que su espíritu se manifieste apareciéndose con el rostro de un *bodhisattva* sentado en la posición del loto.

Hotoke no yūrei. Este hecho sucedió en el mes de julio del año 10 de la Era Kansei (1798). Un rayo cayó sobre el pabellón principal del templo que albergaba el Gran Buda de Kioto y el imponente edificio se incendió hasta no quedar ni rastro.

Aunque la desgracia se había producido por causas naturales, todo el mundo quedó extremadamente apenado por el incidente y no pasó demasiado tiempo antes de que se extendiera el siguiente rumor:

«En los lindes del barrio Osaka Teramachi, en la zona donde se concentran los pinos, van a volver a edificar un templo idéntico al del Gran Buda de Kioto».

Debido a eso, a la gente le entró la curiosidad y el barrio se volvió muy concurrido y, gracias a recibir la visita de tantos curiosos, prosperó notablemente.

Ciertamente, si uno se fijaba bien, la forma del bosquecillo recordaba a la de un templo. Como además, en la lejanía había un abeto que sobresalía del conjunto, la gente comenzó a decir que aquel árbol parecía la sagrada cabeza del Buda.

Llegadas las cosas a este punto, se dice que con el tiempo los ancianos comenzaron a juntar las palmas de sus manos en oración mientras miraban hacia el árbol en cuestión con expresión de gratitud.

También se comenta que, con la oscuridad del anochecer, la silueta que se recortaba contra el fondo era exactamente igual a la del espectro del buda (*hotoke no yūrei*).

Pero bueno, el caso es que cada cual ve las cosas de una manera diferente, y seguramente nadie reparó en este tipo de detalles mientras el templo original del Gran Buda estaba en pie. Además, resultaba mucho más emocionante pensar que el templo incendiado había vuelto a aparecer en la forma de aquellos árboles.

ホヤウカムイ

Hoyau kamui. En las leyendas de los ainu el dios-serpiente recibe el nombre de *hoyau kamui* y es considerado el rey de los lagos. También se le conoce como *sakusomo aip* (aquel de quien no se habla en verano). Se dice que su cuerpo es grueso como una bala de arroz, tiene alas en la espalda y cabeza y cola alargadas. Todo el cuerpo es de un color negro opaco, con la boca y los bordes de los ojos de color rojo, y una nariz alargada y muy puntiaguda.

Como el cuerpo del *hoyau kamui* despide un olor pestilente, es fácil saber en qué lagos habita. Dicen que los lugares por donde pasa y los lagos donde vive quedan impregnados de un olor nauseabundo, y a las personas que cruzan por allí les salen purulencias en la piel o se les cae el pelo. Estos lagos son los denominados *kamuito* (lago donde vive una divinidad) y eran considerados lugares temibles, por lo que todo el mundo los evitaba.

Según las leyendas de la región de Hidaka, el amo y señor del lago Toya es un *hoyau kamui*. Cuentan que su aspecto es similar al de una tortuga con alas.

Aunque por una parte el *hoyau kamui* del lago Toya es considerado como una divinidad perversa que ataca a los humanos, de vez en cuando se habla de él como de un dios protector, e incluso se dice que posee a las sacerdotisas *miko* para hablar por boca de ellas. Al parecer incluso da consejos sobre cómo sanar las enfermedades. También hay una historia según la cual el *hoyau kamui* espantó al espíritu de la viruela mediante el fétido hedor de su cuerpo.

Hoze. En la aldea de Yamagata, en la comarca de Kunohei, prefectura de Iwate (la actual ciudad de Kuji), las mujeres casadas a veces ven revolotear unas luces espaciadas del tamaño de una moneda de diez yenes. Estas luminarias se denominan *hoze* y, al parecer, cuando una mujer que conoce su naturaleza las ve, sabe con certeza que está embarazada.

Según dicen, en esos momentos una de esas bolitas luminosas penetra en el cuerpo de la embarazada y luego se aloja dentro del bebé. El *hoze* que ha poseído al bebé es un ente diferente del alma y se corresponde con una especie de fuente de energía vital. Cuando la persona en la que se aloja muere, se dice que pierde el *hoze*.

La creencia de que la forma esférica es propicia para que se aloje un espíritu data de tiempos antiguos. Existen ejemplos tan remotos como el de los objetos del periodo Jomon llamados *magatama*, que se pensaba que servían como recipientes de almas. Quizá porque las almas o la energía vital tienen forma esférica, les resulta más fácil introducirse en algo de la misma forma.

En la India se considera que en el cuerpo humano existe una fuente de energía vital con forma esférica denominda *chakra*. En la vía de los eremitas de la China o en la Cábala del judaísmo existen conceptos similares. También se cree que la actividad de la fuente de energía vital puede incrementarse mediante entrenamientos y, con ello, aumentar también la fuerza física, mejorar el estado de ánimo y afinar el poder espiritual.

Posiblemente el *hoze* sea la manifestación visual de ese cuerpo espiritual.

Hyakki yagyō. La expresión *hyakki yagyō* se utiliza para describir una especie de procesión nocturna formada por un gran número de demonios. En el libro *Konjaku monogatari* (Cuentos de antaño) se incluye la historia de alguien que fue testigo de este desfile.

Hace mucho, mucho tiempo, un novicio estaba realizando ejercicios espirituales cuando le sorprendió el atardecer en las montañas de la región de Settsu (en la actualidad, la parte noroeste de Osaka y el sudeste de la prefectura de Hyōgo), así que decidió pasar la noche en un templo budista deshabitado. Cuando ya era noche cerrada y el novicio estaba ensimismado entonando la oración a Fudō Myō, comenzó a penetrar en el templo una gran cantidad de criaturas con antorchas. Se trataba de una serie de demonios de figura a cada cual más grotesca. En lugar de salir huyendo, el novicio continuó entonando sus oraciones y uno de los demonios, al fijarse en él, dijo:

—Vaya, vaya. Hay una nueva estatua budista en mi sitio. Esta noche tiene que quedarse fuera.

Y apenas terminó de hablar, agarró al novicio por el cuello de su ropaje y lo sacó afuera, colocándolo bajo el repecho de madera que circundaba el templo. Durante un tiempo, los demonios armaron un buen jaleo en el interior del templo y, finalmente, cuando el día estaba a punto de clarear, se marcharon a toda prisa en dirección desconocida.

Entonces, cuando el novicio alzó por fin la cabeza y miró a su alrededor, descubrió que se encontraba en medio de un paisaje campestre que no le era familiar. Al preguntar a un samurái a caballo que pasó junto a él, este le respondió que no se encontraba en Settsu, sino en las montañas de Hizen (las actuales prefecturas de Saga y Nagasaki). De esta manera, aunque tarde, comprendió que, mientras que él pensaba que simplemente lo habían sacado al exterior del templo y dejado bajo el repecho de madera, en realidad lo habían lanzado desde Settsu hasta Hizen. Según cuentan, el novicio emprendió a toda prisa el camino de regreso hacia Kioto.

百目

Hyakume. El cuerpo del *hyakume* (cien ojos) está recubierto por un centenar de ojos y, como por el día queda deslumbrado, solamente es capaz de andar por la noche. Se dice que cuando se topa con alguien, uno de sus ojos se desprende y va continuamente detrás de la persona en cuestión, aunque, con el tiempo, el ojo vuelve a su sitio. Como la criatura carece de boca, se desconoce qué es lo que come. El *hyakume* se aparece con frecuencia por las noches en los templos budistas viejos o abandonados.

¿Se tratará de un yōkai del mismo tipo que el llamado *nuppe fuhofu*, que es como un amasijo de carne? Recuerda al *mokumokuren*, que es como un panel corredizo lleno de ojos, o al *dodomeki*, que tiene una gran cantidad de ojos en los brazos. Es posible que guarde relación también con la antigua creencia de que, cuando uno roba algo, le salen ojos por el cuerpo.

Durante el periodo Edo había un espectáculo de teatrillos *yose* en el que el artista mostraba expresiones y emociones diferentes cambiando la mirada de múltiples maneras, como si tuviera cien ojos. El nombre utilizado en este espectáculo no era el de *hyakume*, sino el de *hyakumanako* (que significa también «cien ojos»). Se dice que quien inició este tipo de representación fue el artista de *rakugo* Sanshotei Kajo. Por lo visto, en la época resultó muy popular. Tanto es así que, al parecer, la frase de reclamo publicitario que se empleaba a la puerta de estos teatrillos era «canciones, imitación de actores, trucos de prestidigitación, *hyakumanako*, etcétera, todo tipo de artes al gusto del espectador».

ひょうすえ

Hyōsue. En la región de Kyūshū, los *kappa* reciben nombres como *hyōsue* o *hyōsube*. Para escribir la palabra con ideogramas, se suelen utilizar los de «soldado» y «reunir» en el primer caso, y los de «soldado» y «amo» en el segundo. Cierta teoría sostiene que la palabra *hyōsube* derivó posteriormente en *hyōsue*.

En el santuario sintoísta de Shiomi situado en la ciudad de Takeo (prefectura de Saga), se venera a la familia Shibue como los amos de los *kappa*. Uno de sus antepasados fue Shimada-Maru, quien, además de alto cargo de los asuntos militares de la región, tenía también bajo su jurisdicción al gremio de los arquitectos.

Por aquel entonces, había un arquitecto especializado en interiores a quien encargaron la obra del santuario sintoísta de Kasuga. Siguiendo una tradición secreta, el arquitecto preparó un muñeco especial y, cuando terminaron las obras, lo arrojó al río. Entonces, ese muñeco se convirtió en un *kappa* que comenzó a causar desgracias a los humanos y fue Shimada-Maru quien consiguió someterlo. Se dice que, desde entonces, los *kappa* reciben el nombre de *hyōsue* en esa zona. Por este motivo, también se dice en esta región que los *kappa* son los aprendices de los arquitectos.

Los lugareños de la zona entonan la siguiente plegaria como protección frente a los desastres relacionados con el agua:

—Oh, *hyōsube*, no te olvides de tu promesa, el hombre de los ríos es también vasallo de Sugawara.

Además, con objeto de evitar los males ocasionados por el agua, existe la costumbre de recibir cordoncillos del aparato que usan los arquitectos para marcar señales de tinta y atarlos a los tobillos de los niños.

Hyōtoku. Al parecer el *hyōtoku* es el origen de la popular máscara *hyottoko* que tiene la boca en forma de protuberancia alargada. Esta criatura se origina en una leyenda que explica el motivo de que en la región de Tōhoku exista una divinidad de los fogones.

Hace mucho, mucho tiempo, vivía en cierto lugar un matrimonio de avanzada edad. Una vez que el anciano esposo fue a la montaña a cortar leña, encontró un agujero un tanto extraño, por lo que decidió rellenarlo arrojando a su interior una gran cantidad de ramas cortadas. Entonces, del orificio surgió una preciosa mujer que le dio las gracias por la leña recibida y lo invitó a pasar al interior. Una vez allí, se encontró con que estaba en una lujosa mansión, donde fue agasajado con variados manjares y, cuando se marchó, le entregaron como regalo de recuerdo un feo niño que no hacía más que juguetear con su propio ombligo.

Una vez de regreso en casa, el niño continuaba toqueteándose el ombligo, así que el anciano probó a pincharle allí con el redondeado extremo de uno de los palillos atizadores del brasero. Y entonces, para su sorpresa, del ombligo cayeron unos granos de oro. En adelante, unas tres veces al día, extraían más granos de oro por el mismo sistema, y de este modo el viejo matrimonio no tardó en hacerse muy rico. Sin embargo, como la anciana era muy codiciosa, quiso obtener más oro y apretó con demasiada fuerza el ombligo del niño causándole la muerte. Entonces, el niño se apareció al anciano en sueños y le dijo:

—Si fabricas un rostro como el mío y lo cuelgas de una columna junto al fogón, esta casa conocerá la prosperidad.

Desde entonces, en la región de Tōhoku se convirtió en costumbre adorar a una máscara grotesca que se cuelga cerca del fogón y se dice que en esto consiste el *hyōtoku*.

El *hyōtoku* también recibe el nombre de «niño del Palacio del Dragón», por lo que es posible que la mansión adonde fue conducido el anciano fuera el mítico Palacio del Dragón.

ヒョウズンボ

Hyōzunbo. En la prefectura de Miyazaki hay un tipo de *kappa* volador al que llaman *hyōzunbo* o también *hyōsubō*. Se dice que pasa la primavera en los ríos y en otoño se muda a la montaña. Cuando tiene lugar esta mudanza, vuela en grupo emitiendo un graznido que suena «*hyon-hyon*», igual que hacen las aves migratorias. Cuentan que este vuelo se produce sobre todo en las noches lluviosas en torno a los equinoccios de primavera y verano, y que, en su recorrido del río a la montaña y viceversa, suelen seguir las cañadas de la corriente y la línea del lomo que une las cumbres.

En la aldea de Saigo (el actual pueblo de Misato), en la comarca de Higashi Usuki, prefectura de Miyazaki, dicen que, mientras emiten un graznido que suena a «*gwaa-gwaa*», los *hyōzunbo* bajan a los ríos en el día del Perro que caiga más cercano del equinoccio de primavera y que suben a la montaña en el día del Perro que caiga más próximo del equinoccio de otoño.

Al igual que otros tipos de *kappa*, el *hyōzunbo* hace travesuras con frecuencia. Por ejemplo, uno escucha un ruido sospechoso procedente del despeñadero situado tras la casa y, temiendo que vaya a producirse un desprendimiento, sale corriendo al exterior para no ser enterrado por el alud. Pero, una vez fuera, resulta que no pasa nada. Este tipo de sucesos se deben a la acción del *hyōzunbo*.

Según cuentan, si se edifica una casa en el camino que normalmente emplean los *hyōzunbo* durante sus migraciones, cuando menos se espera, se encuentra uno con la casa agujereada. Puesto que la criatura llamada *seko* que vive en lo profundo de las montañas de Kyūshū hace también el mismo tipo de cosas, debe existir algún tipo de relación entre ambas.

イチジャマ

Ichijama. *Ichijama* es el nombre que se da en Okinawa a los *ikiryō* (espíritus vivientes). También se llama así a la técnica de hechizo mediante la cual se provoca de manera intencionada que uno de estos espíritus penetre en otra persona, poseyéndola con objeto de martirizarla.

Para llevar a cabo esta práctica se introduce en una cazuela un muñeco llamado *ichijama-butoki* (palabra derivada de *ichijama-hotoke*) y, mientras se cuece, se repite como en un rezo «cabeza, cabeza, cabeza...». Dicen que, entonces, aquella persona sobre la que se desea lanzar el conjuro se ve asaltada de pronto por un salvaje dolor de cabeza.

Pero además, también se denomina *ichijama* a la persona que realiza estos conjuros. Según cuentan, los *ichijama* que viven en la comarca de Nakagami no necesitan realizar ningún rito específico y solo tienen que concentrarse y pensar «odio a ese tipo», para que la persona en cuestión caiga enferma o sufra algún accidente.

Dicen que para saber si alguien se encuentra o no poseído por el *ichijama*, basta con pedir a la *yuta* (sacerdotisa) que lo vea, pues ella se da cuenta enseguida. Por lo visto, el modo de realizar esta comprobación se basa en que el pulso late de una manera característica.

En todas las regiones se escuchan historias sobre posesiones por parte del espíritu de una persona en vida (*ikiryō*). La palabra okinawense *ichijama* viene de *ikijama*, que se escribe con los ideogramas de «molestia viviente». Quizá se trate de unos ideogramas adaptados a la palabra con posterioridad pero, en cualquier caso, creo que expresan bien la idea subyacente en este fenómeno.

El *ichijama* no posee únicamente a las personas, sino que a veces también se introduce dentro de vacas, caballos, cerdos o animales domésticos en general y dicen que, en algunos casos, provocan también daños en las cosechas.

Ichimoku nyūdō. Cuentan que el amo y señor de las aguas del lago Kamo que hay en la isla de Sado es una criatura que tiene un único ojo, situado en lo más alto de su cabeza y a la que la gente llama *ichimoku nyūdō* (monje cíclope).

Cierto día en que el *ichimoku nyūdō* decidió gastar una broma a un caballo, fue atrapado por el dueño del animal. Dentro del agua resultaba invencible, pero en tierra era incapaz de escapar.

—Por favor, perdóname y, a cambio, todos los días colgaré peces para ti de un gancho de berilo.

Viendo al *ichimoku nyūdō* llorar suplicando de esta manera, el dueño del caballo no tardó mucho en perdonarlo.

A la mañana siguiente, cuando el hombre fue a la ribera del lago, efectivamente había allí pescado fresquísimo colgando de un gancho. Lo recogió muy contento y devolvió el gancho, lanzándolo a las aguas.

Sin embargo, en una ocasión se guardó el gancho de berilo en el bolsillo y se marchó sin devolverlo. En adelante, sucedió que, no solo dejó de recibir peces, sino que todos los años, al llegar el decimoquinto día del año nuevo, el *ichimoku nyūdō* asaltaba la casa del dueño del caballo y causaba todo tipo de daños. Esa noche, el hombre estaba tan asustado que se la pasaba entera rezando a Buda y suplicando que el peligro se alejase de él.

Se dice que luego, cuando por fin desapareció la venganza del *ichimoku nyūdō*, en la aldea (el actual barrio de Katabata, de la ciudad de Sado), construyeron un templo dedicado a Kannon y sobre el pelo blanco que reluce en el entrecejo de la estatua principal, se colocó engarzado el gancho de berilo.

Igo no sei. Hace mucho tiempo, en el barrio de Ushigome, en Edo, vivía un hombre llamado Shimizu Sakuan que era un apasionado del juego del *go*. En cierta ocasión, estaba paseando por la aldea de Kashiwagi (el actual distrito de Shinjuku, en Tokio), muy cerca del templo Enshōji, cuando, al llegar frente al templo, le salieron al paso dos hombres, uno de piel muy blanca y otro de piel oscura, casi negra, que le hablaron de esta manera:

—Disculpe, pero... ¿es usted jugador de *go*?

—Bueno, como dice el refrán, me gusta mucho, a pesar de lo mal que juego.

Estuvieron hablando así un tiempo y la conversación se volvió progresivamente cordial. Al preguntarles su nombre, el de piel oscura respondió: «Vivo en las montañas, y mi nombre es Chigen (conocimiento negro)», mientras que el de piel blanca dijo: «Yo vivo junto al mar, y mi nombre es Chihaku (conocimiento blanco)». Y, según terminaron de decir esto, se esfumaron.

Averiguando más tarde sobre este incidente, Sakuan descubrió que esta insólita pareja era el espíritu del juego del *go* (*igo no sei*). Al parecer, cuando la gente siente una gran pasión por este tipo de aficiones, se le aparecen sus divinidades o espíritus.

También en la isla de Sado, prefectura de Niigata, se conserva la historia acerca de un gran jugador de *go* ante el cual se apareció la divinidad de dicho juego y le concedió la habilidad y conocimiento supremos para convertirse en un maestro.

イジャロコロガシ

Ijaro korogashi. En la comarca de Minami Saku, prefectura de Nagano, había un antiguo templillo. Y, de vez en cuando, a altas horas de la noche, salía de allí un monstruo al que llamaban *ijaro korogashi*. *Ijaro* es el nombre de un cedazo de bambú que se acerca rodando hasta la gente y, al llegar delante de alguien, adquiere forma humana. Dicen que principalmente se dedica a asustar a los niños.

Aunque en este caso no se trata de un cedazo, en la zona de Yamabe, prefectura de Nara, hay un yōkai llamado *jinguri makuri* similar un cesto y también se desplaza rodando.

En la aldea de Yamazoe, en la comarca de Yamabe, hay un lugar llamado Zenmyo. Allí se yergue el santuario sintoísta de Hachiōji, cuya escalinata tiene cien escalones. Según dicen, al llegar el atardecer, el *jinguri makuri* se aparece en la escalinata y hace rodar por ella un *jinguri* (cesto de bambú para meter pescado).

Cuentan que dentro de este *jinguri* se mete a los niños que no obedecen a sus padres, así que estos amenazan a sus hijos traviesos diciendo: «El *jinguri* va a venir a por ti».

Los yōkai que se manifiestan haciendo rodar (*korogashi*) objetos son más frecuentes de lo que parece. Por todo el país encontramos lugares donde, además de cedazos y cestos, lo que ruedan son latas de medicamentos o calderos para abono.

Ijiko. En el pueblo de Namioka (en la actual ciudad de Aomori), prefectura de Aomori, hay un lugar llamado Haguro-daira en el que, hace mucho tiempo, crecía un bosque de cedros que resultaba umbroso incluso durante el día y que era temido porque, de tanto en tanto, se aparecía el *ijiko*.

Cierto día un lugareño de una aldea próxima regresaba desde el pueblo atravesando el bosque cuando escuchó el desgarrador llanto de un bebé a sus espaldas. Según dijo, cuando se dio la vuelta vio en una de las ramas de un cedro un *ijiko* de color rojo envuelto en llamas que pendía meciéndose suavemente. El *ijiko* es un cesto hecho de paja en el que se mete a los bebés. Según contaba un anciano, antiguamente también apareció un *ijiko* colgando de un santuario sintoísta en una aldea próxima al pueblo de Namioka. La historia sucedió cuando ese anciano volvía junto con su hermano desde Hirosaki montados en un trineo de madera tirado por un caballo de carga. Al llegar cerca del santuario, el caballo, que hasta entonces se encontraba perfectamente, de pronto soltó un relincho y se sentó sobre el suelo nevado. Por más que tiraron de las riendas, no consiguieron que se moviera.

Como no quedaba otro remedio, los hermanos se bajaron del trineo, y entonces vieron cómo de una de las ramas del tejo del templo pendía un *ijiko* envuelto en una llamarada roja. Ambos huyeron despavoridos corriendo hacia casa, dejando allí al caballo.

Probablemente este yōkai, al igual que el *tsurube-bi* (fuego del cubo), pertenece a la familia de los «fuegos que cuelgan de un árbol». Puesto que en los lugares donde pende el *ijiko* siempre hay árboles, deben de estar relacionados de algún modo.

Ijū. Esto sucedió hace mucho tiempo, en el interior de las montañas de Echigo (la actual prefectura de Niigata). Un hombre llamado Takesuke recorría a buena marcha el camino que va de Echigo Tōkamachi a Horiuchi con objeto de dejar allí sus productos en el establecimiento de un mayorista. A mitad del recorrido, estaba tomando un almuerzo tardío cuando apareció un extraño animal que llegó hasta él abriéndose paso entre la hojarasca del valle. El pelo de la cabeza era largo y le caía sobre la espalda. Se parecía a un mono, pero su cuerpo era algo más grande que el de un ser humano. Como aquella bestia le hacía gestos con los que parecía indicar que deseaba el arroz cocido que él estaba comiendo, cautamente probó a lanzarle una bola de arroz prensado. El animal, cogiéndola al vuelo, se la comió con expresión de felicidad. Takesuke se tranquilizó y dijo:

—Mañana volveré a pasar por aquí en el camino de vuelta. Entonces, te volveré a dar arroz cocido.

Luego, cuando fue a echarse a la espalda su voluminoso equipaje, la bestia se le adelantó y, colgándose el equipaje sobre los hombros, echó a andar primero.

Al llegar cerca de Horiuchi, la criatura descargó el equipaje y volvió a subir a la montaña a gran velocidad.

Según contó Takesuke al mayorista de Horiuchi, el animal iba tan rápido como una ráfaga de viento.

Pero, en definitiva, ¿cuál sería la verdadera naturaleza de esta extraña bestia (*ijū*)? Takesuke no fue el único que se encontró con ella, pues en las crónicas de aquella época tituladas *Hokuetsu seppu* (Relatos del norte de Echigo, país de las nieves), se habla de varias personas que trabajaban en la montaña y la vieron de vez en cuando.

池の魔

Ike no ma. Por todo Japón existen lugares conocidos por el elevado número de suicidios que allí se producen. Lugares donde, si uno se queda cierto tiempo parado mientras los contempla, termina como embrujado y siente ganas de poner fin a su vida.

También cerca de la zona de Shima, en la prefectura de Mie, en una aldea de la comarca de Watarai llamada Gomura (incluida en la actual ciudad de Ise), existía un estanque con dicha fama.

Dicen que, si cruzas al atardecer por la ribera de ese estanque, te sientes extrañamente atraído hacia él y, antes de que puedas darte cuenta, eres tragado por sus aguas. Las gentes del lugar definen esa situación como «ser hechizado por el *ike no ma* (demonio del estanque)», y sienten gran temor a pasar por sus cercanías.

En cierta ocasión, el encargado principal de un establecimiento de la aldea iba de regreso desde Shima cuando, al pasar por esta zona al atardecer, se despojó de pronto de su monedero y de sus sandalias de madera y, tras colocar todo en la orilla, se arrojó a las aguas. Esa misma mañana, poco antes de partir de Shima, comentaba muy alegre que tenía muchas ganas de volver a casa junto a la mujer que acababa de desposar. Nadie podía imaginar que tuviera motivos para suicidarse, y todos los que lo conocían coincidían en esta opinión. Los rumores de que incluso una persona como este encargado fuera asaltada por el irrefrenable impulso de arrojarse al estanque al pasar junto a él reforzaban la idea de que el fenómeno se debía al embrujo del demonio del estanque.

Al parecer existen muchas historias de este tipo.

生霊憑き

Ikiryō tsuki. Hace mucho tiempo, en la tienda del mayorista Matsutoya Tokubei, en Kioto, vivía el joven Matsunosuke, hijo del dueño.

Una muchacha del vecindario sentía un profundo amor hacia Matsunosuke, pero estaba tan enamorada que su alma se convirtió en un espíritu errante, un *ikiryō*, y terminó por causar grandes sufrimientos al joven.

Matsunosuke estaba tan cansado que producía auténtica lástima y, debido al agotamiento, tuvo que guardar cama como un enfermo. Sus padres acudieron muy preocupados al monje de la localidad para pedirle que rezase unos exorcismos a modo de protección, pero la intensidad de la pasión de la muchacha era más fuerte de lo imaginable y no resultaba fácil conseguir que se apartase de Matsunosuke. Sin embargo, quizá por efecto del exorcismo, la muchacha falleció repentinamente.

Cuando todos se habían tranquilizado pensando que así finalizaría la adhesión del espíritu al joven, la muchacha se convirtió en espectro y volvió a poseer a Matsunosuke.

Otra vez llamaron al monje, y comenzó un nuevo exorcismo. Por lo visto, el espíritu de la muchacha era ahora más fuerte que cuando estaba viva, sin embargo, conmovida por las fervorosas palabras que recitaba el monje, hizo una educada reverencia y, tras ello, se apartó del cuerpo de Matsunosuke.

Cuentan que más adelante, Matsunosuke recuperó su salud y rezó por la paz del alma de esta pobre muchacha. Esta es una historia sucedió el año 14 de la Era Kyōhō (1729). Al parecer, era mucho más frecuente que los *ikiryō* fueran espíritus femeninos.

いきすだま

Ikisudama. Se llama *ikisudama* al espíritu de una persona viva, es decir, que sería un equivalente del término *ikiryō*. El espíritu de una persona viva puede aparecerse con la misma figura de su dueño unas veces y otras carece de forma concreta, siendo la manifestación de la pulsión emocional de alguien. El término *ikisudama* parece aplicarse más bien a este segundo caso. También puede ser que la persona esté proyectando de manera intencionada su espíritu o que se trate de algo inconsciente. El término *ikisudama* se utiliza cuando dicho espíritu busca mortificar a una persona concreta.

El espíritu de las personas que todavía viven es algo realmente temible y, según dicen, basta a veces con pensar casi sin querer «ojalá ese tipo cayera enfermo», para que nuestro espíritu se pegue a dicha persona buscando su desgracia.

Originalmente, el nombre de *ikisudama* se utilizaba con frecuencia en el período Heian, y es especialmente famosa su intervención en el episodio de *La historia de Genji* relativo a la dama Miyasudokoro de la avenida Rokujo. Miyasudokoro de Rokujo era amante del príncipe Hikaru Genji y estaba terriblemente celosa de la esposa oficial, la dama Aoi. Debido a esos celos anormalmente intensos, Miyasudokoro se apareció ante la dama Aoi bajo la forma de una *ikisudama* y la torturó cuando estaba a punto de dar a luz. A causa del sufrimiento, después de dar a luz a la pequeña Yūgiri, la dama Aoi falleció. *La historia de Genji* es una obra de ficción, pero sin duda constituye un documento muy valioso para percibir la visión del alma que existía en aquella época.

一軒家の妖獣

Ikkennya no yōjū. Había una casa (*ikkenya*) en la que, al llegar la medianoche, se aparecía sin falta una extraña criatura que llegaba arrastrándose por una de las vigas. Como esto siempre sucedía cuando todo el mundo estaba durmiendo, pasaba desapercibida, pero una noche la señora de la casa se despertó de pronto y, al ver una extraña figura encaramada a la viga, comenzó a chillar.

Con el ruido de sus gritos, su esposo se despertó también y, al dirigir la mirada en la misma dirección que su temblorosa mujer, vio encima de la viga una bestia con rostro humano y el cuerpo recubierto de pelo. Pero además, en un lugar un poco más apartado, había otra de estas criaturas. Todo apuntaba a que se trataba de una pareja de macho y hembra. Las dos bestias no mostraron ningún interés por las personas de abajo y parecían estar disfrutando de un encuentro amoroso.

No aparentaban tener intención de causar ningún daño, pero el que unos extraños monstruos anduvieran sobre la cabeza de uno fue más que suficiente para que los esposos tomasen la determinación de mudarse *ipso facto* a otro lugar.

Por supuesto que el matrimonio no tuvo la menor noticia de qué sucedió después con aquella pareja de bestias fantasmales (*yōjū*).

No son infrecuentes los ejemplos de yōkai que se aparecen dentro de las casas, pero un caso como este, en el que los *yōjū* no muestran ningún interés hacia las personas y se limitan a utilizar la casa como lugar de citas, centrándose además en las vigas del techo, resulta algo imposible de explicar mediante el razonamiento humano, tanto por su comportamiento como por su carácter. Claro que, de todos los lugares de una casa, el revés de un techo es lo más parecido a un mundo extraño y cualquiera sabe lo que puede estar viviendo allí.

Imori. Hace mucho tiempo, en un lugar de Echizen (la actual prefectura de Fukui) de nombre Yu-no-o, en las ruinas de un antiguo castillo, un monje llamado Jingai se construyó una sencilla cabaña de paja que dedicó a prácticas espirituales budistas.

Una noche, cuando Jingai se hallaba enfrascado en la lectura de libros, escuchó un sonido parecido al de una serpiente siseando. Entonces, al levantar la mirada, vio cerca de él a un hombre diminuto, de una estatura de entre 12 y 15 centímetros, que miraba hacia él y parecía estar diciéndole algo.

A pesar de todo, como Jingai era alguien bien entrenado en las enseñanzas budistas, mantuvo la sangre fría y continuó con sus lecturas sin alterarse.

Entonces, el ser diminuto le gritó:

—¡Eh, tú! ¿Qué falta de educación es esa? ¡Por lo menos, contesta! ¡Ahora verás!

Y luego, como respondiendo a dicha voz, comenzó a hormiguear por la cabaña una gran cantidad de seres como el primero, que se abalanzaron sobre el monje. En esa situación, ni el propio Jingai pudo aguantar y salió huyendo.

Cuando Jingai relató lo sucedido a la gente de la aldea, le explicaron que antiguamente habían tenido lugar varias batallas en esos terrenos y la caída del castillo había provocado la muerte de muchos guerreros. Las almas de todos ellos se habían convertido en salamandras (*imori*) que pasaron a vivir en el antiguo pozo del recinto. Al momento, Jingai procedió a rezar unos sutras por el descanso de las almas de los guerreros, en los cuales era un maestro, y, entonces, todas las salamandras cayeron muertas instantáneamente. Cuentan que, aunque con esto se terminaron los perjuicios, Jingai no dejó de sentir lástima por aquellos animales así que, junto con la gente de la aldea, reunió ramas secas e incineró los cuerpos de las salamandras, dando luego debida sepultura a las cenizas.

Ingame. Hace mucho tiempo, en la isla de Yakushima, prefectura de Kagoshima, cuando alguien caía enfermo se llamaba a la sacerdotisa local para que, tras examinar al paciente, determinase si se trataba o no de un caso de posesión. Al parecer, en esta región vivían hace mucho tiempo unas personas a las que se llamaba «propietarios del *ingame*» y que poseían la capacidad de proyectar el rencor hacia otros mediante ese *ingame*. Según dicen, para hacer que el *ingame* poseyera a alguien había que preparar un muñeco o algo similar que pudiera convertirse en objeto de adoración y, a continuación, colocarlo en el altar de la casa, ya fuera budista o sintoísta, rezándole tres veces: mañana, mediodía y noche.

La única forma de liberarse del *ingame* es mediante un exorcismo, así que la sacerdotisa tiene que concentrarse con todas sus fuerzas en los rezos. Cuando por fin el enfermo queda libre de la posesión, recupera la salud de inmediato por muy mal que estuviera antes. Sin embargo, a veces hay *ingame* que, por más empeño que se ponga, no se apartan del cuerpo al que poseen, y no basta un simple sortilegio para obtener resultados. En esos casos, puede decirse que a la persona que practica el exorcismo le va la vida en ello.

Parece que la palabra *ingame* pudiera ser una variedad dialectal para referirse al *inugami*. El *inugami* es un tipo de maldición que consiste en que el espíritu de un perro se mete en el cuerpo de alguien y le hace enfermar o atrae la desgracia sobre su familia. Hay casos en los que una persona ducha en estas prácticas utiliza a voluntad este espíritu para echarlo sobre alguien, pero también hay casos en que dicho espíritu, adivinando los sentimientos de su amo, actúa por su cuenta. Debido a ello, no son pocas las personas que, viviendo en las proximidades de los maestros del *inugami*, han sufrido perjuicios. Como no saben distinguir lo que está bien de lo que está mal, se dice que los *inugami* no son demasiado inteligentes.

陰火

Inka. Nombres como *onibi* o *hinotama* son algunos de las más de un centenar de variantes de yōkai de fuego a lo largo de Japón. A grandes rasgos, todos estos yōkai pueden dividirse en dos tipos, los llamados *yōka* y los llamados *inka*.

Los *yōka* son calientes y, de tanto en tanto, provocan incendios, pero pueden hacerse desaparecer con agua. Los *inka*, por el contrario, no emiten calor y, si se les echa agua, arden todavía más. El *Wakai sansai zue* (Diccionario enciclopédico ilustrado de los tres mundos) del período Edo recoge la creencia de que los *inka* aparecen en las noches en que la llovizna cae sin parar.

Los *inka* se limitan a arder con una luz fosforescente y, en sí mismos, no producen mayores consecuencias. La mayoría son de color blanco o de un azul pálido, con una apariencia indeciblemente siniestra, y arden muy suavemente, dando una impresión de infinita soledad.

Son estos *inka* los fuegos que se ven a menudo acompañando a los espectros, y puede decirse que todos los yōkai de fuego que se aparecen en las noches lluviosas pertenecen a la familia de los *inka*. Por ejemplo, lo que llaman *minobi* en la zona del lago Biwa que limita con la prefectura de Shiga, el *mimomushi* de la región de Niigata, el *kawabotaru* del pantano de Inba en la prefectura de Chiba, el *tsurubebi* de la zona de Kameoka en la prefectura de Kioto, o el *koemon-bi* de la zona de Kashihara en la prefectura de Nara, son algunos de los pertenecientes a este tipo. Por otra parte, también hay muchos otros *inka* cuya aparición no tiene nada que ver con la lluvia como puede ser el *innenbi* de Okinawa.

インネン

Innen. En la isla de Fukue, que es la que está situada más al oeste del archipiélago de las Gotō, en la prefectura de Nagasaki, se llama *innen* a una presencia espiritual, de origen humano o no, que posee a las personas y les provoca enfermedades o desgracias familiares (pueden ser espíritus de vivos, de muertos, de animales, de seres como el *kappa* o castigos de divinidades o santos budistas).

Ante ello, un chamán llamado *hōnin* entabla comunicación con esta presencia y, tras escuchar cuál es su petición y cumplirla, consigue que finalicen los perjuicios que causa.

Tenemos, por ejemplo, la siguiente historia. Una mujer casada de una familia campesina era incapaz de dormir por las noches debido a unos eccemas que le habían salido en la axila. Como había sospechas de que se trataba de un tumor maligno, se realizó una operación quirúrgica para extirparlos pero enseguida le volvieron a salir, y así llegó a operarse tres veces.

Entonces fue a consultar con el *hōnin*, que le dijo lo siguiente:

—Bajo tu techo hay una gran cantidad de espíritus. Aunque no son antepasados tuyos, están intentando comunicarte que desean que reces por ellos y les hagas ofrendas. Hay tantos espíritus como eccemas. Pon arroz cocinado en un plato grande y después de colocarlo a los pies del gran árbol, reza por ellos.

Según las leyendas de la zona donde vivía esta mujer, en aquellas tierras habían vivido hacía mucho tiempo descendientes de la familia de los Taira y también se decía que muchos de ellos estaban enterrados allí.

Se dice que el tipo de enfermedades que provocan los *innen* son afecciones de las vísceras, erupciones cutáneas, tumores y trastornos psicológicos. Los espíritus desean que los vivos realicen ofrendas de difuntos en su honor y provocan las enfermedades como medio de dar a conocer su deseo.

Los estudios sobre los *innen* han sido recogidos de manera muy detallada en el libro de Kōkan Sasaki *Sei to juryoku* (Lo sagrado y los poderes mágicos).

遺念火

Innenbi. En Okinawa llaman *innen* a los espectros de los muertos y son abundantes las narraciones relacionadas con los *innenbi* (fuegos de los muertos). Casi siempre se aparecen en los mismos lugares y, por lo general, lo hacen en pareja, por lo que la interpretación habitual es que se trata de un hombre y una mujer. ¿No será lo más probable que se trate de una pareja de amantes que huyeron juntos o algo similar y que, tras cometer doble suicidio, se haya transformado en estas llamaradas *innenbi*?

El caso más conocido en Okinawa es el llamado *innenbi* de la cuesta de Shikina.

Hace mucho tiempo, en la zona de Shikina vivía un matrimonio muy compenetrado. En cierta ocasión en que el esposo andaba preocupado porque su mujer se retrasaba en la vuelta a casa, un mal amigo le engañó diciendo: «Tu mujer anda por ahí divirtiéndose con otro hombre». Entonces, afligido por la pena, el hombre se suicidó arrojándose al río. La esposa, desconocedora de la tragedia, estuvo fuera hasta tarde realizando unas compras y, al regresar y conocer la noticia del suicidio de su esposo, se arrojó a su vez al mismo río. Según cuentan, a partir de entonces, en la cuesta de Shikina, al caer la noche se aparecían flotando en el aire dos llamaradas que recorrían en un sentido y en el otro el camino que iba desde la cuesta hasta el río, como si el movimiento de la una buscara enredarse entre el de la otra.

Hay muchas historias acerca de alguien que al morir se transforma en una bola de fuego, pero el *innenbi* es por completo diferente a las llamadas *hitodama*. Aun cuando todos sean fuegos originados en la muerte de una persona, presentan formas muy diferentes dependiendo de si se trata de alguien que ha fallecido por enfermedad, por accidente o por suicidio.

Inugami. El llamado *inugami* (espíritu canino), cuyas leyendas se cuentan a lo largo de las regiones de Chūgoku, Shikoku y Kyūshū, es el espíritu de un perro que posee a una persona. Al parecer hay dos modalidades en que se da este fenómeno, la una sobrevenida de manera natural y la otra que se transmite en determinadas familias. En el primer caso, cuando se produce de un modo no intencionado, a la persona poseída por un *inugami* le asalta un apetito voraz y también sufre de altas fiebres que le obligan a guardar cama. Cuando se detecta la posesión por parte de un *inugami*, no se acude al médico, sino que hay que buscar a un exorcista que practique un rito de purificación. Normalmente, en todos los pueblos hay varios de estos exorcistas y, al parecer, el suyo es un próspero negocio.

En los casos de transmisión dentro de una determinada familia, se dice que si se convierte al *inugami* en la deidad familiar y se practican ritos de adoración, se le puede llegar a utilizar a voluntad como un servidor propio.

Según cuenta la tradición de cierta zona de la prefectura de Ehime, una de las características de los *inugami* es que pueden ser vistos por los miembros de la familia, pero no por el resto de la gente y, además, se dice que su número es igual que el de los miembros de la familia.

En cuanto a los orígenes del *inugami*, existen varias teorías. Algunas historias cuentan que provienen de la tradición de colocar alimentos delante de un perro atado y, después de producirle unas ansias irrefrenables por comer, cortarle la cabeza, que luego se ponía en un altar como objeto de culto; o también se dice que un perro malvado que causaba molestias a todo el vecindario, fue abandonado en una roca en medio del mar y, tras morir, su espíritu buscó vengarse de los humanos.

犬神刑部狸

Inugami gyōbu-danuki. Sin duda, Shikoku puede calificarse de «reino de los *tanuki*». Tal es la gran cantidad de ellos que hay que, de manera natural, surgen algunos que tienen la consideración de jefes. Inugami gyōbu-danuki era el *tanuki* que mandaba en representación de los de su especie en Iyo (la actual prefectura de Ehime) y se dice que contaba con ochocientos ocho vasallos.

Pero aunque se tratara de vasallos, estos a su vez eran jefes de sus respectivas zonas, por lo que, si incluimos a los vasallos de los vasallos, entonces tenemos que había un número impresionante de *tanuki* que se movía bajo las órdenes de Inugami gyōbu-danuki.

Por si fuera poco, este gran jefe *tanuki* era tan osado que tenía un plan para hacerse con el castillo de Matsuyama. Sin embargo, su plan fracasó. Y es que no podía de ser de otra manera, ya que desde el castillo de Matsuyama pidieron ayuda a un samurái llamado Inao Budayu que acudió desde el dominio de Miyoshi, sito en Hiroshima.

Gracias a su admirable heroísmo, Budayu había logrado el reconocimiento del diabólico ser Sanmoto Goroemon, que le había dado un prodigioso mazo que siempre llevaba consigo. Usando dicho mazo, Budayu la emprendió a golpes con los *tanuki* hasta que consiguió que se batieran en retirada y, finalmente, los ochocientos ocho vasallos y su jefe Inugami gyōbu-danuki, acabaron encerrados en una cueva.

Esta cueva está en el actual barrio de Kutani Nakagumi, en la ciudad de Matsuyama, donde hay un santuario sintoísta llamado Yamaguchi Reishin (espíritu divino de Yamaguchi).

Ippon ashi. Al norte de la aldea de Kami Kitayama, en la comarca de Yoshino, prefectura de Nara, hay una montaña llamada Oba ga Mine. Allí se aparece un yōkai de una sola pata llamado *izasaō* (rey jabalí del bambú enano) y, debido a él, todavía hoy en día se cree que el día 20 del último mes es el día funesto del Oba ga Mine y hay que tener cuidado.

Hace mucho tiempo, un cazador llamado Ima Hyogo encontró un jabalí en cuya espalda crecía bambú enano, por lo que estaba recubierta de hojarasca. Al momento le apuntó con su arcabuz y disparó, pero el animal se le escapó.

Pasado un tiempo, aquel jabalí adoptó la apariencia de un guerrero mercenario y acudió a los baños termales de Yunomine, en la vecina Kishū, para tomar las aguas. Sin embargo, cuando estaba durmiendo con su forma auténtica, fue descubierto por el dueño de la posada. Entonces le dijo:

—Ya que me has descubierto, no me queda más remedio que contar la verdad. Soy el *izasaō* de Oba ga Mine. Hace unos días Ima Hyogo me disparó, por lo que he muerto y ahora me he convertido en fantasma. Busco vengarme de él, pero su perro y su arcabuz son un estorbo. Deseo que me ayudes.

El dueño de la posada le contó lo sucedido al oficial de la aldea, quien, temiendo que la criatura descargase su ira sobre sus habitantes, intentó negociar con el cazador, pero Hyogo no quiso atender a razón alguna. Entonces, quizá porque desistió de vengarse directamente sobre él, el fantasma se convirtió en un demonio de una sola pata (*ippon ashi*) y comenzó a aparecerse en Uba ga Mine, devorando a los viajeros.

Un tiempo después, un excelso sacerdote budista llamado Tansei consiguió encerrar a este demonio en la estatua del *jizō* de Oba ga Mine. Cuentan que la condición pactada fue que únicamente el 20 de diciembre de todos los años su espíritu podría vagar libremente.

一本ダタラ

Ippon-datara. A veces, en las nevadas montañas, se ve la huella de un gran pie descalzo que puede alcanzar los 30 centímetros de anchura. Y no son las huellas de un bípedo. Son las huellas de algo que solo tiene un pie. Se trata de las huellas de un yōkai llamado *ippon-datara* (fuelle de un solo pie) y se dice que todavía hoy mora en lo profundo de las montañas de Kumano, en la región de Kishū (que abarcaba la actual prefectura de Wakayama y el sur de la de Mie). En realidad, no hay testimonios oculares de este yōkai, pero se cree que es una bestia de una sola pata, un solo ojo y aspecto vagamente humano.

Sin embargo, sus características difieren según la zona de que se trate. Dicen que el *ippon-datara* de Oba ga Mine, en la prefectura de Nara, es como un poste de la electricidad que tuviera un ojo y una boca, que se mueve dando volteretas y que, en los días de mucha nieve, va dejando sobre ella la huella de su único pie.

Existe la creencia de que si uno sube a la montaña el 20 de diciembre, se topa con este yōkai, así que la gente de la región nunca da un paso en la montaña ese día. También se llama *ippon-datara* al *ippon ashi*, que es el espíritu de un gran jabalí. En cambio, en la aldea de Tomisato (incluida en el actual municipio de Tanabe), de la comarca de Nishimuro, prefectura de Wakayama, se llama *ippon-datara* al *kashabo*, una criatura similar al *kappa* o al *yamawaro* al que también le gusta la lucha sumo.

Vemos pues que, aun tratándose de yōkai del mismo nombre, parece que según la zona en cuestión puede haber diferencias. En cualquier caso, cuando se habla de yōkai o de divinidades que viven en la montaña, suele ser frecuente que tengan un solo ojo y una sola pierna, y este *ippon-datara* no supone una excepción.

いしなげんじょ

Ishinagenjo. Este yōkai se aparece con frecuencia en mayo en el norte de Kyūshū, una zona con numerosas islas. Pero debemos tener en cuenta que se trata del mes de mayo del antiguo calendario lunar, que corresponde al junio actual, es decir, la temporada de las lluvias. Aparece durante las húmedas y pegajosas noches en que la niebla es densa. Cuando los pescadores salen a faenar, intuyen su figura difusa entre el vaporoso cielo. Pero aunque digamos «aparece», su figura no se ve con claridad. A veces se confunde con la sombra de una islita rocosa; en otras ocasiones, se trata de un ruido repentino como si se hubiera producido un desprendimiento en los acantilados. Temerosos, los pescadores dan media vuelta con sus barcas y, cuando al día siguiente, escogiendo un momento soleado, acuden al mismo lugar para ver qué ha pasado, allí no hay nada. Este es un fenómeno similar a una versión marítima de los *fafrotskies*, es decir, no es más que la travesura de un yōkai llamado *ishinagenjo*.

En la isla de Amami Ōshima se cuenta una historia muy similar a esta. Allí el fenómeno recibe nombres como *umi-fusagi* (cierra-mares) o *yama-fusagari* (pared de montaña) y consiste en lo siguiente: un barco está navegando por altamar cuando, en un momento dado, se le aparece delante una montaña que cierra el camino. Cuentan que si mantienes la calma y entonas una plegaria a Buda cerrando los ojos, la figura desaparece. Según dicen, también en la isla de Sado, prefectura de Niigata, hay un yōkai llamado *tate-eboshi* (percebe vertical) que, de pronto, surge de las aguas recto como una columna y se eleva más y más hasta que luego se derrumba sobre los barcos.

Existen muchos fenómenos sobrenaturales que se producen sobre las aguas del mar, y estos que he mencionado no son más que unos pocos ejemplos.

いそがし

Isogashi. Cuando alguien es poseído por el *isogashi*, siente unas prisas tremendas por cualquier cosa y, cuando está quieto, se siente como si estuviera haciendo mal. En cambio, cuando va apresurado de un lado para otro le invade una extraña sensación de tranquilidad.

Quizá este tipo de posesión existe desde tiempos remotos pero, al parecer, fue durante el período Edo cuando la gente comenzó a darse cuenta de su existencia. Y digo esto porque la primera vez que se dibujó esta criatura de rostro perruno que posee a la gente llamada *isogashi* (ocupado) fue en ese período. Hace cuatro o cinco años descubrí este dibujo pero, por más años que pasan, no consigo llegar a averiguar cuál era la verdadera naturaleza del *isogashi*. Entonces, haciendo trabajar la imaginación, realicé mi dibujo pensando: «Debe de ser algo así», pero el caso es que en nuestros tiempos hay una cantidad tan grande de gente que parece poseída por esta criatura que resulta difícil discernir si realmente estamos ante uno de esos yōkai que posee a la gente.

Para los japoneses de antes, trabajar de la mañana a la noche como un poseso y ser ahorrativos era la norma general. Quizá esta actitud se debía a que, ciertamente, en su fuero interno, albergaban un sentimiento de preocupación por la supervivencia. Al tratarse de una población tan elevada en un espacio tan pequeño, puedo comprender ese sentimiento, pero me da la sensación de que, con esa manera de ser, no puede uno alcanzar la felicidad.

磯撫で

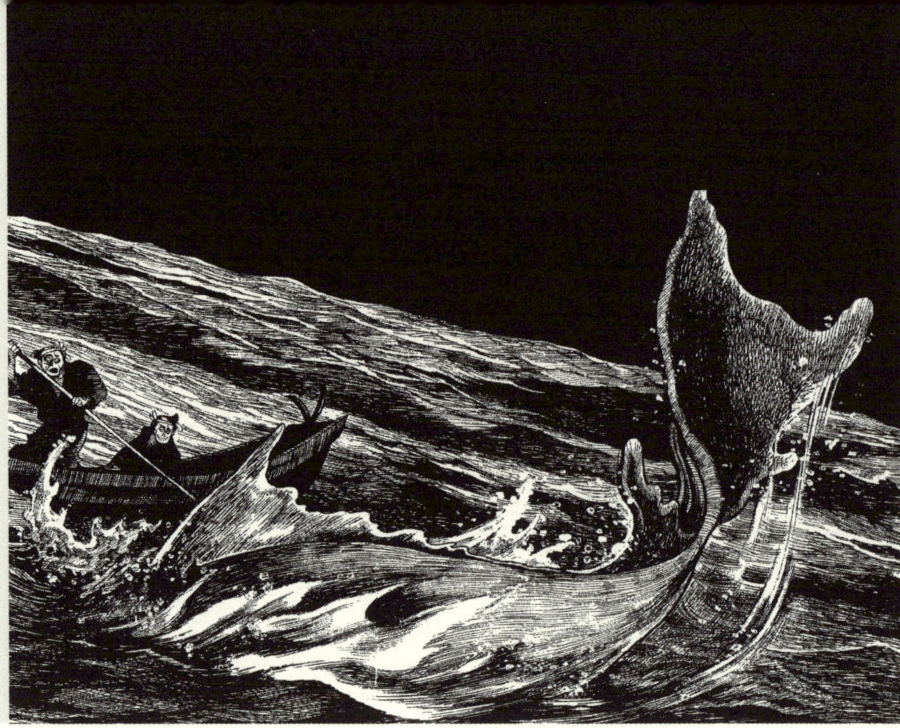

Isonade. Dicen que este yōkai se aparece en las aguas cercanas a la costa de la mitad oeste de Japón. Su forma es parecida a la de un tiburón, pero el extremo de su cola es muy ancho y, además está recubierto por una especie de agujas doradas, que clava en los barcos para arrastrarlos y llevárselos consigo bajo el agua.

En cuanto a su manera de atacar, no es que surja abruptamente de las aguas revolviendo todo a su paso, sino que se acerca suavemente, como si acariciara la superficie, con una gran habilidad. Aquí reside precisamente el motivo de que sea llamado *isonade* (el que acaricia la costa).

Los marineros se encuentran a bordo en altamar y ven cómo cambia el color de la superficie del agua. Luego, emerge suavemente la aleta trasera del animal. Mientras se acerca exactamente igual que si fuera un abanico que envía un airecillo agradable, de pronto las agujas de su cola se prenden en las ropas de los tripulantes y los alzan por los aires como si la criatura estuviera pescando.

Cuando uno se quiere dar cuenta de que lo que tiene enfrente es el *isonade*, ya es tarde. El *isonade* nunca se deja ver hasta que está prácticamente encima de su presa. Ni siquiera tienes opción de escapar, aunque te hayas dado cuenta de que la superficie del mar está cambiando de color.

El *isonade* supone una seria amenaza para los hombres del mar y como no existe ningún modo de defenderse, sus consecuencias siempre resultan mortales.

Además, el hecho de que los marineros que viven de la pesca se conviertan ellos mismos en las presas pescadas parece sugerir algún tipo de fatalidad kármika.

磯女

Iso-onna. Tal y como indica su nombre, se trata de un yōkai femenino que vive en las zonas marítimas cercanas a la costa. Por lo visto se aparece en las costas a lo largo de Japón, pero el nombre de *iso-onna* (mujer de las costas) es el que recibe en la región de Kyūshū.

En la parte norte del archipiélago de las Gotō, prefectura de Nagasaki, dicen que en una ocasión la *iso-onna* apareció junto a la isla de Ukujima y atacó un barco. Desde los pechos hacia arriba tenía forma humana, mientras que la parte inferior, como sucede con los espectros, era borrosa y no se distinguía bien.

La *iso-onna* del barrio de Fukami, de la ciudad de Amakusa, prefectura de Kumamoto, se introduce por las noches en los barcos trepando por las amarras. Luego, echa su larga cabellera sobre los que están durmiendo y, con sus puntas, les chupa la sangre. Según se dice, aquellos que han sufrido dicho ataque, mueren de inmediato. Por este motivo, en las playas de la península de Shimabara, cuando uno duerme a bordo tras haber atracado en un puerto que no es el propio, es costumbre colocar sobre el kimono tres hebras de una estera de junco, pues así la *iso-onna* no te chupa la sangre.

Cuentan que la llamada *iso-hime* (princesa de las costas), que se aparece en un lugar de la prefectura de Kagoshima llamado Nagashima, también chupa la sangre de los vivos y, además, es de una belleza espectacular. Es una criatura tan terrible que, aunque uno aparte la mirada enseguida, aquellos que la han visto mueren al momento.

Los yōkai con aspecto de mujer que se aparecen en las costas existen en muchos lugares, pero la *iso-onna* de Kyūshū resulta particularmente maligna por su afición a chupar la sangre de la gente.

イッシャ

Issha. Cuentan que, hace mucho tiempo, en la isla de Tokunoshima (en la prefectura de Kagoshima), la gente de los alrededores de un lugar llamado Boma creía que, en las noches de lluvia, un yōkai llamado *issha* bajaba desde el monte Inutabu. Su aspecto era como el de un niño con la cabeza cubierta por un ajado paraguas de paja y, con una esterilla de paja sobre los hombros no menos andrajosa, avanzaba moviéndose a saltitos sobre una sola pierna.

Si te encuentras con él, lo mejor es colocarte entre las piernas una planta de maíz y mover el cuerpo para que se agite como si fuera una cola, con lo que el *issha* cree que eres un compañero y no te hace nada malo. De lo contrario, la criatura provoca que te pierdas en los caminos de montaña. Al parecer hace mucho tiempo hubo gente que pasó varios días perdida en la montaña por dicho motivo.

A veces el *issha* resulta muy ingenuo y, cuando intenta engañar a alguien puede que, por el contrario, se aprovechen de él. Si se le lisonjea diciendo: «Tienes una cola maravillosa», se alegra a más no poder y ayuda en las faenas de pesca. Cuando, para animarse en su tarea, los pescadores cantan presumiendo de sus voces, el *issha* se pone de un humor excelente y, jaleando con su voz a los hombres, rema con todas sus fuerzas. Dicen que en esos momentos el barco avanza rápido como una flecha. Al parecer, cuando el *issha* va a bordo de un barco, la pesca obtenida es mucho mayor de lo normal. Sin embargo, como tiene la costumbre de comerse uno solo de los ojos de los peces, la mayoría de los peces pescados quedan tuertos. Puesto que también hay lugares donde es tradición poner en un altarcillo los ojos restantes de estos pescados y rezar por la obtención de una buena pesca, probablemente el *issha* también es en parte un objeto de adoración.

Itachose. En la aldea de Hinoemata, prefectura de Fukushima, se practicaba un rito de adivinación llamado *itachose* (hablar por boca de la comadreja), basado en la fuerza espiritual de una comadreja para hacer predicciones. Por supuesto que se preguntaba sobre el tiempo o la cosecha, pero al parecer también sobre cosas como si tal o cual persona sanaría de sus dolencias.

El ritual consistía en disponer un altar ante el santuario dedicado a la divinidad tutelar de la aldea y, luego, sentar allí a un médium con una varilla de ofrendas de papel sagrado en cada mano, con objeto de hacer que le poseyera el espíritu de una comadreja.

A continuación, un grupo de entre cinco y diez personas rodeaba al médium y realizaban con las manos unos gestos mágicos especiales mientras rezaban conjuros del tipo de «Oh, augusto espíritu del sol, oh, augusto espíritu de la luna...». Y, también, «Al igual que la joya sagrada, al igual que el espejo, al igual que el sable, limpio y bello...». Entonces, según avanzaba el rezo, el médium iba cayendo en el estado de trance propio de la posesión espiritual.

Entonces, el médium que había sido poseído por la comadreja comenzaba a hablar de cosas que en su estado normal era imposible que conociera y a ejercer de oráculo para a las preguntas de los asistentes.

En una ocasión, los jóvenes de la aldea se reunieron y, medio en broma, decidieron montar una sesión de *itachose*. Cuentan que el que hacía el papel de médium y fue poseído por la comadreja puso los codos sobre las rodillas y, en cuclillas, comenzó a dar brincos. Al parecer, a continuación se sucedió un intercambio de preguntas y respuestas intrascendentes, del tipo: «¿De dónde has venido, comadreja?», «He venido de la cañada de tal y cual».

En realidad, parece bastante fácil convocar el espíritu de una comadreja pero, en cambio, resulta difícil que se marche, así que, según dicen, existen rezos específicos para alejar el espíritu de las comadrejas.

イタコ

Itako. En la región de Tōhoku (nordeste de Japón) se llama *itako no kuchiyose* (hablar por boca de la *itako*) al hecho de que una sacerdotisa itinerante, no adscrita a ningún templo, invoque el espíritu de una persona fallecida y la haga hablar. Por lo general se trata de mujeres ciegas que, mientras entonan rezos, se sumen en una autohipnosis y, finalmente, el muerto comienza a hablar por su boca diciendo, por ejemplo, aquello que no pudo expresar en vida.

Muchas de las mujeres que se convierten en *itako* son casos de niñas que, por alguna enfermedad, perdieron la vista a edad muy temprana. Desde su más tierna infancia, ingresan como discípulas bajo la tutela de alguna maestra con la cual practican sus entrenamientos. Tres o cuatro años después tiene lugar una ceremonia, que viene a ser como un examen para ser reconocida como *itako*. Con ocasión de esta «prueba de licenciatura», si consiguen ser poseídas por un espíritu y entrar en trance, pasan un año trabajando para su maestra en calidad de servicios de agradecimiento por su formación y luego se les concede un título para que puedan actuar de manera independiente.

Cada año, una gran cantidad de *itako* se congrega con ocasión del célebre Gran Festival del monte Osorezan, que tiene lugar en la montaña del mismo nombre, sita en la prefectura de Aomori. Las *itako* permanecen allí durante veinticuatro días, empezando el 20 de julio, reunidas a todo lo largo del camino que lleva al templo budista Entsūji y prestan sus servicios de *kuchiyose* a los peregrinos que lo solicitan. Dicen que estos servicios de *kuchiyose* se dividen en tres tipos, que son: *ikikuchi*, que consiste en llamar al espíritu de una persona viva; *shinikuchi*, donde lo que se invoca es el espíritu de un muerto; y, por último, *kamikuchi* donde, mediante el contacto con algún espíritu sagrado, se obtienen predicciones sobre el futuro de uno. Puesto que se cree que en el monte Osorezan se concentran espíritus de todo tipo, al parecer es posible invocar allí el espíritu de cualquier persona.

板鬼

Ita-oni. Esta historia está recogida en el *Konjaku monogatari* (Cuentos de antaño).

En el verano de cierto año, dos samuráis que tenían el turno de centinelas conversaban mientras pasaban la noche. Cuando, sin mayor intención, miraron hacia el tejado del edificio que quedaba al este, vieron que de allí sobresalía una tabla *(ita)* que parecía estar clavada. Mientras ambos pensaban extrañados que se trataba de la travesura de alguien, la tabla se estiró unos dos metros y luego echó a volar en dirección a ellos revoloteando como un batir de alas. Conscientes de que se hallaban ante algún tipo de demonio (*oni*), desenvainaron sus katanas y se pusieron en guardia.

Sin embargo, la tabla se introdujo furtivamente por el resquicio que dejaban las rejillas de madera de una ventana cercana. En aquella habitación estaban durmiendo varios samuráis. Entonces comenzó a escucharse un rumor de voces angustiadas, como de gente sufriendo. Los dos centinelas se apresuraron a mirar el interior y, al entrar en la habitación, vieron que los samuráis que allí dormían habían muerto aplastados.

Asustados, probaron a buscar la tabla sospechosa pero, aunque no les parecía que hubiese salido al exterior, no pudieron verla por parte alguna.

Probablemente lo que sucedió es que, como los dos samuráis estaban afuera con sus katanas en pose de «si te acercas, te matamos», la tabla decidió buscar una presa alternativa y por eso atacó a los samuráis que estaban dormidos, matándolos a todos.

Según cuentan, desde entonces, todos los hombres fueron advertidos de que, fuera la situación que fuera, nunca olvidasen tener la katana a mano.

Al parecer, en la época en que se compilaron las historias para el *Konjaku monogatari*, los demonios se aparecían bajo todo tipo de formas.

Itsumaden. El yōkai llamado *itsumaden* es un ave sobrenatural reseñada en el libro *Taiheiki* (Crónicas de la Gran Pacificación).

En el otoño del primer año de la Era Kenmu (1334), al caer la noche se aparecía en el cielo sobre el Shishinden (uno de los edificios del Palacio Imperial de Kioto) un ave sobrenatural que graznaba en tono siniestro: «Hasta siempre... hasta siempre...».

Los nobles de la corte pensaron que aquel era un signo de mal agüero y, tomando ejemplo de cómo Minamoto no Yorimasa derrotó en su día a un monstruo similar, decidieron encargar también esta vez a un famoso arquero el trabajo de acabar con la criatura. El elegido fue Oki Jirozaemon Hiroari.

Tras un tiempo de espera, apareció el ave sobrenatural como de costumbre. Escupía fuego por la boca y bastaba una ojeada para darse cuenta de lo siniestra que resultaba. Como una centella, Hiroari le disparó un tipo de flecha especial llamado *kaburaya* (que emite un sonido característico) y, de manera espectacular, hizo blanco, cayendo el ave a tierra.

Cuando Hiroari se acercó al lugar de la caída, vio que el ave tenía rostro humano. Su cuerpo era similar al de las serpientes y ambas patas terminaban en unas garras tan afiladas como espadas. Según contó, las alas extendidas alcanzaban una envergadura de 5 metros.

La época en que dicha ave se apareció fue precisamente el año en que hubo una gran cantidad de muertes debido a una epidemia y los cadáveres se apilaban en las afueras de la capital. Aquel pájaro sobrenatural se apareció como si se tratase del rencor concentrado de todos aquellos muertos o como si fuera una queja por todos aquellos cadáveres desatendidos durante tanto tiempo y por eso graznaba «Hasta siempre... hasta siempre...». En resumen, probablemente el alma de aquellas personas que murieron sin ningún tipo de atención tomó la forma de aquel pájaro que sobrevolaba la capital.

五つ塚の怪女

Itsutsu-zuka no kaijo. Hace mucho tiempo, en la aldea de Iwano (incluida en la actual ciudad de Nagaoka), en la comarca de Kōshi, prefectura de Niigata, había un lugar donde se alineaban cinco viejos túmulos funerarios en un campo junto a la ribera del río Shinano.

Un hombre de la aldea de Iwano llamado Kan-emon trabajaba en la aldea vecina extrayendo aceite para un comercio de venta al por mayor y una noche volvía a su casa pasando por delante de Itsutsu-zuka (cinco túmulos).

Pasó el primer montículo funerario y luego el segundo y, cuando sin mayor intención echó una mirada hacia delante, vio junto al tercer túmulo la espantosa figura de una mujer que lo miraba fijamente. Kan-emon se quedó paralizado por el terror mientras la mujer sobrenatural (*kaijo*) avanzaba hacia él como si se deslizara sobre el terreno. Y entonces le dijo:

—Así que has visto mi verdadero aspecto... Prueba a decir aunque sea una sola palabra a los demás, y verás lo que te sucede entonces.

Y, acto seguido, desapareció de repente.

Como si acabara de despertar de un mal sueño, Kan-emon regresó a casa haciendo eses y exhausto.

Kan-emon pasó diez años sin contar nada a nadie de lo sucedido entonces. Sin embargo, en una ocasión en que los jóvenes de la aldea lo estaban pasando en grande contándose unos a otros historias sobrenaturales, se acordó del incidente con la *kaijo* y, sin darse cuenta, le narró a todo el mundo lo que había sucedido junto a los cinco túmulos funerarios.

A la mañana siguiente encontraron el cuerpo de Kan-emon en un estado espantoso, a los pies de un acantilado cercano a los cinco túmulos funerarios. Según cuentan, los testículos habían sido arrancados del cadáver a saber por qué motivo. No sé sabe quién era realmente esta *kaijo*.

一反木綿

Ittan momen. Al atardecer o por la noche, una tela blanca de unos 10 metros de largo (medida llamada *ittan*), revolotea por los aires como si se desplazara haciendo ondulaciones. Dicen que este yōkai se aparecía hace mucho tiempo en la parte de la prefectura de Kagoshima llamada Osumi y en los alrededores del monte Kongen, que se yergue en las proximidades de la bahía de Shibushi. Por lo visto era muy temido, sobre todo por los niños.

Paradójicamente, su aspecto no tiene nada de temible, es más, alguien un poco distraído no pensará sino que el viento se ha llevado alguna tela que estaba puesta a secar. Sin embargo, como se trata de criaturas que atacan a la gente, no hay que juzgar los yōkai por su aspecto.

Cierta noche, un hombre recorría con prisa el camino hacia casa. De pronto, descendiendo del cielo, una tela blanca cayó ante sus pies. Debido a la sorpresa, se paró en seco y, entonces, dicha tela blanca se le enroscó al cuello.

Al momento el hombre desenvainó la pequeña espada que llevaba al cinto y cortó con ella la blanca tela. Cuentan que entonces la criatura desapareció, pero que las manos del hombre quedaron empapadas en sangre.

El *ittan momen* (tela de algodón de un *tan*) hace cosas de este tipo, como enrollarse en el cuello de la gente estrangulándola o envolver el rostro hasta provocar la asfixia. Hay quien piensa que acaso se trata del espíritu de algún objeto. Sin embargo, si se les pregunta qué objeto en concreto, de eso ya no tienen la menor idea.

岩魚坊主

Iwana bōzu. En aldeas de la comarca de Minoena, como Tsukechi y Kashimo (incluidas en el actual municipio de Nakatsugawa, prefectura de Gifu), había un sistema de pescar fluvial que consistía en echar al agua jugo de cortezas del pimentero japonés. Esta técnica era conocida como «exprimir el veneno».

En cierta ocasión, unos jóvenes aldeanos estaban en el río que corre por el fondo del valle pescando mediante el sistema de exprimir veneno sobre las aguas y, tras conseguir algunos peces, decidieron prepararlos en el sitio con objeto de comerlos entre todos allí mismo.

Entonces, sin que se supiera de dónde había salido, apareció un monje (*bōzu*) que comenzó a sermonear a los jóvenes instándolos a abandonar la pesca con veneno. Como comenzaba a ponerse demasiado pesado, los jóvenes intentaron con buenas maneras que el monje se fuera, pero este no mostraba la menor intención de moverse del sitio.

Entonces, le ofrecieron unas bolas de pasta de arroz dulce que les habían sobrado y el monje se las comió con fruición, aparentando gustarle mucho. Por lo visto tenía hambre, así que a continuación le ofrecieron arroz y sopa, que también se ventiló sin mayor problema y, finalmente, terminó marchándose con rumbo desconocido.

Cuando, pasado un tiempo, finalizaron su comida, los jóvenes se pusieron otra vez a pescar y, entonces, salió a la superficie un tipo de trucha llamado *iwana*, que a diferencia de las normales, tenía un tamaño enorme, similar al de una persona, y flotaba con su vientre blanquecino vuelto hacia arriba. Todos se alegraron mucho y decidieron llevarse el pez de vuelta a la aldea. Una vez reunidos allí todos los habitantes, se pusieron a cocinar la truzcha pero, al rajarle la tripa, se llevaron una enorme sorpresa al encontrar allí las bolas de arroz dulce, el arroz y la sopa que los jóvenes anteriormente le habían ofrecido al monje. Cuentan que todos los presentes se asustaron tanto que ninguno quiso probar esta *iwana*.

Probablemente, el espíritu de la *iwana* se había aparecido con forma de monje para así intentar salvar a sus compañeros.

Iyami. *Iyami* (burlón) era un yōkai que se aparecía con frecuencia en la ciudad de Sendai, que quedaba a los pies del castillo.

Un día, al atardecer, un mozo fue enviado a comprar arroz a una tienda. Cuando hacía el camino de vuelta con el arroz metido en su cesto, de pronto cayó en la cuenta de que frente a él iba caminando una mujer joven. Tras un rato observándola, al mozo le pareció que guardaba un gran parecido con su hermana mayor, a la que llevaba mucho tiempo sin ver. Al pensar en ello, sintió cómo le invadía la nostalgia y, sin poder contenerse, la llamó:

—¡Hermana mía!

La mujer se dio la vuelta. Y, entonces, el mozo comprobó que el rostro no se parecía en absoluto al de su hermana mayor y que, encima, era el de un viejo con aspecto de degenerado. La visión le causó un trauma tan fuerte que dejó caer el cesto del arroz y rompió a llorar estruendosamente.

Precisamente este era el *iyami*. Encontramos narraciones similares en las regiones de Chūgoku y San-in.

El nombre de *iyami* le viene a la perfección y, entre la gente de hoy, sin duda debe de haber quien haya conocido experiencias similares. Es decir, que la figura vista de espaldas parece la de una hermosa mujer de portada de revista y, cuando nos adelantamos para verla de frente pensando que se trata de una belleza indiscutible, nos encontramos con un rostro totalmente alejado del que sugería su figura y nos llevamos una enorme sorpresa (bueno, posiblemente a las mujeres también les haya sucedido algo similar con los hombres). Si lo que aparece ante nuestros ojos en estos casos es un vejestorio, cualquiera se llevaría una sorpresa como para caerse de espaldas.

蛇骨婆

Jakotsu babā. Por todo Japón encontramos lugares con el nombre de *hebizuka* (túmulo de la serpiente) y se dice que en uno de ellos está encerrado el espíritu de un reptil sobrenatural llamado Jagoemon. La *jakotsu babā* (vieja de los huesos de la serpiente) es la esposa de este Jagoemon y, con objeto de proteger su túmulo, se aparece llevando una serpiente azul en la mano derecha y otra roja en la izquierda mientras amenaza a todo el que por allí se acerca.

El lugar concreto donde se encuentra el túmulo funerario de Jagoemon se desconoce, pero probablemente se trate de uno de los muchos que existen en el país con el nombre de *hebizuka*.

Sobre los *hebizuka* se cuenta también la siguiente historia.

Hace mucho tiempo, cuando en la zona tokiota de Nippori quedaban aún muchas huertas, un campesino encontró en su terreno una serpiente blanca y la mató a golpes. A partir de ese incidente, le sucedió una desgracia tras otra y perdió todas sus cosechas.

Entonces, el campesino pensó: «Puede que lo que me está sucediendo sea la venganza de la serpiente blanca que maté». Y esa misma noche, la serpiente se le apareció en sueños y con profunda tristeza le dijo: «Me gustaría volver a nacer en este mundo».

Temeroso del poder de esta venganza sobrenatural, el campesino erigió un túmulo para la serpiente y rezó ante él pidiendo perdón. Cuentan que desde entonces pasó felizmente el resto de sus días.

Se dice que las serpientes blancas son mensajeros de los dioses y por ese motivo no se deben matar.

邪魅

Jami. A la vista de la explicación que adjunta Toriyama Sekien en su *Hyakki yagyō* (Ilustraciones del desfile nocturno de los cien demonios), el *jami* pertenecería al grupo de los monstruos de montaña y tendría categoría de demonio malvado. Sin embargo, esta explicación dista de estar clara. En esta imagen, aunque es cierto que la criatura tiene aspecto de bestia, la parte inferior del cuerpo no es visible, por lo que no es posible determinar con exactitud su aspecto general.

El ideograma *ja* con el que comienza su nombre significa «malvado» o «dañino» y el de *mi* se utiliza para expresar los conceptos de «monstruo» o «engañoso». En definitiva, probablemente el término *jami* hace referencia a un tipo de demonio o espíritu malvado que busca poseer a los humanos con fines nada buenos.

Al contrario de los llamados *yukiai-gami*, que te poseen de repente cuando te topas con ellos, el *jami* guarda cierto parecido con el caso del *inugami*, es decir, que se trata de la materialización de algún sentimiento de odio que tiene además la capacidad de poseer. El *inugami* es como un animalito invisible que, actuando bajo la voluntad de terceros, causa perjuicios a la gente. En lugares como la prefectura de Kagawa, es frecuente adorar a los *inugami* en calidad de nuevas divinidades y se cree que, gracias a ellos, puede uno hacerse muy rico, cosa esta última poco frecuente.

En resumen, posiblemente la gente de antaño llamaba *jami* a algún tipo de ente tan extraordinario como desconocido. Cabe señalar que, en el caso del *jami*, el componente animal parece importante y resulta probable que también se le atribuyeran acciones similares a las que realizan otras criaturas de características animales, como el *nekomata* o la comadreja.

じゃんじゃん火

Janjan-bi. Es el nombre que le dan en la prefectura de Nara a un fuego volador que, por lo visto, se aparece en diversos lugares. Según cuentan, cuando pasa volando suena algo parecido a *jan jan*, y por ese motivo le han dado ese nombre.

Según dicen, consiste en dos llamaradas que vuelan a la vez y, cuando pasan, no se debe levantar la vista para mirarlas.

Cuentan que antiguamente, cerca de la ciudad de Yamato Koriyama (en la prefectura de Nara), en el puente Uchiai que había sobre el río Sahogawa, tenía lugar en la noche del 7 de junio un baile llamado *janjan-bi*. Se escogía un total de veinte jóvenes de ambos sexos por cada aldea de la zona que participaban en un baile en torno a una torreta de madera levantada en mitad del puente.

Una leyenda dice que hace mucho tiempo una joven pareja murió en este lugar y, desde entonces, todos los años en la noche del 7 de junio aparecían dos grandes llamaradas que, sobrevolando el puente, parecían juguetear la una con la otra, mientras emitían en su baile un ruido que sonaba como *jan jan*. Los aldeanos organizaban este baile de parejas mixtas para consolar los espíritus del hombre y la mujer que murieron entonces.

Personalmente, creo que este tipo de fuegos sobrenaturales o de yōkai pueden considerarse, en un sentido amplio, como espíritus. Mientras estamos vivos, los seres humanos tenemos una forma pero, al morir, dejamos de tenerla. Sin embargo, creo que lo que sucede es que pasamos a otra existencia con una forma diferente de la anterior.

蛇帯

Jatai. Desde tiempos remotos, para referirse a los celos de las mujeres se han empleado expresiones como «corazón de serpiente» y por su condición persistente han sido comparados muy a menudo con el carácter de las serpientes.

Probablemente, el caso más conocido sea el de la dama Kiyo de la leyenda de *Dōjōji*. Cuenta la leyenda que una mujer, creyendo ciegamente en la promesa de matrimonio que el monje budista Anchin le había hecho a modo de broma, comenzó a perseguir a Anchin cuando este huyó y, en su persecución, se convirtió en vida en una gran serpiente. Es decir, que su impuro corazón le hizo transformar su cuerpo en uno de serpiente.

Pero además, según ciertas narraciones, no solo se convirtió ella misma en serpiente, sino que hasta el fajín (*obi*) de su kimono se convirtió en una serpiente. Esto es lo que se conoce como *jatai* (fajín-serpiente), y no se trata de simple una serpiente, sino que además es venenosa y está considerada como un yōkai.

Se dice que quizá, cuando su dueña se quitó el fajín para dormir, sus sentimientos pasaron al mismo, transformándolo en una larguísima serpiente venenosa que se lanzó al ataque del hombre del que estaba enamorada. Y no es que el fajín actuase controlado por su propietaria, sino que, al convertirse en yōkai, comenzó a moverse por voluntad propia.

Cuando el *jatai* entra en acción, su propietaria se encuentra sumida en un profundo sueño, de modo que, según la teoría que dice que el alma vaga libremente cuando uno está dormido, pudiera ser que esta se haya introducido de manera inconsciente en el fajín.

ジキトリ

Jikitori. Según el estudioso del folclore nipón Kunio Yanagita, el término *jikitori* significa «el que arrebata la comida». Es decir, que estamos ante un demonio que se introduce en el cuerpo de las personas y les roba el alimento que ingieren (incluyendo los nutrientes acumulados en el cuerpo).

En la zona de Uwa, prefectura de Ehime, cuando uno va por la montaña y de pronto siente el estómago vacío, hasta el punto estar tan débil que es incapaz de hacer un solo movimiento, se dice que le ha poseído el *jikitori*.

En momentos así, si comes aunque sea un solo grano de arroz cocido, te recuperas. Por eso, en esta región existe la costumbre de decir que, cuando alguien emprende un largo camino, no debe comerse todo el almuerzo que lleve consigo, sino que siempre conviene dejar algo, aunque sean tres o cuatro granos de arroz.

Se cree que esta criatura habita en el interior de las montañas, en lugares solitarios por los que apenas pasa nadie y que, cuando siente hambre, asalta a los caminantes, introduciéndose en su cuerpo.

En ciertas zonas, el *jikitori* es considerado como una divinidad de la montaña. Al parecer, en algunas aldeas, cuando uno come en la montaña su *bentō* de almuerzo, es costumbre ofrendar los primeros granos de arroz para que no le entre el hambre a la divinidad de ese lugar.

Puesto que en este caso «ser poseído» consiste en que le arrebatan a uno su alimento (o, al menos, eso se cree), una vez que se quede con el estómago a gusto se acabó el problema, ya se trate del yōkai *jikitori* o de una divinidad de la montaña. Debido a este tipo de creencias, la gente ha venido colocando estatuillas de piedra o templillos en los lugares propensos a que se aparezca para rendirle culto como una divinidad más.

Jinja hime. El 19 de abril del año 2 de la Era Bunsei (1819), junto a cierta playa de la región de Kyūshū, en la provincia de Hizen (las actuales prefecturas de Saga y Nagasaki), un pescador llamado Hachibei se topó con un pez sobrenatural de extraña forma. Tenía una longitud de unos 6 metros, rostro humano y dos protuberancias como cuernos en la cabeza. Y aquel pez le dijo en un tono imponente:

—Soy una enviada del Palacio del Dragón, de nombre Jinja hime (princesa del templo).

Y, tras presentarse, hizo la siguiente profecía:

—Durante siete años a partir de este, se sucederán las buenas cosechas. Pero luego se extenderá una epidemia llamada *kolori*. Si retratas mi figura en un dibujo y lo repartes entre la gente, quedaréis libres de esa desgracia.

Tal y como la criatura había profetizado, en el verano del séptimo año después del encuentro, se desató la epidemia de *kolori* sobre la ciudad y murió una gran cantidad de gente.

Kolori es otra manera de denominar al cólera. Como causa fuertes diarreas y fiebres tras las que uno termina cayendo en redondo de muerte súbita tres días después, hay quien dice que por eso recibe el nombre de *kolori*.

Según un libro de la época titulado *Waga koromo* (Nuestros ropajes), de Kato Ebian, cuando en ese año se propagó el cólera, por todos los rincones de Edo se vendía el dibujo de una criatura con cuerpo de pez y rostro humano, la *jinja hime*. Para la gente de entonces, que no contaba con ningún tratamiento médico adecuado, debía de resultar un objeto muy preciado.

Probablemente este yōkai pertenezca a la misma clase que el *amabie*, que también realizaba profecías.

人面樹

Jinmenju. Se trata de un árbol que crece en los valles situados en medio de montañas frondosas y apartadas. Su flor parece una cabeza humana y, aunque no habla, a menudo se ríe. Cuentan que, si se ríe demasiado, la flor se desprende de golpe y cae al suelo.

Según el *Wakai sansai zue* (Diccionario enciclopédico ilustrado de los tres mundos), del período Edo, el *jinmenju* (árbol de rostro humano) es oriundo de las tierras del sur, y sus frutos, llamados *jinmenji*, maduran en otoño. Y añade que sus frutos tienen sabor agridulce y que, al parecer, sus pepitas tienen por ambos lados ojos, orejas, nariz y boca, por lo que no debe de haber mucha gente a la que le guste comérselos.

Antiguamente, debido a que el aspecto del árbol hace pensar que un montón de gente se ha subido a él para contemplar algún espectáculo desde arriba, dejando asomar solo las cabezas, la palabra *jinmenju* se utilizaba como una forma graciosa de designar este tipo de situaciones.

El *jinmenju* es un yōkai importado desde China, y puede que guarde relación con el árbol llamado *wakwak*, oriundo de la India y Persia, de cuyas ramas pendía una gran cantidad de cabezas de muchachas.

Jinmenken. A comienzos de la Era Heisei (1989) este yōkai gozó de una popularidad espectacular, sobre todo entre los niños de primaria.

Al parecer, a lo largo y ancho de Japón se escuchaban testimonios del tipo de «lo he visto cerca de esta o aquella estación» o «se apareció al cruzar por el túnel de tal y cual». Se caracteriza por su aspecto de perro pequeño de apariencia miserable (quizá similar a un perro de raza *shiba*), pero con cara de viejo rencoroso o de hombre de mediana edad.

Corre a una velocidad superior a los 80 kilómetros por hora, y algunos testigos aseguran que es capaz de dar saltos de unos 6 metros de altura. Al parecer, cuando este perro con rostro humano se topa con la gente, sonríe de modo burlón y suelta frases del tipo «déjame en paz», «a ti qué te importa», «cállate», «bah, no es más que un humano».

En cuanto a su origen, existen diferentes teorías: el resultado de un experimento de manipulación genética, o un perro poseído por un espíritu humano o que nació malformado, o que es la reencarnación de un hombre muerto. Los chicos de una y otra zona del país se intercambiaban este tipo de opiniones que despiertan mi admiración por la imaginación que demuestran.

Al igual que sucede con todos los yōkai actuales surgidos después de la *kuchisake onna* (mujer de boca rasgada), circulan todo tipo de teorías que se entremezclan pero, al final, el asunto suele verse reducido a un montón de rumores que se extinguen al poco tiempo.

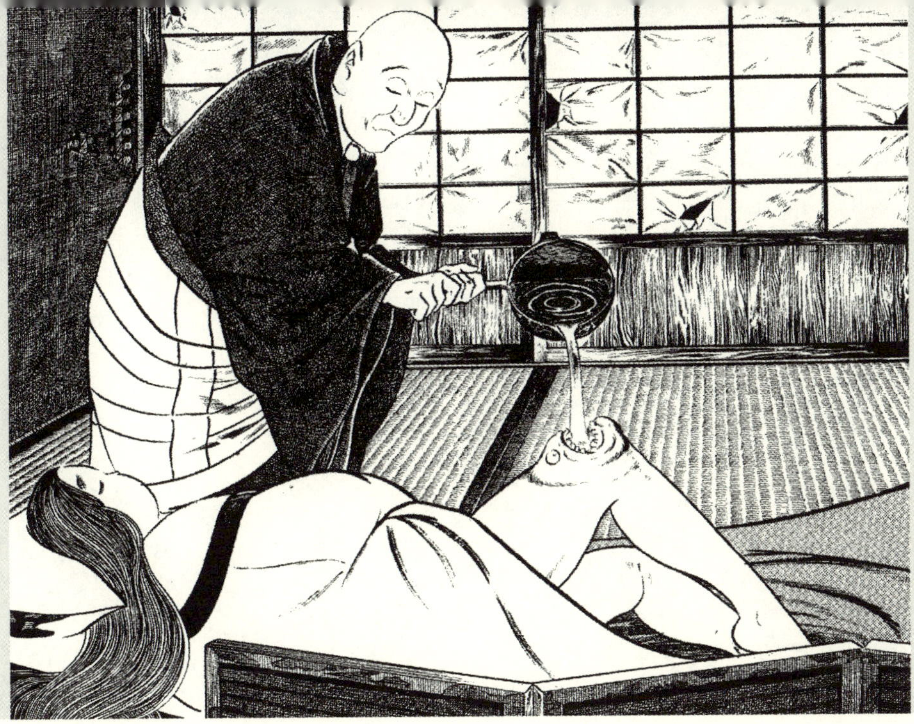

人面瘡

Jinmensō. Existe un tipo de enfermedad-yōkai que, más que al cuerpo, hace sufrir al espíritu. Al principio, uno piensa que se trata de un mero eccema pero, con el tiempo, resulta que no remite lo más mínimo. Poco a poco se va agrandando hasta convertirse en una enorme pústula, que luego se resquebraja para dar paso a un rostro humano. Por más que se realice un corte para extirparlo, vuelve a salir una y otra vez. Por si fuera poco, cuentan que por las noches a veces le da por hablar.

También hay casos en que pide agua o alimentos, y, según dicen, hay *jinmensō* (herida de rostro humano) que comen tanto como una persona normal.

Si se vierte sake en su boca, el rostro se pone colorado y cobra ciertamente la apariencia de estar borracho, y, cuando se le da de comer, mueve la boca masticando con expresión de estar paladeando algo delicioso. También se ha intentado darle toda clase de medicamentos, pero se los traga con la misma expresión de quien está tomando un manjar.

Sin embargo, en una ocasión se le dio un medicamento a base de fritilaria y, de pronto, el rostro se contrajo y cerró firmemente la boca. Entonces, creyendo haber dado con la solución, se preparó la fritilaria en polvo y, abriéndole la boca a la fuerza, se introdujo la medicina. Durante un rato el rostro expresó un gran desagrado pero, poco a poco, el aspecto de la herida comenzó a cambiar y, a los cinco o seis días, ya había desaparecido por completo.

Esta historia está recogida en una antigua antología titulada *Otogiboko* (El muñeco de cabecera).

地黄煎火

Jiōsen-bi. Junto a la estación de Izumi Nawate, en Kōshū Minaguchi (la actual ciudad de Kōga, en la prefectura de Shiga) crecía un gran árbol al que llamaban *hizagashira matsu* (pino «rótula de rodilla»). Hace mucho tiempo había un hombre que, bajo este pino, vivía de vender *jiōsen* (galletas tostadas a base de harina de arroz mezclada con extracto de hierbas medicinales).

Pero, desgraciadamente, un día fue asesinado por unos ladrones, que le robaron hasta la más ínfima de sus pertenencias. Sin embargo, el despecho que debió de sentir fue tan intenso que la pasión de este hombre por su trabajo tomó la forma de una bola de fuego que arraigó por esta zona y siempre revoloteaba cerca del pino. A partir de entonces, este fuego recibió el nombre de *jiōsen-bi* (fuego del *jiōsen*).

Cabe mencionar que es uno de esos fuegos que no son calientes, es decir, que se trata de un *inka*. No son muy frecuentes las historias en las que el despecho o la pasión de alguien se aparecen como un *inka* volador en lugar de hacerlo como fantasma o espectro rencoroso. Y ni que decir tiene que este caso no guarda ninguna relación con las *hitodama* y que tampoco es una simple bola de fuego.

¿A qué razón podrá deberse el que, tras la muerte, el alma de las personas se aparezca con formas tan diferentes? ¿Será quizá por la manera en que uno ha vivido o por cómo ha muerto? ¿O acaso el elemento decisivo radique en el sentimiento de la persona un instante antes de morir? En cualquier caso, se trata de una cuestión sumamente interesante.

Jorō-gumo. Se trata de un yōkai consistente en una enorme araña con aspecto de mujer. Normalmente su nombre no se escribe como yo lo he puesto arriba, sino con los ideogramas de «dama» y «araña».

Según cierta historia, hace mucho tiempo, en Sakushu Takada (la actual ciudad de Maniwa, en la prefectura de Okayama), había un samurái de bajo rango llamado Magoroku. En cierta ocasión en que estaba durmiendo fuera de casa, sin estar muy seguro de si estaba soñando o era realidad, se le apareció una anciana que le dijo:

—Mi hija está prendada de ti.

Y, acto seguido, llevó a Magoroku a una gran mansión, donde le esperaba una hermosa princesa que le pidió matrimonio con estas palabras:

—Hace mucho tiempo que estoy enamorada de ti...

Era la primera vez que Magoroku veía a aquella mujer. La joven era tan hermosa que la mayoría de los hombres no hubiera necesitado que se lo dijeran dos veces para aceptar la oferta, pero Magoroku era un hombre honesto y enunció secamente su rechazo de la siguiente manera:

—Soy un hombre que tiene ya esposa. No solamente no puedo casarme, sino que ni siquiera puedo mantener una relación de una noche.

Entonces, la mansión donde se hallaba se esfumó y, cuando quiso darse cuenta, estaba otra vez en el lugar donde se había acostado. Lo sucedido le pareció tan extraño que Magoroku le preguntó a uno de sus hombres:

—¿He estado todo el tiempo adormilado aquí?

Y le respondió que así era.

Magoroku pensó que quizá durante su sueño se le habían aparecido unas *jorō-gumo* con la forma de mujer y ordenó a sus hombres que eliminasen todas las telarañas del lugar, tras lo cual no volvió a suceder ningún incidente.

樹木子

Jubokko. Se dice que los árboles que absorben una gran cantidad de sangre humana se convierten en un yōkai llamado *jubokko*. Puesto que se han criado a base de sangre como nutriente, siempre están sedientos de ella. Por eso, cuando alguien pasa bajo uno de estos árboles, la criatura estira sus ramas como si fueran brazos y le atrapa para chuparle la sangre hasta que muere. Es, realmente, un árbol vampiro.

Posiblemente los *jubokko* fueron plantados en antiguos campos de batalla, en lugares por los que ahora apenas pasa nadie.

Ya que un espíritu puede alojarse incluso en seres inorgánicos convirtiéndolos en yōkai, el riesgo de que, por alguna circunstancia, se dé esta conversión en seres vivos, como son los árboles, resulta todavía mayor.

Además, como los vegetales son seres vivos, no suena especialmente extraño escuchar que puedan vivir a base de chupar sangre.

Yo mismo, cuando hace tiempo iba por montañas en las que no había ningún camino, me enganchaba en enredaderas y, a veces, incluso quedaba medio atado, hasta el punto de llegar a preguntarme si no terminaría convertido en árbol.

Además, cuando uno va a montañas apartadas y frondosas, puede llegar a experimentar la imprecisa sensación de que los árboles son capaces de devorar a las personas.

Por ejemplo, en las junglas de Nueva Guinea he tenido la sensación de que existen gran cantidad de especies vegetales que, sin necesidad de ser un *jubokko*, son capaces de comerse a la gente. Puede que la idea del *jubokko* naciera de este tipo de impresiones.

十二神将

Jūni shinshō. El exorcista del período Heian llamado Abe no Seimei se hizo construir en el nordeste de la capital de entonces, Kioto, una lujosa mansión en la que, según decían, mantenía a su servicio a una docena de demonios a los que llamaba *jūni shinshō* (doce generales divinos).

Estos doce «generales» divinos se correspondían con los doce signos del Zodíaco atribuidos a cada año (Rata, Buey, Tigre, Conejo, Dragón, Serpiente, Caballo, Oveja, Mono, Gallo, Perro y Cerdo), y Seimei mantenía alojados sus espíritus dentro de sendos muñecos que había fabricado. Se dice que los guardaba en lo alto de una de las vigas transversales que cruzaban el techo, junto a la puerta del sur, y que, cada vez que los necesitaba para algún servicio, les hacía bajar.

Seimei utilizaba a estos doce «generales» para hacer predicciones sobre parabienes y desgracias, pero también les hacía dedicarse a labores cotidianas propias de un empleado de servicio.

Sin embargo, como el aspecto de esos doce «generales» resultaba demasiado espantoso, la esposa de Seimei terminó por quejarse de su presencia. Por ese motivo, a Seimei no le quedó más remedio que trasladarlos al puente Ichijo Modoribashi, que quedaba cerca de su casa, para que viviesen allí.

Cuentan que, desde entonces, cada vez que Seimei necesitaba de ellos, pedía a los doce «generales» que acudiesen desde el puente y que, cuando quería hacer predicciones, era él quien iba por sí mismo allí para preguntarles. Al parecer, Seimei se quedaba de pie en el puente y los doce «generales» respondían acerca de las bonanzas o las desgracias futuras por boca de los viandantes que cruzaban por el puente.

Incluso después de morir Seimei, el puente Ichijo Modoribashi continuó siendo un lugar habitual donde los adivinos realizaban predicciones y todavía hoy conserva este nombre.

かぶきり小僧

Kabukiri kōzō. Se trata de un mozalbete con peinado de tazón, vestido con un kimono de aspecto raro. Se aparece en Shimōusa (el norte de la actual prefectura de Chiba y el sur de la de Ibaraki), en umbríos y solitarios caminos de montaña o en caminos ordinarios cuando es de noche y le dice a la gente con la que se cruza: «Bebe agua, bebe agua».

Hay quien cree que se trata de un tejón que ha transformado su figura. Por lo visto, a los tejones de esta zona les gusta presentarse con aspecto de niño. En un viejo libro se encuentra recogida la siguiente historia.

En un paraje campestre de Kazusa (incluida en la actual prefectura de Chiba), un niño llamado Chotaro estaba jugando a dar volteretas con unos amigos. Entonces, apareció un niño haciendo piruetas, de modo que su cara quedaba tapada por el faldón del kimono. Al principio creyeron que se trataba de algún otro niño del vecindario, pero el caso es que no hablaba ni tampoco podían verle el rostro. Los niños empezaron a armar jaleo, preguntándole: «Eh, ¿quién eres?, ¿quién eres?», pero el muchacho continuaba sin decir nada. Intentaron apartarle el kimono de la cara, pero no se dejaba de ninguna de las maneras. Cuando, por fin, uno de los chicos consiguió introducir su mano entre los pliegues del kimono, se topó con un brazo peludo que no podía ser humano.

Los chicos se asustaron y pusieron pies en polvorosa y, al oír sus gritos, un grupo de adultos se acercó empuñando unos palos para ver lo que sucedía. El monstruo se internó en la espesura pero, al hacerlo, se despojó de su kimono, dejando ver la figura de un enorme tejón, que desapareció con la velocidad de una flecha.

かぶそ

Kabuso. El *kabuso* es un yōkai que vive en las riberas de las comarcas de Kashima y Hakui, en la prefectura de Ishikawa. Se dice que tiene el tamaño de un gatito, el cuerpo de color negro, las patas delanteras cortas y el extremo de la cola grueso.

Hace travesuras como apagar el farolillo de los que recorren un camino por la noche, o engañar a la gente para hacerles entablar combates de sumo contra raíces de árbol o rocas. A veces, también adopta la forma de una bella mujer de dieciocho años.

Se aparece sobre todo de noche. Cuando se dispone a gastar una jugarreta a alguien, sigue sus pasos llamándolo continuamente, así que en esos casos hay que andar con mucho cuidado.

En Kanazawa denominan a esta criatura con el nombre de *kawaso*. Según cuentan, cuando llega el verano, y con él la época de la natación, los niños escriben en los pepinos «al espíritu del *kawaso*» y luego los dejan para que se los lleve la corriente del río.

Posiblemente, tanto *kabuso* como *kawaso* son nombres derivados de *kawauso* (nutria). Al parecer, en la región de Hokuriku existía la creencia de que las nutrias transformaban su aspecto con mayor frecuencia que los zorros y los *tanuki*. Según las narraciones locales, a estas criaturas se les atribuían unas características similares a las de los *kappa*.

El hecho de realizar ofrendas de pepinos al «espíritu del *kawaso*» es un elemento más para considerar al *kawaso* como un tipo de *kappa*. Dado que los *kappa*, y por ende el *kawaso*, son espíritus acuáticos, se les reza para evitar desgracias relacionadas con el agua.

影女

Kage onna. Dicen que, cuando la luz de la luna incide en las casas donde vive una criatura sobrenatural, se aparece la sombra de una mujer, y también cuentan que, donde vive un hombre solo, la *kage onna* (mujer sombra) se instala para vivir allí.

Hace mucho tiempo, un samurái fue a visitar a un amigo en un día de lluvia y, al ir a plegar el paraguas ante la puerta de la casa, vislumbró en la ventana el rostro de una mujer joven. Al preguntar a su amigo si había alguna mujer en la casa, este le respondió que, desde el fallecimiento su esposa, no había mujer alguna. Tras un rato intercambiando copas de sake, se perfiló en una de las puertas correderas de papel la sombra de una mujer y el amigo, señalándola, dijo:

—Ah, así que, tal y como pensaba, sí había una mujer, ¿no?

El otro se rio y contestó:

—Eso es la *kage onna*. Para alguien en mi situación, es agradable que haya un toque femenino aquí, aunque sea el de un fantasma.

Luego vieron una bella mujer en el jardín, pero no mostraba ninguna intención de acercarse a ellos.

Cuando finalmente se acabó el sake y salieron afuera, ante la puerta vieron una extraña vieja que caminaba llevando un pequeño tamboril colgando del cuello.

Mientras pensaban: «Vaya una vieja tan extraña», se quedaron mirando y vieron que la mujer se dedicaba a ir y venir en torno de la puerta principal de la casa.

Es posible que en realidad esta fuera la auténtica figura de la *kage onna*. En cualquier caso, puesto que la *kage onna* solo deja ver su sombra, resulta bastante difícil determinar cuál es su verdadero aspecto.

貝児

Kai chigo. Antiguamente, cuando las hijas se casaban, las madres les regalaban todo tipo de ropas y utensilios para el hogar en concepto de ajuar nupcial. No sucedía como ahora, en que se compran cosas para sustituir a las que ya son viejas, sino que los objetos se conservaban cuidadosamente y se transmitían de padres a hijos. Si se trataba de una familia de alta posición, los enseres, ropas o muebles eran muy variados y algunos de ellos podían tener fácilmente cien o doscientos años de antigüedad. En el caso de familias de la nobleza, entre estos objetos usuales había uno que se llamaba «cajita de las conchas».

Se trataba de un pequeño recipiente utilizado para guardar las conchas con las que se practicaban juegos como el *kai-awase* o *kai-oi* («ensambla-conchas») y, de alguna manera, simbolizaba el anhelo de las madres por el crecimiento feliz y saludable de sus hijos. Lo más frecuente es que tuviera forma octogonal o ligeramente ovalada, como las cajas que se usan para guardar medicamentos o sellos de firma personal.

El *kai-awase* era un juego que consistía en utilizar conchas bivalvas, como las de las almejas, y pintar su cara interior con dibujos como flores, pájaros o personas. A la concha superior se le llamaba *yo* y a la inferior *in*. Para jugar, se barajaban todas las conchas y había que volver a juntar cada *yo* con su respectivo *in*, buscando que su forma coincidiera, así que se trataba de una especie de puzle de conchas. Puesto que este juego de encajar conchas simbolizaba la armonía entre los esposos, los padres siempre se lo entregaban a sus hijas con ocasión de la celebración de un matrimonio.

Ahora bien, se decía que, cuando la cajita de las conchas iba sumando años, nacía de ella un yōkai llamado *kai chigo* (niño de las conchas). Es posible que esta creencia fuera fruto de una alucinación de esa mujer que deseaba fervientemente ser madre y veía esa figura de niño. O pudiera ser que, cuando los niños se cansaban de jugar al ensambla-conchas y la cajita con su contenido quedaba olvidada por mucho tiempo, esta se convirtiera en un yōkai.

貝吹き坊

Kaifuki bō. El *kaifuki bō* (muchacho que sopla una caracola) mora en las ruinas del castillo de Kumayama sito en la comarca de Wake, prefectura de Okayama. Según cuentan, su voz es como el sonido que se produce al soplar un cuerno hecho de caracola marina y nadie ha visto nunca dónde se encuentra exactamente cuando se le escucha.

Aunque no se trata de este mismo *kaifuki bō*, dicen que también en el foso del castillo de Karatsu, de la prefectura de Saga, mora un yōkai de apariencia desconocida. Puesto que todos los que llegaron a verlo perdieron el juicio, nadie sabe decir qué aspecto tiene.

En cierta ocasión, un sabio confucionista llamado Ajichi Shigehei, al escuchar hablar de este yōkai, se dijo: «Es vergonzoso que haya un yōkai en el castillo», y se encaminó él solo al foso, donde se dispuso a esperar su aparición.

Aunque era a plena luz del día, un ambiente siniestro impregnaba el lugar, pero Shigehei aguardó estoicamente. Y, pasado un tiempo, la figura del yōkai surgió de las aguas del foso. Su rostro era azulado y sus grandes ojos despedían un intenso fulgor. Permaneció en pie sobre las aguas mirando fijamente a Shigehei. Sin embargo, Shigehei no se arredró y, sentado en la posición del loto frente al yōkai, le devolvió la mirada, permaneciendo ambos así durante un tiempo.

Entonces… ¿qué le sucedió al yōkai? Pues exactamente igual que si fuera un hielo derritiéndose, comenzó a desaparecer poco a poco hasta que, al final, no quedó rastro de él. Según dicen, a partir de entonces, no volvió a aparecerse yōkai alguno en el foso.

Kai imori. Tanto en Japón como en China siempre se ha creído que las salamandras (*imori*) poseen la capacidad de transformar su aspecto. Por lo general, estos reptiles viven en el agua pero, cuando ven una muchacha que les gusta, adoptan la forma de un joven apuesto. De esta guisa se aparecen delante de la muchacha en cuestión e intentan seducirla, e incluso se han dado casos en que le prometen matrimonio.

Cuentan que, una de estas veces, la recién casada comenzó a comportarse de manera extraña pasado un tiempo, por lo que la familia sospechó y llamó a un exorcista para que la examinase. Este concluyó que la mujer había sido engañada por una salamandra y, entonces, un valiente guerrero se enfrentó a la criatura y consiguió derrotarla.

En la isla de Sado, prefectura de Niigata, hay una historia acerca de un ejemplar que se convirtió en un fantasmón de color negro y más de 3 metros de altura que se dedicaba a molestar a la gente. Se apareció en un caserón que llevaba centenares de años vacío y atacó a la familia que acababa de mudarse allí. Por la noche, cuando los miembros de la familia estaban dormidos, llegó este fantasma grandullón y comenzó a echar sobre ellos su fétido aliento. El hedor era tal que dejaba a uno totalmente aturdido, como si tuviera una borrachera de sake. Sospechando que algo podría ocultarse en el foso del caserón, se procedió a rebuscar en sus aguas y se encontraron seis salamandras de unos 2 metros de longitud. Se dice que, una vez que las mataron, no se volvieron a producir fenómenos de carácter sobrenatural en el lugar.

Las salamandras son peligrosamente venenosas, quizá para hacer gala de ello frente a los demás animales tienen el vientre de un color rojo vivo, destacando sobre el resto de su cuerpo, que es negro. Suelen vivir en las cañadas o los arroyos de montaña, pero también en las aldeas, y en primavera es cuando tiene lugar el apareamiento en grupo. Posiblemente, la visión de este espectáculo estimuló la imaginación de la gente respecto a estas criaturas.

海人

Kaijin. En el libro *Nagasaki kenbunroku* (Registro de experiencias de Nagasaki) aparece dibujado un humanoide sobrenatural que recibe el nombre de *kaijin* (hombre marino).

La carne de su cuerpo cuelga flácida, hasta el punto de que parece llevar puesto un vestido de piel humana. Su forma es similar a la de una persona y, según se lee en el texto, las manos y los pies están palmeados con membranas interdigitales y puede sobrevivir varios días en tierra.

Bueno, el caso es que en esto consiste el *kaijin*. También en el libro *Yamato honso* (Libro de biología del Japón) se habla del *kaijin*. Coincide la descripción en el hecho de que, aparte de esa especie de pellejos de carne que le cuelgan vaporosos de la cabeza, las cejas o los riñones y las manos y los pies palmeados como las aves acuáticas, apenas se diferencia de las personas. Añade también que no entiende el lenguaje humano y que, aunque se le ofrezca agua y comida, no muestra la menor intención de tomárselos.

Hay quien opina que debe de tratarse de un ejemplar de algún tipo de raza extinta en tiempos primitivos, pero como resulta poco menos que imposible de ver, nada se puede confirmar al respecto.

Se dice que los niños lo ven o reparan en él con cierta frecuencia, por lo que quizá se trate de algún tipo de manifestación espiritual. Es decir, que si uno intenta verlo ex profeso, no puede, y es imposible conocer acerca de él de manera intencionada. Parece que el modo ideal de avistar el *kaijin* requiere encontrarse en un estado de inconsciente armonía con la naturaleza.

怪地蔵

Kai jizō. Un hombre llamado Shinshichi, de la aldea de Kazamatsuri, sita en Soshu Odawara (incluida en la actual ciudad de Odawara, prefectura de Kanagawa), fue al monte Hayakawa para recoger leña, y en el camino de vuelta le sucedió lo siguiente.

Con la intención de hacer una pausa para fumar un cigarrillo, se sentó junto al templillo del *jizō* que hay en la falda de la montaña. Mientras se deleitaba con el sabor del tabaco echó una distraída mirada al interior del templillo. Y entonces vio que la estatua de piedra del *jizō* que debería haber allí, no estaba. «¿Qué habrá pasado?», se preguntó, cuando de pronto... ¿Acaso no era el mismísimo *jizō* quien se acercaba caminando alegremente hacia él mientras comía una brocheta de bolas de arroz dulce?

Shinshichi dudó de su propia vista. Pensó que, puesto que no cabía pensar que un *jizō* se fuese a comprar algo de comer con las monedas que la gente le echaba en el cepillo, sin duda aquello debía de ser la obra de un *tengu* u otra criatura siniestra, así que, agarrando uno de los trozos de leña que llevaba, cargó contra él, dándole un golpe. Entonces, la figura del *jizō* sobrenatural (*kai jizō*) desapareció al instante. En ese momento, Shinshichi cayó en la cuenta de que ya estaba a punto de anochecer y, sintiendo que se le erizaban todos los vellos del cuerpo, se dirigió a toda prisa hacia su casa.

Cuando, de regreso, le contó el asunto a un vecino, este le respondió: «Estoy casi seguro de que ha sido obra de un zorro o un *tanuki* y, si le has pegado con un leño, ahora debe de estar muerto en medio del camino». Shinshichi decidió coger un farolillo e ir con el vecino esa misma noche a examinar el lugar. Entonces, cuando llegaron allí, vieron que, efectivamente, había un viejo *tanuki* muerto, con la cabeza partida. Shinshichi y su compañero se felicitaron por la buena presa obtenida, que se llevaron de vuelta y degustaron como acompañamiento del sake.

En cuanto al *jizō* de piedra, comprobaron que, tal y como debía, estaba dentro del templillo.

Kainan bōshi. En el archipiélago conocido como «siete islas de Izu», al llegar la vigésimo cuarta noche del primer mes del año, se aparecía un fantasma al que llamaban *kainan bōshi* (monje náufrago), perteneciente al tipo de los espíritus de gente ahogada. Por eso se dice que ese día hay que purificarse limpiándose bien el cuerpo y encerrarse en casa.

Cuentan que, si esa noche alguien veía la figura del fantasma, sucedería alguna desgracia, por lo que la gente de las islas se encerraba en casa todavía con más razón.

Hace mucho tiempo, en una de estas islas, la de Izu Ōshima, había un delegado del gobierno local que atormentaba a los habitantes. Una noche un grupo de veinticinco jóvenes de la aldea asaltó la mansión donde vivía y lo asesinaron. Para escapar de la persecución, los jóvenes se hicieron al mar en una canoa, pero se desató un temporal y, debido a la fuerte lluvia y al viento, la barca volcó y se ahogaron los veinticinco. Eso sucedió el vigésimo cuarto día del primer mes, según el calendario antiguo.

También en otra de estas islas, la de Miyake, el vigésimo cuarto día del año se considera una fecha fatídica y temible, por lo que, según dicen, hay que terminar el trabajo cuanto antes y no salir de casa bajo ningún pretexto. Cuentan que en esta fecha, cuando ya es noche cerrada, los gatos de origen foráneo que viven en el templo Yakushidō acompañan al *kainan bōshi* a recorrer las calles y al pasar por delante de las casas dicen: «Préstanos platos, préstanos vajilla», así que los isleños se duermen antes de que empiecen a sonar las voces.

En cualquier caso, lo cierto es que, cuando se desata un temporal, el sonido del fuerte viento y la intensa lluvia, acompañado del rugido de las olas, parece el desesperado y terrible coro de lamentos de aquellos que no pudieron cumplir sus deseos en este mundo.

Kaiyō. Esto sucedió hace varias décadas. Hacia la una de la madrugada de un día del mes de mayo, un barco mercante cruzaba los mares. El vigía descubrió frente a ellos un gran barco de vapor que permanecía inmóvil y avisó para que girasen el timón hacia la derecha. Así que el mercante viró bruscamente a estribor.

Sin embargo, el barco de vapor continuaba estando enfrente. Entonces, esta vez viraron a babor, pero el barco de vapor seguía apareciendo frente a ellos. Los marineros se hicieron a la idea de que la colisión resultaba inevitable pero, llegado el momento, el barco de vapor no chocó contra ellos sino que se desplazó a gran velocidad sobre la superficie del mar como si se tratara de un espejismo y desapareció.

Los marineros quedaron estremecidos ante el fenómeno pero, momentos después, vieron cómo en torno a su nave comenzaban a flotar suavemente unas bolas de fuego. A continuación, las bolas de fuego se introdujeron en el barco, así que los tripulantes se encerraron a toda prisa en los camarotes, esperando a ver cómo evolucionaba la situación.

Hacia las cuatro de la madrugada, uno de los marineros salió cautelosamente con objeto de comprobar la situación en cubierta. Entonces, vio cómo una enorme bola de fuego estallaba súbitamente para deshacerse en miles de puntitos como luciérnagas que, al momento, desaparecieron a toda prisa sobre la superficie del mar.

El cielo empezaba a clarear y en la tenue luz reinante, ya no se veía ni barco de vapor alguno ni llamaradas flotantes.

Probablemente, este fenómeno sea una variante de los barcos fantasma, un tipo de yōkai muy común en el mar.

鍛冶媼

Kaji ga babā. Hace mucho tiempo, en None, provincia de Tosa (el actual pueblo de Toyo, en la comarca de Aki, prefectura de Kōchi) había una herrería. En cierta ocasión en que la esposa del herrero fue hasta la ciudad de Muroto a cobrar el importe de unas katanas, se perdió en el camino de noche y, tras verse rodeada por los lobos, murió devorada por ellos.

Sucedió entonces que el espíritu de aquella mujer se introdujo en uno de los lobos y comenzó a comerse a los viajeros que por allí pasaban. Un día, un samurái de bajo rango llamado Issaku mató un lobo blanco y, desde entonces, los casos de personas devoradas por lobos cesaron.

Al parecer, el lobo de pelaje blanco era el mismo que había sido poseído por el espíritu de la mujer del herrero. A esta criatura la llamaron *kaji ga babā* (vieja de la herrería).

Esta es la historia tal cual se recoge en el libro *Tosanjin yawa* (Relatos nocturnos de Tosanjin), pero en el barrio de Sakihama de la ciudad de Muroto cuentan la siguiente versión con el nombre de *Kaji ga kaka* (La esposa del herrero).

Una mujer que estaba en el último mes de embarazo cruzaba el puerto de montaña de Shossuku al atardecer cuando se vio rodeada por los lobos. Gracias a un mensajero que pasaba por allí en ese momento, consiguió refugiarse en lo alto de un gran árbol. Entonces uno de los lobos, al ver que no podían alcanzarlos, le dijo a un compañero: «Vete a llamar a la esposa del herrero de Sakihama».

Pasado un tiempo, llegó la mujer-lobo de la herrería e intentó atacar al hombre y a la embarazada que se habían subido al árbol. Sin embargo, el mensajero desenvainó la espada corta que llevaba al cinto y plantó batalla, así que la esposa del herrero se batió en retirada sangrando por sus heridas. A la mañana siguiente, cuando el mensajero siguió el rastro de la sangre derramada, llegó hasta la herrería de Sakihama. Explicó al dueño lo sucedido y, entonces, mataron de un espadazo a la vieja de la herrería, que aún estaba durmiendo y, acto seguido, su cuerpo se convirtió en el de un viejo lobo.

隠れ婆

Kakure babā. Hace mucho tiempo, en la zona de Kōbe y alrededores (prefectura de Hyōgo), se decía que, cuando los niños jugaban al escondite en la hora del anochecer, se aparecía de no se sabe dónde la *kakure babā* (vieja escondida) y los raptaba. Así, cuando los niños querían jugar al escondite al anochecer, los padres los reprendían diciendo: «Se te va a llevar la *kakure babā*».

La *kakure babā* permanecía apostada en lugares como los rincones de los caminos o los callejones sin salida, esperando a que pasara algún niño incauto por allí.

En la zona de Izumo, de la prefectura de Shimane, llamaban *kotorizo* a un yōkai similar que atrapaba a los niños y les exprimía la grasa, que luego utilizaba para asarlos en una gran fuente. En la región de Tōhoku, recibían nombres como *abura-tori* (roba-grasa) y eran muy temidos por la gente. Kunio Yanagita recoge este tipo de yōkai en su libro *Yōkai dangi* (Debate sobre yōkai).

En la zona de Hanishina, prefectura de Nagano, llaman a este tipo de yōkai *fukuro katsugi* (el del saco al hombro), y se dice que llevan un gran saco cargado a la espalda. Cuando atrapan algún niño que está jugando al escondite al anochecer, lo meten en el saco y se lo llevan con destino desconocido.

Probablemente lo que en Tokio y alrededores se llamaba *hitoarai* era algo parecido. Cuando yo era niño, también me decían a menudo: «Al caer la noche viene el *kotobazu*, así que no salgas fuera». Pensándolo ahora, posiblemente *kotobazu* era una forma dialectal de *kotori-bōzu* (monje roba-niños).

Kakure-zato. Hace mucho tiempo, un campesino muy pobre que vivía en la región de Tōhoku estaba labrando su campo cuando una preciosa joven le llamó haciendo señas desde la sombra de una arboleda y le dijo:

—Tú y yo estamos predestinados a casarnos. Ven a mi casa.

El campesino tenía mujer e hijos pero, arrobado por la belleza de la muchacha, no pudo evitar irse detrás de ella como si hubiese perdido la voluntad. Al cabo de un rato, llegaron a un hermoso paraje desconocido para él y la joven le hizo de nuevo una seña para que entrase en su casa.

El campesino pasó allí dos o tres meses pero, como era lógico, estaba preocupado por la situación de esa esposa e hijos que había abandonado. La joven insistió en que se había encargado de que la suerte acompañase a sus familiares y que, por tanto, no debía preocuparse de nada pero, aun así, el campesino estaba obsesionado con dichos pensamientos, así que ella le propuso:

—Si prometes no contar absolutamente a nadie lo sucedido, estoy dispuesta a dejarte marchar.

Y devolvió al hombre a su casa.

Al regresar a su hogar, el campesino comprobó que la fortuna parecía haberles sonreído, ya que el aspecto que ofrecía la casa dejaba bien a las claras que no pasaban penuria alguna. Advirtió que en el templo budista de las cercanías estaba teniendo lugar una ceremonia de recuerdo funerario, así que se acercó a mirar y vio que se trataba del aniversario de su propia muerte. El hombre pensaba que solo había estado fuera dos o tres meses, pero en realidad su ausencia se había prolongado durante tres largos años, por lo que sus familiares lo habían dado por muerto.

Entonces, se acercó a su esposa e hijos. Le preguntaron dónde había estado y, al principio, contestó con evasivas, pero finalmente terminó contando la verdad. Dicen que en el mismo instante en que terminó de relatar su historia, el hombre se encorvó de repente y volvió a su pobreza anterior, llevando el resto de sus días una vida miserable.

鎌鼬

Kama itachi. Un hombre iba andando por un camino cuando, de pronto, con un fuerte silbido, el viento comenzó a soplar. Como no parecía suceder nada de particular, continuó andando hasta casa pero, al llegar, su mujer le recibió gritando:

—¡Esposo mío! ¿Qué te ha pasado? ¿Qué es esa herida?

Y al mirar, vio que de los pies le salía sangre a borbotones.

Antiguamente, estas cosas sucedían con cierta frecuencia. Se creía que el motivo era la acción de la *kama itachi* (comadreja-guadaña) que, según contaban, llegaba montada en los remolinos de viento. Las garras de la comadreja-guadaña eran tan afiladas como las de esta herramienta y por eso uno no sentía ningún dolor en el instante en que cortaban la piel.

La comadreja-guadaña se aparecía también con frecuencia en las zonas montañosas de Hida, provincia de Mino (en la actual prefectura de Gifu). Al parecer, el tipo de *kama itachi* propio de estas tierras era una especie de divinidad triple: su primera forma es la que realiza el asalto; la segunda, la que asesta el corte con el filo; y la tercera, la que aplica un medicamento para que la herida no sangre. Y por eso dicen que no se siente dolor.

En un lugar de la prefectura de Niigata llamado Kurosaka, situado entre la montaña Yahiko y la montaña Kusami, la *kama itachi* se aparecía muy a menudo. Coincide con el caso anterior en que ambas son zonas situadas entre montañas. Sin embargo, la comadreja-guadaña de Kurosaka es muy violenta, y si alguien tropezaba o se caía en un camino de montaña, le atacaba al instante. Cuentan que cuando la gente tenía que pasar por allí, caminaba poniendo especial cuidado en no tropezar. Existe cierta tendencia a considerar a la comadreja como un animal con capacidades sobrenaturales y, quizá por ese motivo, su nombre ha servido para denominar a este fenómeno.

亀姫

Kame-hime. Se dice que en el castillo de Inawashiro, del dominio de Aizu, se apareció un yōkai llamado *kame-hime* (princesa tortuga) que profetizó que la vida del señor del castillo estaba a punto de llegar a su fin.

Sucedió en cierto mes del año 17 de la Era Kan-ei (1640). Un extraño niño se presentó ante el anciano jefe de servicios del castillo y dijo:

—El señor del castillo todavía no ha recibido en audiencia a Kame-hime.

El anciano se irritó ante la insolencia del niño y le reprendió, así que este se marchó tras replicar:

—Si no conoce a la princesa Osakabe de Himeji ni a la princesa Kame de Inawashiro, es que la vida del señor del castillo está llegando a su fin.

Al año siguiente, en la mañana de Año Nuevo, cuando el encargado principal entró en el gran salón para presentar sus respetos al señor del castillo, se encontró con que alguien había colocado un féretro en el *tokonoma*[1] y dispuesto alrededor todos los accesorios propios de un funeral. Luego, al llegar el atardecer, se escuchó el sonido de un mazo moliendo arroz para hacer pasteles *mochi*.

Aquel día no sucedió ningún otro fenómeno sobrenatural pero, en el tiempo que transcurrió hasta el 18 de enero, el estado de salud del encargado principal del castillo empeoró progresivamente y, en la mañana del día 20, terminó por expirar sin remedio. ¿No sería que, probablemente, recayera sobre él la muerte que le correspondía a su amo, el señor del castillo?

En el verano de ese año, un samurái se topó con un monje fantasma de unos dos metros de alto. Tras acabar con él a golpe de espada, el cuerpo muerto de la criatura se transformó en el de un viejo tejón. Y cuentan que, extrañamente, desde entonces no se dieron más fenómenos sobrenaturales relacionados con la *kame-hime*.

[1] Parte de la habitación tradicional japonesa elevada unos centímetros sobre el suelo y que discurre paralelamente a una de las paredes.

瓶長

Kameosa. Este es uno de los yōkai dibujados por el maestro de ukiyo-e Toriyama Sekien en el *Gazu hyakki tsurezure-bukuro* (Almanaque ilustrado de cien demonios imaginados por un ocioso). Al examinar su aspecto, uno no puede sino sentir que se trata de un yōkai un tanto especial, tirando a excéntrico. Y es que, aunque tiene el rostro típico de aquel capaz de hacer cualquier trapisonda, en realidad se trata justo de lo contrario. Según la descripción de Sekien se trata de un cántaro que lleva consigo la fortuna, y por más agua que se extraiga de él, no se acaba nunca, es decir, que es el cántaro de la felicidad.

En tanto que cántaro convertido en yōkai, resulta evidente incluirlo en el grupo de los *tsukumogami*, pero supone toda una sorpresa encontrarse con un *tsukumogami* que trae la felicidad a la gente. En cuanto a cántaros yōkai se refiere, existen otros, como el *aburakame* (cántaro de aceite), que aparece en el libro *Konjaku monogatari* (Cuentos de antaño) y que se dedica a matar a la gente.

Un ministro llamado Fujiwara no Sanezuke iba caminando de noche por la avenida de Ōmiya, en Kioto, cuando vio un cántaro de aceite que iba bailoteando delante. Ante lo sospechoso que resultaba, fue tras sus pasos y así llegó ante la mansión de un personaje importante, donde el cántaro comenzó a dar saltos una y otra vez. Todo apuntaba a que intentaba introducirse en el recinto a través del agujero de la cerradura. Entonces, a pesar de lo extraordinario de tal fenómeno, el cántaro consiguió introducirse por el pequeño agujero. Días después, Sanezuke envió un emisario a la mansión para que le informase de cuál era la situación allí y, para su sorpresa, descubrió que la hija de dicha familia había sido poseída por un fantasma y acababa de fallecer.

Probablemente, este tipo de cántaro yōkai no perteneciera a la familia del *kameosa* (jefe cántaro), sino a la de seres como el *ita-oni* (demonio tabla).

髪切り

Kamikiri. Esta criatura llamada *kamikiri* (corta-cabellos) se dedica a cortar la cabellera de la gente sin que uno se dé cuenta.

En el año 7 de la Era Meiji (1874) se dio el caso, que incluso apareció en la prensa, de una mujer a la que, de pronto, le cortaron el pelo nada menos que en el retrete.

Sucedió a las nueve de la noche del 10 de marzo, en un caserón del barrio tokiota de Hongō-sanchōme. Una empleada de servicio llamada Gin se disponía a entrar en los retretes compartidos que había en una pequeña edificación junto a la parte posterior de la mansión. En el instante en que iba a entrar, sintió un repentino escalofrío inexplicable y, al mismo tiempo, sus cabellos se revolvieron y agitaron, quedando completamente desordenados. Se llevó un susto tan fuerte que no pudo reprimir un grito, tras lo cual salió corriendo disparada hacia una casa vecina, donde se desmayó al llegar.

La gente de la casa se sorprendió enormemente ante esta abrupta irrupción, pero prestaron todos sus cuidados a Gin que, por fin, terminó recuperando la consciencia. Entonces, cuando le preguntaron qué le había sucedido, respondió que, de improviso, le habían cortado la cabellera al entrar en el retrete. Aclarada la situación, fueron todos enseguida a examinar el lugar de los hechos. Sin embargo, lo único que encontraron allí fue la coleta de Gin, cortada desde la raíz y tirada en el suelo.

Después de aquello, Gin cayó enferma y regresó a casa de sus padres, donde permaneció largo tiempo convaleciente. Dicen que, después del incidente, los habitantes de aquella casa evitaban ir a aquellos retretes incluso a plena luz del día. Este era el tipo de acciones que cometía el *kamikiri*.

紙舞い

Kamimai. Según el primer tomo del libro *Yōkai gadan zenshū, Nihon hen* (Recopilación ilustrada de historias de yōkai; volumen de Japón), de Fujisawa Morihiko, el yōkai llamado *kamimai* (baila papeles) se aparece (aunque, en realidad, no se ve su forma) únicamente en el mes de *kannazuki*, es decir, en el décimo mes del año del calendario antiguo y, en esos momentos, aunque no sople el viento, los papeles salen volando por los aires.

Es posible que esta criatura guarde alguna relación con la tradición que afirma que en el mes de *kannazuki* las divinidades se reúnen en Izumo (la actual prefectura de Shimane), aunque los motivos de esta reunión se desconocen.

En las casas donde se presenta el *kamimai* no solo vuelan por los aires las hojas de papel, sino también el tintero, la tinta y los pinceles; se dice que incluso los kimonos y fajines que teníamos apilados y bien dobladitos también terminan revoloteando como en un baile.

Una historia cuenta que un avaricioso prestamista está manejando su ábaco mientras mira un fajo de contratos y, de repente, hoja por hoja, los contratos se marchan volando por los aires.

También yo, cuando era un niño, experimenté un encuentro con el *kamimai* y vi cómo unas cuantas hojas de papel volaban limpiamente por los aires cuando no tenían por qué.

Quizá se debiera a un tipo especial de viento, pero para el que asiste al fenómeno, ver cómo echan a volar una serie de papeles supone una sorpresa tan grande que, sin poder evitarlo, se le ensanchan los agujeros de la nariz. Probablemente ese fenómeno tan inexplicable de los papeles echando a volar fuese lo que la gente de antaño llamaba *kamimai*.

Kami oni. El pelo es considerado un elemento muy importante en la belleza de las mujeres japonesas. Por eso se dice que en la cabellera se hallan concentrados los sentimientos más intensos de una mujer y, de una manera imprecisa, emana una sensación siniestra o cuando menos, inquietante.

Los yōkai que se apoderan de estas cabelleras, o las cabelleras que se convierten en yōkai reciben el nombre de *kami oni* (demonio del pelo).

En esos casos, los cabellos crecen varias pulgadas al día y, por más que se corten, siguen creciendo. Pero, además, no se trata solo de que crezcan, sino que por lo visto, esos pelos se dedican a comportarse de manera extraña.

Cierta mujer sentía celos de la hermosa melena negra de una vecina y, debido a ello, comenzó a gastarle todo tipo de jugarretas. Se dice que luego, cuando la mujer martirizada murió por culpa del sufrimiento causado, su espíritu se vengó convirtiendo el cabello de su rival en un *kami oni*. Al principio, la otra mujer se alegró cuando vio que su pelo se convertía en una hermosa melena negra pero, en realidad, no se trataba sino del *kami oni*.

Hay también otras historias en las que el *kami oni* surge como resultado de que una mujer, generalmente de corazón desconfiado, que desea lucir una hermosa melena se comporta de un modo hipócrita.

金槌坊

Kanazuchi bō. Este es uno de los yōkai que aparecen dibujados en el rollo ilustrado *Hyakki yagyō e-maki* que atesora la familia Matsui en la ciudad de Yatsushiro, prefectura de Kumamoto.

Su rostro es exactamente igual al de un cuervo y en el dibujo empuña un mazo que está a punto de descargar un fuerte golpe, pero como no hay texto alguno que acompañe a esta ilustración, no tenemos la menor información acerca de qué tipo de yōkai se trata.

Originalmente, este tipo de dibujos se inspiran en el rollo ilustrado *Hyakki yagyō e-maki* del período Muromachi atribuido a Tosa Mitsunobu, que sirvió de modelo a la mayoría de artistas posteriores para dibujar otros rollos ilustrados con yōkai. La familia Matsui conserva un rollo que recibió el mismo título.

El yōkai del mazo que dibujó Tosa Mitsunobu tiene unos ojos saltones y es una figura de color negro con un gran mazo de madera en las manos. Además, a sus pies aparece otro yōkai de color rojo y aspecto fofo, e igualmente desconocido, al que parece ir destinado el golpe del mazo.

La mayoría de los yōkai que aparecen en el *Hyakki yagyō e-maki* de Tosa Mitsunobu son utensilios corrientes que se han transformado en fantasmas. Es decir, que pertenecen al grupo de los llamados *tsukumogami*. Por ello, es probable que, en lugar de un yōkai con un mazo, estemos ante un mazo que se ha convertido en yōkai.

¿No consistirá en eso el yōkai llamado *kanazuchi-bō* (el fantasma del mazo)?

加牟波理入道

Kanbari nyūdō. El *kanbari nyūdō* es una divinidad de los retretes. Si en Nochevieja uno va al excusado y entona la plegaria «*kanbari nyūdō, cucos*»[2], dicen que durante el año siguiente no se aparecerá ningún yōkai en el retrete.

Las *kawaya-gami* o divinidades de los retretes son también llamadas *shikojin*. Respecto a este nombre, en el libro *Kokin hyaku monogatari hyoban* (Versiones comentadas de las cien historias de antaño y de ahora) se cuenta que, antiguamente, en la China de la dinastía Tang, la esposa de un hombre llamado Li Jing mató a una amante del mismo en los retretes, y desde entonces, al llegar el Año Nuevo, todos los años se rezaba en memoria de esta amante a la que llamaron Shikojin.

Desde tiempos antiguos, las divinidades de los retretes han guardado cierta relación con la tradicional pareja de muñecos que representan a un matrimonio. En la prefectura de Akita se fabrica con barro una representación de estas divinidades, y se coloca en un rincón de los retretes. En Izumo (la actual prefectura de Shimane), se fabrica con pasta de maíz una divinidad masculina y otra femenina y, según afirma la costumbre, con su presencia se purifican los retretes. En otras regiones reciben el nombre de *kanshoshin* y se colocan en estantes. Todas estas variantes son criaturas del mismo tipo que el *kanbari nyūdō*. Se trata de divinidades protectoras, gracias a las cuales los niños u otras personas pueden ir por la noche al servicio sin sentir miedo.

En nuestros tiempos, los retretes están canalizados y los excrementos se eliminan por cañerías, así que no hay nada que temer, pero antiguamente solo dos finas tablas de madera separaban a uno de un pozo lleno de heces. En el silencio de la noche, uno sentía que no tendría nada de extraño que de pronto surgiese de ese profundo agujero una mano siniestra.

En cualquier caso, parece claro que el papel del *kanbari nyūdō* era el de disipar el temor que causaban los retretes.

[2] Antiguamente se consideraba un mal presagio escuchar el canto de un cuco cuando se estaba en el retrete.

カンチキ

Kanchiki. En la aldea de Doshi (en la comarca de Minami Tsuru, prefectura de Yamanashi), en el camino de Kozenchi hacia Oguri se apareció un yōkai llamado *kanchiki* junto al manantial de aguas termales.

El *kanchiki* tiene unas características muy parecidas a las del *kappa*. Tiene un caparazón que le cubre la espalda, el pelo de la cabeza está revuelto en un flequillo dirigido en las cuatro direcciones y su cara negro-azulada es parecida a la de los *karasu tengu*. Siempre anda en busca de culos humanos para gastar sus jugarretas. Muestra una enorme fuerza a la hora de arrastrar a la gente al agua pero si, por suerte, consigues agarrarlo, se asusta mucho y huye a toda prisa.

Hace mucho tiempo, la anciana O-Kame, que vivía en Kotsubaki, salió con su nieta de diez años a recoger plantas comestibles. Se acercaron al río y estaban a punto de cruzar el tronco que hacía de puente, cuando la niña dijo: «Hay un niño en la otra ribera del río». Sin embargo, la vieja O-Kame no pudo distinguir la figura de ningún niño y, sin darle mayor importancia, comenzó a cruzar el puente con la pequeña.

Cuando la niña llegó hasta la mitad del puente, el niño de la margen opuesta desapareció de pronto y, justo al mismo tiempo, la pequeña se tropezó y cayó al río, siendo tragada por la corriente. La abuela O-Kame se llevó un gran susto y se zambulló en las rápidas aguas para intentar salvarla pero, finalmente, no fue capaz de conseguirlo.

Poco después, el cuerpo de la niña ahogada apareció flotando en el agua y, al examinarla, descubrieron que tenía el interior del vientre completamente vacío.

Se dice que el *kanchiki* introduce sus delgadas manos por el ano de las personas y extrae las vísceras, que luego devora.

Kanedama. A la gran mayoría de la gente le gusta el *kanedama* (espíritu del dinero). Se dice que, cuando el *kanedama* abandona una casa, esta se arruina, y que la casa en la que entra, prospera. Según cuentan, el *kanedama* ruge al volar. Al parecer, el *kanedama* llegó volando a una casa en el distrito tokiota de Adachi, yendo a caer en el jardín trasero y, a partir de entonces, aquella familia prosperó notablemente.

Un libro titulado *Toen shōsetsu* (Novela de veladas del grupo Toen) relata una historia similar. En el año 8 de la Era Bunsei (1825), en la aldea de Ui, en la región de Bōshu (incluida en la actual ciudad de Minami Bōsō, prefectura de Chiba), un campesino salió de casa alrededor de las cinco de la madrugada para ver el terreno donde comenzaban a salir los brotes de arroz cuando, de pronto, con un ruido como el de un trueno, algo cayó desde los cielos. Se acercó al lugar donde había caído el objeto y encontró una bola de metal reluciente parecida a un huevo. Entonces, pensando que aquello era lo que llamaban *kanedama*, se lo llevó de vuelta a casa muy contento. El *Toen shōsetsu* afirma que el campesino recibió esta bendición por haber llevado siempre una vida honesta.

Por pura casualidad, yo mismo vi un *kanedama* cuando tenía cinco o seis años de edad. Estaba tumbado medio dormido sobre el tejado de casa y, se produjo un temblor de tierra. Entonces, levanté la vista hacia el cielo y vi un objeto volador del tamaño de una moneda de diez yenes. Desde que vi aquello, siempre pensaba que, cada vez que sucedía un terremoto, volaba por los cielos una moneda de diez yenes.

Pensándolo bien, el *kanedama* es como una especie de amuleto de la fortuna, y existen muchas historias acerca de la conveniencia de cuidarlo bien.

Kane no kami no hi. En Mewajima, provincia de Iyo (actual prefectura de Ehime), dicen que a una hora avanzada de la Nochevieja se aparece detrás del santuario sintoísta local un fuego sobrenatural redondo. Además, del interior de esa esfera ardiente surge una voz similar a un gemido. Por lo visto, cuando la gente del lugar advierte esta presencia, dicen que ha llegado el dios de la fortuna del Año Nuevo. Esta llamarada recibe el nombre de *kane no kami no hi* (fuego de la divinidad del dinero).

En la zona de Amakusa, región de Kyūshū, cuentan que se da un fenómeno similar al que llaman *kanenmuchi*. Solía decirse que si uno competía con este espíritu y ganaba, se convertiría en alguien muy rico.

Por lo visto, estas historias pertenecen a un grupo de relatos tradicionales conocidos como «El invitado de año nuevo», es decir, narraciones en las que, a horas avanzadas de la última noche del año, se aparece el dios protector del año entrante y nos reparte todo tipo de fortuna.

La figura en cuestión del dios protector del año entrante cambia según las narraciones de cada región. En el caso de Amakusa dicen que tiene el aspecto de un guerrero, pero hay otras provincias donde, en cambio, puede ser un caballo de carga. Por ejemplo, según ciertos relatos en plena noche se encienden antorchas y, a continuación, pasan varios caballos de carga. Si uno consigue atrapar al caballo que va en cabeza, obtiene el oro de sus alforjas pero, en cambio, si llega tarde y atrapa al que va el último, la carga consiste solo en monedas de cobre. En fin, aun en este último caso, uno también podía reunir un buen capital.

蟹坊主

Kani bōzu. En la aldea de Iwashita, sita en la comarca de Higashi Yamato, provincia de Kai (actualmente incluida en la ciudad de Yamanashi, prefectura del mismo nombre), hay un templo budista que se conoce vulgarmente como Kani-dera (templo del cangrejo).

Antiguamente, este era un templo destartalado y sin monje que viviera allí. Y es que, aunque hubo varios monjes al cargo, todos desaparecieron sin falta después de pasar en él la primera noche.

Un día, un monje que se encontraba de paso en su viaje llegó a la aldea y se dijo: «Pues si es un templo tan misterioso, creo que voy a probar yo también a alojarme allí una noche». Y, sin escuchar las advertencias de los aldeanos, que intentaron detenerle, se fue allí a pasar la noche.

Cuando la noche ya se hallaba muy avanzada y el monje viajero dormía plácidamente, lo despertó un ruido como de cuchicheos y de idas y venidas. Al abrir los ojos inconscientemente, distinguió la negra figura de un monje de pie en la oscuridad. Entonces, aquel monje (*bōzu*) le planteó una cuestión que parecía un acertijo zen:

—Sus dos patas, ocho patas son y las patas grandes, dos patas son; tiene libertad hacia los lados, y dos ojos muy separados.

El monje viajero respondió al instante: «Se trata del cangrejo» y, agarrando el *vajra*[3] con fuerza, lo clavó en el *bōzu*.

Al momento se escuchó un alarido espantoso y el suelo del templo comenzó a temblar y crujir, tras lo cual el misterioso *bōzu* se dio a la fuga. Su aspecto era el de un enorme cangrejo. El monje itinerante probó a perseguirlo y descubrió que el cangrejo había huido hacia el reguero que discurría por la cañada pero, cuando lo encontró, la enorme bestia ya estaba muerta.

En adelante, el monje itinerante se convirtió en el responsable de este templo y el edificio pasó a ser conocido como «el templo del cangrejo».

[3] *Vajra* o *dorje*, cetro metálico que el monje budista emplea durante la meditación.

カンテメ

Kanteme. Esta historia sucedió en la isla de Amami Ōshima hace unos 150 años.

Una muchacha llamada Kanteme trabajaba como empleada en una de las casas de la isla, dedicándose con todos sus esfuerzos tanto a las labores del campo como de la montaña. Pero, en cierta ocasión, conoció a un joven llamado Iwakana y se enamoró de él.

Sin embargo, el amo de la casa se negó a admitir esta relación y castigó duramente a Kanteme, hasta el punto de que las heridas infligidas terminaron por matarla.

Al enterarse de la noticia, Iwakana sufrió un trauma tremendo y perdió el juicio. Pasaba su vida acudiendo todas las noches al lugar donde otrora tenían lugar los encuentros amorosos secretos con Kanteme y allí se ponía a tocar el *shamisen*, entonando una balada.

La gente que veía a Iwakana en ese estado decía: «Está viéndose con Kanteme en el mundo de los sueños», y a la balada que canturreaba la llamaron «Kanteme bushi».

Desde entonces, cuando se cantaba la «Kanteme bushi» en los banquetes de fiesta, el alboroto reinante hasta entonces se aplacaba, quedando todo el mundo en silencio, y una chica de pálido rostro se aparecía mezclándose silenciosa y discretamente con los presentes.

Se han dado casos en los que cuando alguien ha muerto, su alma se enaltece y es adorada como un buda o una divinidad. Probablemente, para Iwakana, Kanteme ya había dejado de ser una persona o un espíritu para convertirse en un ser próximo a una divinidad.

関東のオサキ

Kantō no osaki. En las prefecturas de Saitama, Ibaraki y Tochigi hay una expresión que dice «se le ha pegado el *osaki*». El *osaki* es una criatura un poco mayor que un ratón y de forma parecida a la comadreja. Puede presentar una coloración diversa, desde marrón o anarajado hasta gris, y también se dan casos de mezcla de marrón y gris. Tiene una línea de color negro que le cruza desde la cabeza hasta la cola. Cuando alguien es poseído por esta criatura, se convierte en un gran comilón y mastica los alimentos solo con los incisivos.

Según cuentan, los *osaki* actúan siempre en manada, pero se han dado casos de gente que los tiene en solitario viviendo en el hogar como animales domésticos. A estas casas se las conoce vulgarmente con el nombre de «la casa del *osaki*».

En tiempos recientes, el año 1946, se formó un gran revuelo en la comarca de Ōra, de la prefectura de Gunma, por el caso de cierta mujer que fue poseída por un *osaki*. En el verano de dicho año, esta mujer sufrió un acceso de histeria y, corriendo muy alterada por todas partes, comenzó a gritar: «Ha venido el *osaki*, ha venido el *osaki*». Su familia, incapaz de controlarla, no tuvo más remedio que encerrarla en casa. Dicen que tras seis meses sufriendo esta ofuscación mental, volvió a la normalidad. Como cerca de la casa de esta mujer había una vivienda donde tenían como mascota un *osaki*, la gente rumoreaba que le habían pegado el *osaki*.

Por lo visto, hasta hace unos cincuenta o sesenta años, este tipo de incidentes no se consideraban especialmente extraordinarios.

河童

Kappa. Es el número uno de los yōkai acuáticos y se aparece por todo el país. Pero, precisamente porque se encuentra por todo el país, recibe nombres diferentes según la zona: *kappa* (niño del agua), *gataro* o *kawawaro*, y su aspecto y características pueden variar, como por ejemplo que tenga o no caparazón, u otros detalles menores.

Una de las características comunes a todos los tipos es que les encanta la lucha sumo. Si una persona les gana en un combate de sumo, piden repetir la lucha una y otra vez, así que lo mejor es dejarse ganar sin que se note que ha sido a propósito. Además, la travesura más común que estos seres ponen en práctica por todo el país es la de arrastrar los caballos hasta el río.

Ciertamente, también hay *kappa* malvados que se dedicaban a extraer la víscera cular de la gente por el ano. La víscera cular era un órgano imaginario que se creía situado cerca del ano. Por eso, en las aldeas próximas a los ríos se sentía un gran temor hacia el *kappa*.

En las regiones de Chūbu y Kansai, cuando los niños iban a jugar al río, se les daba de comer el arroz que había sido presentado como ofrenda a los espíritus en el altar funerario doméstico, para que sirviera de repelente frente a los *kappa*. También se les advertía para que, si veían un niño desconocido junto al río, lo saludasen con una inclinación de cabeza. Cuando uno saluda así, el otro responde de la misma manera. El objetivo es que, si entonces se trata de un *kappa*, se le caiga el agua que tiene en el plato que forma la concavidad de su cabeza y de esa manera se vea incapacitado para gastar jugarretas.

En cuanto a los orígenes de los *kappa*, existen muchas versiones, como la de que un carpintero hizo un muñeco de madera que tiró al río y luego se convirtió en esta criatura, o la de que un dios de las aguas dejó de ser adorado y entonces se convirtió en yōkai, entre muchas otras.

Kappa-bi. Aunque dicen que los *kappa* odian el fuego, en varios lugares se cuenta una leyenda llamada «*Kappa*, ahí tienes tu fuego», en la que un *kappa* se acerca a la gente diciendo «¿Me da usted fuego?».

Érase una vez un matrimonio que vivía plácidamente. En cierta ocasión en que la esposa estaba sola, se le acercó un niño desconocido y muy guapo que, de pronto, le dijo: «Deme usted fuego». Sin embargo, la mujer rechazó la petición alegando: «No, no, que es peligroso que los niños anden con fuego». Entonces, el niño se marchó sin rechistar. Pero, al día siguiente, regresó de nuevo y, de la misma manera, dijo: «Déme usted fuego». Como esto continuó varios días, la esposa terminó por deliberar el asunto con su marido, que concluyó: «Estoy seguro de que no es un niño. Probablemente se trata de un *kappa*. Mejor prueba a darle fuego».

Así que, cuando al día siguiente se presentó el niño, la esposa le contestó: «Eh, *kappa*, ahí tienes tu fuego», y le alargó una palmatoria encendida. Según cuentan, entonces el niño dijo: «No, no, lo siento mucho», y huyó a toda prisa.

En realidad, el *kappa* de esta historia no quería decir «deme fuego» sino «deme su culo», que suena casi igual. Fueron los humanos quienes interpretaron mal la frase y, como resultado, consiguieron derrotar al *kappa*, que se batió en retirada gracias al fuego. Sin duda, se trata de una narración cómica.

Sin embargo, esos parientes de los *kappa* que son los *kenmun* del archipiélago de Amami o los *kijimuna* de Okinawa o los *bunagaya*, son conocidos por gustarles encender fuego. Probablemente, son estos los que se conocen por *kappa-bi* (fuegos de los *kappa*).

河童石

Kappa ishi. Se cree que los *kappa* pasan la primavera en los riachuelos próximos a las aldeas y que, con la llegada del otoño, se retiran al interior de la montaña. El punto intermedio de estancia es la llamada «Roca del *kappa*» (*kappa ishi*). En varias prefecturas, como las de Ōita, Mie, Wakayama o Kumamoto, existen lugares llamados «Roca del *kappa*» e, incluso en tiempos recientes, se han venido considerando objeto de adoración como enclaves que albergan un espíritu de la naturaleza, por lo que en algún caso está prohibido el paso al público general. Existe, por ejemplo, una historia según la cual un niño que estaba jugando en lo alto de una de estas «Roca del *kappa*» se resbaló y cayó al agua. Como tragó una gran cantidad de agua, cayó enfermo, pero tras colocar ante aquella roca unos pepinos como ofrenda y rezar, el niño se recuperó al momento.

Probablemente, muchas de estas rocas de las que se dice que guardan relación con los *kappa* eran antaño lugares sagrados que albergaban algún espíritu de la naturaleza y que, con el tiempo, perdieron su condición de tales.

Por ejemplo, en la prefectura de Ōita se cuenta la siguiente historia. Una vez que un hombre se encontraba junto al río lavando la vaca y el caballo, surgió una mano del agua que tiró del rabo a vaca y caballo. Mientras pensaba quién demonios podía ser el culpable, el hombre consiguió agarrar la mano y tiró de ella con todas sus fuerzas, con el resultado de que arrancó el brazo de cuajo. Esa noche se le apreció un *kappa* en sueños que, disculpándose por sus travesuras durante el día, le pidió que le devolviese el brazo. En agradecimiento prometió dejarle pescado encima de la roca. Como el hombre sintió lástima, accedió a su petición y, a la mañana siguiente, encontró sobre la roca una gran cantidad de pescado. Se dice que, desde entonces, esa roca es conocida como «Roca del *kappa*».

河童から身を守る方法

Kappa kara mi wo mamoru hōhō. En cuanto a la manera de protegerse de los *kappa* (*kappa kara mi wo mamoru hōhō*), a lo largo de todo el país se cuentan cosas muy variadas. Por mucho que nuestro oponente sea un yōkai, debe tener en alguna parte un punto débil, así que la gente de la Antigüedad dedicó mucho tiempo a intentar descubrir cuál era.

En primer lugar, está la opción de ponerse encima algo que a los *kappa* no les guste. Se dice que los *kappa* odian los objetos metálicos, así que hay lugares en los que se aconseja ponerse algo metálico tapando el culo cuando uno va a nadar en el río.

Aparte de la opción de colocárselos sobre el cuerpo, otros protectores se ingieren. Por ejemplo, si comes arroz que ha sido empleado como ofrenda a los espíritus de los muertos, los *kappa* no te atacan en el río porque, según dicen, los *kappa* ven a las personas que han comido dicho arroz con los ojos fulgurantes, y eso les da mucho miedo. Por otro lado, en otras provincias se dice que los *kappa* odian las calabazas de peregrino, así que, si te bebes su jugo, no te arrastrarán con ellos bajo el agua.

En la región de Kyūshū es frecuente escuchar que los *kappa* no le arrastran a uno si al cruzar el río se recita la poesía «Aquella promesa que hiciste en tiempos antiguos, no la olvides; el hombre de los ríos es también vasallo de Sugawara». Dicen que esta teoría se basa en la leyenda según la cual, cuando Sugawara no Michizane estaba en la zona de Tsukushi, de la región de Kyūshū, atrapó a un *kappa* y, tras reprenderlo por su comportamiento, lo devolvió al río.

Aparte de estas, hay numerosas versiones específicas de cada comarca acerca de cómo protegerse de los *kappa*.

Kappa moji. El llamado *kappa moji* (alfabeto *kappa*) parece como si alguien hubiera tirado un pincel sobre una hoja de papel de estilo japonés y, en lenguaje corriente, se conoce por nombres como «contratos de disculpa». Cualquiera que le eche una ojeada a este alfabeto descubrirá inmediatamente que carece por completo de sentido. Por lo pronto, ya es difícil determinar si está compuesto por dibujos o por letras. Dentro del «alfabeto *kappa*» hay diversas variantes: se dice, por ejemplo, que unas hojas de árbol en las que aparentemente no hay nada escrito pueden dejar ver unas letras cuando se meten en agua.

Hace mucho tiempo, en la prefectura de Kumamoto, un hombre que recorría de noche el camino que iba de Hinagu a Tanoura, en la comarca de Yatsushiro, se cruzó con un desconocido que le pidió entregar una carta.

—Por favor, lleva esta carta a Tanoura. Con toda seguridad, habrá allí un hombre esperándola.

Con estas palabras, el desconocido le entregó una hoja en blanco, que incluso carecía de destinatario. Pensando en cuán extraño resultaba todo, el hombre pensó si aquello no sería la carta de un *kappa*. Recordó que las letras de los *kappa* pueden verse si se mojan y, entonces, probó furtivamente a introducir la hoja en el agua. Y al hacerlo vio que allí estaba escrito: «Encárgate de eliminar a este hombre». Entonces, al hombre se le ocurrió cambiar el mensaje por: «Encárgate de entregar algo de valor a este hombre».

Al llegar a su destino, tal y como el desconocido le había dicho, se presentó ante él un hombre, al cual le entregó la carta que le había sido confiada. Tras leerla, el otro ladeó la cabeza en actitud extrañada pero, acto seguido, le trajo una gran cantidad de pescado. Según dicen, el hombre vendió el pescado y ganó mucho dinero.

Esta es una historia conocida desde tiempo atrás con el nombre de «El manipulador del alfabeto *kappa*». Por todo Japón existen narraciones similares.

河童の尻子玉取り

Kappa no shiriko-dama tori. El modelo originario del dibujo que adjunto aquí se encuentra recogido en el libro de Adam Kabat titulado *Edo bakemono soshi* (Libro de los monstruos de Edo).

Desde que era un niño he escuchado que los *kappa* arrancan la víscera cular (*shiriko-dama*) extrayéndola por el ano de la gente que estaba metida en el agua. Y, al parecer, la gente en general también creía que los *kappa* alargaban su mano hacia el ano de los bañistas para extraerles dicha víscera.

Según cuentan en las prefecturas de Gifu y Nagano, cuando alguien que se está ahogando, de pronto comienza a reírse a carcajadas, es que ya no tiene salvación. Y es que se dice que, cuando los *kappa* arrancan la víscera cular a una persona, a la víctima le entra un acceso irrefrenable de risa, vaya usted a saber por qué. Probablemente, aunque se desconoce el motivo, seguramente tenga que ver con alguna de las artes ocultas de los *kappa*. En cualquier caso, lo cierto es que se creía que los *kappa* arrancaban esta víscera bajo las aguas, donde no alcanzaban los ojos de la gente.

Ahora bien, si uno se fija en el dibujo del período Edo titulado *Shiriko-dama nuki no zu*, resulta que le están arrancando a alguien la víscera cular en tierra y, encima, desde arriba. Esto es algo que no se había escuchado hasta entonces.

Al parecer, el autor de *Edo bakemono soshi* también se sorprendió ante tal cosa, pero creo que yo me sorprendí aún más y durante dos o tres horas me quedé tan impresionado que se me ensancharon las aletas de la nariz y fui incapaz de moverme. Y es que me se me vino abajo todo lo que hasta entonces había dado por sentado acerca de la forma de arrancar la víscera cular.

La manera de arrancar la víscera que muestra este dibujo me parece realmente genial.

河童憑き

Kappa tsuki. A las jovencitas de la zona de Kumamoto les advertían muy seriamente que no ofrecieran una apariencia descocada al pasar cerca de aguas donde viviesen los *kappa* pues, de lo contrario, los *kappa* machos se excitarían enormemente al verlas y su espíritu se introduciría en sus cuerpos. Las jóvenes poseídas por el espíritu de un *kappa* se volvían lascivas y, sin importarles de quién se tratara, se le acercaban con voz seductoramente mimosa.

Los *kappa* pueden introducirse por los agujeros de las puertas correderas de papel, aunque para la gente de la casa no son visibles. Dicen que si el papel de las puertas está humedecido y tiene algún agujero o si el futón está húmedo, es que ha entrado un *kappa*.

En la comarca de Kusu, de la prefectura de Ōita, cuentan que los *kappa* tienen especial predilección por introducirse en los cuerpos de las vírgenes, a las cuales acechan. Una vez poseídas, se apaga la energía de cuerpo y alma, y se mueven como si estuvieran agotadas. Se cree que pueden llegar a morir a causa de ello.

Para librarse del *kappa tsuki* (posesión de un *kappa*), el método común en todas las regiones del país es el de atar a la víctima con una soga a una columna, y luego encargar que le recen un conjuro de exorcismo. Sin embargo, es preciso mencionar a modo de advertencia que, si en ese momento, la persona poseída o la soga con la que está atada están mojadas por el agua, el *kappa* absorbe nuevas fuerzas y, tras cortar la soga, la persona poseída se escapa a toda velocidad.

En la isla de Tsushima también existe una abundante tradición oral sobre el *kappa tsuki* y se dice que, en los casos en que sea especialmente difícil librarse de esta posesión, se obtiene muy buenos resultados poniendo junto a la almohada objetos que el *kappa* odia, como un sable o un espejo, y encargando un rezo específico de exorcismo.

烏天狗

Karasu tengu. Se llama *karasu tengu* (*tengu* cuervo) a un *tengu* con cuerpo de persona pero que presenta alas en la espalda y tiene cara de pájaro. Es muy hábil en el manejo de la espada, por lo que frecuentemente lo encontramos con una katana o una lanza en la mano.

En la zona de Saijō, prefectura de Ehime, cuentan la siguiente historia.

Era la temporada de verano cuando un aldeano que vivía en Saijō subió con su hijo de seis años a la montaña Ishizuchi. Tras llegar a la cumbre, bajó al niño de sus espaldas y se puso a descansar, pero al poco rato se dio cuenta de que el pequeño había desaparecido. Comenzó a buscar aquí y allá, pero no consiguió dar con él y, finalmente, decidió pedir ayuda a sus vecinos. Pero por más que lo buscaban, no lo encontraron.

Dándose por vencido, el padre regresó a casa y, entonces, descubrió que el niño ya estaba allí pues había regresado de manera incomprensible. El hombre se llevó un gran susto pero, a la vez, sintió un alivio enorme. Cuando le preguntó a su hijo por lo sucedido, este le contó que, cuando estaba orinando detrás de un templo diminuto que había en la cumbre, apareció un hombre muy alto y de rostro negro que le dijo con voz amable: «No debes orinar en lugares como este; te voy a llevar a casa, pero tienes que cerrar los ojos». Y, cuando quiso darse cuenta, ya estaba de vuelta en casa.

Esto, sin duda, fue obra del *karasu tengu*, que se encargó de enviar al niño de vuelta al hogar.

Atravesar el tiempo o el espacio en un santiamén es algo que no se circunscribe al *karasu tengu*, sino que es uno de los poderes comunes a todos los tipos de *tengu*.

傘化け

Kasa bake. En el *Gazu hyakki tsurezure-bukuro* (Almanaque ilustrado de cien demonios imaginados por un ocioso) del maestro de *ukiyo-e* Toriyama Sekien, puede verse el dibujo de un fantasma llamado *hone karakasa* (paraguas en los huesos). Como no hay una explicación detallada al respecto, desconozco el origen concreto de esta criatura. Pero, dado que la imagen es la de un ajado paraguas de estilo chino, probablemente se trate de un paraguas muy viejo que se transformó en fantasma.

En los dibujos que acompañaban al popular cuento tradicional *El gorrión de la lengua cortada* (*Shitakiri suzume*), solía aparecer un paraguas fantasmal de estilo chino, así que, posiblemente por eso, ha arraigado la creencia popular de que «si pasan de los cien años, los utensilios terminan albergando un espíritu» y pueden echar a andar solos.

Desde mucho tiempo atrás, el *kasa bake* (paraguas fantasma) se representa como una criatura de un solo ojo que se ríe sacando la lengua, por lo que encierra cierto carácter entrañable.

Recuerdo haber leído cuando era niño una historia en la que un grupo de estos paraguas fantasma cruzaba un río a nado, pero ya he olvidado cuál era el título de aquel libro.

Existen también algunos dibujos de ejemplares con pelo y dos ojos y, por lo general, se cree que son criaturas que andan de noche.

Antiguamente las noches eran muy oscuras y, cuando uno escuchaba historias sobre utensilios antiguos que se convertían en fantasmas al caer la noche, podía sentir que no las tenía todas consigo y creerlas a pies juntillas. Pero tengo la impresión de que en estos tiempos con tanta luz, hasta a un ratón le resulta difícil aparecerse ante nuestros ojos.

Hace mucho tiempo escuché una historia sobre un paraguas fantasma que vivía en un lugar de la prefectura de Tottori llamado Mizokuchi y que, en los días de mucho viento, se llevaba a la gente por los aires. También en este caso se decía que la criatura tenía un solo pie y un solo ojo.

累

Kasane. Esta historia sucedió en la Era Keichō (1596-1615) en la comarca de Toyoda, de la provincia de Shimōusa (en la actual prefectura de Ibaraki).

Un hombre llamado Yoemon se casó con cierta viuda. Sin embargo, la hija de un matrimonio anterior de la mujer, llamada Suke, era tan fea que a Yoemon le disgustaba profundamente incluso el mero hecho de tener que verla. Tras mucho sufrir dándole vueltas al problema, la mujer terminó por matar a su hija.

Con el tiempo, los dos tuvieron una hija, a la que llamaron Rui. Sin embargo, guardaba un parecido tan sorprendente con la niña asesinada poco tiempo atrás que la gente de alrededor empezó a decir: «Parece como si hubiera vuelto a nacer repetida» y todo el mundo dejó de llamarla Rui y pasaron a llamarla Kasane (repetida).

Los años pasaron y los padres de Rui murieron. Entonces, la poco agraciada Rui se casó con un hombre al que solo le interesaba la herencia y que acabó asesinándola. Este hombre contrajo matrimonio muy poco tiempo después con la mujer que realmente le gustaba, pero todos los hijos que tenía con ella, morían al momento de nacer.

Un monje budista muy respetado en aquella época, el maestro Yuten, le dijo al hombre que el motivo era la maldición de Kasane, y que debía hacer penitencia de sus pecados cuanto antes y convertirse en monje, hecho lo cual se dedicó a rezar por el descanso eterno del alma de la mujer.

Esta es la trama de la historia sobrenatural de Kasane. Todavía hoy, en el templo budista Hozōji, sito en la barriada de Hanyū de la ciudad de Jōsō, en la prefectura de Ibaraki, están las tumbas de Rui y Suke, y es costumbre que todos aquellos que participan en alguna representación teatral o cinematográfica de la historia de Kasane acudan allí para rezar por ella.

火
車

Kasha. Hace mucho tiempo, este yōkai se aparecía con frecuencia en zonas del oeste de Japón, como Izumo (la parte oriental de la actual prefectura de Shimane) o Satsuma (la parte occidental de la actual prefectura de Kagoshima), y también de vez en cuando en alguna parte del este de Japón.

En ocasiones, cuando hay algún funeral, se produce una tormenta repentina de viento y lluvia tan salvajes que hacen tambalearse el cortejo fúnebre y pueden hacer volcar el gran tonel que sirve de féretro, o incluso provocar que la tapa salga volando por los aires. Cuando se da esta situación, se dice que «se nos ha pegado la *kasha*».

Esta situación es muy temida y, además, motivo de vergüenza porque, según la tradición popular, la *kasha* (rueda de fuego) del infierno acude a buscar a quienes han llevado una vida pecaminosa y repleta de actos malvados.

Kasha es una palabra que proviene del acervo budista y que aparece también en rezos como el *ingakyō* (Sutra de las causas y efectos). Las historias acerca de gente que ha sido atrapada por la *kasha* son muy comunes tanto en Japón como en China.

Sin embargo, con el paso del tiempo, esa rueda de fuego que originalmente era el guía del infierno, pasó a adquirir en el imaginario popular el aspecto de un yōkai felino que se aparecía en los funerales. El motivo es que el concepto de *kasha* se fue mezclando con un yōkai chino llamado *mōryō* que se dedicaba a robar cadáveres.

Cuentan que, cuando un funeral llega a su fin, en el cementerio se aparece una extraña criatura a la que llaman *tenmaru* en la comarca de Kanra, prefectura de Gumma, y *kimotori* en la comarca de Izumi, prefectura de Kagoshima. Probablemente se trate de seres del mismo tipo que la *kasha*.

Kashabo. En la región de Kishū (la actual prefectura de Wakayama y el sur de la de Mie), llaman a los *kappa* de muchas maneras, como *dongasu* o *gaoro*, y dicen que, cuando llega el invierno y se mudan al interior de la montaña, se convierten en una criatura llamada *kashabo*.

Su cabeza es como la de los llamados bonzo-amapola (con solo unos pocos pelos en la coronilla), viste un kimono azul y tiene el aspecto de un encantador niño de seis o siete años. Además, como otra particularidad distintiva, se dice que al sacudir la cabeza hace un ruido similar al de un sonajero.

Al *kashabo* le encanta acercarse a los humanos, por lo que merodea frecuentemente en torno a las casas. La gente suele espolvorear ceniza delante de la puerta de casa para saber si ha pasado por allí, ya que deja unas huellas similares a las de las aves acuáticas. Los habitantes de cierta casa de Kumano, en la prefectura de Wakayama, cuentan que todos los *kashabo* que cruzan por allí de camino al valle, dejan clavada una piedra ante la casa como señal de su paso.

Sin embargo, no dejan de ser yōkai, así que también causan perjuicios a las vacas y a los caballos. Si uno deja el caballo atado en la montaña, lo esconden y, aunque luego consigas encontrarlo, el animal está terriblemente fatigado y a veces ha sufrido tanto que termina muriendo.

Existen varias teorías sobre el origen del nombre *kashabo*, y lo mismo hay quien dice que deriva del yōkai llamado *kasha* (rueda de fuego) como otros aseguran que viene de la palabra del dialecto local para «cosquilleo». Lo relativo a esta cuestión no termina de estar claro.

片足上臈

Kata-ashi jōrō. Es el nombre que recibe un yōkai femenino de una sola pierna que se aparece a lo largo de la zona que va de Tochinokubo a la montaña de Hadanashi, en la localidad de Hōrai, comarca de Minami Shidara, prefectura de Aichi (incluida en la actual ciudad de Shinshiro).

En Atera, un lugar de la aldea Yame Yoshida (actualmente en la ciudad de Shinshiro), próxima a la localidad de Hōrai, hay una cascada llamada Shichitaki. En la parte superior de la cascada hay un sitio lleno de piedras llamado Kodaki-ishi, al que acuden las mujeres que no consiguen quedarse encintas porque, según la tradición local, si recogen una piedra de allí y se vuelven con ella a casa, al poco viene el embarazo. Al parecer, cuando se acude a dicho lugar, hay que ir calzado con unas chancletas cuyas tiras o cordones estén hechas de papel y cuentan que la *kata-ashi jōrō* (dama de una sola pierna), vaya usted a saber por qué, se lleva solo una de esas sandalias.

Dicen que, en ocaciones, también se lleva las piezas que han capturado los cazadores. Por eso, en caso de dejar la pieza en algún sitio durante un tiempo, se coloca encima el fusil y el machete formando una cruz. Se dice que de esta manera se evita que la dama de una pierna la robe.

La palabra *jōrō* se empleaba para referirse a las mujeres de alto rango, y la *kata-ashi jōrō* es también conocida como *himejōrō* (dama princesa). Todo parece indicar que este yōkai pertenece al mismo tipo de las *yamanba* (vieja de montaña) y *yama onna* (mujer de montaña). Pero, así y todo, apenas se escuchan historias en las que la *yamanba* o la *yama onna* tengan una sola pierna, por lo que quizá esta criatura se halle más bien próxima de las divinidades de la montaña.

Hay muchas regiones con divinidades de montaña con una sola pierna y son muchos los lugares en los que se rinde culto a divinidades de una sola pierna.

帷子辻

Katabira ga tsuji. En los primeros tiempos del período Heian, una esposa del emperador Saga llamada Tachibana no Kachiko hizo edificar en la zona de Sagamino de Kioto un templo budista llamado Danrin. Por este motivo también es conocida por el nombre de «emperatriz Danrin». Acerca de esta emperatriz, existe la siguiente historia.

Cuando falleció la emperatriz Danrin, su cadáver no fue debidamente atendido y terminó arrojado en un cruce de caminos. En primer lugar se convirtió en alimento de perros vagabundos y de aves carroñeras. Después de que su carne hubiera sido devorada por todo tipo de bestias, tomaron el relevo las hormigas y otros insectos, que chupetearon todos sus restos. Y finalmente terminó expuesta a los rigores de la luz del sol y de la lluvia. Cuentan que, de esta manera, sus restos mortales terminaron por desaparecer. Sin embargo, la gente decía que, al pasar por aquel lugar, se aparecía la figura de la emperatriz Danrin siendo devorada por perros o aves, o recubierta de insectos.

Todo apunta a que esta *Katabira ga tsuji* (encrucijada del sudario) al parecer estaba en las cercanías de la actual estación de Katabira no tsuji, de los ferrocarriles Keifuku.

En nuestros días, la zona de Katabira no tsuji y los alrededores de Uzumasa están muy concurridos debido a la gente que acude a visitar el templo de Koryuji o los estudios de cine, pero en los tiempos del período Heian, este era un lugar considerado poco menos que diabólico.

De esta zona arrancaba un camino hacia la zona de Saga Adashino, que todo el mundo procuraba evitar. La gente que, por cualquier motivo, moría en el camino era arrojada a este lugar, que es famoso por servir de sepultura a cadáveres sin parientes conocidos. Es probable que exista una relación entre este concepto de lugar de enterramiento de cadáveres desatendidos y la leyenda de *Katabira ga tsuji*.

片耳豚

Katakira uwa. Este yōkai, oriundo de la isla de Amami Ōshima, es un cerdito que carece de sombra y, por lo visto, se aparece con frecuencia en los alrededores del ayuntamiento de la ciudad de Naze.

Cuentan que, cuando uno va andando por la calle, el *katakira uwa* se mete entre las piernas y se dedica a extraer el alma, con lo cual uno cae muerto o termina espiritualmente desecho.

Sin embargo, dicen que, si nada más verlo, cruzas al instante las piernas y permaneces de pie en esa posición, puedes librarte del peligro.

Hacia el año 11 de la Era Taishō (1922), llegó a la isla un gran número de muchachas procedentes de Yoron, otra de las islas del archipiélago, con objeto de trabajar en las fábricas de seda tipo *tsumugi*. Una fábrica en la que trabajaban siete u ocho de estas jóvenes organizó una fiesta nocturna para que las muchachas se divirtiesen. Como la luna de esa noche era particularmente hermosa, bajaron todas a la playa para verla desde allí, pero Nabe, la mayor de ellas, decidió volverse al poco tiempo.

Aún no se había alejado demasiado cuando una figura oscura similar a un perro salió a su encuentro. Se trataba de un cerdito sin sombra. Nabe recordó al momento las historias del *katakira uwa* (cerdo de una sola oreja) y se le erizó todo el vello del cuerpo. Sin embargo, sacando provecho de su carácter valiente y racional, Nabe cerró los ojos y se mantuvo en pie con las piernas cruzadas. Tras un largo tiempo así, por fin escuchó las voces de sus compañeras que se acercaban y abrió los ojos aliviada. El cerdito de una sola oreja ya no se veía por ninguna parte.

Según dicen, después de aquello, Nabe estuvo en cama con fiebre y, una vez recuperada, apenas salía fuera.

片輪車

Katawa-guruma. Este suceso se produjo en la Era Kanbun (1661-1673). En una aldea de la comarca de Koga, prefectura de Shiga, todas las noches a una hora ya muy avanzada se aparecía una criatura que llamaban *katawa-guruma* (carro de una sola rueda).

En una de las casas vivía una mujer que sentía gran curiosidad por las cosas extrañas. Al escuchar en la noche cerrada el sonido de una rueda, se puso a escudriñar furtivamente por una rendija de la puerta. Entonces, un pequeño carro de una sola rueda envuelto en llamas llegó rodando ante la puerta de su casa y allí se detuvo. Mirando con atención descubrió que al carro de una sola rueda iba subida una mujer que miró hacia ella y le dijo:

—En vez de mirarme a mí, harías mejor en fijarte en tu hijo.

Sorprendida, la mujer se fue a mirar en el dormitorio y vio que el niño no estaba allí. Sumida en una profunda tristeza, escribió una poesía que a la mañana siguiente clavó en la puerta de casa y que venía a decir: «El castigo de mis culpas, sobre mí recaiga; a comprender no alcanzo, el proceder del carrito; ¿dónde estará mi inocente niñito?».

Esa noche volvió a resonar en la oscuridad el traqueteo del carro de una sola rueda y, nada más detenerse ante la puerta de la casa, comenzó a oírse una voz teñida de tristeza que leía los versos allí clavados. Luego, la misma voz dijo:

—Te devuelvo el niño. Pero, lamentablemente, una vez que alguien ha visto mi aspecto, ya no puedo permanecer en ese lugar.

De esta manera, dejó el niño a la puerta y, acto seguido, se alejó perdiéndose en la noche.

Dicen que en aquella aldea nunca más volvió a oírse hablar del carro de una sola rueda.

桂男

Katsura otoko. A menudo, al contemplar las manchas de la luna algunos dicen ver un conejo moliendo arroz. Hay también una canción infantil que dice: «Conejo, conejo, ¿qué ves cuando saltas?; la luna de la decimoquinta noche veo cuando salto», así que parece haber una fuerte relación entre la luna y los conejos.

Sin embargo, según la recopilación de relatos *Tosanjin yawa* (Relatos nocturnos de Tosanjin), las manchas de la luna no se deben a los conejos, sino a un yōkai llamado *katsura otoko* (hombre del árbol *katsura*). Si se mira fijamente esta figura, se aprecia que el *katsura otoko* comienza a moverse y hace un gesto con la mano invitando al espectador a acercarse. Se trata de algo temible, pues la vida de la persona invitada se acorta.

Al parecer son muy antiguas las estrofas que dicen: «Después de contemplar largo tiempo la luna, el *katsura otoko* me hizo un gesto, y mi vida se acortó», pero lo cierto es que, cuando uno va envejeciendo, resulta inevitable quedarse absorto mirando la luna distraídamente, y es probable que esos versos fueran compuestos para expresar la tristeza que uno experimenta al sentir que ya le queda poco tiempo de vida.

El autor de *Tosanjin yawa*, donde se nos presenta al *katsura otoko*, también destaca la dificultad de transmitir semejante estado de ánimo contando solo con el pincel y la hoja de papel.

Al parecer, la idea del *katsura otoko* procede de la tradición china. Según leyendas chinas, en la luna hay un grandioso palacio en el que crece un árbol de *katsura* de 1500 metros de alto, y el *katsura otoko* se dedica a talar dicho árbol.

Kawa akago. El *kawa akago* (bebé de los ríos) es un yōkai que se dedica a berrear en los pantanos y estanques como si fuera un recién nacido. Quienes lo oyen creen que se trata de un bebé que se está ahogando y van en dirección del llanto con la intención de prestarle auxilio pero, cuando se aproximan al lugar, los berridos comienzan a escucharse en dirección contraria.

Aquellos que son extremadamente bondadosos se dirigen entonces en la otra dirección, corriendo apurados para salvar a la criatura, pero entonces escuchan que el llanto vuelve a sonar otra vez en el lugar original.

Si uno se da cuenta pronto de que se trata del *kawa akago*, deja de preocuparse y el asunto no pasa a mayores. Pero como, normalmente, esas cosas solo las saben los más viejos del lugar, la mayoría de la gente termina resbalando por la prisa y dándose un chapuzón en el estanque o en el pantano. Se dice que en ese momento, el *kawa akago* por fin se calla.

Por lo que parece, este yōkai consiste solamente en la voz y nadie ha visto qué forma tiene. Hay muchas teorías, como la de que se trata del espíritu del pantano o estanque en cuestión, o la que apunta a una criatura similar al *kappa* pero, en definitiva, se desconoce cuál es la realidad.

En otra historia de corte similar, un hombre que iba por la playa dijo escuchar un llanto que sonaba «*miii, miii*». Parecía el gemido de un gato pero, además, era un lloro extraño, pues resultaba difícil determinar si sonaba cerca o lejos. El hombre buscó por los alrededores pero, por más que se esforzó, no consiguió dar con el dueño de aquella voz pese a que el llanto persistió durante todo ese tiempo. Sin duda aquel hombre estaba ante algo extraordinario. Probablemente se trataba también de una manifestación similar al *kawa akago*.

カワボタル

Kawabotaru. En los alrededores del pantano de Inba, prefectura de Chiba, llaman *kawabotaru* (luciérnagas de río) a un tipo de fuego sobrenatural. Probablemente se trate del mismo fenómeno que llaman *minomushibi* en la prefectura de Niigata y *minobi* en la de Shiga. Aunque se trate de un fuego, no es caliente. Su coloración es idéntica a la que desprenden las luciérnagas, verde-azulado muy claro, y a esto se debe que le hayan puesto su nombre.

Suele aparecer en las noches lluviosas de finales de verano y primeros de otoño. Si uno golpea estos fuegos con todas sus fuerzas, se desmenuzan, y dicen que los fragmentos que se quedan pegados en las manos o en la madera de las barcas son viscosos y desprenden olor a podrido.

En cierta ocasión, un hombre que estaba pescando de noche vio flotando sobre su barca algo parecido a una bola de fuego. No desprendía calor alguno y, aunque le dio un manotazo para apartarla, no se apagó. Poco a poco, el número de estas llamaradas redondas iba aumentando. Con gran nerviosismo, el hombre intentaba apartarlas a manotazos de su barco y, según contó, finalmente, como si hubiera caído de golpe el telón de la noche, las bolas de fuego se apagaron.

Aparte de este caso, varias personas más fueron testigo de las *kawabotaru*. Se cuenta la historia de una de estas bolas de fuego que quedó atrapada en una red de pesca que lanzaban en ese momento y el interior brilló con una llamarada de color verde pálido.

Hay quien piensa que las *kawabotaru* son obra de los *tanuki* o de las comadrejas pero, según un viejo libro titulado *Tonegawa zushi* (Libro ilustrado del río Tonegawa), pertenecen al grupo de los *inka* y serían luminarias de almas en pena. Por lo visto, antiguamente, existía la creencia de que las almas de los muertos se aparecían con la forma de bolas de fuego.

Curiosamente, se dice que las *kawabotaru* nunca se pegan a los carpinteros ni a los picapedreros.

Kawaero. En la comarca de Ibi y alrededores, prefectura de Gifu, hay un ser de la familia de los *kappa* llamado *kawaero*.

Cuando el *kawaero* está en el agua, jamás muestra su aspecto, pero dicen que cuando abandona su morada del lecho del río, adopta a menudo la forma de un mono. Se sabe que se trata del *kawaero* porque deja unas huellas de mono en las que apenas se marca el talón.

Por lo general, se considera que los monos con rostro blanquecino y cejas negras son en realidad un *kawaero* que ha transformado su figura. También es frecuente que se transformen en cosas que la gente desea con objeto de gastar jugarretas a los humanos.

En la comarca de Mugi (en la actual ciudad de Seki), se les llama *kawairo* y es frecuente que se transformen en niños que retan a la gente a combates de sumo. Cuentan que si uno les tira del brazo es muy fácil arrancarlo, así que no parece complicado derrotarlos.

El *kawairo* presenta una rara particularidad que no se da en otros tipos de *kappa*. En la oquedad en forma de plato de su coronilla almacena un veneno y, cuando dicho veneno se difumina por el río, el agua afectada se vuelve pegajosa. Si alguien está nadando en el río y le alcanza esta viscosidad, es incapaz de alcanzar la orilla. En ese momento, mientras el incauto está braceando impotente, el *kawairo* aprovecha la ocasión para arrancarle la víscera cular por el ano.

El *kawaero* también recibe el nombre de *noshi*. Al parecer, en Owari (en la actual prefectura de Aichi), cercana a la prefectura de Gifu, hubo una época en que al *kappa* se le llamaba *nushi*, por lo que es posible que el nombre de *noshi* sea una derivación de *nushi*.

川熊

Kawaguma. Hace mucho tiempo, en el río Omono, prefectura de Akita, vivía un yōkai llamado *kawaguma* (oso de río). Un día en que el señor feudal de Akita iba en su barco por el río Omono para dedicarse a la caza, surgió del agua una mano peluda que arrebató el arcabuz de las manos de este señor feudal.

—Eh? ¿Pero qué insolencia es esta?

Con gran enfado, ordenó a sus vasallos que recuperasen el arma de inmediato, así que todos ellos se zambulleron en el agua y, tras una dura pelea, consiguieron arrancar el arcabuz de las manos del oso de río. Según cuentan, luego le pusieron el nombre de «el arcabuz del *kawaguma*» y fue transmitido de generación en generación en la casa del señor feudal

Hay un lugar cerca de la desembocadura del río Omono llamado Tsubakigawa, situado en la aldea de Kawazoe, en la comarca de Kawabe (la actual Yuwa, de la ciudad de Akita), donde se dice que en tiempos se conservaba la mano de un *kawaguma*. Una vez que un barquero estaba por la noche amarrando su embarcación en la ribera del río Omono, escuchó el sonido de un chapoteo muy próximo y, al mirar en torno, vio que algo se había agarrado con dos manos a la borda de la barca. Asustado, dio un tajo con su machete en una de las manos. Cuando regresó por la mañana y examinó la barca, descubrió en su interior una mano que, según contó, recordaba a la zarpa de un gato.

El nombre del «oso de río» es conocido también en las riberas de la parte del río Shinano que queda en la prefectura de Niigata. Cuando se rompen los ribazos debido a una riada, suele decirse que ha sido obra del *kawaguma*. Pero aunque su nombre contiene la palabra «oso», se trata de una criatura completamente distinta de los osos corrientes.

Kawa-hime. De este monstruo con aspecto de mujer hermosa se hablaba en una zona de la comarca de Chikujo, prefectura de Fukuoka. Según decían, cuando alguien veía a la *kawa-hime* (princesa del río), se quedaba prendado de ella y, en ese momento, la *kawa-hime* le arrebataba la energía vital.

Los jóvenes de la aldea suelen reunirse junto al molino de agua y cuentan que, en ocasiones se aparece una hermosa mujer semioculta en las sombras de la rueda del molino. Esta belleza es, sin duda, la *kawa-hime*. Cuando uno la ve, debe desviar la vista hacia abajo enseguida y contener el aliento. Por lo general, es algún anciano que se encuentra en el lugar quien da la señal de alarma para ello.

En Kotohira, en la isla de Shikoku, por lo visto quien se aparece no es la *kawa-hime*, sino un yōkai al que llaman *kawa jōrō*. Dicen que no causa ningún daño a los humanos y que, cuando hay alguna riada y la bancada del río está a punto de desbordarse, se aparece llorosa mientras gimotea: «El agua va a arrastrar la casa». Por lo visto, en la comarca de Nakatado, prefectura de Kagawa, hay un dicho: «También esta noche llora la *kawa jōrō* porque ha habido una riada».

De los yōkai relacionados con el agua, el más representativo es el *kappa*, pero si bien este a veces puede alcanzar la condición de una divinidad acuática o fluvial, la *kawa-hime* recuerda en cierto modo a esas tristes leyendas acerca de gente ofrecida como sacrificio a los dioses o las de personas sepultadas vivas en las construcciones como ofrenda para rezar por su seguridad[4]. Creo que, en particular, la *kawa jōrō* de Shikoku guarda algún tipo de relación con esto.

[4] En realidad, no se trata solo de leyendas. Este tipo de sacrificios humanos se realizaban de tanto en tanto para pedir que los dioses protegieran las construcciones en cuestión, sobre todo en el caso de templos y palacios.

河虎

Kawako. Durante los años de la Era Kyōhō (1716-1736) vivió un samurái llamado Shinkuro que residía en la aldea de Nii, en la isla de Tsushima.

Un día al anochecer, cuando Shinkuro caminaba por la ribera del río, escuchó el sonido de algo que acababa de saltar al agua. Pensando que se trataba de un *kawako* (tigre de río), Shinkuro gritó: «¡Eh, tú!» y, agarrando una piedra que había cerca, la arrojó al mismo lugar, tras lo cual se volvió a casa.

Esa misma noche, como a Shinkuro le tocaba patrullar la zona, recorría un camino todavía humedecido por la reciente lluvia cuando comenzó a tener la sensación de que, a cada paso que daba, algo parecía enredársele entre las piernas. Sin embargo, Shinkuro no le quiso prestar atención y continuó su ronda como si no pasara nada.

A la noche siguiente, Shinkuro descubrió que en la tripa le había salido una protuberancia del tamaño de una ciruela seca. Pero, para mayor sorpresa, cuando probó a pellizcársela, se encontró con que la verruga salía huyendo a lo largo de su piel. Finalmente, después de muchos esfuerzos, consiguió atraparla con la mano izquierda. Recordando lo que había sucedido la noche anterior, Shinkuro masculló:

—Maldito *kawako*. ¿Cómo se te ocurre hacerme esto?

Y, tomando un punzón que tenía al lado, lo clavó en la verruga. Entonces, se escuchó una especie de chillido y Shinkuro, sorprendido, soltó la verruga. Intentó precipitadamente encontrarla otra vez buscando por toda la superficie de su cuerpo, pero fue incapaz de descubrir adónde había ido a parar la verruga. También pidió a la gente que vivía con él que le mirasen bien la piel de la cabeza a los pies pero, según contó, no pudieron encontrarla.

Esta historia en la que se relata cómo fueron incapaces de descubrir adónde se había marchado el *kawako* está recogida en la antología *Rakuko kibun* (Crónicas de Rakuko), en el apartado *Tsushima yawa* (Relatos nocturnos de Tsushima).

川
者

Kawa no mono. En la prefectura de Ōita, a veces el *kappa* recibe el nombre de *kawa no mono* (hombre de río). En toda la región son muy conocidos los casos de gente que ha sido poseída por el *kawa no mono* y cuentan que todo aquel que es poseído por esta criatura cae enfermo.

Se trata de una enfermedad que un médico ordinario no puede curar, puesto que su origen es un espíritu que se ha introducido en el cuerpo, así que de nada sirve acudir a él. Existen sabios religiosos especializados en exorcismos y es a ellos a quienes tenemos que acudir para curarnos. Porque lo que necesitamos es que nos saquen el *kawa no mono* que se nos ha metido dentro. Para ello, el exorcista introduce un ramillete sagrado con el que ha acariciado al enfermo en una bolsa de papel y lo quema junto con la bolsa. Se dice que entonces el enfermo recupera su condición normal como por ensalmo. A primera vista, parece una operación muy sencilla, pero no funcionará si quien la realiza no es un exorcista auténtico.

En general, cuando los *kappa* poseen a alguien, casi siempre escogen una mujer, que se comporta de una manera tan lasciva que padres y hermanos tienen que apartar la vista de vergüenza.

En el templo budista Jisho, situado en el barrio de Shin-uo, de la ciudad de Nakatsu, prefectura de Ōita, se conservan unos papeles que contienen un texto de los llamados «contratos de disculpa» y que, al parecer, es obra de un *kappa*. Cuentan que da fe de las promesas realizadas por un *kappa* al que expulsaron del cuerpo de una mujer que estaba poseída, e incluso se refiere la fecha, 16 de junio del año 6 de la Era Tenmei (1786) y la firma del propio *kappa*, de nombre Kenhiki Taro.

En fin, dejando aparte la cuestión de si este documento es auténtico o falso, resulta sorprendente que se conserve un texto de tiempos tan antiguos acerca de la posesión de una persona por parte de un *kappa*.

川男

Kawa otoko. Cuando se habla de los monstruos de río, es evidente que lo primero en lo que uno piensa es en el *kappa*, pero en los ríos vive también el llamado *kawa otoko* (hombre de río). El aspecto de esta criatura es todavía más cercano a los humanos que el del *kappa* y aparece descrito en un viejo libro titulado *Wakan sansai zue* (Diccionario enciclopédico ilustrado de los tres mundos).

El *kawa otoko* tiene cara de buena persona, y se diría que es incapaz de hacer daño a humano o animal alguno. Y, realmente, es así y su apariencia no engaña. Por lo visto tiene buen carácter. Según el diccionario de lengua de los tiempos del período Edo titulado *Wakun no shiori* (Guía del idioma japonés), es frecuente encontrarlos sentados por parejas, contándose historias mutuamente.

Al parecer, el *kawa otoko* vive en las corrientes caudalosas de los ríos de alta montaña. En lugares como Mino (en la actual prefectura de Gifu) cuentan que han sido vistos con frecuencia por muchos pescadores cuando echan las redes de pesca al río de noche. Su pigmentación es extremadamente negruzca y son de gran estatura. De aquí procede el dicho «parecía que estuviera viendo a un *kawa otoko*», que se utilizaba popularmente cuando se veía a alguien larguirucho, aunque se trata de una expresión ya en desuso.

Comparado con otro yōkai de río como el *kappa*, que ha dejado las huellas de su paso por todo el país, los relatos relacionados con el *kawa otoko* son sumamente escasos. De hecho, más que escasos, parece que las únicas referencias existentes son los anteriormente mencionados *Wakai sansai zue* y *Wakun no shiori*.

カワソ

Kawaso. En la zona de Uwa, isla de Shikoku, llaman *kawaso* a una criatura que vive en el agua o en las riberas y que se dedica a gastar jugarretas a los que pasan por allí, pegándose a ellos.

Tiene el tamaño de un gato grande y es de color gris. Al parecer camina muy deprisa y, por muy rápido que camine una persona, siempre le resultará imposible adelantarlo. Por la expresión que dice: «le acompañan mil, como al *kawaso*», deduzco que es gregario y, por tanto, vive en manada.

En cierta ocasión, un hombre que caminaba por la playa a altas horas de la noche, escuchó unos chillidos que sonaban como «*pii, pii*». Escudriñando las tinieblas, se encontró con la sorpresa de que había una gran manada de *kawaso*. Además, según relató posteriormente, unos estaban montados encima de otros, formando una columna, mientras que otros se alineaban en prietas filas. Por supuesto, el hombre se asustó y, sin atreverse casi a respirar, salió huyendo hacia casa.

El *kawaso* tiene la extraña particularidad de que le gusta comparar su estatura con la de los humanos. De repente se planta delante de uno y empieza a preguntar: «¿Así?, ¿así?, un poco más?», mientras se va haciendo cada vez más alto, hasta que al final termina convertido en un fantasmón enorme. Pero esto se puede evitar si uno encuentra el punto justo para decirle: «Ya eres más alto que yo»; entonces, el *kawaso* se achica y, sin más dilación, desaparece.

Por lo visto, la moraleja que la gente de estas tierras aprende de esta historia es que, aunque el *kawaso* se empeñe en retarle a uno, es mejor no enfrentarse en serio con él.

川太郎

Kawatarō. En los alrededores del río Shizukuishi, en la prefectura de Iwate, el *kappa* recibe el nombre de *kawatarō* (Tarō, el del río).

En la aldea de Nanbu Ota (actualmente incluida en la ciudad de Morioka), el *kawatarō* se aparecía con frecuencia en la casa de un hombre llamado Sukehachi. Este *kawatarō* no causaba perjuicio alguno, es más, su tarea diaria consistía en jugar con los niños de la casa. Acudía todos los días y competía al sumo con ellos, o corrían persiguiéndose unos a otros. En cierto modo era como una niñera. Sin embargo, cuando llegaba un adulto, el *kawatarō* se ocultaba al instante y les pedía a los niños que bajo ningún concepto hablasen de él a los adultos.

Sin embargo, a uno de los niños se le escapó un comentario acerca de la criatura delante de sus padres. El padre, temeroso de que el *kappa* raptase a su hijo, lo buscó con ahínco y, nada más encontrarlo, le asestó varios tajos con una hoz. Ante esto, hasta al mismísimo *kawatarō* no le quedó más alternativa que huir.

Al día siguiente, cuando los niños se encontraban jugando, se apareció el *kawatarō* lleno de heridas y les dijo:

—¿Cómo habéis sido capaces de algo tan mezquino como quebrantar una promesa? Si vuelve a suceder algo así, reuniré a mis compañeros del río Kawakami y de los demás ríos y nos vengaremos de todos.

Cuando los adultos escucharon esto, se asustaron enormemente y se dice que, desde entonces, aunque sus niños jueguen con el *kawatarō*, hacen como si no se dieran cuenta de nada.

Kawatengu. Dicen que si uno va a pescar de noche al río en la comarca de Tsukui, en la prefectura de Kanagawa, a veces divisa una gran bola de fuego que se desplaza rodando a través de la oscuridad. Se trata del *kawatengu* (*tengu* de río). Cuando esto sucede, hay que limpiar meticulosamente una de las piedras de la ribera como si fuera un altar y colocar encima como ofrenda el pescado obtenido, y entonces la bola de fuego dejará de rodar por los alrededores.

Otras veces, sucede que vas a echar las redes de pesca al río y ves más allá de tu posición la sombra de alguien que está echando a la vez su red, pero eres incapaz de distinguir la figura concreta. Se dice que, también en estos casos, se trata del *kawatengu*.

En cambio, al parecer el *kawatengu* de los ríos de Tokio sí mostraba su figura a los humanos.

En el río Tamagawa, a la altura de la aldea de Ogochi (el actual pueblo de Okutama), hay una enorme poza llamada Obata donde vivía un *kawatengu*. No causaba perjuicios a los humanos y se decía que era muy frecuente verlo siempre sentado encima de una roca, con aspecto de estar enfrascado en sus pensamientos. Cierto año, se casó con una hermosa chica, y un día de otoño se vio a ambos encima de una roca hablándose tiernamente. Poco después, la joven esposa de este *tengu* acudió una noche para pedir prestados unos cuencos de los que se usan para comer. De buen grado se los dieron y, a la mañana siguiente, se encontraron con que se los habían devuelto dejándolos junto a la puerta repletos de lombrices y con una nota adjunta que decía: «Para tomar cuando sufran alguna enfermedad». Dicen que si alguien tiene fiebre y se le dan lombrices cocidas junto con el caldo de la cocción, le baja la temperatura al momento.

川獺

Kawauso. Desde tiempos inmemoriales se cree que la nutria (*kawauso*) posee la capacidad de transformar su figura. En su libro titulado *Yokai dangi* (Debate sobre yōkai), Kunio Yanagita cuenta la historia de una nutria de la zona de Noto, prefectura de Ishikawa, que se aparece con la forma de una chica en torno a los veinte años o con la de un niño vestido con un kimono a cuadros que parece un tablero de *go*. Según este texto, si uno le pregunta «¿Quién es?», no obtiene la contestación normal «Soy yo», sino que la nutria dirá «Sey yo». Y, si a continuación se le pregunta «¿Y dónde vives?», dará una réplica incomprensible, que suena como «En el rioi».

En la zona de Tsugaru, prefectura de Aomori, la nutria también es considerada como un animal harto sospechoso. Según cuentan ciertas historias, se transforma en una cabeza cortada y, de tal guisa, se introduce entre las redes de los que están pescando en el río con objeto de darles un susto. Dicen que cuando alguien es engañado por una nutria presenta el aspecto de haber sido poseído por un espíritu y pierde los ánimos de súbito.

En la ciudad del castillo de Sendai, prefectura de Miyagi, cuentan la historia de una *kawauso* que se aparecía con la forma de un fantasmón larguirucho y calvo. Cuando Date Masamune, jefe de aquel dominio, supo de esta criatura sobrenatural, decidió luchar con ella y, según cuentan, tras vencerla, el cuerpo se reveló como el de una nutria del tamaño de un ternero.

Quizá por tratarse de un animal que vive cerca del agua, en algunas partes el *kawauso* es descrito con características próximas a las del *kappa*. Esto sucede, por ejemplo, con lo que llaman *kawaso* o *kabuso* en la región de Hokuriku.

En cualquier caso, la imagen que se tenía habitualmente de la nutria en tiempos antiguos era la de un animal que engañaba o gastaba jugarretas a los humanos, de manera similar a la de otros animales que viven cerca de los núcleos de población como son los *tanuki* y los zorros.

Kawauso no bakemono. Hace mucho tiempo, en el foso del castillo de Kanazawa, provincia de Kaga (la actual prefectura de Ishikawa), vivía una vieja nutria, famosa por lo mucho que le gustaba engañar a la gente.

Cierto día al anochecer, un joven muy aficionado a las mujeres consiguió seducir cerca del foso a una mujer que caminaba con la cabeza cubierta por un gran sombrero que le ocultaba el rostro. Sin embargo, aunque consiguió con habilidad llevársela a casa, una vez allí sintió que la mujer le producía una impresión inquietante. Asustado, llamó a varios de sus compañeros para que la entretuvieran y se escondió en la habitación de al lado.

Uno por uno, los compañeros fueron presentándose ante la mujer, pero ella permanecía sentada sin quitarse el sombrero y se limitaba a repetir: «Quiero estar con el caballero de antes». Pero ellos le contestaron:

—Es que a ese hombre le ha surgido un asunto urgente y no va a regresar hasta altas horas de la noche.

La mujer replicó:

—Muy bien. Entonces, iré yo a buscarlo.

Y, quitándose el sombrero, salió afuera. Su rostro era el de una anciana entre sesenta y setenta años.

Los compañeros dejaron acostado a su amigo en una habitación y, por si acaso, decidieron quedarse en el exterior montando guardia. Sin embargo, al cabo de un tiempo, oyeron gritar a su amigo y, preocupados, corrieron a ver qué sucedía. Al llegar descubrieron que alguien lo había matado. Pero lo que realmente les impresionó aún más fue descubrir junto al cadáver del joven sus órganos sexuales que le habían sido arrancados de cuajo.

川猿

Kawazaru. La criatura que llaman *kawazaru* (mono de río) en la comarca de Haibara y alrededores (perteneciente a la prefectura de Shizuoka) suele aparecer bajo la forma de un niño con objeto de engañar a la gente. Todo su cuerpo despide un fuerte olor a pescado y sus puntos débiles están situados en la entrepierna y en los ojos. Si una flecha acierta en alguna de estas partes, el *kawazaru* queda fuertemente debilitado. Cuando lucha en combate cuerpo a cuerpo, el *kawazaru* se restriega de tal manera contra el oponente que se le resquebraja tanto la piel como la carne y queda gravemente herido. Aunque es de carácter cobarde, cuentan que posee una memoria extraordinaria y que jamás olvida el rostro de la persona que le ha salvado la vida.

Creo que posiblemente el *kawazaru* es un pariente del *kappa*, aunque carece del típico «plato» en la cabeza. Además, a la vista de que le gusta beber sake, es posible que se aproxime más bien a la nutria. Ahora bien, hay que tener en cuenta que, curiosamente, en cuanto a forma y carácter los *kappa* se parecen bastante a los monos.

Desde tiempos inmemoriales es sabido que los monos y los *kappa* se llevan muy mal. En la región de Kyūshū, cuentan que, cuando los artistas callejeros que viajan con un mono tienen que cruzar un río, aparece un *kappa* que empieza a pelear con el mono y, como este último sea poco espabilado, termina perdiendo la víscera cular a manos del *kappa*. Pero, por lo general esto no es muy frecuente, ya que el mono suele ser más hábil y consigue atrapar al *kappa*.

Según cierta creencia, los *kappa* no pueden pasar más de doce horas seguidas dentro del agua, pero los monos pueden estar las veinticuatro, por lo que se les considera más fuertes.

Probablemente el *kawazaru* sea un yōkai surgido de una combinación de las características del mono, el *kappa* y la nutria.

蚊帳吊り狸

Kayatsuri tanuki. En la comarca de Miwa, prefectura de Tokushima, hay un lugar en la aldea de Mishima llamado Mainakajima (incluido en la actual ciudad de Mima), donde antiguamente se aparecía una criatura a la que llamaban *kayatsuri tanuki* (*tanuki* cuelga-redes mosquiteras).

Si uno andaba por este solitario lugar en plena noche, se encontraba con una red mosquitera colgada en medio del camino.

Las redes mosquiteras se usan dentro de casa, pero en este caso estaba al aire libre, en pleno camino. Por si fuera poco, si uno no se metía dentro de la red mosquitera, no podía continuar avanzando.

La cuestión es que, cuando uno entra en ella mientras piensa: «Qué cosa más extraña», descubre que, inmediatamente después, hay otra tela mosquitera. Al meterse en la siguiente, le sucede otra, y luego otra, y luego otra, en una sucesión que no se acaba nunca.

Cuando uno llega a la conclusión de que todo lo que ocurre es un extraño sinsentido e intenta volver sobre sus pasos, descubre que en la dirección contraria hay también un número interminable de redes mosquiteras. El resultado es que uno se vuelve incapaz tanto de salir como de volver al punto original y pasa toda la noche dando vueltas.

Si caes en el engaño de este *tanuki* cuelga-redes mosquiteras, lo mejor es que te relajes y, concentrando la fuerza en el *chakra*[5] junto al ombligo, vayas pasando una red tras otra. Según dicen, justo al cruzar la número treinta y tres, te verás libre del hechizo.

En la prefectura de Tokushima hay un número apabullante de historias acerca de los *tanuki*. No se sabe a ciencia cierta qué tipo de criatura es el *kayatsuri tanuki* pero, a juzgar por su nombre, lo único que queda claro es que se trata de un *tanuki*.

[5] Término sánscrito que designa a los centros de energía que existen en el cuerpo humano.

Kaze. Aunque se pronuncia igual que las palabras que designan el fenómeno natural conocido como «viento» o la enfermedad conocida como «resfriado», en este caso el término denomina a un tipo de yōkai.

Según dicen, cuando uno se encuentra con el *kaze*, enferma. Este yōkai, que aparece por todo el país, pertenece al tipo de los *ikiai-gami* (espíritus de encuentro fortuito), y tiene la capacidad de poseer a la gente.

Es muy frecuente toparse con él en la región de Kyūshū. Concretamente, en la prefectura de Miyazaki cuentan que uno se lo puede encontrar en determinados lugares. Cuando la gente pasa por estos sitios, la mayoría comienza a sentirse mal.

En la aldea de Nishi Mera, de la comarca de Koyu, prefectura de Miyazaki, encontramos casos en los que esta criatura recibe un nombre de persona unido a *kaze*. Esto sucede cuando alguien echa una maldición a otro y la plegaria surte efecto, provocando la muerte por enfermedad de la persona a la que se maldijo y el contagio del conjuro a terceros. Entonces, se añade *kaze* al nombre del muerto y se habla, por ejemplo, de *Uneme-kaze* o *Goro-kaze*.

En el archipiélago de las Gotō, prefectura de Nagasaki, se llama *kaze* a todos los tipos de posesión, y al hecho de estar poseído se le llama «llevar el viento a cuestas».

En la zona de Saga hay también una expresión similar y existe la costumbre de escupir tres veces como sortilegio contra el *kaze*. Cuando el *kaze* que uno lleva dentro se debe a un zorro, para volver a la condición normal es necesario que un *tanuki* realice un sortilegio, pues se cree que los *tanuki* poseen una inteligencia superior a la de los zorros.

También a mí, cuando era niño, me hacían escupir a modo de sortilegio protector.

Kazenbō. Podemos ver un dibujo del *kazenbō* en la antología del maestro del *ukiyo-e* Toriyama Sekien titulada *Konjaku hyakki shūi* (Recopilación adicional de los cien demonios de antaño).

Este yōkai de apariencia deforme se aparecía en el monte Toribe, un lugar de ceremonias funerarias situado en la zona de Kioto llamada Higashiyama, y presentaba el aspecto de un monje rodeado de llamas.

En los tiempos del período Heian, en el monte Toribe tenían lugar los enterramientos de la familia imperial o de los nobles más poderosos. Por decirlo de alguna forma, puede considerarse el equivalente de los cementerios de lujo de hoy en día.

Hacia finales del siglo X, era conocido como un lugar de inmolación. Es decir, allí donde los monjes de alto rango se inmolaban prendiéndose fuego como ofrenda a Buda mientras rezaban por su muerte y perecían abrasados. Al parecer, el pueblo llano acudía allí para contemplar aquella ceremonia de sacrificio tan meritoria.

Pero, a pesar de ser conocido como un lugar sagrado, cuando se sucedían las inundaciones o las epidemias sobre la ciudad, el número de muertos fue enorme y el monte Toribe terminó convirtiéndose en el lugar donde se arrojaban los cadáveres y, pasado un tiempo, pasó a ser una tierra mancillada por la muerte.

El amplio mirador de madera del templo budista Kiyomizu se convirtió, por desgracia, en el punto desde el que se arrojaban los cadáveres al precipicio que yace a sus pies. Y lo que surgió de un terreno sometido a tales circunstancias fue el *kazenbō* (monje del fuego). Muy probablemente el motivo por el que aparece envuelto en llamas es porque se trata del espíritu de uno de aquellos monjes fallecidos en la ceremonia de inmolación. Aunque cometió suicidio mientras rezaba por su muerte, quedaba en él algo de apego hacia este mundo y por eso se transformó en yōkai.

Kekkai. Se cree que esta criatura surge del interior del cuerpo en el momento del parto y que, si consigue introducirse bajo las tablas del corredor de madera que rodea la casa, la vida de la parturienta corre peligro. Por ese motivo, en la zona de Urawa, prefectura de Saitama, se colocan biombos en torno de la habitación donde va a tener lugar el parto para evitar que esta criatura salga y se meta bajo el suelo del corredor.

En la aldea de Miho (actual municipio de Yamakita), de la comarca de Ashigara kami, prefectura de Kanagawa, dicen que, cuando esta criatura nace, se encarama al hierro que, con objeto de colgar utensilios como las ollas, pende sobre el fogón del hogar. Por eso, en las casas de dicha zona siempre se tiene cerca del fuego una cuchara especial que sirve para golpear al *kekkai* (coágulo de sangre) que se haya subido allí y hacerlo caer.

En la comarca de Shimoina, prefectura de Nagano, se habla de un monstruo misterioso llamado *kekke* que nace de los humanos. Parece tratarse, sin duda, de la misma criatura que el *kekkai*.

Además, según cuenta Iwao Hino en su libro *Dōbutsu yōkai tan* (Cuentos de animales y yōkai), cuando era un niño vio en una feria de fenómenos extraordinarios un *kekkai*, que era una especie de animal color gris del tamaño de un gatito al que de vez en cuando paseaban entre el público y daban leche. Sea como fuere, dicen que el *kekkai* se origina en la sangre del interior del cuerpo humano, que forma un conglomerado viviente y que tiene dos lenguas, una roja y otra blanca, que saca delante de la gente. El autor del libro cuenta que, a continuación, decidió investigar acerca de la condición real de este animal y descubrió que se trataba de un mono nocturno de los mares del sur.

水蝹

Kenmon. También llamado *kenmun*. Es un pariente de los *kappa* que vive en la isla de Amami Ōshima, prefectura de Kagoshima. Al parecer se trata de un yōkai muy próximo al *kijimuna* de Okinawa que vive en los bosques de los laureles de Indias.

Va peinado al estilo tazón y en la oquedad o «plato» de su coronilla hay aceite. Al caer la noche, prende fuego al aceite y baja a la playa, pero, si este aceite se derrama, el *kenmon* muere. Le gusta luchar al sumo y, cuando se topa con alguien, enseguida le reta a un combate, aunque en el caso de resultar vencido no le guarda rencor. De ojos penetrantes y rostro colorado, su aspecto no es muy diferente del de un niño de cinco o seis años.

En la isla de Kakeroma (prefectura de Kagoshima) hay también gran cantidad de *kenmon*. Cuentan que allí vivía un abuelillo que, con objeto de mostrárselos a los niños, los llamaba y conseguía que acudiesen. Al parecer, durante la guerra, varias de las personas que se instalaron en la isla para refugiarse de los bombardeos vieron a los *kenmon*. Y hubo otros que, aunque no llegaron a verlos, sufrieron sus jugarretas. Cuando, para protegerse de los bombardeos, se ponían a preparar sopa de arroz bajo los árboles, advertían que, en un momento dado, la cantidad de arroz había disminuido. El motivo era que se lo estaban comiendo los *kenmon*. Según cuentan, aunque no se los veía, se escuchaba perfectamente el ruido que hacían al masticar el arroz. Por otra parte, puede suceder que, al recorrer un camino por la noche, los *kenmon* se aparezcan con forma humana. Se limitan a caminar a nuestro lado y, luego, desaparecen al instante.

Finalmente, algunos creen que los *kenmon* son divinidades llegadas hace mucho tiempo desde las islas del sur.

倩兮女

Kerakera onna. El sonido de la radiante risa de las mujeres jóvenes transmite al oyente una impresión agradable. Pero, contrariamente a lo que pueda parecer, la risa no siempre es agradable. Entre los tipos de risa existentes, también los hay de mal agüero.

En uno de sus libros, Kunio Yanagita escribe que la risa puede producir terror a la persona que es objeto de la misma. Y, precisamente la *kerakera onna* (belleza riente) es uno de los yōkai que mejor representa el terror de la risa.

Uno va recorriendo un camino solitario con una imprecisa sensación de intranquilidad. Entonces, comienza a pensar que no tendría nada de extraño que se apareciese cualquier cosa en un camino así. En ese momento, sin que se sepa muy bien de dónde proviene, suena la estruendosa carcajada de una mujer. Sobresaltado, uno se vuelve sobre sus espaldas y, al ver un enorme rostro femenino riéndose mientras mira hacia él, la mayoría de la gente se lleva un nuevo susto y, nerviosamente, corre como alma que lleva el diablo. Entonces, en un tono más alto todavía, vuelve a escucharse una carcajada que suena como «*kerakera*», y se lleva uno el tercer susto. Si se trata de alguien de carácter débil, puede llegar incluso a desmayarse.

Por lo general, la risa de la *kerakera onna* solo puede ser escuchada por una persona en concreto, así que cuando el afectado regresa a casa y relata con demasiada insistencia lo sucedido, puede suceder que, por contra, vuelvan a reírse de él.

Quizá lo más probable es que este fenómeno sea causado por un yōkai llamado *uwan* que vive en las casas deshabitadas y que es pariente de las criaturas sobrenaturales que se caracterizan por asustar a la gente dirigiéndoles la palabra.

毛羽毛現

Keukegen. Según dicen, esta criatura surge bajo las tablas del suelo en lugares húmedos, como el rinconcito junto a los retretes donde está la fuentecita con el cazo para lavarse las manos, cuya agua bebe. En resumen, aparece en lugares mal iluminados cuando no hay nadie, como los jardines diminutos que hay dentro de las casas.

Si una de estas criaturas se instala en una casa, empiezan a surgir enfermos entre la familia y empeora el ánimo de todos sus miembros. Es posible que este yōkai sirva para advertirnos de lo conveniente que es para la salud de toda la familia que entre la luz del sol en el hogar.

Aunque se escribe con otros ideogramas, existe un término que también se pronuncia *keukegen* y que el diccionario define como «algo extraño, algo tan extraordinario que resulta muy raro de encontrar». Al parecer, la expresión «tiene una cara *keukegen*» también es muy antigua.

En Europa también existe un yōkai parecido a una blanda bola de pelo que no hace nada especialmente malo. Pero, como todos se asustan al toparse con él, parece que eso le divierte. Puede que también a nuestro *keukegen* le divierta surgir como por casualidad de debajo de las tablas del suelo de casa y ver cómo la gente se asusta.

No resulta extraño que pueda haber algún ser vivo inesperado en el mundo que se oculta bajo las tablas del suelo de una casa japonesa. Por eso, cuando escuchamos que ahí mora una criatura como el *keukegen*, nos da la impresión de que bien pudiera ser así.

Kidō. Cuando escuchamos el nombre de Minamoto no Yorimitsu, enseguida lo asociamos al del capitán que, al mando de los llamados «cuatro reyes» (Sakata no Kintoki, Watanabe no Tsuna, Urabe Suetake y Usui Sadamitsu), formaba lo que podríamos llamar «los cazafantasmas del período Heian»[6]. Su historia más famosa es la de cómo derrotaron al ogro Shutendōji, pero también existe otra leyenda sobre este capitán y un demonio llamado *kidō* (niño demonio), que es como sigue.

Cuando Yorimitsu pasó por la residencia de su hermano menor, Yorinobu, vio que en el jardín de la casa habían atrapado al *kidō*.

—Es mejor que lo atéis más fuerte y con una cuerda más resistente.

Y, tras advertirles de esta manera, Yorimitsu decidió quedarse a dormir en la casa. Cuando ya era noche cerrada, el *kidō* rompió la soga que lo ataba y, trepando con sigilo hasta el techo de la habitación, masculló mientras escudriñaba el lecho de Yorimitsu:

—Maldito Yorimitsu. Por tu culpa me ataron más fuerte y las he pasado negras para liberarme. No me quedaré a gusto hasta que te mate.

Pero Yorimitsu se dio cuenta al instante de que lo espiaban y, reuniendo a sus fieles compañeros, les ordenó en voz muy alta:

—Mañana iremos en peregrinación al templo del monte Kurama.

El demonio decidió adelantarse y, tras llegar al monte Kurama, mató a una vaca y se escondió en el interior de su barriga.

Yorimitsu advirtió el plan del *kidō* y pidió a Watanabe no Tsuna que disparase una flecha a la vaca. Entonces, con un ímpetu feroz, el *kidō* salió del interior del cuerpo del animal y se abalanzó sobre Yorimitsu con objeto de matarlo, pero este se rio y diciendo: «Voy a castigar tu insolencia», lo mató con un mandoble de su espada.

[6] En el original, *Ghost busters*.

Kigekibyō. Existe un libro titulado *Ishinhō* (Recetas y reflexiones médicas) que fue compilado por un médico especialista en acupuntura llamado Tamba no Yasuyori. Según dicen, el propio Yasuyori se lo regaló al emperador En'yū en el año 2 de la Era Eikan (984). La tercera parte del tomo 14 de dicha obra contiene una entrada titulada «Cómo curar la *kigekibyō* (enfermedad del ataque del demonio)».

Se trata de una enfermedad que se contrae cuando un demonio invisible nos toca, o cuando nos golpea con algo. Sus síntomas se caracterizan por un fortísimo dolor en el vientre o en el pecho, que se encogen, exactamente igual que si nos hubieran dado una puñalada. Si uno se pasa la mano sobre el punto que le duele, vomita sangre, o pierde sangre por la nariz, la boca o el ano.

Cuando los síntomas son leves, todo se limita a un tiempo de sufrimiento, pero en casos extremos puede conllevar la muerte. Los motivos que favorecen la posesión de este demonio parecen estar relacionados con una débil circulación de la sangre o un decaimiento del ánimo espiritual.

Sin embargo, existen remedios para curar la *kigekibyō*. Según el libro *Kassihō*, escrito por el sabio taoísta Ge Hong, en la China de los primeros tiempos de la dinastía Jin del este se recomendaba introducir un licor amargo de buena calidad por las fosas nasales o clavar una aguja de acupuntura en la concavidad situada entre la nariz y el labio superior, y con ambos remedios se recobraba la salud al instante. Los libros *Shinrokuhō* y *Senkinhō* recomiendan también otros métodos para curar esta enfermedad del ataque del demonio.

キジムナ

Kijimuna. Este yōkai, también llamado *sema* y *bunagaya*, es específico de Okinawa. Se trata del espíritu del árbol del laurel de Indias, que surge cuando el árbol ya es viejo. Es del tamaño de un bebé y su cuerpo está recubierto de pelo. Le gustan los cangrejos y los peces, pero de estos últimos solamente se come uno de los ojos. Cuando uno va caminando de noche con un farolillo, a veces aparece el *kijimuna* para arrebatárselo de las manos y salir corriendo. Según cuentan, si antes de salir de casa, tienes la precaución de pasar a horcajadas por encima del farolillo, entonces quedarás a salvo del ataque.

El 10 de agosto del calendario antiguo es conocido como «el Día de los Yōkai», pues se cree que en ese día se aparecen todos los yōkai. Dicen que en ese día los *kijimuna* encienden fuegos y la gente se reúne para contemplar dichas llamaradas. La relación entre el fuego y los *kijimuna* es muy estrecha, así que los fuegos de causa desconocida se denominan «fuegos de los *kijimuna*». Se considera un presagio de muerte que el fuego de un *kijimuna* arda en el tejado de casa. Por otro lado, los *kijimuna* son muy hábiles pescando, y cuentan que, cuando están enfrascados en esta tarea, recorren la superficie del mar haciendo surgir fuegos aquí y allá.

En los alrededores de Shuri dicen que, si se colocan patatas bajo un árbol habitado por el espíritu del *kijimuna*, en cosa de una semana el *kijimuna* se convierte en nuestro amigo. En cambio, si ponemos a su lado cosas que odia, como un pulpo o la tapa caliente de una cazuela, o nos tiramos un pedo junto a él, o quemamos el árbol donde vive su espíritu, o insertamos un clavo en el mismo, se corta la relación sin remedio. Y no solo eso, simplemente con hablar de hacer estas cosas, por muy lejos que estemos, el *kijimuna* se entera al momento y se venga de nosotros.

Kijin. Desde tiempos inmemoriales, se rumoreaba que en la habitación número dos del ala sur del Pabellón Este del templo budista Tōdaiji, se aparecía el *kijin* (demonio supremo), por lo que nadie vivía allí, o ni tan siquiera se acercaba. Llamaban a dicha habitación «el cuarto desatendido» y, como su nombre indica, nadie se encargaba de su mantenimiento.

En este templo ingresó un monje de nombre Shōhō, que tomó los hábitos a la edad de dieciséis años. Había sido iniciado en el templo Gangōji, donde aprendió los principios de las tres escuelas budistas y en el Tōdaiji profundizó en el estudio de otras escuelas del budismo *mahayana*, como el *hossō* y el *kegon*. Pero, debido a su temprana edad, todavía no se le había asignado una habitación determinada para alojarse.

Entonces, como si hubiera sido hecho a propósito, a Shōhō le asignaron como alojamiento «el cuarto desatendido». Y la primera noche que pasó allí, sucedió lo siguiente.

Sin más dilación, se apareció una serie de *kijin* con las formas más diversas, e intentaron confundir a Shōhō. Ante los ojos del joven monje se desarrollaron escenas como las de un buda en lucha contra una serpiente dragón, pero Shōhō poseía una voluntad de hierro y, sin asustarse lo más mínimo, pudo llevar a cabo sus tareas de ese día con normalidad.

Ante esta actitud tan perseverante, hasta los mismos *kijin* tuvieron que darse por vencidos y se batieron en retirada enseguida. Desde entonces, «el cuarto desatendido» cambió por completo y se convirtió en el lugar para alojar a los novicios y, según dicen, así ha sido desde entonces, pasando a servir como vivienda de los monjes neófitos.

Kijo. En cierta ocasión, un viajero iba desde Shinano (la actual prefectura de Nagano) hasta la capital. En la zona de Kisoji se le hizo de noche y se perdió en el camino, por lo que se alegró al encontrar en plena montaña una casa solitaria. Pidió alojamiento por esa noche y la abuela de unos cincuenta años que le abrió la puerta aceptó de buen grado. Parecía que vivía sola, pues el hombre no vio a nadie más por la casa. El viajero se relajó, y al poco comenzó a llegarle un olor apetitoso procedente del fogón del hogar.

—¿Me podría usted dar algo de comer? Me basta con un poquito —preguntó el viajero sin poder contenerse.

La vieja, con aire molesto, respondió:

—Esta no es una comida para personas. Mi esposo va a regresar y estoy preparándole este guiso mientras espero.

Entonces, cuando el viajero se fijó el rostro de la vieja, descubrió que tenía una expresión horrible y que la comisura de los labios le llegaba casi hasta las orejas. Se trataba de una mujer demonio (*kijo*). Por si fuera poco, lo que estaba cociendo eran cabezas, piernas y brazos humanos. El viajero se asustó y salió corriendo disparado. Sin embargo, la mujer demonio salió detrás de él persiguiéndolo mientras gritaba:

—¡Eh, maldito! ¿Crees que voy a dejarte escapar?

El viajero se escondió apresuradamente en uno de esos minúsculos templetes que hay en las encrucijadas y, allí encogido, contuvo el aliento. Cuando la mujer demonio llegó a su altura, estuvo buscando por los alrededores, pero no consiguió encontrarlo y, dándose por vencida con expresión frustrada, se marchó rauda como el viento. El viajero sintió que había salvado la vida por los pelos y pudo continuar sin mayores problemas su camino hacia la capital.

鬼女紅葉

Kijo Momiji. Tomono Yoshio, acusado falsamente del incendio de la gran puerta Ōten de Kioto, fue castigado con el destierro a Izu. Uno de sus descendientes, Sasamaru, se instaló en Ōshu Aizū (en la actual prefectura de Fukushima).

Sasamaru tuvo una hija llamada Kureha, que nació tras elevar numerosas plegarias al demonio del sexto cielo[7]. Cada día que pasaba, Kureha crecía en belleza y en talento para tocar el *koto*. Pero esta joven nacida de un ruego al demonio ambicionaba ocupar una posición importante. Un día engañó al hijo de un campesino para que le diera todo su dinero y se mudó a la capital, Kioto, donde adoptó el nombre de Momiji.

Pronto su belleza y talento musical llegaron a oídos del noble Minamoto no Tsunetomo, que la convirtió en una de sus concubinas y la cuidó con especial cariño. Pero a Momiji le estorbaba la esposa de Tsunetomo e ideó un plan para asesinarla. Cuando el complot fue descubierto, la joven fue desterrada al monte Togakushi, en Shinano, donde se dedicó a enseñar la cultura de la capital a los lugareños y a curar sus enfermedades con artes mágicas. Sin embargo, la esencia de su retorcido corazón no tardó en rebrotar y Momiji acabó liderando un grupo de bandidos.

Cuando la noticia llegó a la capital, el gobernador de Shinano ordenó a Taira no Koremochi acabar con ella. Según dicen, para vencer las terribles artes sobrenaturales de Momiji, ahora convertida en una mujer demonio (*kijo*), Koremochi acudió al templo de Kitamuki Kannon, en Bessho, para pedir protección y dicen que, gracias a eso, resultó victorioso.

Pese a que Momiji se convirtió en una mujer demonio, la gente de la zona no dejó de recordarla con gran respeto. El 20 de diciembre de cada año (o el domingo más cercano a dicha fecha) el Festival de Momiji reúne un gran número de personas para recordar el alma de esta mujer con una animada celebración.

[7] Aunque se trata de un demonio que obstaculiza la práctica del budismo, dicen que los creyentes más adeptos de la secta de Nichiren pueden conseguir con sus rezos que se ponga de su parte para buenas acciones.

Kinchō-danuki. Esta historia sucedió en la Era Tenpō (1830-1844) en la provincia de Awa (la actual prefectura de Tokushima). En el terreno de la parte trasera de la mansión de Yamatoya Shigeemon, que se dedicaba al negocio de tintorería de tejidos, apareció un boquete de unos 15 centímetros de diámetro. Los mozos que trabajaban allí de aprendices comenzaron a decir que era obra de un *tanuki* y que había que echar agua caliente por el agujero para sacarlo de allí y matarlo a golpes.

Sin embargo, Shigeemon era un hombre magnánimo y los contuvo diciendo: «El *tanuki* es una criatura muy agradecida; si se le trata bien, se encarga sin falta de que la familia en cuestión prospere». Y comenzó a echar todos los días bolas de arroz y *tōfu* frito por el agujero.

Cierto día, un hombre llamado Mankichi, que trabajaba en el establecimiento, le dijo a Shigeemon:

—Mi nombre es Kinchō, y este año cumplo doscientos seis años. En las últimas inundaciones perdí mi casa y tuve que refugiarme aquí. Gracias al buen corazón con que me ha recibido usted, los míos y yo le estamos profundamente agradecidos. A cambio de su generosidad, tenemos intención de esforzarnos para que su negocio prospere.

Claramente, el aspecto de Mankichi revelaba que había sido poseído por un *tanuki*. Después de aquello, Mankichi, aún poseído por el *tanuki*, recibió peticiones de mucha gente que acudió para que le predijeran el futuro o le vieran sus enfermedades, y se ganó fama de acertar con frecuencia en sus pronósticos.

Pasado un tiempo, Kinchō tuvo que salir para unos entrenamientos y pasó cerca de un año hasta que regresó, pero entonces dijo: «Ahora tengo que marcharme para luchar con un *tanuki* llamado Rokuemon». Y, a continuación, salió del cuerpo de Mankichi.

Cuentan que Kinchō ganó este combate pero que, como consecuencia de las heridas sufridas, terminó falleciendo.

Kingyo no yūrei. Una novela del período Edo cuenta la historia de una mujer llamada Monohana, a la que ataron con una soga y asesinaron introduciendo su cabeza en una pecera llena de peces de colores. El rencor que brotó de ella se encarnó en los peces, que se convirtieron en peces de colores fantasma (*kingyo no yūrei*) y atacaron al asesino, llamado Mino Monta, y a su mujer.

La idea de que el resentimiento se encarne en unos peces de colores es divertida pero, si se piensa detenidamente en ello, es posible que semejante caso pueda llegar a darse.

Durante la guerra solía reflexionar a menudo sobre la muerte. Si bien en cierto modo el hecho de morir de manera gloriosa junto con los compañeros me podía resultar aceptable, la idea de morir por ahí solo me resultaba insoportable. En el momento de morir, un estado de ánimo invadido de resentimiento puede encarnarse en la piedra o en las hierbas que nos sirven de almohada. O también puede uno verse asaltado por el deseo de encarnarse en los mismos.

Si, como en el caso de Monohana, a uno lo matan metiéndole la cabeza en una pecera, no resulta imposible pensar que el rencor se disuelva en el agua y penetre en los peces de colores.

Hace un tiempo acudí a una «reunión de espíritus» a la que había sido invitado. Los que ejercían de «maestros» nos dijeron: «En los árboles o en los insectos también se alberga un espíritu que, tras su muerte, flota por los aires, mezclándose con los espíritus humanos, por lo que existe realmente una cantidad incontable de ellos». También dijeron que algunas personas especiales son capaces de ver diferentes tipos de espíritus. Yo, como no pude ver nada, me creí la charla a pies juntillas.

木の子

Ki no ko. Este tipo de yōkai vive en las zonas montañosas de la prefectura de Hyōgo y tiene aspecto de niño.

Tienen el tamaño de un niño humano de tres o cuatro años y dicen que, en lugar de ropa, se visten con hojas de árboles. Posiblemente por eso los llaman *ki no ko* (hijos de los árboles). Pero, en realidad, más bien son como sombras, pues son muy difíciles de ver y muchas veces resulta imposible determinar con seguridad su presencia.

Sin embargo, los leñadores o la gente que trabaja en las montañas de vez en cuando dicen haber visto a los *ki no ko* y aseguran que no se trata de un fenómeno tan extraño. Además, si uno se descuida, le pueden robar el almuerzo por lo que es conveniente llevar siempre un palo largo y batirlo alrededor para ahuyentarlos.

Los yōkai que viven en la montaña y tienen aspecto de niño se consideran, por lo general, pertenecientes a la familia de los *kappa*. Por tanto, los *ki no ko* estarían también emparentados con el *kashabo* de la prefectura de Wakayama o el *seko*, que con tanta frecuencia se aparece en la región de Kyūshū.

Y, por ejemplo, en las montañas de la zona de Hida, prefectura de Gifu, hay una criatura llamada *yamagaro*. De vez en cuando se sube sigilosamente a los fardos que llevan los leñadores a la espalda y, para cuando estos se han dado cuenta, el *yamagaro* ya ha les ha robado el *bentō* con el almuerzo. Pero, más allá de estas travesuras, no causan mayores daños a los humanos.

La gente de todos esos lugares asegura que estas criaturas, al igual que los *ki no ko*, tienen un encanto difícil de definir y que en realidad terminan siendo entrañables.

絹狸

Kinu-danuki. Sabido es que los *tanuki* se golpean la panza haciéndola sonar como si fuera un tambor, pero en el caso de este *tanuki*, lo que golpea es la seda. Se trata de un *bake tanuki* (*tanuki* fantasma), una criatura prácticamente imposible de ver para los humanos.

Según cuentan, se envuelve el cuerpo en uno de los mejores tejidos de la isla de Hachijō-jima, que llaman *hachijō* amarillo (a veces, también, *hachijō* negro), y al parecer hace sonar el tejido.

Normalmente los tejidos de seda se golpean con un mazo especial para que estén más suaves. Por lo visto, este es el sonido que hace el *kinu-danuki* (*tanuki* de la seda).

Como nadie ha visto nunca al *kinu-danuki* (pues no existe ningún encuentro relatado por testigos), la gente de antaño debió de imaginarse su aspecto a partir del sonido. Curiosamente, en Japón no son infrecuentes los yōkai que consisten tan solo en sonidos.

Como el *tanuki* era un animal temido por su capacidad de poseer a las personas, escuchar este sonido suponía una experiencia de mal agüero.

Además, de sobra es sabido que los *tanuki* pueden presentarse con forma humana (aunque no son los únicos animales que pueden hacerlo). Al parecer, ha habido gente que, al ver a una joven hermosa caminando de noche ataviada con un *hachijō*, ha llegado incluso a sospechar si no se trataría de un *tanuki*.

切籠灯籠

Kiriko dōrō. Cuando llega la festividad del O-bon, en el mundo de los vivos, es costumbre encender fuegos para dar la bienvenida a los espíritus de los antepasados. Hay un libro del período Edo que describe cómo transcurre la venida de estos antepasados.

Según dicho libro, una gran cantidad de espíritus de los antepasados se reúne junto a la mesa donde están dispuestos los ornamentos y ofrendas para recibirlos, y allí se relajan a sus anchas. Pasan todos los días del O-bon comiendo dichas ofrendas, y la encargada de servírselas es el fantasma llamado *kiriko dōrō* (lámpara de flecos).

Como al mismo tiempo se reúnen varias generaciones de antepasados, la encargada del servicio está realmente muy ocupada. La *kiriko dōrō* va de invitado en invitado colocando comida mientras dice: «Por favor, pruebe usted esto».

Entre los espíritus de los antepasados están también los de los niños que murieron sin llegar a adultos y, en esos casos, las madres participan en la tarea de darles de comer. A veces, el espíritu de la segunda esposa de alguien se acerca al de la primera y empiezan a pelearse. Y las suegras que han fallecido a edad avanzada también en el mundo de los espíritus continúan protestando y regañando, de modo que los demás espíritus se encuentran incómodos por su presencia.

En definitiva, según este libro, dejando aparte el que su aspecto sea diferente (por el hecho de haberse convertido en fantasmas), el comportamiento de los espíritus de los antepasados es básicamente el mismo que cuando estaban vivos.

狐火

Kitsune-bi. Hace mucho tiempo, en la ciudad que se extiende a los pies del castillo de Hirado, en Nagasaki, un samurái vio arder los fuegos de los zorros (*kitsune-bi*) y, reuniendo un grupo de jóvenes, consiguió rodear uno de ellos. Entonces, el fuego se alzó sobre los jóvenes y se dio a la fuga. En ese momento, se oyó un golpe seco. Según cuentan, había sido producido por un hueso humano que acababa de caer al suelo.

Dicen que los zorros prenden estos fuegos entrechocando sus colas o empleando huesos o piedras como el jade. También hay historias en las que se les atribuye a los zorros la capacidad de exhalar un aliento reluciente.

Hace mucho tiempo, un muchacho vio un extraño fuego al amanecer similar al de una antorcha. Pensando que debía tratarse de uno de los fuegos de los zorros, probó a acercarse para mirar y descubrió que, frente al templillo del camino que atravesaba los arrozales, había entre veinte y treinta zorros, grandes y pequeños, que estaban jugueteando. Aquello que pensaba que era un fuego, en realidad era el aliento de los zorros que, cada vez que daban un saltito, echaban una llamarada por la boca. Por lo general, este aliento brilla hasta una distancia de entre 60 y 90 centímetros, para luego apagarse. Algunos dicen que, en realidad, en esto consistiría el llamado «fuego de los zorros».

Cuentan que la temporada en que se ve este *kitsune-bi* es el invierno y, además, solo cuando ya es noche cerrada. Tal es así que incluso hay unos versos de Masaoka Shiki que dicen: «Sobre las aguas del lago, se refleja el fuego de los zorros; ah, ya llegó el frío».

Los fuegos de los zorros aparecen a veces formando un grupo. Según relató un testigo, eran más grandes que los que despiden las luciérnagas y había una cantidad incontable de ellos flotando en el aire. Como además, su número iba en aumento, la visión resultaba algo escalofriante.

狐の風

Kitsune no kaze. En la prefectura de Saga dicen que cuando uno lleva a sus espaldas el viento del zorro (*kitsune no kaze*), su condición psicológica se vuelve anormal. Llevar el viento a cuestas implica un estado de salud grave y, en pocas palabras, significa que uno ha sido poseído.

También cuando uno topa con un remolino de viento, se dice que carga el viento a sus espaldas y que conviene escupir tres veces como protección.

Antiguamente, cuando en esta región alguien atrapaba un zorro, era costumbre repartir su lengua entre los presentes y chupar los trozos crudos. Al parecer, cuenta la tradición que, si uno chupaba la lengua cruda de un zorro, quedaba a salvo de ser engañado por criaturas como los zorros y los *tanuki*. Se decía que, por pequeño que fuera el trozo de lengua, al morderlo se iba hinchando hasta que llenaba toda la boca.

Al parecer, aunque los zorros adopten forma humana, no pueden pronunciar más de una palabra seguida. Si nos cruzamos con alguien que nos dice: «Oiga», es costumbre no contestar. Por eso, si queremos dirigirnos a alguien debemos decir: «Oiga, oiga», pues al pronunciar dos palabras nuestro interlocutor sabrá que no está ante un zorro.

Es muy probable que en tiempos muy primitivos, tras el culto a la serpiente, llegara el culto al zorro. En el libro *Nihon ryōiki* (Crónica de los espíritus de Japón) hay narraciones que apuntan hacia esta teoría. En cualquier caso, parece que en aquellos tiempos los zorros no poseían todavía demasiados poderes.

Kitsune no tatari. Hace unos cien años sucedió lo siguiente. Un campesino llamado Jirobeei encontró en la montaña una perdiz muerta y, tras recogerla, se la llevó a casa.

Ese día, con la llegada del atardecer, comenzó a caer una intensa nevada y, en mitad de la noche, un zorro empezó a aullar con tono triste entre la nieve y a dar vueltas en torno a la casa de Jirobeei.

Jirobeei pensó que el zorro quería que le devolviesen la perdiz, así que al amanecer, se levantó y, abriendo la puerta, dijo:

—Ya que tanto lamentas su pérdida, aquí te la devuelvo.

Pero, cuando se dispuso a arrojar la perdiz, vio que el zorro yacía muerto a sus pies.

Desde entonces no pararon de sucederse las desgracias en casa de Jirobeei y, al final, la familia terminó desmembrándose, marchando cada uno por su lado.

Según un anciano de la aldea, había sucedido lo siguiente:

«Aquella perdiz pertenecía al zorro, que pensaba reunir a sus compañeros para celebrar una fiesta con objeto de disfrutar de su manjar favorito. Sin embargo, Jirobeei se la arrebató. Seguramente el zorro, temiendo quedar avergonzado ante sus compañeros, se puso a dar vueltas en torno a la casa de Jirobeei para pedir que le devolvieran la perdiz, pero acabó muriendo debido a la intensa nevada. Luego, una vez muerto, el espíritu del zorro descargó su venganza sobrenatural (*tatari*) sobre la casa de Jirobeei».

El resentimiento que nace en torno a las cosas de comer es algo terrible.

狐の嫁入り

Kitsune no yomeiri. Cuando yo todavía era un niño, en los días en que, a pesar de estar soleado, caía una llovizna, se decía que el motivo era el cortejo nupcial de la novia del zorro (*kitsune no yomeiri*). Como los viejos del lugar decían que: «Los días en que hace buen tiempo y aun así llueve, en algún lugar de Izumo o Hōki hay una novia zorro que va a casarse», en esa clase de días interrumpía mis juegos para ponerme a imaginar cómo sería aquel cortejo nupcial de los zorros.

Al parecer existen variantes dependiendo de la región. En Kumamoto dicen que los zorros se casan cuando aparece el arcoíris en el cielo, en algunas zonas de la prefectura de Aichi creen que la ceremonia nupcial tiene lugar cuando graniza de manera inesperada. Por otro lado, en Fukushima cuentan que si el 10 de octubre del calendario antiguo al anochecer te pones un cuenco estriado de moler en la cabeza como sombrero, te atas la mano al cinto y te colocas bajo un árbol de caqui de pequeño tamaño, puedes ver la ceremonia nupcial de los zorros.

Hace mucho tiempo, en Jōshū (la actual prefectura de Gunma), un vendedor de tabaco fue testigo de una ceremonia de lo más completa, algo espectacular. Era la hora del anochecer, y una larga procesión de unos trescientos farolillos se aproximaba hacia él. Pensando si acaso no sería la comitiva de algún señor feudal, subió a un promontorio para mirar desde allí. Cuando pasaron cerca de donde estaba, vio que las lamparillas no solo no llevaban el emblema de ningún clan familiar, sino que, en realidad, simplemente se trataba de fuegos de color rojo. Era una procesión nupcial en toda regla, con sus palanquines y sirvientes de mayor y menor rango, sin que faltase nada. Es decir, se trataba de una procesión nupcial de zorros que, además, iba acompañada de los llamados *kitsune-bi* (fuegos de los zorros).

狐憑き

Kitsune-tsuki. Antiguamente, cuando alguien mostraba comportamientos extraños o decía cosas raras, se decía: «Está poseído por un zorro». A diferencia de los zorros corrientes, en estos casos el animal no muestra su figura y se introduce en el interior de la persona, dominando su espíritu por completo. Es frecuente que la gente diga entonces que en esa familia, desde hace generaciones, se ha «pegado» un pequeño zorro, de un tamaño similar al de las comadrejas y tan delgado que pareciese no tener más que pellejo.

Hace mucho tiempo en Edo, concretamente en el barrio de Honjō, se dio el caso de alguien que fue poseído por un zorro y que, de pronto, se volvió una persona de carácter muy bullicioso. La gente de la casa no sabía cómo solucionar el problema hasta que dieron con un anciano que les recomendó un medicamento eficaz para expulsar a los zorros del interior del cuerpo de alguien. Molieron bien la medicina y la disolvieron en un caldo, que dieron de beber al *kitsune-tsuki* (poseído por el zorro). Entonces, con un gesto de sorpresa, el enfermo gritó:

—¡Aaah, socorro! ¡Me han engañado!

Y, revolcándose por el suelo, terminó por caer en redondo desmayado. Dicen que, cuando el hombre recuperó el sentido, el zorro ya se había esfumado.

También en Senju, a las afueras de Edo, un hombre fue poseído por un zorro. Según cuenta esta historia, de igual manera que en el caso anterior, el poseso en cuestión no paraba de brincar y bailotear como un loco, hasta volverse realmente insoportable. Su familia le pidió a un samurái que le metiera un susto, pero este hombre no era de los que se asustaban fácilmente y, de hecho, terminó burlándose de su oponente. Entonces, el samurái se enfadó de veras y, cuando desenvainando su katana se aprestó a dar un mandoble, el zorro se asustó y huyó despavorido.

Kiyohime. Hace mucho tiempo, en Ōshū Shirakawa, vivía un novicio llamado Anchin que se preparaba para ejercer como monje realizando ejercicios espirituales. Todos los años acudía en peregrinación al templo Kumano Gongen de Kishū y siempre se alojaba en casa de un hombre llamado Masago Shoji. Kiyohime era la hija de Shoji.

Cierto año, Anchin le dijo a Kiyohime medio en broma que le gustaría convertirla en su novia y llevársela con él a Ōshū. Como Anchin era un joven guapo, Kiyohime se hizo ilusiones enseguida. Entonces, comenzó a acosar a Anchin con insistencia para que la hiciese su novia cuanto antes y la llevase con él. Sin embargo, Anchin no era más que un novicio en período de prácticas y mantener una esposa le resultaba imposible, así que comenzó a sentirse agobiado por el hecho de que la muchacha se hubiera tomado tan en serio lo que él había dicho en broma.

El joven sintió que no había más remedio que engañar a Kiyohime de alguna manera y salir huyendo, pero ella se dio cuenta y salió en su persecución enseguida. Cuando cruzaba el río Kirime y Kiyohime estaba a punto de alcanzarlo, Anchin intentó lanzar un sortilegio para librarse de ella, pero entonces Kiyohime se transformó en una serpiente y continuó la persecución. Sintiéndose perdido, Anchin buscó refugio en el templo Dōjōji y, a la desesperada, se ocultó dentro de la gran campana que colgaba en el exterior. Sin embargo, la serpiente en la que se había convertido Kiyohime se enroscó en la campana y, con el ardor de su pasión, abrasó la campana con el joven dentro.

Existen muchas historias en las que la terrible intensidad del amor femenino es comparada con una serpiente.

小法師

Kobōshi. En un lugar de la ciudad de Toba llamado Kuzaki, en la prefectura de Mie, se dice que si uno nada en el mar el día del Gozu Tennō, que se celebra el 14 de junio del calendario lunar, terminará ahogado porque el *kobōshi* (pequeño bonzo) le arrancará el *ginbo* (que era una víscera esférica imaginaria próxima al ano, posiblemente la misma conocida como víscera cular).

El *kobōshi* parece ser un tipo de *kappa* que vive en el mar y es bastante conocido especialmente en las regiones de Kinki y Tōkai.

En un lugar llamado Fuseda, del pueblo de Shima, en la comarca de Shima (incluido en la actual ciudad de Shima), unen la palabra «culo» a su nombre y lo llaman «*kobōshi* de los culos». Al parecer también creen que si vas al mar a nadar en el día del Festival del Tennō, el *kobōshi* de los culos te sacará las vísceras por el ano.

Entre las buceadoras de la zona de Shima existe la creencia de que, si te topas bajo el agua con el inquilino del Palacio del Dragón, es decir, con ese *kappa* de mar que es el *kobōshi* de los culos, te matará sin remedio. Por eso, cuando encuentran a alguien ahogado, suelen exclamar: «Ah, otra víctima del *kobōshi* de los culos».

Estas buceadoras llevan en la frente un pañuelo tipo *hachimaki* con los símbolos protectores *doman seman* (una estrella de cinco puntas y una rejilla) como amuleto contra los ataques o se cuelgan del cuello una ramita del árbol de la pimienta como talismán.

コボッチ

Kobotchi. El *kobotchi* es una bestezuela similar a la comadreja. En las aldeas de montaña de la antigua comarca de Iwata, prefectura de Shizuoka, recibe el nombre de *kuda-kitsune*. Vive en los valles, entre los bosquecillos del árbol *gumi* (*Elaeagnus multiflora*), y se dedica a engañar a las personas que pasan por allí, pudiendo provocar incluso casos de posesión.

En ocasiones puede poseer a los enfermos y hablar por boca de ellos. En estos casos, el enfermo comienza a detallar cosas imposibles de ver, tales como acontecimientos futuros o de lugares muy lejanos, describiéndolos exactamente igual que si los tuviera ante sus ojos.

En la zona de Totomi hay otro yōkai al que también se le llama *kobotchi* pero que tiene características muy diferentes. Se trata de un yōkai con aspecto de niño que se aparece en las montañas y dicen que es la forma con la que se presentan los *kappa* ya entrados en años. Según cuentan, no solamente engaña a las personas para arrastrarlas al agua, sino que también se encarna en el fuego, posee a los enfermos y habla por su boca.

Al parecer, el *kobotchi* de la zona de Totomi se deja ver en la orilla del agua, y te invita a nadar con él. Cuentan que ha habido mujeres que se libraron por un pelo de ser arrastradas al agua.

Es frecuente que la gente sea engañada en la montaña por todo tipo de animales. En estos casos, por lo general, los afectados no recuerdan nada de lo sucedido. Por eso es tan complicado averiguar exactamente qué tipo de criatura ha causado el engaño. Además, como las presencias espirituales no suelen presentar una forma concreta (y el *kobotchi* puede considerarse un tipo de espíritu animal), resultan muy difíciles de representar.

小坊主

Kobōzu. Entre las criaturas que guardan similitud con el *zashiki warashi* (niño de la habitación de tatami), que se aparece principalmente en la región de Tōhoku, está el *kobōzu* (monjecillo) de la zona de Uwajima, prefectura de Ehime.

Cierta persona, al regresar a casa después de su trabajo habitual en la montaña, descubrió que, en torno al fogón del hogar, se habían reunido cuatro o cinco niños que estaban calentándose las manos, aunque no pudo distinguirlos bien debido a la oscuridad.

Le pareció extraño, así que fue avanzando hacia ellos por el interior de la casa, pero entonces, según contó, comenzaron a moverse con un ruido suave y fueron desapareciendo poco a poco bajo las tablas del suelo hasta que se perdieron de vista.

Se cree que se trata simplemente de unos niños fantasma o de un tipo de criaturas enanas con la cabeza pelada como un monje, pero en ningún caso hacen daño a los humanos.

Hay que tener en cuenta que estos seres no son visibles para cualquiera, sino que solamente unas pocas personas especiales pueden verlos por unos breves instantes, así que resulta muy difícil conocer detalles acerca de ellos.

También a mí, cuando tenía unos dieciocho años, me pareció ver durante unos instantes en una pradera cerca de la montaña una especie de enano pero, aunque lo estuve buscando dos o tres días, no pude encontrarlo.

A veces me da por pensar sin mayor fundamento que los seres enanos de las narraciones europeas pudieran haber sido también criaturas imaginadas a partir de ese tipo de visiones fugaces, luego magnificadas.

Kodama. En pocas palabras, el *kodama* es el alma de un árbol. No todos los árboles tienen *kodama* sino que, como es de esperar, esta solo se aloja en determinados árboles especiales. El aspecto externo de estos árboles es el mismo que el de un árbol ordinario de gran tamaño, pero es muy importante saber identificarlos puesto que, si alguien lo tala, la desgracia no solamente caerá sobre él sino sobre todos los pobladores de su aldea.

En la isla de Hachijōjima dicen que, en lo más profundo de las montañas, hay un árbol donde se aloja el *kodama*. Al parecer, la edad de dicho árbol es tal que nadie puede siquiera llegar a imaginarla.

Nuestros antepasados consideraban que los árboles de gran tamaño eran sagrados y, por tanto, pensaban que albergaban un espíritu. Todavía hoy puede verse la soga sagrada del sintoísmo llamada *shimenawa* circundando los árboles más longevos y creo que esto es una muestra de que aquellos que creen en el *kodama* desean proteger estos árboles.

Personalmente, el momento en que sentí intensamente que en los árboles puede yacer un espíritu fue cuando viajé al interior de las montañas en la isla de Nueva Bretaña. Como el verde en las islas del sur es algo realmente hermoso, fui subiendo la montaña ensimismado en la visión de esa maravilla. Me sentía estupendamente bien y experimenté, como si fuera una alucinación, que me fundía con el verde que se extendía hasta donde alcanzaba la vista.

En aquel momento recordé que había leído una novela de un autor extranjero en la que, atraído por los árboles del bosque, un hombre se transforma en árbol, así que me asusté y regresé a toda prisa por el camino. Todavía hoy pienso que la sensación que experimenta una persona al querer convertirse en árbol debe de ser algo similar a lo que yo experimenté por entonces, y siento un escalofrío. En montañas como aquella, en las que prácticamente no hay huella humana alguna, quizá existe «algo» que supera nuestro sentido común, quizá un tipo de fuerza mágica o espiritual.

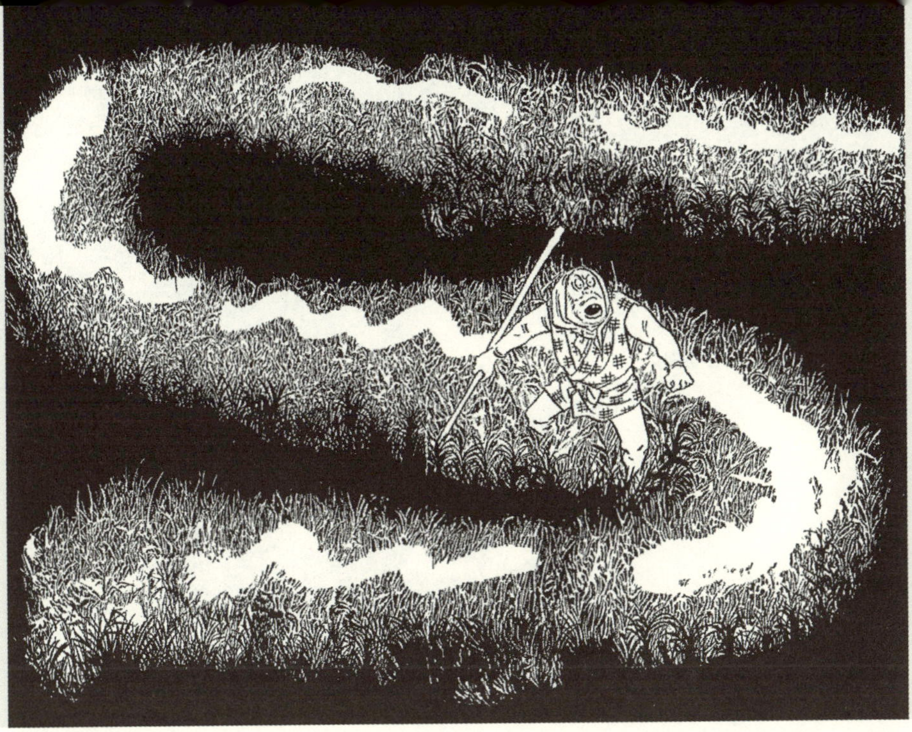

小右衛門火

Koemon-bi. Hace mucho tiempo, en la ribera de un río que discurría por la prefectura de Nara, aparecía un grupo de fuegos voladores de los llamados *inka*. Eran del tamaño de un farolillo y volaban a una altura de unos 90 centímetros sobre la superficie del suelo. Al parecer, cuando caían suaves lloviznas al atardecer, su número se hacía aún mayor, y sobrevolaban la distancia de unos 4 kilómetros que había entre cementerio y cementerio.

En cierta ocasión, un campesino llamado Koemon que vivía en la aldea de Matsuzuka (incluida en la actual ciudad de Yamato Takada) quiso ver por sí mismo estos fuegos y se acercó hasta la bancada del río. Cuando caminaba en dirección norte, las llamaradas volantes se aproximaron como si vinieran hacia él, de manera que terminaron encontrándose con Koemon. Entonces, los fuegos pasaron por encima de su cabeza y prosiguieron su camino bajando otra vez a la misma altura de antes. Según declaró el propio Koemon, escuchó un silbido como el de las estrellas fugaces.

Algunos dicen que Koemon intentó golpear estos fuegos con su cayado una vez tras otra y que, entonces, las bolas de fuego se dividieron en cientos de ellas mucho más pequeñas que lo rodearon. Koemon, atemorizado, intentó apartar estos fuegos a bastonazos y, a duras penas, consiguió salir huyendo hacia casa.

Sin embargo, desde esa misma noche comenzó a padecer una alta fiebre y, tras retorcerse de sufrimiento durante varios días a causa de tan repentina enfermedad, Koemon terminó muriendo. A partir de entonces, la gente de esa zona comenzó a llamar a esos fuegos *Koemon-bi* (fuegos de Koemon). Según fueron pasando los años, las luminaras fueron haciéndose cada vez más pequeñas y, cuentan que, finalmente solo se aparecían en muy raras ocasiones.

小池婆

Koike babā. En cierta ocasión, un hombre que servía al clan samurái de Koike, establecido en Unshū Matsue (la actual ciudad de Matsue, en la prefectura de Shimane), fue atacado por una manada de lobos en un camino de montaña y se refugió en lo alto de un gran árbol. Entonces, los lobos comenzaron a subirse uno encima de otro con objeto de alcanzar el lugar donde estaba el hombre y llegaron a un punto en que solo era necesario un lobo más para llegar hasta su altura.

—¡Id a llamar a la *koike babā* (vieja Koike)! —aulló el lobo que estaba en lo más alto.

Pasado un tiempo, llegó un enorme gato que comenzó a trepar ágilmente por la «escalera» de lobos. Sintiendo que había llegado el momento decisivo, el hombre desenvainó su katana y, apuntando al entrecejo, descargó rápidamente su golpe. Entonces, al mismo tiempo que sonaba un ruido similar al que hace un objeto de metal al caer, tanto el gato como los lobos desaparecieron. Al contemplar el panorama con la luz del amanecer, a los pies del árbol el hombre pudo ver la tapa metálica de una tetera caída en el suelo. Al fijarse mejor, la tapa le resultó familiar y le pareció que la había visto en casa de su señor.

El hombre recogió la tapa y se la llevó de vuelta a la mansión de su clan y allí descubrió que todo el mundo andaba muy alterado porque la madre de su señor presentaba una gran herida en la frente. Además, también había desaparecido la tapa de una de las grandes teteras de la mansión y mucha gente se dedicaba a la tarea de buscarla. El hombre sintió la sombra de una mano sobrenatural en todo aquello, así que fue a hablar con su señor y le mostró la tapa. Asintiendo ante el relato de su vasallo, el señor se dirigió a las habitaciones interiores y se puso a escudriñar el comportamiento de su madre. Entonces, sin dudarlo un segundo, le clavó una katana en el cuerpo a través del futón. El cuerpo que apareció bajo el futón no se parecía en absoluto al de su anciana madre, sino que era el de un enorme gato.

En definitiva, lo que en esta espantosa historia llamaban *koike babā* no era más que un viejo gato.

コックリさん

Kokkuri-san. Hacia el año 1973, entre los alumnos de primaria y secundaria se puso de moda con un éxito explosivo una práctica que llamaban *kokkuri-san* (espíritu zorro). Existe también una manera de escribir la palabra con ideogramas, y uno de ellos es el del «zorro». El ritual consiste en invocar espíritus (como el del zorro u otros) para preguntarles sobre cuestiones de nuestro interés. Al parecer, se dieron casos en que dicho espíritu poseyó a alguien o profetizó algún tipo de desgracia imprevista.

La manera más corriente de llevar a cabo esta ceremonia es dibujar sobre una lámina de papel el símbolo del *torii*, o portón sintoísta, escribir las cincuenta sílabas de nuestro idioma, números y, luego, para obtener las respuestas, las palabras «sí» y «no». A continuación, se coloca sobre el papel una moneda de diez yenes, que los tres participantes aprietan con el dedo índice mientras entonan la frase «*kokkuri-san*, *kokkuri-san*, acude por favor». Entonces, dicen que el espíritu invocado penetra en la moneda de diez yenes y comienza a contestar a las preguntas que las tres personas le van haciendo.

En realidad, está documentado que ya hacia el año 20 de la Era Meiji (1887), la ceremonia del *kokkuri-san* estaba muy extendida, y que lo que se utilizaba en aquellos tiempos para la misma eran tres palos de bambú unidos por el centro con un cordel y colocados de manera que quedasen dispuestos con forma de «y» griega. Luego, encima de ellos se colocaba la tapa de madera de una tartera de arroz.

El doctor Inoue Enryō, que siempre negó la existencia de los yōkai, explicó que, como estos utensilios se balanceaban haciendo un ruido como *kokkuri-kokkuri*[8], esta práctica había recibido el nombre de *kokkuri-san* o, también, el de «el torcido». Además, se dice que el *kokkuri-san* se originó en la zona de Shinoda, en la prefectura de Shizuoka. Según cuentan, un marinero norteamericano que iba a bordo de un velero que naufragó frente a la costa de Shinoda en 1884 enseñó a los locales lo que él llamaba *table turning* (y que también se conoce como tablero Ouija).

[8] Expresión que describe un movimiento similar al de las personas cuando asienten con la cabeza.

虚空太鼓

Kokū-daiko. Todos los años, al llegar el mes de junio del calendario antiguo, mar adentro, frente a un lugar llamado Komatsu, perteneciente al pueblo de Ōmachi, en la comarca de Ōshima, de la prefectura de Yamaguchi (incluido en el actual pueblo de Suō Ōshima), y en los alrededores del estrecho de Ōhatake Seto, en el mar de Suō, se escucha el sonido de un tambor tipo *taiko*, sin que se sepa ni quién lo toca ni en qué punto exacto suena.

Desde Ōhatake parece que el sonido viene de Komatsu, que está en la orilla opuesta, pero, desde Komatsu, el sonido parece venir de Kasasajima. Por mucho que se intente buscar el punto de procedencia exacto, no consigue averiguarse nada. Además, dicen que si uno se aleja de Ōhatake Seto, deja al instante de escuchar el sonido. Las gentes del lugar llaman a este inexplicable sonido *kokū-daiko* (*taiko* en el vacío).

Hace mucho tiempo, una *troupe* de acróbatas iba de regreso a Miyajima, en la provincia de Agi, cuando, de pronto, al pasar su barco a la altura de Ōhatake Seto, el mar comenzó a agitarse en una tormenta, hasta el punto de que parecía casi imposible seguir la travesía. Además, como era una noche muy oscura, resultaba muy difícil que alguien los viese y acudiera a rescatarlos.

En medio de aquella lluvia y aquel viento cada vez más salvajes, en un intento de avisar a la gente de la costa que había un barco en peligro de naufragio, los artistas tomaron sus *taiko* y comenzaron a tocarlos con todas sus fuerzas. También hubo quien hizo sonar su flauta. Sin embargo, todo el esfuerzo fue en vano y, desgraciadamente, el barco se hundió tragado por las olas.

Desde entonces, cuentan que, al llegar la época del año en la que los acróbatas se ahogaron, se escucha el sonido impregnado de melancolía del *taiko* del vacío, que parece surgir de las profundidades del mar.

古庫裏婆

Kokuri babā. Hace mucho tiempo, en un templo budista de montaña, vivía una vieja de comportamiento anormal. Se escondía en las cocinas del templo y sustraía discretamente las ofrendas de arroz o dinero que aportaban los fieles. Y si solo fuera eso, todavía podría pasar pero, además, hurgaba en las tumbas y desenterraba a los muertos recién sepultados, arrancándoles los cabellos y la piel. Trenzaba los cabellos arrancados para fabricarse vestidos y se comía la carne de los cadáveres.

La vieja era tan mayor que nadie sabía a ciencia cierta cuántos años tenía. Según decían, había sido la bella esposa del prior que había regido el templo siete generaciones antes.

En cierta ocasión, un monje se perdió en un camino de montaña y llegó al viejo templo, donde pidió que le abriesen las puertas. Entonces, salió a abrir la anciana y, al ver al monje, le dijo lo siguiente:

—Soy una mujer con muchos pecados, y por eso mi alma no puede alcanzar la paz de Buda.

—No es cierto. El hecho de ser consciente de los pecados de la propia alma es la prueba de que es posible alcanzar la paz búdica. Cuéntale a este monje tus pecados.

—Voy al cementerio del templo y excavo las tumbas. Luego, devoro los cadáveres. Una vez que se ha probado ese sabor, es imposible olvidarlo.

—¿Eres tú la *kokuri babā* (vieja de las antiguas cocinas) de la que tanto hablan?

La vieja contestó afirmativamente. Y esa misma noche, la *kokuri babā* asesinó al monje y se lo comió. Por eso se dice que a día de hoy su alma continúa sin poder alcanzar la paz búdica.

子生弁天の大入道

Konaji benten no ōnyūdō. Dicen que en el recinto del santuario sintoísta de Itsukushima que alberga la estatua de Benzaiten, sito en Konaji, de la aldea de Asahi, en la comarca de Kashima, prefectura de Ibaraki (incluido en la actual ciudad de Hakota), todas las noches se aparecía el fantasma gigante de un monje (*ōnyūdō*) y, debido a esto, los peregrinos dejaron de acudir al santuario.

En cierta ocasión, un peregrino que se encontraba de viaje llegó a la aldea y le pidió al jefe de los campesinos alojamiento por una noche. Pero este respondió que no disponía de ninguna habitación libre y, en su lugar, le sugirió alojarse dentro del recinto del templo, en la llamada «cabaña del Benten de Konaji». El peregrino no se asustó en absoluto cuando le dijeron: «Bueno, la verdad es que aquí se aparece un fantasma con aspecto de monje», y, muy contento, se quedó allí deshaciendo su equipaje. Esa noche escuchó unos golpes en la tabla que servía de puerta y, desde el otro lado, el *ōnyūdō* gritó:

—¡Eh, tipejo! ¿Cómo se te ocurre alojarte en mi casa sin haberme avisado? Pero estoy dispuesto a perdonarte si cumples lo que te diga. Si me acompañas a dar tres vueltas en torno al edificio principal del templo, consentiré en alojarte.

El peregrino se mostró de acuerdo y comenzó a caminar en la oscuridad junto a su compañero.

—Esta noche es la primera vez que te veo. Es algo digno de celebrar. Para que no sea algo *hyororin* ni *suttenbo*, hay que ir *noppera bonnobo*...

Mientras el *ōnyūdō* caminaba pronunciando frases incomprensibles, el peregrino dejó caer con todas sus fuerzas su larga vara sobre la cabeza del fantasmón. Y al instante, con el estruendo de algo que se resquebraja, la figura del *ōnyūdō* desapareció. La mañana siguiente, tras examinar el terreno donde la criatura había desaparecido, descubrió una gran calabaza de peregrino hecha añicos. En realidad, el *ōnyūdō* era la forma que adoptaba esta calabaza de peregrino.

児啼爺

Konaki jijii. En lo más profundo de las montañas, allá por donde apenas pasa la gente, de vez en cuando se oyen los berridos de un recién nacido. Si uno coge en brazos a ese niño mientras piensa: «¿Cómo habrá venido a parar aquí un bebé?», de pronto la criatura se abraza a nosotros con todas sus fuerzas y no nos suelta. Cuando uno intenta echar a correr para huir, entonces siente que el ser que tiene en brazos pesa como cincuenta o cien *kin* (entre 180 y 350 kilos) y resulta imposible moverse. Según dicen, finalmente, uno termina por perder la vida. Todo esto es obra del llamado *konaki jijii* (viejo que llora como un niño), que habita en el interior de las montañas de la prefectura de Tokushima.

Esta criatura también recibe los nombres de *gogyaa naki* porque el lloro que emite mientras deambula por la montaña suena como «*gogyaa gogyaa*». Hay quien dice que solo tiene una pierna y otros que cuentan que, cuando llora, poco tiempo después ocurre un terremoto.

Existe también la *konaki babā* (vieja que llora como un niño) y su aspecto es como el de un bebé pero con cara de vieja. De la misma manera, si uno la toma en brazos, aumenta su peso de pronto. Cuenta una leyenda que a un anciano se le ocurrió echarle el guante y llevársela a casa. Allí la metió en una gran cazuela y, tras prender el fuego, descubrió que la *konaki babā* se había convertido en una calabaza.

Es posible que todas estas historias sobre llantos de bebés que se escuchan en la montaña guarden una insospechada relación con lo que en las tradiciones de los alrededores de Uwajima, de la prefectura de Ehime, llaman *itsugo*, es decir, niños que, tras ser abandonados en la montaña por sus padres, se han convertido en yōkai.

こんにゃく坊主

Konnyaku bōzu. Antiguamente, en las montañas de Kishū (actual prefectura de Wakayama y el sur de la de Mie), había un viejo templo budista en el que vivía un monje.

Un día de invierno sucedió lo siguiente. Un monje viajero llegó a este antiguo templo para pedir alojamiento por una sola noche. Como el monje del templo se encontraba muy aburrido, accedió de buen grado y, tras calentar el agua del baño, le sugirió que lo utilizara. Entonces, el monje viajero mostró una gran preocupación por que hubiera cenizas en el baño. El otro lo tranquilizó diciendo que eso resultaba imposible y el monje viajero, muy contento, se metió en el baño. Luego, una vez regresó tras haberse bañado, ambos conversaron distendidamente dando muestras de un excelente humor.

A la mañana siguiente, el monje viajero dijo que tenía que ir a pedir limosna y salió muy temprano pero, al caer la noche, volvió de nuevo al viejo templo y pidió alojamiento también por esa noche.

Desde entonces, el monje viajero estuvo repitiendo la operación un día tras otro, alojándose allí de la misma manera. Pero, cosa extraña, antes de meterse en el baño, preguntaba siempre si no habría ceniza.

Así que un día, el monje del templo decidió gastarle una broma y echó un poco de ceniza en el agua del baño. Esa noche el monje viajero fue a bañarse como de costumbre pero, por más tiempo que pasaba, no regresaba. Preocupado, el anfitrión fue a ver lo que sucedía y vio que en el agua del baño flotaba únicamente una bola de gelatina de *konnyaku* (*konjac*).

El monje viajero era la forma humana que había adoptado la gelatina de *konnyaku*, que se solidifica cuando se cuece en agua con un poco de ceniza.

こんにゃく幽霊

Konnyaku yūrei. En la prefectura de Nara, entre dos lugares de la ciudad de Tenri llamados Inaba y Kabata, hay un puente de piedra al que llaman «el puente del *konnyaku*». Dicen que el motivo de tal nombre guarda relación con un estrafalario espectro.

Hace mucho tiempo, en Inaba había un vendedor de levadura de arroz llamado Magobeei. Un día en que regresaba más tarde de la cuenta, probablemente por necesidades de su negocio, Magobeei tuvo que cruzar este puente cuando ya era noche cerrada.

Si cruzaba el puente, llegaría enseguida a su casa, pero Magobeei vio aquí interrumpidos sus pasos por un incidente con el que no contaba en absoluto. Y es que, ante sus ojos, se apareció de pronto la figura de un espectro de mujer. Ya de por sí, cuando aparece un espectro, uno se cae de espaldas del susto, pero es que, además, incomprensiblemente, este espectro femenino llevaba en los dientes un trozo de gelatina de *konnyaku* y escrutaba a Magobeei con mirada rencorosa.

A Magobeei le dio un vuelco el corazón. Luego, temblando hasta el punto de que le sonaban todos los huesos, juntó las manos y comenzó a recitar una plegaria budista con todo su afán. Cuando hubo repetido este rezo noventa y nueve veces, por fin el espectro de la mujer se esfumó.

Dicen que era el espectro de una mujer que murió en una pelea conyugal provocada por una discusión sobre la gelatina de *konnyaku*. Al parecer, el nombre de «puente del *konnyaku*» se empezó a utilizar después de este incidente.

木葉天狗

Konoha tengu. Hace mucho tiempo hubo un hombre que vio a los *tengu* junto al río Ōi, que discurre por la prefectura de Shizuoka. Era ya noche cerrada y estaba en lo alto de la bancada que discurre paralela al río, escudriñando las tinieblas, cuando vio unos cinco o seis enormes pájaros que, con las alas extendidas como las del milano, sobrevolaban la superficie del agua. Subían y bajaban, atrapando peces del río. La envergadura de las alas extendidas alcanzaba los 2 metros y, según se cuenta en el libro *Shokoku rijin dan* (Cuentos populares de varias provincias), eran lo que vulgarmente se conoce como *konoha tengu* (*tengu* hoja de árbol).

El *konoha tengu* también es llamado *sakai-dori* (pájaro de frontera). Tiene pico de pájaro y rostro humanoide, con los dos ojos mirando hacia el frente. Las manos y los pies son también como los humanos, con cinco dedos, pero le brotan dos alas de los hombros y también tiene una cola emplumada como la de la de las aves. Parece que los ejemplares cuyo pico es de color negro son de un rango superior.

Normalmente, cuando uno oye hablar de los *tengu*, se los imagina con una gran nariz y aspecto de monje asceta, pero esta es una imagen relativamente reciente, ya que las descripciones de tiempos más lejanos coinciden con la que ofrece el *Shokoku rijin dan* que acabamos de ver.

Por otra parte, en algunas regiones no consideran que el *tengu* luzca una gran nariz. Si uno se fija en los dibujos que hizo Toriyama Sekien en el período Edo, comprobará que tampoco él representa a los *tengu* con nariz grande, sino con un aspecto similar al de las aves.

Posteriormente, en los tiempos de Hirata Atsutane[9] comenzó a difundirse la idea de que los *tengu* podrían ser un tipo de extraterrestres o un fenómeno sobrenatural y se escribieron cosas muy variadas e interesantes acerca de ellos.

---

[2] Finales del siglo XVIII y principios del XIX.

狐狸の闘い

Kori no tatakai. Hace mucho tiempo, en la isla de Sado, vivía un jefe de los *tanuki* llamado Dansaburo el de las dos rocas, y no permitía que los zorros accediesen a la isla.

Al escuchar esto, un zorro que era muy hábil en transformar su aspecto decidió hacer una competición de transformaciones con Dansaburo, que se encontraba de peregrinación por diversos lugares del país.

Sin embargo, como Dansaburo comenzó a vanagloriarse de que él era mucho más diestro en la materia y que incluso una de sus especialidades consistía en convertirse en el cortejo de un señor feudal, el zorro le dijo:

—¿Ah, sí? Pues me gustaría ver eso, aunque fuera por una vez. Muéstramelo.

Al momento Dansaburo desapareció y unos instantes después comenzó a desfilar ante el zorro el magnífico cortejo de un señor feudal.

—Maldito Dansaburo. ¡Qué hábilmente te has transformado!

Diciendo esto, el admirado zorro se acercó al palanquín del señor feudal y, de pronto, se vio rodeado por un grupo de samuráis, que procedieron a capturarlo. En realidad, se trataba de un auténtico cortejo.

Los enfrentamientos entre los zorros y los *tanuki* se repitieron en varias ocasiones de una manera similar, pero cuentan que Dansaburo nunca fue vencido.

Aparte de Dansaburo, en la misma Sado había otros célebres *tanuki* especialistas en transformarse, como Seki no Sabuto, Omoya no Gensuke o Tokuwa no Zentatsu, que se enfrentaban una y otra vez a los zorros que intentaban penetrar en la isla, venciéndolos siempre. Y así, según dicen, consiguieron convertir Sado en un reino *tanuki*.

古籠火

Korōbi. Hace mucho tiempo, un samurái llamado Tamura Seiichiro, del clan de los Matsudaira, perteneciente al dominio de Kaminoyama, tuvo que mudarse repentinamente a un antiguo caserón. Tras finalizar con la limpieza de la vivienda y sentarse ante la cena, la vieja lámpara de piedra del jardín se iluminó, sorprendiendo a todos los presentes en la habitación.

Un anciano que vivía en las cercanías les dijo:

—Sin duda se trata del yōkai que llaman *korōbi* (luz de la vieja lámpara).

Según el libro de Norio Yamada titulado *Tōhoku kaidan no tabi* (Viaje por las historias sobrenaturales de Tōhoku), el *korōbi* libera su propia energía vital y, cuando es de noche y ya no hay nadie, produce la imprecisa sensación de que hay alguien presente, prestando su suave luz a las lámparas.

Cuando yo era un niño, había una vieja lámpara de piedra en el jardín. Cuando llegaba la festividad del O-bon, la abuela colocaba velas encendidas dentro aquella lámpara. Entonces, el jardín cobraba un aspecto de fantasía que jamás había visto hasta entonces y me hacía soltar una exclamación de asombro. Las viejas lámparas de piedra transmiten la sensación de haber presenciado todo tipo de hechos pasados que nosotros desconocemos, así que no tendría nada de extraordinario que se convirtieran en fantasmas en las noches solitarias. Y es que no en vano están ahí en el jardín desde mucho antes de nacer nosotros...

コロポックル

Koropokkuru. Se trata de un yōkai del que hablan las narraciones de los aborígenes ainu y en la lengua ainu su nombre significa «la gente que vive bajo las hojas del ruibarbo».

Aunque lo consideremos un yōkai, para los ainu es solamente una especie de hombre diminuto que no causa mal alguno ni gasta jugarretas.

Según cuentan, estos seres tenían muy buen carácter y vivían desnudos, por lo general cerca de las aldeas de los ainu; además, fueron ellos quienes enseñaron a los ainu la técnica del tatuaje. En cualquier caso, de lo que no hay duda es que se trataba de humanoides de pequeño tamaño.

Las hojas del llamado «ruibarbo diablo» que crece en las llanuras de Hokkaido son de gran tamaño, hasta el punto de que bien podrían servirnos de paraguas, así que debajo de cada una de ellas cabrían varios *koropokkuru*.

Cuentan que los *koropokkuru* y los ainu vivían en armonía pero, en cierta ocasión, un miembro de una tribu ainu les gastó una broma pesada y los *koropokkuru*, enfadados, se marcharon hacia las costas de los mares del norte.

En resumen, todo apunta a que los *koropokkuru* eran el pueblo original que vivía en Hokkaido antes de que los ainu se instalasen allí.

Un investigador llamado Masagoro Tsuboi sostiene que es posible que se trate de los antepasados de los japoneses.

小
雨
坊

Kosame bō. Este suceso aconteció en el período Edo. Un viajero caminaba por la carretera a toda prisa mientras llovía a cántaros. Había salido de la posada por la mañana temprano y al mediodía estaba cruzando la montaña cuando por fin la lluvia comenzó a amainar y poco a poco el día fue clareando. Sintiendo un gran alivio, el hombre volvió a apretar el paso. Pasado un rato, al cruzar por delante de unos pinos, se apareció ante él alguien con aspecto de monje que le dijo lo siguiente:

—Oye, viajero. ¿No podrías darme algo de mijo?

Como se daba la casualidad de que en el equipaje que llevaba a sus espaldas tenía mijo, el hombre decidió repartirlo con el monje. Sin embargo, continuaba sin saber exactamente ante quién estaba.

—Tiene usted aspecto de monje pero, ¿podría decirme quién es?

El monje contestó con una sonrisa:

—Soy el *kosame bō* (monje de la llovizna). Me dedico a pedir mijo a los que caminan por la montaña en días de lluvia como este.

Antiguamente decían que este tipo de encuentros era muy frecuente, por eso la gente que cruzaba la montaña en días en los que parecía que iba a llover, se preocupaba de llevar siempre algo de mijo consigo.

A juzgar por el aspecto de monje y la actitud de pedir limosna, es posible que se tratase del espíritu de un monje que cayó exhausto a mitad del camino de su peregrinación.

古戦場火

Kosenjō-bi. También se denominan *senjō-ga-bi* (fuegos del campo de batalla). En nuestros días, los terrenos llamados *kosenjō* (antiguo campo de batalla) se conservan como una vasta extensión cubierta de malas hierbas. Antiguamente, cuando tuvieron lugar las batallas, allí corrió la sangre de miles y miles de personas. La sangre o el rencor de quienes murieron allí se convierten en llamaradas que revolotean por el antiguo campo de batalla. En esto consisten los *kosenjō-bi*.

El libro titulado *Tonoi-gusa* (Relatos del vigilante nocturno) cuenta la historia de las almas de los caídos en la batalla de verano de Osaka, que convertidas en bolas de fuego vuelan sobre el antiguo campo de batalla. Según este libro, surgieron varias bolas de fuego volantes de casi un metro de longitud que, tras extinguirse, volvían a aparecer, repitiéndose el fenómeno varias veces y dando una impresión al espectador similar a la de las olas al romper en la costa.

A menudo se dice que el alma de quien fallece en un accidente no puede encontrar la paz, ya que en el momento de la muerte guarda aún un gran apego por este mundo. Por ese motivo, las almas de estas personas se dedican a causar desgracias a los vivos. Pero, en el caso de los *kosenjō-bi*, simplemente se limitan a revolotear con tristeza.

En cierta región, cuentan que a veces puede verse una fila de guerreros sin cabeza montados en caballos también sin cabeza, todos cubiertos de sangre y a la búsqueda de dichas cabezas.

También en nuestros días siguen oyéndose historias acerca de espectros que se aparecen en los antiguos campos de batalla o en lugares en los que hubo algún tipo de conflicto. El escalofrío que causan constituye un elemento refrescante para el verano pero, puesto que en estos terrenos siempre queda concentrado el rencor de algún muerto, lo más recomendable es no pasar por allí. Y es que, si uno se despista, puede terminar poseído por uno de estos entes.

コシュンプ

Koshunpu. Hace mucho tiempo, en Hokkaido, en la zona de Shari, región de Kitami, vivía una mujer llamada Ipelange cuyo esposo atrapó en el mar una hermosa foca moteada. Sin embargo, no se trataba de un animal, sino de un monstruo-foca, de los llamados *koshunpu*, y el esposo fue poseído por su espíritu al instante. Desde ese día, el hombre comenzó a ver a Ipelange como un estorbo y se dedicó a martirizarla.

Tanto había cambiado su esposo, que Ipelange sospechó que había sido poseído por algún espíritu maligno. Una noche, decidida a hacer la prueba, se puso a esperar junto a la puerta de la casa. Entonces, a una hora muy avanzada, la mujer notó que algo intentaba penetrar en la casa y descargó un golpe con el hacha que llevaba en la mano. Sintió que chocaba contra algo compacto y luego vio que en el suelo de la casa había caído un brazo de mujer. A la noche siguiente, en los sueños de Ipelange se apareció una preciosa mujer. Era la *koshunpu* que había poseído a su esposo y que, llorando, le suplicó que le devolviera su brazo, y le dijo lo siguiente:

—Me encargaré de que, en adelante, no te falte de nada para vivir. A cambio, te pido que me entregues a tu esposo.

Al despertarse, vio que el brazo cortado que tenía guardado había desaparecido. Poco tiempo después, su esposo falleció a pesar de ser todavía joven. Pero, tal y como la *koshunpu* le había prometido, Ipelange pudo vivir el resto de sus días sin que le faltase de nada.

Entre las *koshunpu*, las hay buenas y malas. A veces poseen a los hombres que les gustan pudiendo llegar a convertirse en sus protectoras, de manera que a estos siempre les acompaña una suerte extraordinaria.

Kosode no te. En los tiempos de la Era Keichō (1596-1615), había un comerciante llamado Matsuya Shichizaemon que vivía enfrente del templo Chion-in de Kioto y al que le sucedió lo siguiente.

En cierta ocasión, el comerciante compró en una tienda de ropa de segunda mano un espléndido kimono para la única hija que tenía. Pero, el primer día que la muchacha vistió dicha prenda, cayó enferma.

Días después, cuando Shichizaemon volvía a casa tras el trabajo, vio una mujer de pálido semblante de pie frente a él. El kimono que vestía era exactamente igual que el que él había comprado para su hija. Cuando la estaba mirando con aire extrañado, la figura desapareció. Al llegar a casa, Shichizaemon abrió el cajón del mueble de la ropa, pero el kimono en cuestión seguía allí, correctamente doblado.

Como le pareció un incidente siniestro, Shichizaemon decidió revender el kimono, así que lo sacó del cajón y lo colgó de un perchero. Sin embargo, al poco tiempo de ambas mangas del kimono surgieron unos blancos brazos de mujer alargándose hacia fuera. La gente de la casa se llevó un susto como para caerse de espaldas y, con objeto de averiguar lo que ocultaban aquellas sospechosas mangas, probaron a deshacer el kimono. Entonces descubrieron la marca de un largo corte en diagonal que partía de un hombro y un escalofrío recorrió a todos los presentes.

Probablemente sucediera que una muchacha que había entrado a servir en la mansión de un clan samurái causara la ira de su señor mientras llevaba puesto dicho kimono, y él la matara asestándole un mandoble con su katana. Tras llegar a esta conclusión, entregaron el kimono al templo budista para que rezasen por el alma de la joven y la hija del comerciante recobró la salud.

こそこそ岩

Kosokoso iwa. Hace mucho tiempo, en la aldea de Enjō, comarca de Mitsu, en Bizen (el actual pueblo de Kibi-chuo, en la comarca de Kaga, prefectura de Okayama) había un peñasco al que llamaban *kosokoso iwa* (roca de los murmullos). Cuentan que, al pasar junto a ella por la noche, se escuchaba un sonido como de murmullos. Era una roca de más o menos metro y medio de ancho, y dicen que en ella vivía un espíritu de la piedra.

Prácticamente por todo el país existen rocas que emiten sonidos. En la antigua aldea de Kotaki, de la comarca de Nishi Kubiki, prefectura de Niigata (incluida en la actual ciudad de Itoigawa), existe un gran peñasco que recibe el nombre de *monoiwa*.

Hace mucho tiempo, vivía un hombre llamado Yamagishi Shichibeei, que era muy aficionado a poner pleitos. Una de las personas que le guardaban rencor por ello pergeñó un plan para matarlo y, a tales efectos, le invitó a una reunión. Cuando Shichibeei pasó delante de esa roca, escuchó una voz que decía: «Si acudes, te van a matar», y cuentan que gracias a esto salvó la vida.

En un lugar de Nara llamado Matsuyama (en el actual pueblo de Takatori, de la comarca de Takaichi), todavía se cuenta la historia del llamado *koto-koto jizō*. Hace mucho tiempo, cuando la gente cruzaba de noche por donde tenían lugar los ajusticiamientos, los espíritus se manifestaban produciendo un ruido que sonaba como *kotoko-tokoto*. Los aldeanos, para ofrecer consuelo a estas almas en pena, edificaron un templillo con un *jizō* de piedra. Por eso a este *jizō* lo llamaron *koto-koto jizō*.

Desconozco si se debe a los espíritus de la piedra o a que en verdad encierren el alma de los muertos, pero creo que las historias de rocas que emiten sonidos son algo plausible.

琴古主

Koto furunushi. Este yōkai, que aparece dibujado en la obra de Toriyama Sekien titulada *Gazu hyakki tsurezure-bukuro* (Almanaque ilustrado de cien demonios imaginados por un ocioso), es probablemente el *tsukumogami* de un *koto*.

El *koto* es un instrumento musical que viene de tiempos muy antiguos y aparece incluso en las narraciones mitológicas. También aparece dibujado en objetos de cerámica muy antiguos. Es, por tanto, lo que se llama un instrumento tradicional.

Muchas veces uno entra en una tienda de antigüedades sin intención de comprar nada y se encuentra con *koto* antiguos. Como los *koto* antiguos estaban hechos de madera o de bambú, a veces están tan manchados y desvaídos que solamente su presencia ya nos transmite el olor de los muchos años de historia que acarrean a sus espaldas. Además, en ocasiones, uno siente algo así como la impronta de las personas que los utilizaron, por lo que, aun tratándose de un instrumento de buena factura, no le entran a uno ganas de comprarlo. Y es que algunos *koto* desprenden una energía tan intensa que transmiten una sensación diabólica, como si al llegar la noche fuesen a transformarse en fantasmas.

Es posible que el *koto furunushi* (*koto* de un antiguo dueño) que vemos dibujado sea uno de esos instrumentos en los que ha penetrado la energía vital de su antiguo dueño y que, cuando se quedó sin nadie que lo tocase, comenzó a tañer aquellas notas por cuenta propia con objeto de que no cayesen en el olvido.

También en el rollo ilustrado del período Muromachi llamado *Hyakki yagyo e-maki* aparece dibujado el yōkai de un *koto*, lo cual indica que desde tiempos antiguos la gente creía que los *koto* poseían la capacidad de transformarse en fantasmas.

孤者異

Kowai. Este yōkai muestra un deseo desenfrenado hacia las cosas de comer. Se aparece en cualquier parte y lo devora todo, e incluso es capaz de comerse los cadáveres.

Dicen que el *kowai* era una persona que, en vida, tenía un carácter obstinado, avariento, incumplidor de cualquier ley y que en todo momento actuaba pensando únicamente en sí mismo, sin temer a nada ni a nadie. Cuando una persona así muere, su apego por las cosas de este mundo es tan fuerte que es incapaz de cruzar al otro mundo, y se manifiesta en el nuestro con una figura de aspecto monstruoso. Pero, además, como en el mundo de los muertos también se dedica a realizar actos deplorables, allí también es temido y odiado. Así consta en el libro del período Edo titulado *Tosanjin yawa* (Relatos nocturnos de Tosanjin).

En los textos budistas comparan a este ser con los zorros y, probablemente por eso, la palabra *kowai* incluye el ideograma de «zorro». También dicen que la palabra *kowai* que se utiliza para describir algo que nos da miedo tiene su origen en esta criatura.

Existen varios yōkai que comen cadáveres, pero también a finales de la Era Taishō hubo el caso de un hombre que comía excrementos humanos por gusto. Se trataba de un marinero de segunda clase, de la Armada radicada en Kure. Este hombre comía excrementos humanos a escondidas. Pero, cuando se vio obligado a participar de la vida militar, dejó de poder comer excrementos libremente y, quizá por eso, enfermó y terminó volviéndose loco. Podría decirse que este ser humano se había convertido en algo muy cercano a un yōkai. Y es que los pervertidos, llegados a este punto, dan tanto o más miedo que el *kowai*.

首かじり

Kubi kajiri. Dicen que si no das de comer a un anciano famélico o si dejas morir de hambre a un viajero por negarle el alimento, sus espectros hambrientos se convierten en *kubi kajiri* (muerde-cabezas). Cuando alguien muere a causa del hambre, su espectro se aparece entre las tumbas para comerse las cabezas de los cadáveres a mordiscos.

También se cree que todos esos demonios nacidos de alguna carencia, como por ejemplo el no haber realizado la ceremonia de ofrendas budistas a las almas de los que padecieron hambre, o el que las ofrendas fueran escasas, o cualquier otra razón que les provoque un deseo irrefrenable de comer, se dedican a campar a sus anchas por los cementerios excavando las tumbas y sacando las cabezas para comérselas.

Entre los yōkai que desentierran cadáveres de sus tumbas para comérselos hay también uno llamado *mōryō*, pero el *kubi kajiri* se come solo las cabezas, así que no estamos hablando de la misma criatura.

Quizá lo que pretenden estas historias sea prevenirnos contra la avaricia y fomentar la compasión entre la gente.

Antiguamente era muy frecuente enterrar los cadáveres sin incineración previa, por lo cabe imaginar que los perros o los gatos podían desenterrar las cabezas y morderlas. En esos casos, la culpa recaía en el *kubi kajiri*.

En Europa dicen que hay una criatura llamada «demonio de los cadáveres» que vive en los cementerios y devora los cuerpos. Nuestro *kubi kajiri* debe de ser un ente similar a este demonio necrófago.

縊鬼

Kubire oni. Antiguamente, cuando el retén contra incendios de alguna población se reunía para beber sake, sus miembros aprovechaban la ocasión para hablar de todo tipo de cosas. En estos casos, normalmente el que contaba algo divertido siempre era el mismo.

Sin embargo, en una de estas ocasiones en que determinado grupo se reunió, el hombre que con sus historias siempre se convertía en el centro de atención tardaba en aparecer. Finalmente, se presentó en la puerta pero, antes de entrar, dijo:

—Me ha surgido un compromiso urgente, así que tengo que marcharme.

Pero el jefe del grupo echó sake en una taza de té y se la ofreció, obligándole a pasar y sirviéndole una taza tras otra. Y luego le pidió que, aunque solo fuera una historia, contase algo interesante. Borracho como estaba, el hombre parecía haber olvidado su compromiso y se puso a hablar largo y tendido.

Al cabo de un rato, escucharon un revuelo de voces en el exterior diciendo que alguien se había ahorcado ante la puerta del local. Al oír esto, el jefe dijo al hombre:

—Debes estar agradecido por haber entrado pues el *kubire oni* (demonio del ahorcado) que estaba a punto de poseerte se ha alejado de ti. ¿Cuál era ese compromiso tan importante del que hablabas?

—Me pareció estar como en medio de un sueño, así que no lo recuerdo bien, pero me invadía la sensación de que tenía que ahorcarme.

En resumen, el *kubire oni* es una de esas criaturas que posee a los humanos. Algunos creen que captura las almas de aquellos que mueren al caerse al río y dicen que, cuando alguien está en la orilla del río y siente un inexplicable deseo de matarse arrojándose al agua, es por culpa del *kubire oni*.

口裂け女

Kuchisake onna. Con este nombre se conoce a una mujer que lleva una mascarilla y que permanece de pie entre las sombras. Cuando pasa alguien por delante, le interpela diciendo en un susurro:

—Oye, ¿te parece que soy bonita?

Acto seguido, se quita la mascarilla y muestra una enorme boca cuyas comisuras le llegan hasta las orejas.

La *kuchisake onna* (mujer de boca rasgada) apareció de repente hacia el año 1979 y, en un abrir y cerrar de ojos, se hizo muy popular en todo el país. Comenzaron a escucharse aquí y allá testimonios de gente que decía haber visto a esta mujer de boca rasgada. Decían: «Se limitó a estar allí riéndose y luego desapareció», «Con aquella boca rasgada que le llega hasta las orejas devora a los viandantes» o «Te rapta y te lleva consigo a algún lugar desconocido». Circulaban todo tipo de rumores y suposiciones difíciles de comprobar.

Surgieron también diferentes maneras de hacer frente a la *kuchisake onna* según la región de la que se tratase. Así, unos sostenían que había que decir tres veces la palabra «pomada», otros contaban que si se le daba un caramelo de azúcar tostado no causaba daños y una cantidad enorme de variantes ante las cuales uno solo podía ladear la cabeza y preguntarse: «¿Y eso por qué?».

Sin embargo, después de causar semejante revuelo a lo largo y ancho del país, un buen día dejó de hablarse de la *kuchisake onna*. Quizá pensó que permanecer en este mundo demasiado tiempo resultaba algo aburrido. Sin duda podemos decir que es un yōkai muy de nuestros días.

Kuda. También conocido como *kuda-kitsune*, su nombre se escribe en ocasiones con los ideogramas de «tubo» y «zorro». Estos nombres tienen su origen en que determinadas personas con mucha experiencia consiguen adiestrar a su servicio espíritus de carácter animal a los que encierran en un tubo de bambú para llevárselos consigo.

El nombre del *kuda* aparece con frecuencia en las narraciones populares que se conservan en prefecturas como Yamanashi, Nagano, Shizuoka y Aichi. Generalmente estas criaturas no llegan a alcanzar siquiera el tamaño de un gatito o una comadreja, sino más bien de un ratoncito de laboratorio. Y es que, de lo contrario, sería bastante difícil introducirlas en un tubo de bambú para llevártelas de un lado a otro.

Las personas capaces de utilizar a voluntad estos seres que llevan dentro del tubo reciben el nombre de «magos del tubo». Originalmente se trataba de monjes de la escuela mística *shugendō* que, según cuentan, adquirieron estas habilidades mágicas tras realizar un entrenamiento especial en el monte Kinpu. Estos hombres ofrecían un tipo de espectáculo similar a los de las ferias. Tras pronunciar unos conjuros dirigidos a la criatura de dentro del tubo, comenzaban a hacer preguntas que esta respondía una por una. Al parecer, en su mayor parte se trataba de profecías sobre parabienes o desventuras.

Si todo se terminase aquí, no tendría nada de malo. Pero en lugares como Shinshū la cosa resulta más seria, ya que el *kuda* puede instalarse en las casas y poseer a sus habitantes. Si una mujer de dicha casa sale de ella para casarse, el *kuda* la sigue y al momento su número crece hasta el de setenta y cinco animales. Dicen que, entonces, la nueva casa donde se han instalado prospera, pero, si no son bien atendidos, enseguida entra en decadencia. En esta región también son conocidos como *kudasho* y no son pocas las personas que han visto cómo un gato los atrapa. Cuentan que eran criaturas del tamaño de un ratón de laboratorio con el cuerpo parcialmente negro.

件

Kudan. Cuando era un niño, mi padre solía decirme: «Hay un yōkai llamado *kudan* que nace de la barriga de una vaca y que, nada más nacer, hace profecías que se cumplen sin falta. Es, sin duda, una criatura maravillosa».

El nombre de *kudan* parece aludir a la frase «respecto al asunto en cuestión». Según se dice, al poco tiempo de enunciar su profecía, esta criatura muere, por lo que resulta incluso más extraordinaria aún. Hace tiempo, cuando fui a un lugar de Beppu llamado «Paseo por los Infiernos», vi un *kudan* disecado que me produjo una fuerte impresión.

En aquel momento pensé: «Ah, así que era esto; parece que lo que cuentan de la existencia del *kudan* no son solo mentiras». Claro que eso no significa que creyese que aquella figura disecada fuese realmente auténtica.

El *kudan* es un yōkai de las regiones de Kyūshū y Shikoku. Cuando en los hogares campesinos nace un ternero, a veces el animal dice de pronto: «En dos o tres días, la casa de tal y tal se quemará en un incendio». Al verse frente a un ternero que se expresa con lenguaje humano, lógicamente los campesinos se llevan un gran susto pero, tal y como ha profetizado la criatura, a los dos o tres días se produce el incendio en cuestión. Como al poco tiempo de enunciar la profecía, el ternero se muere, la sorpresa llega por partida doble.

En uno de esos casos, el campesino le preguntó a un vecino anciano, que le contestó: «Aquello no era un ternero, sino el yōkai al que llaman *kudan*». Y entonces el campesino comprendió por primera vez lo sucedido.

蜘蛛火

Kumobi. En la aldea de Makihiku (incluida en la actual ciudad de Sakurai), de la comarca de Shiki, prefectura de Nara, vieron en una ocasión al yōkai llamado *kumobi* (fuego de las arañas).

Consiste en un conglomerado de cientos de arañas que forman una bola de fuego que se desplaza por los aires. Según dicen, si este fuego te alcanza, caes muerto de repente.

No aparece de continuo a lo largo de todo el año, por lo que, cuando se deja ver, el susto es todavía mayor. Cierto año, al atardecer de un día de verano sucedió el siguiente episodio.

Varios jóvenes salieron a divertirse al aire libre con objeto de refrescarse cuando, de pronto, acercándose desde el cielo del sur a una velocidad pavorosa, apareció una bola de fuego. Alguien gritó: «¡Es el fuego de las arañas!», así que todo el mundo se apresuró a meterse en casa y a cerrar las contraventanas de madera.

Como pareció que la bola de fuego chocaba contra un árbol del jardín y caía al suelo, entreabrieron un poco las contraventanas para comprobar la situación y vieron que ya no quedaban restos de fuego alguno. Entonces salieron todos al jardín y, valiéndose de la luz de la luna, buscaron aquí y allá hasta que encontraron una bola de tierra calcinada del tamaño de una mandarina a un metro de distancia de las raíces de un gran árbol.

Al parecer, cierta persona que escuchó esta historia se preguntó si eso que llamaban *kumobi* no sería un meteorito pero, según los testigos, el *kumobi* volador tenía cola y de su interior brotaba un rugido.

Kune yusuri. En el dialecto de la zona de Akita la palabra *kune* significa «seto de plantas». Por tanto, *kune yusuri* (agita-setos) hace referencia a un yōkai que se dedica a agitar los setos de manera salvaje.

En el barrio de Kakunodate, en el pueblo de Senboku, prefectura de Akita, cuentan que el *kune yusuri* suele acompañar al yōkai llamado *azuki-togi* pero, en realidad, como nadie lo ha visto, no podemos asegurar qué aspecto tiene.

Hace mucho tiempo (bueno, en realidad hasta hace solo unas décadas), en muchas provincias se veían setos realmente antiguos. En estos setos, que pueden estar formados por plantas muy diversas, suele haber muchas telarañas, cuerpos resecos de ranas llevados por los pájaros, caracoles, avispas o nidos de todo tipo de criaturas a cual más sospechosa.

Cuando tenía cinco o seis años, todos los días me aventuraba a rebuscar entre estos setos y de vez en cuando, como por arte del *kune yusuri*, los setos se agitaban enérgicamente a pesar de que allí no había nadie. Puede que esta agitación fuera causada por los movimientos de algún topo o serpiente pero, como todo estaba cubierto por enredaderas, hiedra y otros vegetales, no había manera de saber a ciencia cierta qué estaba sucediendo. Lo cierto es que no eran pocas las veces que me volvía a casa con la sensación de que había sucedido algo inexplicable.

Posiblemente el *kune yusuri* sea un yōkai nacido de la misteriosa impresión que producen esos setos, tan antiguos que parecen un yōkai en sí mismos.

倉ぼっこ

Kura bokko. En la región de Tōhoku es frecuente escuchar que en las edificaciones destinadas a almacén se aparecen yōkai con forma de niño. Estos seres son los llamados *kura bokko* o *kura warashi* (niño de los almacenes).

No causan ningún daño en particular y se limitan a provocar algunos ruidos en el interior del almacén. Dicen que si el *kura bokko* deja de alojarse en el almacén familiar, la suerte de dicha casa comienza a torcerse, así que no se les puede considerar como algo sin importancia.

Cuentan que tiene forma de niño, pero son muy raras las ocasiones en que se deja ver y, en la mayoría de los casos, sabemos de su existencia por la imprecisa sensación que su presencia nos causa.

Dicen que la presencia del *kura bokko* que vivía en casa de la familia Murahei, de la ciudad de Tohno, fue detectada cuando, al espolvorear por el suelo los restos de las cascarillas del grano, al día siguiente aparecieron unas huellas similares a las de un niño descalzo.

El *kura bokko* que se aparecía en la familia de los Furuya, vendedores de sake en una zona de Tohno llamada Hitoichi, le dirigía la palabra a los que penetraban en el almacén, diciendo: «Venga, venga». Aquellos que habían escuchado su voz aseguraron que sonaba como la de un niño.

Entre los yōkai que se aparecen en la región de Tōhoku, el más famoso es el *zashiki warashi*. Recibe este nombre porque se aparece en el interior de las habitaciones, pero cuando se aparece arrastrándose con un ruido de roce de ropas en los zaguanes de suelo de tierra, se le llama *notabariko*. Todo indica que dentro de los *zashiki warashi* hay varios tipos. Sumando todo ello a la característica distintiva de que, si se marcha de la casa, la suerte de esta se tuerce, podemos decir que el *kura bokko* sería un tipo de *zashiki warashi* que vive en los almacenes.

海月の火の玉

Kurage no hinotama. Hace mucho tiempo, un samurái que vivía en Kaga Daishoji (la actual ciudad de Kaga, en la prefectura de Ishikawa) pasaba de noche por la parte de atrás del templo Zenshoji cuando de pronto sopló un viento cálido y vio cómo una bola de fuego se acercaba revoloteando hacia él. El samurái desenvainó su katana y le asestó un mandoble. Como si cortase el aire, el golpe no encontró resistencia alguna, pero la bola de fuego se partió en dos y sus restos se pegaron a la cara del samurái. Sintió como si le hubieran embadurnado el rostro con cola y, al intentar apartar aquello con las manos, sintió como si estuviera tocando una resina pegajosa. Preocupado, llamó a la puerta de una casa cercana. Los habitantes de la misma se levantaron y le llevaron una luz, pero el samurái no pudo descubrir nada acerca de la naturaleza de la sustancia, aparte del referido carácter viscoso. Y, durante todo el día siguiente, continuó con el rostro cubierto de una película pegajosa.

Entonces, decidió preguntar a uno de los más ancianos de la aldea, que le dijo lo siguiente:

—Las medusas que están en el mar a veces vuelan llevadas por el viento, y en una noche oscura pueden relucir como una bola de fuego. Aquello que viste debió de ser probablemente algo de este tipo.

Según contó después el samurái, al pensar detenidamente en lo sucedido bajo este punto de vista, recordó que había experimentado también la sensación de un olor a pescado medio podrido.

Resulta difícil de imaginar que exista algo como la *kurage no hinotama* (bola de fuego de medusa), pero, si tenemos en cuenta que en todos los seres existe un alma, no tiene nada de extraño que una medusa pueda convertirse en una bola de fuego.

くら虫

Kura mushi. Este yōkai de rostro humanoide y cuerpo de serpiente peluda vive en zonas de hierba frondosa y, cuando alguien pasa cerca, surge con un brinco y ataca al asustado viandante.

Si aciertas a verlo en algún lugar umbrío, a primera vista parece una serpiente pero, si te fijas mejor, descubres que tiene pelo, por lo que produce una impresión extraña. Pero cuando caes en la cuenta de que estás ante algo anormal, ya es tarde, y el *kura mushi*, que incluso puede llegar a tener una melena como la de los humanos, enseña sus dientes y ataca.

De este yōkai ya se hablaba en los tiempos del período Edo y, para decirlo de manera sencilla, lo mejor sería definirlo como una serpiente con rostro humano.

En los tiempos más antiguos, se consideraban yōkai todos aquellos seres vivos que tenían un rostro humano, a pesar de tratarse de criaturas diferentes, como el ternero llamado *kudan* o los cangrejos Heike, en cuyo caparazón se siluetеaban los rostros espantosos de los guerreros resentidos de la familia Taira, derrotados y ahogados en la batalla naval de Dan no Ura. Aunque con escasa frecuencia, también en nuestros días se escuchan historias de árboles o peces con rostro humano que causan cierto revuelo. De la misma manera, entre las gentes del período Edo, surgían de tanto en tanto rumores acerca de variopintos seres con rostro humano.

En cualquier caso, resulta un tanto extravagante que al *kura mushi* se le llame «bicho» aun siendo una serpiente. Aunque, pensándolo bien, antes a las serpientes las llamaban también *nagamushi* «bicho alargado», así que probablemente es con este sentido con el que se puso nombre al yōkai.

Kura yarō. Kamata Masakiyo, vasallo de Minamoto no Yoshitomo, partió junto con su señor, hacia las tierras del este, que eran el punto fuerte de los Genji. Allí, tomando como base de operaciones la zona de Kamegatani en Kamakura, Masakiyo se dedicó a conformar una gran fuerza militar que agrupase a las quince provincias del este.

El 9 de diciembre del primer año de la Era Heiji (1159), Yoshitomo, junto con Fujiwara no Nobuyori, encabezó la llamada Rebelión de Heiji. Pero fue declarado enemigo de la corte imperial y, en consecuencia, tuvo que huir y sufrir destierro a Ōwari, donde fue acogido por Osada Tadamune, jefe del clan que gobernaba la zona de Utsumi. Yoshitomo, el señor, y Kamata Masakiyo, su vasallo, que a la sazón se había convertido en su yerno, fueron allí muy bien recibidos.

Sin embargo, aquella actitud no era más que una táctica por la que el señor de Utsumi, Osada Tadamune, disimulaba un plan para asesinarlos. Primero dio de beber sake a espuertas a Masakiyo y luego lo asesinó. Acto seguido, cuando Yoshitomo se estaba bañando, lo asesinó también.

Posiblemente, en ese momento el resentimiento de Masakiyo se reencarnó. La silla de montar del caballo de Masakiyo se convirtió en el yōkai *kura yarō* (hombretón montura).

Quizá debido a que es la encarnación del alma un guerrero muerto, esta montura lleva una vara de bambú en las manos (o en lo que parecen manos) y está siempre en posición de combate.

En esta época, el destino de los utensilios militares corría parejo al de los hombres que los utilizaban y este tipo de yōkai probablemente nacía cuando sus dueños morían con un sentimiento de apego hacia sus pertenencias.

Kuro bōzu. Este yōkai se aparece a menudo en las prefecturas de Akita, Iwate y Miyagi.

En mitad de la noche, un hombre sintió que algo raro sucedía con el durmiente de al lado. Encendió la lámpara y vio una gran forma borrosa de color negro encima de su compañero. Consistía en una especie de espesa niebla negra con algo similar a un rostro que estaba situado justo encima de la nariz y la boca del hombre que dormía. Cada vez que el durmiente respiraba, la masa negra se agitaba como si fuera una neblina que revolotea y el hombre bajo ella jadeaba entre sudores con aspecto de estar sufriendo.

Estas situaciones se deben a que el *kuro bōzu* (monje negro) aspira la respiración de los durmientes y, con ella, la energía vital que encierra. Parece que tiene predilección por atacar a los niños o a la gente enferma. Dicen que, cuando el cuerpo se debilita, resulta más atrayente para el yōkai *kuro bōzu*.

Al parecer el yōkai llamado *kuro nyūdō*, que se aparece en lugares como los edificios reservados a vivienda en los castillos, es también un tipo de *kuro bōzu*.

El *kuro nyūdō* es una masa informe que recubre a los durmientes y los mantiene en un estado de inmovilidad tal que se diría que están atados. También provoca otros perjuicios adicionales, ya que, pasado el ataque, causa secuelas como dolores en los brazos o en la espalda.

黒玉

Kurodama. Este yōkai consiste en una masa de color negro que, en las noches de verano, cuando uno está durmiendo, levanta sigilosamente la tela mosquitera que nos protege y se mete dentro.

En primer lugar, se detiene a los pies del durmiente y luego, poco a poco, va subiendo, hasta que llega a la altura del pecho y, entonces, la víctima comienza a sufrir. Si uno se da cuenta y se despierta, la criatura sale huyendo pero, si el incauto continúa durmiendo sin advertir nada, se le sube hasta la cabeza y dificulta la respiración. Cuando, experimentado una angustia cercana a la asfixia uno abre los ojos, la criatura ya se ha ido.

Hay quien piensa que se trata de un tipo de espectro. Antiguamente se creía que los espectros se aparecían primero como una esfera de color blanco (posiblemente lo que hoy se conoce por *hitodama*) de la que luego surgía el fantasma. Quizá el *kurodama* (bola negra) sea también una forma previa a la aparición del ente.

Sea como sea, en las noches de verano es frecuente despertarse con la sensación de que nos cuesta respirar. Esto se atribuye a la acción del *kurodama* y es algo que yo mismo he experimentado.

En cuanto a la sensación de ser incapaces de movernos cuando estamos acostados, como si nos hubieran atado con una cuerda invisible, suele atribuirse a la acción de los espectros, pero es posible que sea obra del *kurodama*.

黒髪切

Kuro kamikiri. Al comienzo de la Era Genroku (1688-1704) cuentan que había una criatura que cortaba el pelo de la gente que caminaba de noche. Los incautos a los que les cortaba el cabello no se daban cuenta en absoluto y, hasta que alguien no se lo hacía notar, no lo advertían. Entonces, se ponían a buscar a lo largo del camino por el que habían venido y, según cuentan, con frecuencia encontraban su pelo en el suelo, conservando la forma del peinado original.

Dicen que en la mañana del 20 de abril del año 7 de la Era Bunka (1810), cuando una empleada de la casa de un hombre llamado Kojima Tomigoro, que vivía en el barrio de Shitaya, en Edo, se despertó por la mañana y fue a abrir la puerta principal, sintió como si algo pesado le tocase la cabeza y, de pronto, vio cómo caía al suelo una mata de su propio pelo.

Un año antes de ese incidente, en el barrio de Kohinata de la misma ciudad, en un lugar llamado Shichiken yashiki también se dio uno de estos casos de corte del pelo. El incidente viene relatado en un libro del período Edo titulado *Hannichi kanwa* (Chismorreos intrascendentes) y en esa ocasión, el cabello fue cortado mientras la persona se encontraba medio adormilada.

No se sabe con qué objeto esta criatura llevaba a cabo los cortes de pelo, pero utilizaba la odiosa treta de inducir a la gente al sueño para poder llevar a cabo su faena sin dejarse ver.

Al parecer, alguien comenzó a propagar la explicación de que este tipo de incidentes se debía a la travesura de un yōkai llamado *kamikiri mushi* (bicho corta-pelo) y luego algún otro ideó el siguiente sortilegio protector:

«Cuando de algún país extraño sople el viento del demonio, devuélvelo a su lugar con tu soplido, viento de Ise».

Decían que había que escribir estos versos en un papel y, enrollándolos en una horquilla para el pelo, clavarlos en la puerta de la casa, pero parece ser que el remedio no surtía mucho efecto.

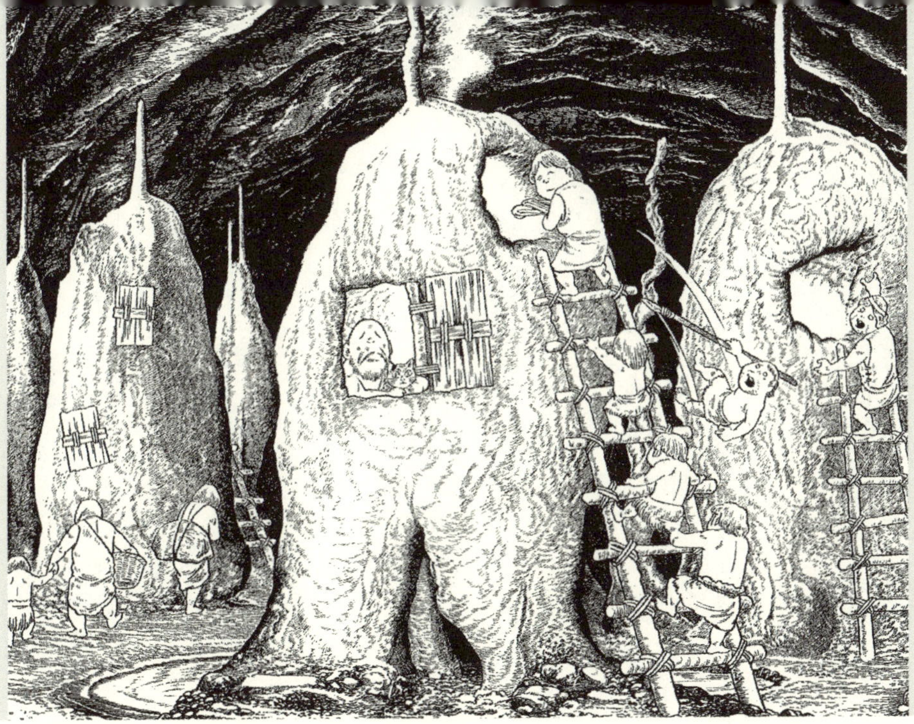

クロッポコ人

Kuroppoko-jin. Según cuentan los ancianos de Hosojima, en la aldea de Toga, comarca de Higashi Tonami (incluida en la actual ciudad de Nanto), en la prefectura de Toyama, hace mucho tiempo, en las cumbres de los montes Gokayama vivía una raza de hombres enanos llamados *kuroppoko-jin* (hombres de *kuroppoko*).

Estos hombres de *kuroppoko* tenían un cuerpo muy pequeño, que en el caso de los adultos apenas llegaba al metro de estatura y vivían en cavernas de un tamaño adecuado a sus proporciones excavadas por ellos mismos.

Dicen que escogían lugares llanos orientados al sur y, como era propio en la Edad de Piedra, subsistían cazando aves, jabalíes u otras bestias con sus flechas y recolectando plantas de montaña, castañas y frutos como la akebia.

Por supuesto, actualmente no hay nadie que haya visto a los hombres de *kuroppoko*, ni tampoco se conserva rastro alguno de su existencia. Sin embargo, ¿acaso no se tratará de seres de la misma especie de esos *koropokkuru* de los que hablan las tradiciones de Hokkaido, esas divinidades diminutas de los ainu que viven ocultas bajo las hojas del ruibarbo? Además, la similitud en la pronunciación de ambos nombres es evidente.

Dicen que la estirpe de los *koropokkuru* vivía no solo en Hokkaido, sino también en el archipiélago de Chishima (Kuriles) y en Karafuto (Sajalín), donde por lo visto recibían respectivamente las denominaciones de *toise kotcha kamui* y *toise usokuru*.

黒手

Kurote. Hace mucho tiempo, en la aldea de Tosaka, de la provincia de Noto (incluida en la actual ciudad de Kanazawa, prefectura de Ishikawa), había un hombre llamado Kasamatsu. Cierta noche, cuando su esposa fue al retrete, un ser sospechoso le acarició las nalgas. Con intención de matar al causante, Kasamatsu se vistió con las ropas de su mujer y se puso a esperar. Al poco, tal y como preveía, algo comenzó a acariciarle las posaderas. Al momento descargó un tajo con su katana y vio caer una mano que no era humana, pero que tampoco podía pertenecer ni a un zorro ni un *tanuki*.

Convencido de que debía de tratarse de la mano de algún tipo de yōkai, la guardó en una caja. Cuatro o cinco días después del incidente, llegaron a su casa tres monjes peregrinos. Kasamatsu les contó el fenómeno sobrenatural sucedido en el retrete y, con la intención de pedirles un rezo de exorcismo, entregó la mano a uno de los monjes. Entonces, el primer monje dijo:

—Esto pertenece a un yōkai llamado *kurote* (mano negra), que vive en los retretes y que casi nunca se deja ver.

Luego, le pasó la mano al segundo monje. Y, cuando este la pasó a su vez al tercer monje, este se puso en pie de un brinco y gritó:

—¡Aquí está por fin mi mano! ¡La mano que tú me cortaste!

Y, transformándose en un malévolo demonio de unos tres metros de altura, rompió las puertas correderas de papel con una patada y salió huyendo. Kasamatsu desenvainó la katana y corrió tras él, pero enseguida lo perdió de vista. Al regresar a casa descubrió que los otros dos monjes también habían desaparecido.

Dicen que cerca de un mes después, cuando Kasamatsu iba andando por un camino, una especie de sábana descendió sobre él revoloteando desde los cielos y, tras envolverlo, le alzó unos dos metros sobre el suelo, dejándole caer luego. Extrañado, se palpó con las manos entre los pliegues de su kimono y vio que le había desaparecido la katana con la que en su día había cortado la mano del *kurote*.

Kutabe. A finales del período Edo, en la zona de la región de Etchū (la actual prefectura de Toyama) llamada Tateyama, se apareció un yōkai llamado *kutabe*. Dicen que tenía aspecto de una vaca con rostro humano y presentaba ojos en ambos costados del cuerpo.

Se manifestaba frente a la gente que subía a la montaña y, hablando como una persona, hacía profecías como la que sigue:

—Antes de que pasen cuatro o cinco años, se propagará una enfermedad de difícil curación y origen desconocido que causará muchas muertes. Sin embargo, solo aquellos que hayan visto mi figura se salvarán. Si hacéis dibujos con mi figura y los colgáis en vuestras casas, podréis libraros de este mal.

En aquellos tiempos de finales del período Edo, la situación política era muy inestable y los rumores sobre profecías y apariciones no tardaban en extenderse por todo el país de manera abrumadora.

Pero, según parece, el *kutabe* pudiera ser una criatura de carácter sagrado del mismo tipo que el *hakutaku* que, según cuentan, se apareció una única vez en la antigua China. Con ese mismo nombre de *hakutaku*, la criatura aparece dibujada en el volumen final de la obra de Toriyama Sekien titulada *Hyakki yagyo shūi* (Episodios adicionales del desfile nocturno de los cien demonios). Según relata la mitología, el emperador Huang, de la China de tiempos arcaicos, llegó a contabilizar un total de 11.520 tipos de yōkai y demonios existentes a todo lo largo del mundo, y conocía el carácter y las particularidades de cada uno de ellos.

En nuestros días el *hakutaku* es considerado una divinidad protectora de los medicamentos chinos tradicionales, una criatura sagrada que nos ha dado los remedios y el conocimiento necesarios para hacer frente a todo tipo de males y demonios, e incluso en algunas partes ha llegado a convertirse en objeto de culto. Posiblemente, el *kutabe* que se aparece en Etchū guarde alguna relación con el hecho de que la prefectura de Toyama sea famosa por sus vendedores de medicamentos.

Kutsutsura. Hace mucho tiempo, en la región china de Zhenggua, se aparecía un yōkai en un huerto de melones. Consultaron con un monje venido del templo budista Lingyinsi (templo zen de Yunlin), que está en Hangzhou, la capital durante la dinastía Song del Sur ,y este, provisto de una vara sagrada, acudió al lugar y consiguió vencer al monstruo. Y dicen que, a partir de entonces, no volvió a aparecerse un yōkai en aquellos huertos.

Cuando luego examinaron la vara sagrada utilizada para vencer al yōkai, descubrieron que simplemente estaba escrito: «No debes corregir la posición de tu sombrero bajo un árbol de albaricoques». Hay un proverbio chino incluido en la antología *Wenxuan* que dice: «No debes ponerte los zapatos en un melonar ni ajustarte el sombrero bajo un árbol de albaricoques».

Si uno se descalza en un melonar, cuando luego se agacha para ponerse de nuevo los zapatos, parece que está robando melones. De la misma manera, si estando bajo un árbol de albaricoques, uno alza las manos para colocarse mejor el sombrero, parece que está intentando robar albaricoques. El sentido de este dicho es que siempre hay que tratar de evitar actitudes que puedan parecer sospechosas.

Partiendo de este tipo de narraciones antiguas, Toriyama Sekien ideó una pareja de criaturas para su *Gazu hyakki tsurezure-bukuro* (Almanaque ilustrado de cien demonios imaginados por un ocioso) y bautizó a un yōkai con el nombre de *kutsutsura* (cara zapato), dibujando a este monstruo robando melones del melonar y, de la misma manera, creó otro yōkai con sombrero que, bajo un árbol de albaricoques, está robando los frutos.

Sekien, con la maestría que le caracterizaba, creó este tipo de *tsukumogami* que se ajustan perfectamente a las historias.

狂骨

Kyōkotsu. Toriyama Sekien explica que el *kyōkotsu* (huesos locos) es un esqueleto que surge del fondo de un pozo.

No está claro si se cayó al pozo o si lo asesinaron arrojándole al pozo pero, en cualquier caso, se trata de un yōkai que alberga un profundo resentimiento.

La palabra *kyōkotsu* se utiliza en algunos dialectos de varias zonas de Japón en el sentido de «extremo» o «salvaje». Al parecer esto guarda algún tipo de relación con este yōkai llamado *kyōkotsu*. Y es que, cuando uno se ve poseído por el *kyōkotsu*, experimenta un salvaje resentimiento hacia los demás.

Tal y como cuentan en el templo budista Rokudō Chinnoji de Kioto, poniendo como ejemplo el pozo que utilizaba Ono no Takamura para ir y venir a los infiernos, desde tiempos antiguos se cree que los pozos comunican nuestro mundo con el otro mundo, del que son una puerta de entrada y de salida.

Al parecer el *kyōkotsu* es el alma de alguien que, habiendo muerto dentro de un pozo, no ha podido alcanzar la paz budista y tiene que deambular atrapado entre ambos mundos. Se trata de un tipo de espíritu atado a la tierra que ha penetrado en los huesos que quedan en el fondo del pozo para adquirir una forma corpórea.

Hay varios casos de esqueletos o calaveras que, por haber sido abandonados al aire libre, se sienten humillados y se convierten en fantasmas con objeto de cobrarse venganza.

経凛々

Kyōrinrin. Un hombre llamado Shinsei Ajari recibió las enseñanzas del *Sutra de la flor del loto* desde que era un niño, y día y noche leía sin descanso los versos sagrados. Sin embargo, en cierta ocasión, pensó que si permanecía durante largo tiempo en este mundo, terminaría pecando sin darse cuenta y que, por tanto, lo mejor era morir cuanto antes, sin darse oportunidad de cometer alguna mala acción, así que decidió suicidarse. Pero, tras tomar un veneno y ver que no moría, Ajari se hundió por completo en el pesimismo.

Sin embargo, no pasó mucho tiempo antes de que se extendiera por doquier una mortífera enfermedad contagiosa, de la que se contagiaron tanto Ajari, como sus padres, pasando a guardar cama, todos ellos alineados en una fila. En los sueños del sufriente Ajari se aparecieron poderosos demonios que intentaron arrastrarle a él y a los suyos al reino de los muertos, pero uno de los demonios contuvo a sus compañeros diciendo: «Ajari es el único al que no debéis llevaros, porque es el portador de la flor del loto». Y, tras ello, se despertó de su sueño. Entonces, vio que su enfermedad se había curado y que sus padres yacían muertos junto a él. Embargado por la tristeza, Ajari comenzó a leer en voz alta el *Sutra de la flor del loto*. Entonces, dentro de un nuevo sueño, el rollo número seis del sutra salió volando por los aires y se abrió por un lugar que decía: «En consideración al sentimiento con el que rezas para resucitar a tus padres, les devolveré la vida para que puedan vivir un poco más».

Cuando finalmente se despertó, tal y como estaba escrito, sus padres habían resucitado. Con una enorme alegría, Ajari les contó todo lo sucedido y los tres rompieron a llorar, quedando admirados todavía más del poder del rezo sagrado.

Probablemente el *kyōrinrin* es el papel en el que estaba escrito este rezo que salió volando por los aires.

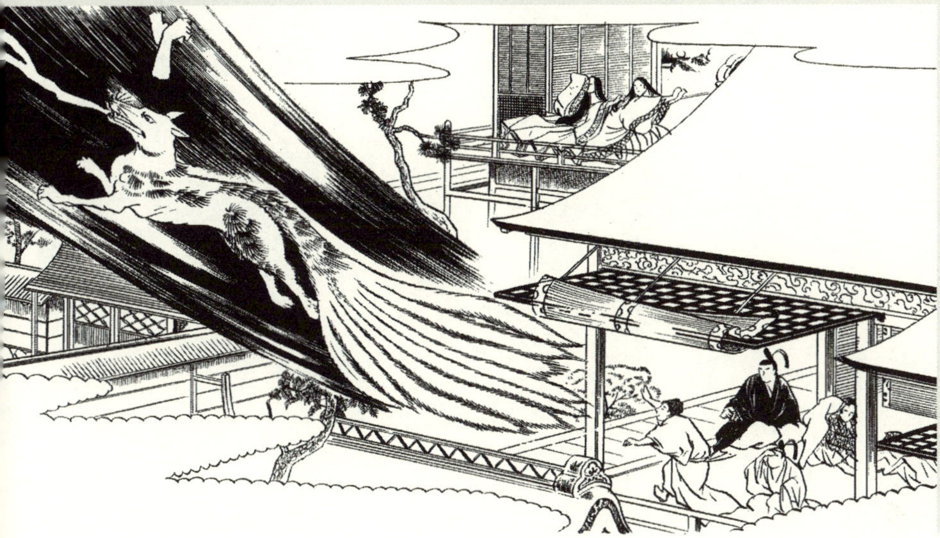

Kyūbi no kitsune. En tiempos muy remotos, cuando el mundo era como un océano cenagoso que formaba un confuso caos, emergió una nube siniestra que, al materializarse, dio origen a una zorra sobrenatural. Con el paso de los años, se volvió inmortal y lució una pelambrera de color dorado, además de una larga cola que, en su extremo, se ramificaba en otras nueve. A esta criatura se le llamaba «la zorra dorada de nueve colas».

Aquella zorra llegó a la antigua China en los tiempos de la dinastía Yin y, convertida en una mujer de belleza inigualable, engañó al rey, llegando a exhibir una crueldad llevada hasta el límite. Posteriormente, Wu Wang, de los Zhou, provocó una rebelión y acabó con dicha dinastía por lo que la zorra se mudó a la India, donde adoptó el nombre de «señora Hwa Yang» y llevó al país por políticas equivocadas.

Después, transformada en una delicada muchacha, consiguió embarcarse en la nave de Kibi no Masabi, un emisario que Japón había enviado a la China de los Tang, y de esa manera llegó a nuestro país. Aquí se hizo pasar por huérfana y fue adoptada por un samurái y, como era una joven muy bella e inteligente, con el tiempo consiguió entrar a servir en el Palacio Imperial.

En el palacio fue conocida como Tamamonomae y pronto llegó al entorno del emperador, pero fue descubierta por el célebre exorcista Abe no Yasunari y, volviendo a su forma original de zorro, escapó volando por los aires. Sin embargo, la fuerza mágica del espejo divino de Yasunari la hizo caer sobre la agreste llanura de Nasu (en la actual prefectura de Tochigi). Rodeada por un grupo de samuráis que la persiguió hasta allí, finalmente fue vencida. Cuentan que su cadáver se convirtió en la roca que llaman *sessho-seki* (piedra que acaba con la vida).

Esta roca despide ácido sulfhídrico y gas carbónico, y todavía hoy es dañina para hombres y bestias.

窮鬼

Kyūki. En la obra de Takizawa Bakin titulada *Toen shosetsu* (Novela de veladas del grupo Toen), se habla del *kyūki* (demonio de la adversidad).

Hacia el año 4 de la Era Bunsei (1821), un sirviente de un clan samurái del barrio de Banchō, en Edo, iba de camino hacia Shimōsa (el norte de la actual prefectura de Chiba y sudoeste de la prefectura de Ibaraki) cuando, a la altura del pueblo de postas de Soka, se encontró con un monje. Aparentaba unos cuarenta años y era flaco y de aspecto débil. Iba ataviado con ropajes viejos, llevaba la cabeza cubierta por un sombrero de paja y un zurrón de tela colgado del cuello.

—¿De dónde viene usted y adónde se dirige, señor monje? —preguntó el sirviente.

Pero el otro exhibió una sonrisa siniestra y replicó:

—Pues vivo en la mansión del señor X, del barrio de Banchō, y me dirijo a Koshigaya.

El sirviente ladeó la cabeza sorprendido y dijo:

—Pero esa mansión... Esa es la casa de mi amo.

Volviendo a reírse, el monje repuso:

—Ja, ja, ja. Este estúpido monje que ves aquí es lo que suele llamarse «el espíritu de la pobreza». ¿No te has dado cuenta de que en esa casa se suceden las desgracias y las enfermedades a lo largo del año? Eso es porque estaba yo allí.

El empleado estaba estupefacto, pero el monje siguió hablando.

—Ya he conseguido hundir a esa familia. Por eso he pensado mudarme a otra casa. De ahora en adelante, a tu señor le irán mejor las cosas. No te preocupes.

Monje y sirviente se separaron allí y, cuando este último terminó sus asuntos y regresó a casa de su amo, comprobó que de día en día, tal y como le había dicho el monje, el clan familiar comenzaba a prosperar.

旧鼠

Kyūso. En los tiempos de la Era Bunmei (1469-1487), había un samurái de provincias llamado Naso no Wataro. Desde hacía tiempo, en el altillo situado sobre la cuadra familiar vivía una rata, pero, como no causaba daño alguno, de generación en generación habían dejado que continuase allí.

Cuentan que aquella rata acudía por las noches al edificio principal de la casa y trababa amistad con la gata que vivía allí y, a pesar de ser gato y ratón, no existía disputa alguna entre ambos. Con el tiempo la gata tuvo cinco gatitos, pero luego comió algo venenoso y se murió. Entonces, la vieja rata acudía todas las noches para amamantar a los gatitos, y así los fue criando.

Al parecer, cierto día la vieja rata dejó de aparecer. Un hombre llamado Sora, intrigado por esta historia tan estrafalaria y pensando que los hombres célebres entendían de muchas cosas, le contó la anécdota a Bashō, el maestro del haiku.

Dicen que, al escuchar la historia, Bashō opinó:

—Puesto que existen relatos acerca de gatas que criaron ratones, no veo por qué no iban a darse casos al contrario.

También existe una historia sobre un lugar de Yamato (la actual prefectura de Nara) llamado Shigi donde, hace mucho tiempo, vivía una rata tricolor (rojo, negro y blanco) a la que llamaban *kyūso* (antigua rata) y que continuamente cazaba gatos para comérselos.

Según estas narraciones, podemos afirmar que las ratas, al igual que los gatos, se convierten en yōkai si alcanzan una edad muy avanzada.

M

マブイコメ

Mabui kome. Hace tiempo fui a Kapira, en la isla de Ishigaki, con objeto de ver el Festival del Mayunganan y un niño del pequeño hotel donde me alojé sufrió un *mabui utoshi*. La palabra *mabui* significa «alma» en el dialecto de Okinawa, y cuando hablan de *mabui utoshi* quieren decir que se le cayó el alma.

En Okinawa usan la expresión «caerse el *mabui*» y hablan de *ichi mabui* para referirse al alma que dejan caer los vivos, mientras que llaman *shini mabui* al alma que se separa del cuerpo en el momento de la muerte. Se considera que en los días inmediatamente posteriores a la muerte, el *shini mabui* es una presencia muy peligrosa.

Según contaba la madre de aquel pequeño, el niño se había caído al tropezarse con una piedra y, desde entonces, llevaba dos o tres días con la cabeza en las nubes, sin visos de curarse. La familia, preocupada por si no sería un caso de *mabui utoshi*, requirió los servicios de una *yuta*, que es como llaman a las sacerdotisas esotéricas en el dialecto de Okinawa, y esta les explicó que el *mabui* se había separado del cuerpo del niño con el tropezón.

Luego, siguiendo las directrices de la *yuta* y sin tiempo que perder, fueron al lugar exacto donde el niño había dejado caer el alma y realizaron unas sencillas ofrendas ante la piedra con la que el pequeño había tropezado, tras lo cual la *yuta* comenzó a llamar al *mabui* del niño, que acudió de inmediato y se introdujo en la piedra en cuestión. Entonces, cuentan que la joven madre cargó con la piedra y se la llevó de vuelta a casa, haciendo que el niño la cogiera entre sus brazos y, poco después gritó:

—¡Ha vuelto el *mabui* de mi niño!

Como la piedra guardaba el *mabui* en su interior, la llamaron *mabui kome* (que contiene el alma).

Mahō-sama. Esta divinidad de las vacas y los caballos, que también recibe el nombre de *mahō-gu*, es venerada en santuarios sintoístas como el Karai jinja y el Kubota jinja del pueblo de Kamogawa, en la comarca de Mitsu, prefectura de Okayama (el actual pueblo de Kibi Chuo, de la comarca de Kaga). Se dice que todos ellos son santuarios donde también se rinde culto al *tanuki*.

Cuentan que en los tiempos de la Era Eiroku (1558-1570), cuando un gran número de misioneros cristianos llegó al país, con ellos vino un tipo de *tanuki* llamado *kyumou-danuki*. No hacía nada malo en particular y, tras dedicarse a ir de turismo por aquí y allá, se metió en una mina de cobre abandonada que había en Kamogawa y la convirtió en su madriguera.

Desde entonces, los aldeanos lo veían de vez en cuando bailando en las noches de luna mientras golpeaba un arado (de esos que los campesinos atan a las vacas para tirar de él) y cantaba «*sanyan*, *sanyan*». Además, dicen que a veces adoptaba forma humana y se mezclaba entre la gente para participar en los bailes del O-bon.

Un día el *tanuki* reunió a los aldeanos y les anunció:

—Quiero agradeceros vuestras atenciones durante todo este tiempo, así que de ahora en adelante es mi deseo dedicarme a proteger vuestras vacas y caballos, a preveniros de incendios y robos y, en definitiva, a esforzarme por el bienestar de la aldea.

Cuentan que entonces, agradecida por su virtud, la gente levantó los santuarios *mahōgu* para que en ellos se pudiera venerar al *tanuki* en su calidad de *mahō-sama* (honorable mago).

Maikubi. Corrían los tiempos de la Era Kangen (1243-1247), a mediados del período Kamakura, cuando bajo el mando de Minamoto no Yoritomo dio comienzo el llamado «gobierno de los clanes guerreros». En esta época las directrices políticas ya no eran dictadas por la elegante nobleza como en los tiempos del período Heian, sino por la fuerza bruta.

Sucedió en la península de Izu, en el día del Festival de Manazuru (en el actual pueblo de Manazuru, en la comarca de Ashigara shimo, prefectura de Kanagawa). Había tres samuráis que siempre estaban presumiendo de su fuerza, llamados Kosanta, Matashige y Akugoro, y a los que continuamente les consumía el ardor por rivalizar. En cierta ocasión comenzaron a discutir por un asunto sin importancia. Cada uno de ellos quería forzar a los demás a aceptar su opinión, sin dar su brazo a torcer hasta que, al final, terminaron desenvainando las katanas. En primer lugar, Akugoro cortó la cabeza a Kosanta, y luego salió en persecución de Matashige, que ya se daba a la fuga. Sin embargo, tuvo la mala suerte de tropezar con una piedra y caerse. Entonces, Matashige se volvió hacia él y le cortó la cabeza. Pero justo en el momento en que caía la katana sobre el cuello de Akugoro, este lanzó a su vez un tajo hacia Matashige, con lo que ambas cabezas rodaron a un tiempo por tierra.

Sin embargo, aun estando cortadas, las cabezas continuaron peleándose entre ellas. De esta manera, rodando de un lado para otro, las tres cabezas terminaron por caer al mar, donde, formando una hélice de tres aspas, continuaron su pelea.

Desde entonces, haciendo brillar el fuego de su odio en forma de hélice de tres aspas, se aparecen por la noche levantando un oleaje a su alrededor mientras aúllan locamente en su macabra danza. Esto es lo que se denomina *maikubi* (cabezas danzantes).

Majime na genjū. Dos hombres de carácter completamente opuesto estaban enclaustrados en la cabaña de un templo del interior de las montañas con objeto de concentrarse en sus estudios. Ambos pasaban los días sin reflexionar acerca de sus propios defectos.

Uno de esos días, a altas horas de la noche, sucedió un extraño fenómeno en la cabaña donde se alojaban. Comenzó a escucharse un ruido de algo que golpeaba repetidamente contra la puerta y uno de ellos se despertó. Preguntándose qué podría ser, echó un vistazo hacia fuera con sigilo y descubrió que una sorprendente y espantosa criatura, cuya naturaleza humana o animal resultaba difícil de determinar, estaba lanzando piedras hacia la puerta. A toda prisa, el hombre fue a despertar a su compañero.

—¡Eh! Ahí fuera hay una extraña criatura monstruosa.

Entonces, el otro se fue a llamar al monje que estaba al cargo del lugar, el cual les explicó:

—Esto que ha sucedido era solo una prueba para que reflexionéis sobre vuestra conducta diaria.

Según dicen, a partir de entonces, ambos hombres se arrepintieron de su comportamiento y se esforzaron por aprender el uno de las virtudes del otro y reconocer sus propias faltas, mejorando su vida diaria y, entonces, aquel monstruo dejó de aparecerse.

枕返し

Makura-gaeshi. A veces, tras levantarnos después de nuestro sueño nocturno, vemos que la almohada ha ido a parar a un lugar insospechado. Se dice que esto es obra de un yōkai llamado *makura-gaeshi* (vuelca-almohadas) que, cuando estamos dormidos, se lleva la almohada.

Hay quien dice que el *makura-gaeshi* es el espíritu de alguien que falleció en dicha habitación.

Hace mucho tiempo, el dueño de una posada dio cobijo a un ciego. Cuando el invidente pensaba que no había nadie delante, sacó del bolsillo un envoltorio con una gran cantidad de dinero y comenzó a contarlo. El dueño del establecimiento se sorprendió al descubrir que la cantidad era muy elevada y, tentado por la codicia, a la mañana siguiente guio al ciego a un camino de montaña, donde lo asesinó. Según cuenta la historia, el fantasma del ciego se instaló en la habitación de la posada donde había estado alojado y se convirtió en el *makura-gaeshi*.

En lugares como Yamasumi, de la aldea de Misakubo, en la comarca de Iwata (incluida en la actual ciudad de Hamamatsu), prefectura de Shizuoka, o la aldea de Okuyama, de la comarca de Shuchi (también perteneciente a la actual ciudad de Hamamatsu), lo llaman *makura kozō* (muchacho de la almohada) y dicen que es un espíritu que se instala en las casas, aunque no está considerado como el fantasma de alguien asesinado. Por cierto, hablando de niños, en la región de Tōhoku habita el *zashiki warashi*, del que también dicen que se lleva las almohadas, así que es posible que exista algún tipo de relación entre ellos.

En cualquier caso, teniendo en cuenta que antiguamente se consideraba de mal agüero que la almohada apareciera cambiada de posición, no parece que los actos del *makura-gaeshi* fueran vistos como una simple travesura.

Mame-danuki. En la Era Genroku (1688-1704), un célebre poeta de haiku llamado Rozan se encontró con un viejo amigo de gustos refinados en Takachiho, provincia de Hidaka (el actual pueblo de Takachiho, en la comarca de Nishi Usuki, prefectura de Miyazaki) y, aceptando la invitación que este le hizo, fue a su casa para celebrar un encuentro de intercambio de poesías.

Como la habitación era justo de ocho tatamis, a Rozan se le ocurrieron los siguientes versos: «Ah, una vivienda de ocho tatamis desde la que mis ojos buscan la luna». A los que el dueño de la casa replicó: «En la noche de otoño, todo en la habitación está dispuesto para contemplar la luna». Entonces, Rozan encadenó a su vez: «Es la época de los crisantemos y al menos tengo dinero para comprar sake». Llegados aquí, el anfitrión cerró la serie recitando: «Yo, que creía haber olvidado las cosas mundanas, ahora siento nostalgia de ellas». Tras escuchar el colofón, Rozan se puso de un humor excelente.

Sin embargo, en un despiste, Rozan dejó caer sobre el tatami una brasa encendida de su tabaco y, en un abrir y cerrar de ojos, el fuego se propagó devorándolo todo y Rozan terminó en medio del campo.

Cuando se quiso dar cuenta, estaba en pie sobre la tierra, rodeado de hierbajos, y de aquella casa y su habitación de ocho tatamis no quedaba ni rastro.

Al contar a los lugareños lo sucedido, estos le dijeron que, en realidad, la brasa del tabaco había caído sobre los testículos de un *mame-danuki* (*tanuki* diminuto), que se enfureció. Sea como sea, a esta historia nada corriente le pusieron el nombre de «la competición de poesía del *tanuki*» y fue transmitiéndose de generación en generación.

Al parecer este *tanuki* diminuto es muy común en las tierras del oeste de Japón. Cuentan que, en las noches de llovizna, se pasea con el escroto echado sobre la espalda a modo de gabardina, y va a comprar sake y algo de comida que le sirva de acompañamiento.

招く手の幽霊

Maneku te no yūrei. Al levantarse por la noche para ir al retrete, una mano asoma de la pared y hace gestos para que nos acerquemos. Cuando, extrañados, entramos en la habitación, resulta que no hay nadie. Dicen que el causante de tal fenómeno es el espectro de la persona que falleció en dicha habitación, que nos está invitando a entrar.

Hace mucho tiempo, el prior de un templo cruzaba entre las ruinas de la antigua aldea de Akiyama (perteneciente a la actual ciudad de Uenohara, prefectura de Yamanashi), cuando escuchó unos pasos que le seguían. Al principio se preguntó a qué podría deberse aquella manifestación tan siniestra, pero luego se dijo:

—Ah, ya caigo. Esto debe de ser el espíritu de alguien que falleció resistiéndose con todas sus fuerzas en la época en que la hambruna asoló esta aldea.

Cuando el prior llegó a la aldea a la que se dirigía, escribió unos rezos en un papel y, saliendo a las afueras de la población, sacó el papel en mitad de la noche. Entonces, dicen que una mano blanca se alargó hacia él y se llevó el papel con los rezos escritos.

Según cuentan, los espíritus de quienes no han conseguido alcanzar la paz tras la muerte merodean en nuestro entorno esperando que alguien realice los ritos funerarios por su descanso. Como los más indicados para realizar exequias de difuntos son los monjes, probablemente ese tipo de almas se concentra en torno a ellos o a los templos budistas.

En cualquier caso, esta clase de historias se escuchan con mucha frecuencia.

丸い玉の幽霊

Marui tama no yūrei. Un atardecer de otoño, Matsuo Bashō estaba en pie junto a la ribera de un río en Chikuzen (la actual prefectura de Fukuoka) cuando, procedente del valle, llegó una bola de fuego color azul rodando sobre el puente cercano. Luego, escuchó una débil voz que llamaba: «O-Toyo, O- Toyo». Y, al instante, desde el río, una voz femenina respondió: «Sí, estoy aquí». A continuación, desde ambos sitios a la vez, las dos voces rompieron a llorar y la bola de fuego desapareció.

Según cuentan, se trataba de los espíritus de un comerciante y una mujer enamorados que huyeron juntos y se suicidaron arrojándose al río.

Aquellos que han dejado este mundo con un fuerte apego a seguir viviendo en él se aparecen luego como tenues presencias que llamamos espectros. Este espectro de la bola redonda (*marui tama no yūrei*) era probablemente uno de estos casos pero, en lugar de dejarse ver con forma humana, lo hizo como bola de fuego.

Dicen también que los llamados *innen-bi* de Okinawa son espectros de un hombre y una mujer que, por algún motivo, no consiguieron realizar su amor. En la prefectura de Nara existen historias similares acerca de unos fuegos que llaman *janjan-bi*.

Por lo que parece, no resulta especialmente extraño que las almas humanas se presenten con forma de bola de fuego.

Matsu no seirei. Hace mucho tiempo, en Sanshu (la actual prefectura de Aichi), ante la puerta del templo budista Chōkōji crecían dos viejos pinos a los que llamaban «los dos pinos dragón». Cada uno de aquellos pinos albergaba un espíritu de árbol. Un buen día, ambos espíritus salieron del interior para ir a hablar con el monje del templo.

—Queremos que nos prestes papel y una plancha para moler tinta —le dijeron.

Aunque al monje le pareció una petición extraña, provenía de los espíritus de unos pinos sagrados, así que decidió no negarse y sacó de un cajón las cosas que le pedían, y las llevó ante ellos.

Entonces, ambos espíritus pusieron una expresión de enorme felicidad y escribieron sobre el papel lo que parecían poesías en idioma chino. Luego, entregando la hoja al monje, le dijeron:

—Con esto, el templo quedará a salvo de cualquier adversidad.

Luego, volvieron a ocultarse dentro del tronco de los pinos. Dicen que el monje tuvo la sensación de que aquel papel era el auténtico espíritu protector del templo, así que lo custodió con extremo cuidado hasta el fin de sus días.

Por todo el país encontramos historias acerca del espíritu de los pinos, pero probablemente la única en que se aparecen dos al mismo tiempo bajo la forma de una pareja de niños sea esta del templo Chōkōji.

En la prefectura de Yamagata se cuenta la historia de un espíritu del pino que se apareció en la zona de la ciudad de Yamagata llamada Chitose-yama bajo la forma de un muchacho vestido de verde y con una falda larga de color negro. Al parecer, como se presentaba ante una jovencita llamada Akoya, que era la hija de un alto cargo de la comarca, a ese pino lo llamaron el pino de Akoya.

迷い火

Mayoi-bi. Se llaman *mayoi-bi* (fuegos perdidos) a un tipo de fuegos sobrenaturales que surgen de improviso en los caminos y en cuyo interior aparecen rostros humanos.

Guardan cierto parecido con el *furari-bi* (fuego errabundo), una llamarada diabólica en cuyo interior se aparece un ave, aunque en el caso del *mayoi-bi* son rostros humanos, pero no uno solo sino, según dicen, unos tres o cuatro.

Hace mucho tiempo avistaron este fuego en Iwakuni, prefectura de Yamaguchi, y este encuentro viene relatado en un antiguo libro titulado *Iwakuni kaidan roku* (Registro de historias sobrenaturales de Iwakuni).

Según este libro, el fenómeno se produjo cuando un tal Yamada volvía de divertirse en Otsu. Como ya estaba anocheciendo y la oscuridad comenzaba a dificultar el trayecto, Yamada apuró el paso y, de pronto, el camino ante él se iluminó. Cuando miró extrañado intentando descubrir el motivo, vio que ante sus ojos ardía un fuego y entre sus llamas se distinguían rostros humanos. Según cuentan, Yamada ya había escuchado antes hablar de los *mayoi-bi* y, aunque se asustó, guardó la calma y, sin dejarse afectar por su maldad, salió huyendo de allí a toda prisa.

Al parecer son muy raros los casos en los que este tipo de fuegos sobrenaturales prende en las ropas de la gente, de modo que, tal y como temía Yamada, el mayor peligro que encierran y el mayor temor que provocan es que su malevolencia pueda afectarnos de algún modo.

迷い船

Mayoi-bune. Este fenómeno sobrenatural marino se produce en las costas de la comarca de Onga, prefectura de Fukuoka, durante el mes del O-bon.

A veces, cuando los pescadores salen a faenar, comienzan a escuchar voces a su alrededor a pesar de que allí no hay nadie y, otras veces, en las noches de luna clara, divisan un velero que navega contra el viento.

Todos estos fenómenos se denominan con el término de *mayoi-bune* (barcos perdidos). Al parecer, cualquier barco que decide seguirlos, termina siempre por naufragar.

También dicen que este fenómeno se produce siempre que sopla un viento llamado *tamakaze*. El *tamakaze* es un fuerte viento que sopla desde el noroeste en casi toda la zona del mar del Japón, salvo en la prefectura de Fukui, y que se creía que traía consigo fuertes lluvias y temporales, por lo que los pescadores de estas regiones le tenían un miedo especial.

Hay quien sostiene que la partícula *tama* de la palabra *tamakaze* hace referencia a las almas de los muertos. Al parecer, en las zonas costeras de Osaka llaman *tama* a los vientos perniciosos que vienen del sur y a la ruta por la que atraviesan.

En cualquier caso, los *tamakaze* y los *mayoi-bune* parecen formar una pareja inseparable, de modo que podemos afirmar que el viento maligno llamado *tamakaze* provoca la visión fantasmal del *mayoi-bune*.

Mayoiga. En la ciudad de Tohno, prefectura de Iwate, se llama *mayoiga* (casa perdida) a un tipo extraño de casa que se encuentra en el interior de las montañas. Si, por un casual, uno llega a una de estas casas, se dice que debe llevarse algo consigo, aunque sea una pieza de vajilla.

Hace mucho tiempo, la esposa de un hombre apellidado Miura estaba recogiendo plantas de ruibarbo junto a la orilla del riachuelo cuando, sin darse cuenta, remontó tanto la corriente que llegó a lo más profundo del valle. Entonces, echó un vistazo alrededor para ver dónde se encontraba y sus ojos toparon con una casa ante la cual se erguía un vistoso portón de madera negra. Tras atravesar el portón, la mujer entró en un amplio jardín donde crecían flores blancas y rojas de manera desordenada.

Al rodear la casa por su parte trasera encontró un pequeño establo con vacas y otro con caballos, pero no vio ni sombra de ser humano alguno. Pensando si no sería la casa de algún hombre salvaje de las montañas, de pronto sintió miedo y, a toda prisa, se marchó de allí.

Un tiempo después, cuando la mujer se encontraba lavando en el río, la corriente empujó hasta ella un cuenco de color rojo. Le pareció tan hermoso que decidió llevárselo y utilizarlo para calcular las medidas de grano. Sin embargo, desde que empezó a utilizar dicho cuenco, por algún motivo inexplicable, el cereal que había dentro no disminuía y así esta familia se convirtió en la más rica de la aldea. Aquel cuenco rojo había venido hasta ellos procedente de la *mayoiga*.

Parece que, en este caso, deberíamos hablar más bien de algún tipo de fenómeno maravilloso que de un yōkai.

Mayowashi-gami. Dicen que en un lugar de Kioto Nagaoka llamado Terado (el actual barrio del mismo nombre, en la ciudad de Muko), se aparece un ser al que llamaban *mayowashi-gami* (espíritu que confunde). No muestra su figura, pero aquellos a los que posee se pierden sin remedio en el camino y, al parecer, no son pocos los viajeros que terminan convirtiéndose en su presa.

Hace mucho tiempo, cierto funcionario del gobierno central en el distrito de Sakyō que, por lo general, se alojaba en Kujō, llegó por algún motivo hasta Terado. Como había escuchado hablar a la gente del lugar acerca del *mayowashi-gami*, iba caminando con precaución pero, por más que andaba, terminaba volviendo al mismo lugar y no conseguía avanzar en absoluto. De esta manera, entre unas cosas y otras, se hizo completamente de noche. Pensó en preguntar por el camino al primero que se acercara pero a esas horas ya no pasaba nadie. Al llegar a un pequeño templo llamado Itaodō situado al borde camino, se dio por vencido y decidió refugiarse bajo el alero para pasar allí la noche.

Con la luz del amanecer, el funcionario comenzó a repasar los acontecimientos del día anterior.

—Ya voy recordando. Acompañé a aquel noble señor hasta Kujō y allí nos separamos, pero ¿por qué me habré encaminado luego hacia este lugar? Y además, parece que desde que anocheció estuve dando vueltas en círculo. Entonces, ¿será que realmente fui poseído por ese *mayowashi-gami* del que hablan?

Tras estos pensamientos, echó a caminar cuán rápido pudo y, según cuentan, consiguió llegar sin mayores problemas a su residencia en el oeste de la capital.

Mayuge. En una aldea de la comarca de Miyoshi, de la provincia de Awa (la actual prefectura de Tokushima), hay un templo sintoísta llamado Mitsuhanome que, vulgarmente, se conoce como «el templo de abajo».

Dicen que el objeto divino de veneración en este templo es un pelo metido en un cesto de cáñamo. Por lo visto, cuando el espíritu de la divinidad se encuentra en paz, la apariencia de su manifestación material es simplemente la de un pelo, pero cuando se encuentra alterado, este pelo se alarga y alarga e, incluso, termina ramificándose en otros muchos hasta que, al final, hace saltar la tapa del cesto y continúa creciendo.

Hace mucho tiempo, en las cercanías de este lugar, merodeaba un grupo de bandidos que vivía en el valle de Iuchi y se dedicaba a asaltar a los campesinos. Una noche los bandidos se reunieron junto a uno de los diminutos templos adjuntos al «templo de abajo» para repartirse los objetos de valor que habían robado a las familias pudientes de la aldea.

Entonces, en un momento dado, el pelo divino comenzó a crecer sin que lo advirtiesen los bandidos y, levantando la tapa del cesto, llegó al exterior. Luego, se dividió en tantas ramificaciones como bandidos había y, lentamente, fue enroscándose en torno a los hombres que quedaron atados tan fuertemente que eran incapaces de mover un músculo. De esta manera, a la mañana siguiente, pudieron ser detenidos por sus perseguidores.

En realidad esta historia está protagonizada por una criatura sobrenatural más próxima a una divinidad que a un yōkai. Pero, de todas maneras, la idea de que su forma sea la de un pelo resulta muy curiosa.

Mekurabe. Una mañana, en la ciudad de Fukuhara (el actual distrito de Hyōgo, de la ciudad de Kōbe), el llamado ministro monje (Taira no Kiyomori) salió de su cámara acortinada y abrió la doble puerta que daba al jardín interior de la mansión. Entonces, vio por allí desperdigadas un gran número de calaveras. Unas estaban encima de otras, otras más desperdigadas por los lados, pero todas a su vez rodaban y ocupaban la posición de las anteriores y todo era un hervidero de calaveras rodantes. Kiyomori se asustó tanto que gritó:

—¡Que venga alguien! ¿Es que no hay nadie?

Sin embargo, por desgracia, no había nadie cerca. Y así, ante sus ojos, este incontable número de calaveras formó una aglomeración como una enorme piña que llenaba todo el jardín hasta convertirse en una montaña similar a una calavera gigante de 42 a 45 metros de altura.

Esta enorme calavera poseía infinidad de ojos que se movían igual que los de una persona viva y todos ellos se clavaron en el ministro monje, mirándolo fijamente y así estuvieron inmóviles durante un tiempo.

Llegados a este punto, Kiyomori decidió tranquilizarse y se quedó clavado de pie, devolviendo a su vez la mirada, y entonces la figura de la enorme calavera, como el rocío o la escarcha que desaparece bajo el sol, fue difuminándose hasta no dejar rastro.

Se dice que estas calaveras eran los espíritus resentidos de los hombres que murieron a manos de Kiyomori y los suyos durante la llamada Rebelión de Heiji (1159).

面霊気

Menreiki. El *menreiki* (alma de la máscara) es una vieja máscara que se ha convertido en yōkai. Durante el día parece una vulgar máscara pero, al caer la noche, se desprende por sí misma de la pared y, sin levantar ruido, comienza a moverse. Se trata pues de una criatura del mismo tipo que los *tsukumogami*, esos utensilios que, por ser demasiado viejos, terminan albergando un espíritu en su interior; en el caso de una máscara que tenga muchos años también termina sucediendo esto. Ahora bien, no por eso se dedica a causar perjuicios a las personas de la casa en cuestión. Claro que, por otro lado, una máscara vieja no es algo que cause una sensación agradable.

Hace mucho tiempo había un hombre llamado Izumiya Ginshichi que en cierta ocasión fue a visitar a su anciana madre en su lugar de retiro. Una vez allí, al tiempo que reverberaba el sonido de la campana de un lejano templo budista, comenzó de pronto a soplar el viento del norte de manera salvaje. Al poco tiempo, sin que se supiera muy bien de dónde había surgido, apareció una mujer. Tenía los cabellos revueltos y estaba sentada a la puerta de una casa vuelta de espaldas. Como a Ginshichi le pareció extraño, se dirigió hacia ella pero, de pronto, la mujer se puso en pie y desapareció como si su cuerpo se fuera volviendo borroso.

Ginshichi comenzó a buscar a tan misteriosa mujer pero lo único que apareció fue una vieja máscara. Convencido de que había dado con la auténtica forma del yōkai, recogió la máscara y la entregó como ofrenda al santuario sintoísta local. Dicen que desde entonces la misteriosa mujer no volvió a aparecerse.

Probablemente, este también fue un caso de *menreiki*.

飯食い幽霊

Meshikui yūrei. Hace mucho tiempo, en casa de un vasallo de Murakami Yoshikiyo llamado Sumida Miyauchi Ko, se instaló una criatura cuya naturaleza de espectro o de yōkai resultaba difícil de determinar. Aunque en modo alguno mostraba su figura, se comía el arroz en una cantidad similar a la de una persona normal. Y si los esposos hablaban mal de este fantasma, ocurría sin falta una desgracia.

El señor de la casa llegó a la conclusión de que no podía permitir que el espectro continuase instalado por más tiempo allí y, según cuenta el libro del período Edo titulado *Inuhariko* (El libro del perro), le pidió a un monje esotérico de la secta *yamabushi* que practicase unos rezos de exorcismo. El monje asustó a la criatura produciendo un ruido similar al que haría un serrucho al cortar los pilares de madera de la casa.

Analizando este caso, parece claro que, más que de un espectro, se trataba de un yōkai.

Si hablamos de *meshikui yūrei* (espectros que comen arroz), en Okinawa existe el llamado *yanamun*. En la isla principal de Okinawa, en la zona de Yanbaru, dicen que el *yanamun* es el espectro de un muerto que se aparece porque ya nadie realiza ofrendas en su memoria pues sus hijos y nietos también han fallecido. El *yanamun* se aparece en las casas o en los caminos y roba el arroz u otros alimentos que la gente lleva consigo para comer.

En resumen, los muertos sin familiares que los atiendan se convierten en ladrones de comida, que luego devoran con avidez. Por cierto, la palabra *yanamun* suena casi igual que «tipo desagradable», por lo que igual tiene también ese significado.

見上入道

Miage nyūdō. También conocido como *mikoshi nyūdō*. En pocas palabras, es un yōkai del género *nyūdō* (enorme fantasmón tipo monje) que se aparece de noche en los caminos.

En la isla de Sado se presenta por las noches cuando uno sube una cuesta. Al principio, la figura de un monjecillo se planta en mitad del camino cortando el paso y luego comienza a hacerse cada vez más alta. Si uno se queda mirando sin más, al final crece de tal manera que, de tanto alzar la vista, uno termina cayéndose de espaldas.

Si uno se da cuenta de que está ante el *miage nyūdō* (fantasmón que crece a ojos vista), lo que tiene que hacer es reaccionar cuanto antes y decir como un sortilegio la frase «*Miage nyudo*, mi vista ya ha llegado más arriba que tú». Dicen que si luego uno mira hacia el suelo, la figura desaparece de pronto.

En la comarca de Iki, prefectura de Nagasaki, lo llaman *mikoshi nyūdō* y cuentan que, cuando uno va andando de noche, provoca un sonido como el de la hojarasca de los bambúes que se agita por encima de nuestra cabeza. En momentos así hay que decir: «*Mikoshi nyūdō*, ya he visto todo lo que tenía que ver». En cambio, si uno intenta pasar de largo sin hacerle caso, puede suceder que los bambúes de alrededor se quiebren y le caigan encima, llegando incluso a causar la muerte.

Sea como sea, en el caso de este tipo de yōkai, pierde aquel que resulta adelantado por el otro. Pero no se trata solo de «perder», sino que nos puede ir la vida en ello, así que no debemos tomarlo a la ligera. Dicho con otras palabras, el yōkai pierde su fuerza si descubrimos su verdadera naturaleza.

Curiosamente, las historias sobre el *miage nyūdō* existen por todo el país y yo mismo escuché una de ellas de labios de un anciano en la región de Shikoku llamada Uwajima.

Mikari babā. Este yōkai llamado *mikari babā* (vieja pide-abrigo) se presenta en las casas junto con el *hitotsume kozō* (mozo de un solo ojo) en la región de Kantō.

En la zona norte de la ciudad de Kawasaki dicen que se aparece todos los años en los días 8 de diciembre y de febrero. Por eso, dicen que en esos días hay que sacar un cesto ante el portón de la entrada y luego encerrarse en casa sin salir.

Por el mismo motivo, en el sur de Chiba, durante diez días a partir del 26 de noviembre, no se trabaja en la montaña ni en los telares, sino que la costumbre es pasarlos tranquilamente dentro de casa.

Según cuentan en la zona de Yokohama llamada Tsurumi, se aparece todos los años en el arco que va desde el 25 de noviembre hasta el 5 de diciembre. Se cree que la partícula *mi* del nombre de *mikari babā* se refiere al abrigo de paja llamado *mino*. Esta criatura va llamando con un toc, toc a las puertas de las casas mientras dice: «Préstame un abrigo de paja».

Para repeler a la *mikari babā* hay que clavar unos pasteles de arroz junto a la puerta de casa pues, en cuanto los ve, comienza a farfullar y se marcha. Probablemente se trate de un sortilegio que en tiempos remotos guardaba relación con algún tipo de ceremonia religiosa.

La *mikari babā* también huye despavorida si ve un cedazo o un cesto colgados fuera de casa. Al parecer, como la *mikari babā* solo tiene un ojo, las cosas con muchos ojos, como los cedazos o los cestos, le causan pavor.

Minkira uwa. Este incidente sucedió en la posguerra en la isla de Amami Ōshima. El dueño de una peluquería y un amigo paseaban por el camino que bordea la ribera del río Nagata durante un anochecer de invierno en el que caía una fina llovizna. De pronto, frente a ellos, apareció un cerdito en el camino. Intentaron atrapar al animal entre los dos, pero este echó a correr lanzando gruñidos y no consiguieron alcanzarlo.

Entonces, aparecieron más y más cerditos y los hombres empezaron a sentir un fuerte olor a cresol hasta un punto que resultaba insoportable. Luego, los cerditos desaparecieron entre los matorrales y los arbustos de un descampado.

Al día siguiente acudieron al mismo lugar, pero no encontraron ni una sola casa en las cercanías donde criasen cerdos. Extrañados, le contaron lo sucedido a un anciano que vivía por allí y este les dijo:

—En ese lugar desde hace mucho tiempo se aparecen los *minkira uwa* (cerdos sin orejas) y podéis consideraros afortunados de haber salido con vida. Para celebrar que habéis vuelto a nacer, deberíais comprar una botella de sake.

Cuando escucharon estas palabras, los hombres fueron conscientes por primera vez de lo sucedido y se les erizó todo el vello del cuerpo en un escalofrío.

Dicen que si un *minkira uwa* se nos mete entre las piernas, te mueres sin remedio así que, cuando veas a uno, tienes que cruzar las piernas enseguida y continuar andando en esa postura.

Al parecer, siente predilección por las mujeres y las acosa tanto si van solas como con alguna amiga. Por este motivo, los padres de la zona advierten de manera especial a sus hijas acerca del peligro de los paseos nocturnos.

蓑火

Mino-bi. En la orilla del lago Biwa que linda con la aldea de Oyabu, en Hikone, provincia de Ōmi (la actual ciudad de Hikone, prefectura de Shiga) se aparecía un fuego sobrenatural al que llamaban *mino-bi* (fuego de los abrigos de paja).

Hacia el mes de mayo del calendario antiguo, en las noches húmedas y pegajosas de la temporada de lluvias, se aparecen unas bolitas luminosas como luciérnagas que parecen querer pegarse a los mantos de paja de los barqueros que cruzan las aguas del lago. Este fenómeno recibe el nombre de *mino-bi*. Dicen que, si en ese momento te quitas el manto con calma y lo dejas caer, los fuegos se apagan enseguida, pero si te asustas e intentas espantar los fuegos a manotazos, las bolas ardientes, que hasta entonces eran solo cinco o seis, se dividen en cientos de ellas que brillan exactamente igual que si fueran estrellas. Por este motivo también son conocidas como «estrellas del demonio».

Algunos creen que estas bolas ígneas, que no desprenden calor ni pueden quemar la materia, son las almas de quienes murieron ahogados en el lago Biwa y que ahora brillan como las luciérnagas.

Inoue Enryō, una de las autoridades en el estudio de los yōkai durante la Era Meiji, escribió que el *mino-bi* era consecuencia de las peculiares condiciones climatológicas del lugar. Sin embargo, nunca llegó a realizarse ningún estudio científico sobre el terreno para confirmar que se trataba de un fenómeno natural.

Más bien parece que los *mino-bi* son similares a lo que en Occidente se conocen como «fuegos de San Telmo» y es posible que se trate de un fenómeno relacionado con la electricidad estática. En cualquier caso, todavía hoy los *mino-bi* son un fenómeno extraño envuelto en el misterio.

蓑虫火

Mino mushi-bi. Se trata de un fuego sobrenatural muy frecuente en las márgenes del río Shinano, en la prefectura de Niigata. También es conocido como *minobosho* o *mimushi* y consiste en un fenómeno misterioso casi idéntico al *mino-bi* de la prefectura de Shiga.

Este fuego aparece en las noches de llovizna e intenta pegarse a los flecos del abrigo de paja conocido como *mino*. Cuanto más tratamos de espantarlo, con más insistencia nos envuelve el cuerpo. Sin embargo, se dice que no desprende calor.

Hace mucho tiempo, un barco llevaba a un pasajero por el río desde Niigata hacia el pueblo de Kosudo (en la actual ciudad de Niigata). A la altura de un lugar llamado Aza Gomachi, el patrón del barco advirtió que sucedía algo anormal. Y es que, con gran sorpresa, descubrió una multitud de pequeños fuegos adheridos a su cuerpo. Pero, como el patrón ya conocía los *mino mushi-bi* (fuegos insecto del abrigo de paja), mantuvo la calma y le dijo al pasajero:

—Disculpe señor, si tiene usted cerillas, ¿podría prestármelas?

Entonces, tomando una cerilla que le ofrecía su cliente, la encendió y al momento los *mino mushi-bi* se extinguieron. Según contaron luego, el pasajero en ningún momento llegó a ver los *mino mushi-bi*.

Resulta inexplicable pero, al parecer, se dan casos en los que estos fuegos únicamente son vistos por una sola persona; sin embargo, en otras ocasiones son muchos quienes los ven.

Sea como fuere, si se enciende una cerilla, los fuegos desaparecen.

También hay quien dice que estas luminarias son fruto de la acción de una comadreja.

蓑草鞋

Mino waraji. A primera vista, este yōkai parece un hombre con un abrigo de paja (*mino*), pero sus piernas son unas sandalias también de paja de las que llevan cordones para atar a los tobillos (*waraji*).

Desde tiempos antiguos se dice que los abrigos de paja tienen capacidades mágicas. La divinidad conocida como Raihōjin siempre se aparece con un sombrero y un abrigo de paja y hay quien cree que los trajes confeccionados con paja permiten ir y venir desde nuestro mundo al de los espíritus.

También las sandalias *waraji* son utilizadas con frecuencia como objetos con poder mágico. En algunas provincias la gente cree que, si te topas con un yōkai de fuego, puedes evitar su acción maléfica poniéndote en la cabeza una sandalia de paja y también dicen que, si lanzas una sandalia a los yōkai que se aparecen en los caminos, como el *notsugo* o el *obo*, puedes salvarte de sus malévolas jugarretas.

Quizá el *mino waraji* (sandalia-abrigo de paja) sea un yōkai que aglutina esa fuerza mágica tanto del abrigo como de las sandalias de paja.

Sea como sea, la gente de antaño pensaba que los objetos que albergaban una fuerza mágica podían convertirse en yōkai con mayor facilidad. En el caso de las pertenencias que las personas llevan pegadas a su cuerpo, es probable que, sin que uno se dé cuenta, los propios sentimientos y deseos se vayan transmitiendo a dichos objetos hasta impregnarlos, encarnándose en ellos. Al parecer los yōkai nacen de este tipo de mecanismos invisibles a nuestros ojos.

ミンツチ

Mintsuchi. El *mintsuchi* es el *kappa* de Hokkaido. También es conocido como *mintsuchi kamui* o *mintsuchi tono*. Va peinado con el flequillo típico de los *kappa*, pero carece del «plato hondo» con agua de la coronilla. También hay algunos ejemplares que son calvos.

Presentan el aspecto de un niño humano, con la piel de color amoratado o rojo. Las huellas que dejan sus pies pueden ser palmeadas como las de las aves o en forma de guadaña.

En la zona de Kushiro, dicen que en las noches de espesa niebla a veces se aparece una silueta de aspecto humano que camina delante de nosotros. Aunque le dirijas la palabra no te contesta, ni tampoco afloja el paso. Cuando te fijas en sus huellas, descubres con estupor que son como las de un ave pero, entonces, en un momento dado, la silueta desaparece sin dejar rastro y, antes de que nos demos cuenta, descubrimos que, en realidad, está detrás de nosotros. Conviene andarse con mucho cuidado, porque de lo contrario nos arrastrará al agua. Este es el tipo de trucos que utiliza el *mintsuchi*.

Al igual que los *kappa* de Honshū, la isla principal de Japón, el *mintsuchi* causa perjuicios a los humanos y a veces se encarna también en ellos, pero se dice que, en ocasiones, también se muestran protectores con nosotros.

Los *mintsuchi* reinan sobre todo tipo de peces, así que pueden concedernos una buena pesca o, por el contrario, impedir que pesquemos un solo pez. En pocas palabras, son divinidades del medio acuático.

El término *mintsuchi* es una palabra importada desde otras zonas de Japón para referirse a este tipo de *kappa*. En el idioma de los ainu locales reciben el nombre de *shiri shamainu* (hombres junto a las montañas).

飯笥

Mishigee. En la prefectura de Okinawa existe la creencia de que la vajilla antigua puede convertirse en fantasma y son muchas las historias protagonizadas por el *mishigee* (cucharón del arroz) o el *nabikee* (cazo de la marmita).

Una noche, un hombre escuchó el alegre rasgueo de las cuerdas de un *jabisen*[1] y decidió salir de casa para unirse a la diversión. Entonces vio que un hombre y una mujer jóvenes estaban alegremente sentados en la hierba de la plaza. Haciéndose el tonto, se acercó a la pareja y se pasó toda la noche bebiendo y bailando con ellos hasta que, extenuado, cayó profundamente dormido. Cuando por fin volvió en sí, vio que en torno a su lecho estaban desparramados el cucharón del arroz, el cazo de la marmita, unos palillos y otros utensilios de vajilla. Había pasado la noche divirtiéndose con los fantasmas de estos utensilios.

Hay también otra historia acerca de una persona que fue a abrir de noche la puerta de su casa porque alguien estaba llamando y se encontró con que únicamente había una cuchara arrocera caída en el suelo.

Al parecer la vajilla se transforma en fantasma únicamente por las noches. Y sobre esto existe también esta otra historia.

Hace mucho tiempo, un campesino encontró una vaca acurrucada en el camino. Pensando que se le había escapado a alguien, tiró de ella y se la llevó a su establo, donde probó a darle hojas de caña de azúcar, que comió con fruición. Según contó, cuando a la mañana siguiente fue a ver el establo, se encontró con que sobre el montón de hojas de caña de azúcar, sorprendentemente, solo había una cuchara arrocera.

En Okinawa también se dice que si uno tira una vieja cuchara arrocera o una cuchara vieja de otro tipo, se convierte en el fantasma de un cerdo blanco. De la misma manera, los palillos se convierten en peces y se dice que, si cuando uno los está lavando en el fregadero de la cocina, se pierden de vista, es porque se han transformado en peces y se han ido por el agujero del desagüe.

[1] Instrumento de cuerda típico de Okinawa.

三面乳母と一つ目小僧

Mitsumen uba y hitotsume kozō. El primero es un yōkai con tres rostros, uno normal en el centro, otro a la izquierda y otro a la derecha. Según dicen es la nodriza del *hitotsume kozō* (mozo de un solo ojo). Parece bastante lógico que la nodriza de un yōkai sea, a su vez, otro yōkai.

Cuentan que la *mitsumen uba* (nodriza de tres rostros) cuida continuamente del *hitotsume kozō*. Sin embargo, este muchacho de un solo ojo a veces consigue apartarse del alcance de su nodriza y se aparece ante la gente, como sucede, por ejemplo, en episodios como el que sigue.

Durante el período Edo había un médico llamado Okano Kendo. Era un buen profesional y, en consecuencia, gozaba de gran prestigio, por lo que eran muchos los que solicitaban sus cuidados.

Cierto día, tras haber visitado ya a los pacientes de cuatro o cinco casas, Kendo llegó a una residencia del barrio de Banchō cuando ya caía el atardecer. La persona que acudió a recibirlo le dijo que el amo de la casa había tenido que salir por un asunto oficial y que por favor aguardase un tiempo. El paciente era la esposa de este hombre ausente.

Entonces Kendo fue conducido a una sala de espera y allí, mientras echaba un vistazo para examinar el aspecto del lugar, se presentó un muchacho de unos doce o trece años que le llevó té y un cenicero. Kendo quedó admirado de la buena educación del niño y, por matar un poco el tiempo, intentó entablar conversación con él preguntándole cómo se llamaba. Entonces, el chico se puso colorado y, avergonzado, salió huyendo hacia la habitación contigua. El médico le pidió que no se marchara y, cuando el pequeño se giró hacia él, su rostro era el doble de grande que antes y en el centro lucía un único ojo. Se había transformado en el *hitotsume kozō*.

Cuentan que Kendo lanzó un grito de espanto y quedó anonadado.

溝出

Mizo idashi. Hace mucho tiempo, durante el gobierno de Hōjō Takatoki (1303-1333), vivió en Kamakura un hombre llamado Tone no Hachirō.

Cuando uno de sus vasallos murió, Tone no Hachirō metió su cadáver en un cesto funerario y lo arrojó al fondo del mar en la costa de Yui ga Ura. Sin embargo, las olas volvieron a sacar el cesto a flote y de su interior surgió un cántico repleto de resentimiento.

Tone no Hachirō le contó lo sucedido a un monje del templo budista Gokurakuji, que recogió el cesto funerario y lo abrió. Había un cadáver empapado en agua marina que ya dejaba asomar sus blancos huesos, así que se lo llevó de vuelta al templo y lo enterró. Desde entonces, no volvió a escucharse aquella canción.

No mucho tiempo después, llegaron hasta Kamakura, Nitta Yoshitada y su ejército decididos a atacar a Takatoki. Tone no Hachirō también se sumó a la batalla, pero con tan escasa fortuna que tuvo que huir a toda prisa hacia la playa donde, perseguido por un hombre de las fuerzas enemigas llamado Funada, murió alcanzado por una flecha en la costa de Yui ga Ura. Dicen que fue en aquel mismo lugar donde tiempo atrás había metido el cadáver de su vasallo en el cesto fúnebre para arrojarlo después al mar.

Se cuenta también la historia de alguien que murió siendo muy pobre. Buscando una forma sencilla de deshacerse del cadáver, sus vecinos lo metieron en un gran cesto, que luego tiraron por ahí. Con el paso del tiempo, la piel se fue desprendiendo de los huesos poco a poco hasta que, un día, el esqueleto rompió el cesto y salió al exterior cantando y bailando.

Todos estos fenómenos sobrenaturales relacionados con esqueletos reciben el nombre de *mizo idashi* (surgidos del hoyo).

木魚達磨

Mokugyo daruma. Los utensilios que se emplean para los ritos budistas, al igual que sucede con los utensilios domésticos corrientes, cuando se dejan por ahí desatendidos, se convierten en fantasmas. Es decir, se convierten en *tsukumogami*, objetos poseídos por un espíritu, como por ejemplo sucede en el caso del *hossu mori* (guardián del bastón).

Dicen que el *mokugyo* (macillo de madera) fue creado para reprender a los monjes que estaban en período de prácticas. El nombre (literalmente «pez de madera») se debe a que los peces parecen no dormir ni de día ni de noche, puesto que siempre tienen los ojos abiertos, por lo que el macillo en cuestión sirve para mantener a los monjes en vigilia, y su nombre sugiere «sin sueño ni descanso». Pero además, en este caso, el *mokugyo* tiene la forma de un *daruma*.

Este nombre de *daruma* hace referencia a un místico que estuvo nueve años realizando entrenamientos espirituales de cara a la pared en el templo zen Shōrinji y su historia también guarda relación con la vigilia. Para un monje en prácticas, el *mokugyo daruma*, una criatura que suma ambas facetas, resulta de lo más temible. Es como una presencia intangible que vigila 24 horas al día y grita amenazante: «¡No te duermas!».

Si se tratara de una representación de Daruma sin más, se podría soportar, pero una vez que ha sido desechado por ser demasiado viejo, el propio *mokugyo daruma* no puede cerrar los ojos y se convierte en *tsukumogami*.

Es posible que muchas de las personas que sufren de insomnio en realidad estén poseídas por el *mokugyo daruma*.

目々連

Mokumokuren. Dicen que, a veces, cuando entra uno en casas abandonadas o semiderruidas creyendo que no hay nadie, puede llevarse un susto al ver cómo en los recuadros de las puertas correderas de papel aparecen infinidad de ojos. Este fenómeno es conocido como *mokumokuren* (bandada de ojos) y nadie sabe cuál es su origen.

En su libro *Tōhoku kaidan no tabi* (Viaje por las historias sobrenaturales de Tōhoku), Norio Yamada cuenta la siguiente historia.

Un hombre llamado Hanzawaya Gosuke, dueño de un aserradero en Edo, iba de camino a Tsugaru para comprar madera. Como le pareció un despilfarro alojarse en una posada, decidió acomodarse él solo en un caserón abandonado que encontró cerca de su trayecto. Cuando echó un vistazo a las ajadas puertas correderas de papel, vio que en todos y cada uno de los recuadros aparecía un par de ojos.

Entonces les gritó:

—¿Qué sacáis vosotros con estar ahí mirándome?

Entonces, los ojos comenzaron a flotar en torno al enfadado Gosuke rodeándolo por completo. Sin embargo, el hombre no solo no se asustó lo más mínimo, sino que comenzó a meter los ojos uno por uno en un saco y luego, de regreso a Edo, se los vendió a un oculista.

Toriyama Sekien en su *Konjaku hyakki shūi* (Recopilación adicional de los cien demonios de antaño) también escribe: «Si por toda la casa hay ojos, probablemente es que vivía allí un jugador de *go*[2]».

[2] Las cuadrículas de las puertas correderas de papel recuerdan a un tablero de *go*, y las intersecciones de las cuadrículas se llaman *moku*, término que también significa «ojo».

モクリコクリ

Mokuri kokuri. En la prefectura de Wakayama se dice que el 3 de marzo es un día propicio para salir a la montaña y el 5 de mayo para ir al mar.

Según cuentan, el *mokuri kokuri* es el alma de alguien que se ahogó durante el gran ataque de los mongoles por eso, cuando se escribe su nombre con ideogramas, se usan los de «Mongolia» (*moko*) y «Corea» (*kōkuri*).

Se trata de una bestezuela similar a la comadreja que suele verse en los campos de trigo. Dicen que se presenta en los trigales con forma humana y puede cambiar su estatura a voluntad. Además, aparece y desaparece al instante. Según cuentan, se dedica a arrancar los culos de la gente que pasa de noche por los caminos. En las ocasiones en que se aparece en el mar, tiene aspecto de medusa y flota sobre las aguas en bandada.

Que un mismo yōkai se aparezca tanto en la montaña como en el mar y con formas diferentes resulta verdaderamente insólito.

En la comarca de Nishi Kubiki (la actual ciudad de Itoigawa), en la prefectura de Niigata, los niños utilizan la palabra *momokko* con el sentido de «monstruo». Y también sucede lo mismo en la comarca de Minami Uonuma con la palabra *momonko* o en la comarca de Higashi Chikuma en la prefectura de Nagano con la palabra *momokka*.

Por otro lado, en la comarca de Kunohe, prefectura de Iwate, asustan a los niños con el *anmouko*, un término que parece derivado de *mōko* (mongol) y que alude al grito que este supuesto yōkai emitía. Además, en la comarca de Iwate, en la misma prefectura de Iwate, a los espíritus se les llama *monko* (derivación de *bokon*, o «alma de un muerto»), palabra que podría estar relacionada también con el término «mongol».

Momonjii. Se dice que la criatura llamada *momonjii* habita en lo más profundo de las zonas montañosas y que a altas horas de la noche, cuando ya no hay nadie en los caminos, se aparece por los recovecos de las aldeas o en las encrucijadas.

Pongamos que, por ejemplo, el *momonjii* se aparece en un cruce de caminos de cierta aldea; entonces, uno huye a toda prisa y se lo vuelve a encontrar agazapado en el siguiente cruce de caminos. Así que uno corre en otra dirección y, al llegar a la próxima encrucijada, de pronto se lo vuelve a encontrar allí. Más o menos este es el tipo de incidentes que se cuentan sobre él.

Según cierta teoría, el *momonjii* es la forma que adoptan cuando bajan al pueblo esos extraños animalillos del bosque que son las llamadas ardillas voladoras, tanto las de mayor tamaño (*musasabi*) como las más pequeñas (*momonga*). Además, según cuentan, los viajeros que se topan con estas criaturas caen enfermos sin falta.

En ciertas zonas a los niños caprichosos o insistentes se le asusta diciendo: «Como no te calles, te voy a dar de comer al *momonjii*», y entonces se callan al momento. Parece que se le considera una especie de bestia feroz de las montañas.

Es una gran equivocación pensar que porque su nombre contenga la partícula *jii* (anciano) se trata de una criatura vieja, pues lo cierto es que a veces se llama *momonjii* tanto a animales salvajes como los jabalíes, los ciervos o los *tanuki* como también a la carne de los mismos.

También se utiliza a veces una expresión que dice: «El viejo este debe de ser un *tanuki* o un *momonjii* que ha adoptado forma humana».

Monja. En la zona norte de la prefectura de Aomori, en lugares cercanos a la costa, dicen que los espíritus de las personas fallecidas en el mar se convierten en *monja* y acuden a visitar las que fueran sus casas.

Un día sucedió lo siguiente. Ya de noche, un hombre sintió como si de pronto le hubieran echado agua por todo el cuerpo y, muerto de frío, no podía dejar temblar. Su familia requirió los servicios de un hombre llamado Gomiso, especialista en exorcismos, el cual dijo:

—Has sido poseído por unos *monja* procedentes del mar. Además, son cuatro los muertos.

Y luego continuó:

—Perecieron en el mar, y nadie ha realizado ofrenda funeraria alguna en su memoria, ni siquiera un vaso de agua. Están deseando que alguien los ayude a alcanzar la paz ultraterrena y por eso te han poseído.

En la aldea de Kodomari (incluida en el actual pueblo de Nakadomari), comarca de Kita Tsugaru, dicen que si se prende una fogata en la playa, los *monja* acuden para calentarse. En cierta ocasión un pesquero se hundió en mar abierto y murieron muchas personas, sus parientes probaron a encender fogatas en la playa y aseguraron que, tal y como decían los rumores, los *monja* llegaron atraídos por el fuego y se mostraron ante ellos.

Cuentan que cuando un *monja* viene a casa, primero se oye cómo en la antesala de la cocina se sacude la arena de la ropa y luego cómo se lava las manos en el fregadero.

La palabra *monja* es una variante del dialecto local para *moja* (espíritu de un difunto).

物の怪

Mononoke. Antiguamente se llamaba *mononoke* a los espíritus que poseían a la gente, provocando enfermedades o, incluso en casos extremos, la muerte. Surgen como resultado del resentimiento o el odio que emana de un muerto o, a veces, también de los vivos.

Al parecer, en el Japón medieval estos *mononoke* desempeñaron una profusa actividad, y pueden encontrarse con cierta frecuencia en las páginas de libros como el *Konjaku monogatari* (Cuentos de antaño) y *La historia de Genji.*

Cuando alguien cae enfermo debido a la acción de un *mononoke* (es decir, que está poseído), no hay médico que pueda curarle. En estos casos hay que acudir a algún monje, ya sea budista o sintoísta, o a algún especialista en exorcismos, para que realice una ceremonia de expulsión (también se dice «hacer caer») del *mononoke.*

Sin embargo, en muchos casos la fuerza del *mononoke* es realmente brutal y el exorcismo puede resultar peligroso para el oficiante, hasta el punto de que le va la vida en ello. Se han registrado numerosos casos en los que el ritual no surtió efecto, siendo imposible ahuyentar al *mononoke* y falleciendo el exorcista.

En los tiempos medievales la palabra *mononoke* se refería tanto a los espíritus de los vivos como de los muertos, pero en tiempos posteriores comenzó a aplicarse a criaturas sobrenaturales como los yōkai o también a espíritus de otro tipo.

茂林寺の釜

Morinji no kama. Durante la Era Ōei (1394-1420), en el templo budista Morinji, situado en Jōshu Tatebayashi (la actual ciudad de Tatebayashi, en la prefectura de Gunma), vivía un monje llamado Shukaku. Era un monje tan instruido que había sido siempre el número uno en los estudios del templo bajo el mandato de siete priores sucesivos.

Shukaku mostraba especial querencia por una gran tetera metálica, la cual tenía una peculiaridad: por más agua caliente que se vertiera de ella en las tazas, parecía no agotarse nunca. Sin duda se trataba de una tetera realmente extraordinaria, y consta en los escritos del templo que, cuando tenía lugar alguna reunión numerosa de monjes de varios lugares, se les agasajaba utilizando esta misma tetera.

Sin embargo, cierto día, mientras Shukaku estaba echando la siesta, se olvidó de taparse el trasero y un monaguillo del templo que pasaba por allí vio una cola asomando. Fue así como se descubrió que Shukaku era en realidad un *tanuki* que había adoptado la forma de monje, y la tetera en cuestión, cuya agua caliente nunca se agotaba, era fruto de sus artes mágicas.

Como su auténtica naturaleza había sido descubierta, Shukaku decidió abandonar el templo. En el día de la despedida, mediante técnicas de ilusionismo, se dedicó a mostrar con todo detalle escenas de la batalla de Yashima (que enfrentó a los Minamoto con los Taira) o del último día de Buda.

Según el libro *Kasshi yawa* (Relatos escritos en una noche de buenos auspicios), de Matsuura Seizen, Shukaku era un *tanuki* de miles de años de edad que en su día había escuchado al mismísimo príncipe Shiddartha predicar en la India sobre la religión budista. Y luego, tras pasar por China, habría llegado hasta Japón.

El popular cuento posteriormente conocido con el título de *Bunbuku chagama* (La tetera de la fortuna) tomó como modelo esta historia.

魍魎

Mōryō. El *mōryō*, conocido como el «monstruo desalmado», es un yōkai que devora cadáveres humanos.

Es del tamaño de un niño de tres o cuatro años y de color rojo negruzco. Tiene los ojos rojos y las orejas largas, además de una profusa cabellera y, al parecer, siente predilección por el hígado de los muertos. Desde tiempos inmemoriales, los cementerios y sus alrededores le sirven de morada. Se han registrado casos en los que, con ocasión de algún funeral, el *mōryō* sacó el muerto del ataúd y se lo comió sin reparo alguno delante de la gente.

Según el texto de Sakurai Tokutaro titulado *Mōryō shinko no kiban* (Las bases del culto al *mōryō*), en la zona de Tosa (la actual prefectura de Kōchi) llaman *fishimon* a las personas que han perecido de muerte violenta. Y los espíritus de estos *fishimon* acuden para atraer al mundo de los muertos a los amigos y conocidos que todavía viven. De esa manera, el *fishimon* aumenta su rango entre los espíritus, así que aprovechan cualquier oportunidad para llevarse con ellos a los vivos.

Existe una historia acerca de un *fishimon* llamado O-Tsugi. Hace mucho tiempo, debido a una inundación, una anciana llamada O-Tsugi fue arrastrada por las aguas. Posteriormente descubrieron su cuerpo ahogado y el espíritu de la mujer comenzó a causar desgracias a sus parientes. Entonces llamaron a un sacerdote sintoísta para que rezase unos exorcismos y el espectro de la anciana apareció, diciendo a sus parientes:

—Tenéis ante vosotros a la vieja O-Tsugi en persona. Si no realizáis mi ceremonia funeraria como es debido, me vengaré de vosotros y de vuestros descendientes, generación tras generación.

Cuentan que entonces fabricaron un altar en memoria del espíritu de esta anciana, al que llamaron *mōryō-sama*, y le realizaron ofrendas funerarias regularmente, con lo que desapareció la maldición.

Muchi. En la prefectura de Kōchi, cuando sopla un viento terriblemente fuerte, llaman al fenómeno *muchi* (látigo).

En la aldea de Kuroishi (en el actual pueblo de Shimanto), comarca de Takaoka, dicen que cuando este viento pasa por encima de los arrozales, suena como un latigazo y por eso le pusieron ese nombre. En esta zona creen que si este viento te golpea, caes enfermo.

En la aldea de Tosayama, comarca de Tosa (incluida en la actual ciudad de Kōchi), llaman *muji* a este viento y dicen que posee a vacas y caballos. Cuando uno va recorriendo un camino de noche tirando de una vaca o de un caballo, a veces escucha una especie de latigazos alrededor. Dicen que, si en ese momento uno no se apresura a vendar los ojos del animal, este muere sin remedio.

En la misma comarca de Tosa, si vamos a la aldea de Kagami (también incluida hoy en la ciudad de Kōchi), el nombre cambia a *buchi*. Allí dicen que el viento llega aullando salvaje a campos y montañas, produciendo heridas en la piel como si a uno le hubieran cortado con un filo muy acerado.

Se cree que este fenómeno sobrenatural es muy similar a los llamados «vientos malignos», expresión utilizada para denominar a aquellos vientos que producen enfermedades al rozar a la gente. Al parecer, en la zona de Tosa estas creencias se hallaban muy arraigadas. También es probable que este fenómeno guarde relación con algunos yōkai como el *kama itachi* (comadreja-guadaña), que, igualmente, causan heridas a la gente.

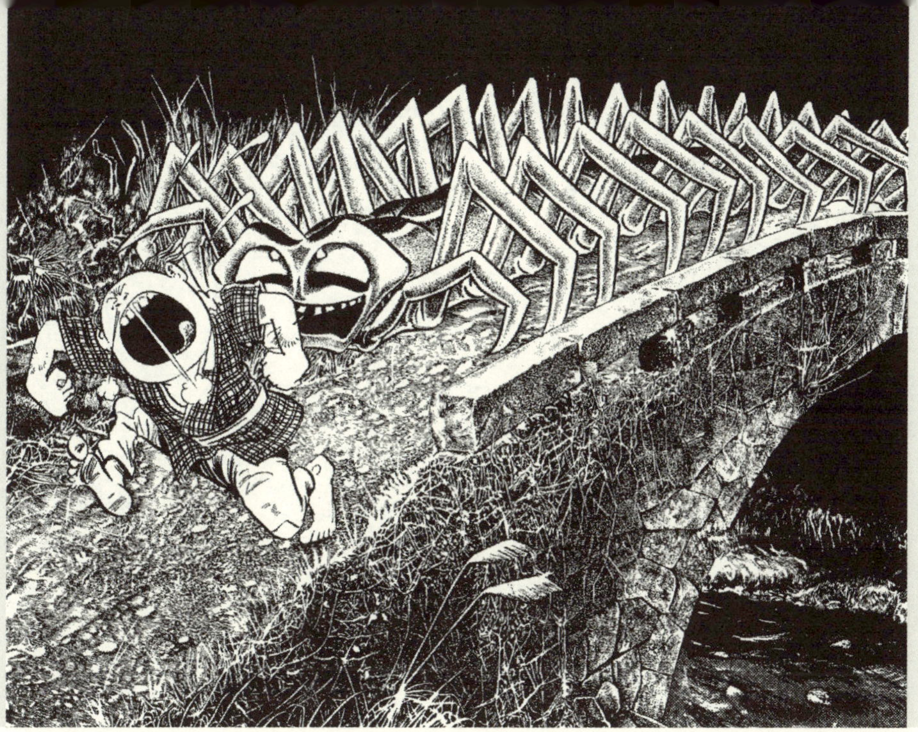

百足

Mukade. Hace mucho tiempo, en lo más recóndito de las montañas de la antigua provincia de Hida (la actual prefectura de Gifu), de vez en cuando se producían desapariciones de personas. En cierta ocasión que los aldeanos emprendieron una batida de búsqueda, encontraron a media altura de la montaña un profundo agujero y, como les pareció sospechoso, decidieron examinar su interior. Encabezó la expedición un rōnin célebre por su fuerza que, casualmente, se encontraba por entonces en la aldea.

El rōnin pensó que sería mejor empezar acosando con fuego a lo que pudiera ocultarse dentro, así que prendieron hojas de pino y dirigieron el humo hacia el interior del agujero. Entonces, de las profundidades surgió una oscura mole siniestra y el rōnin comenzó a asestarle mandobles con su katana. Cuando la criatura salió del agujero, vieron que se trataba de un enorme ciempiés (*mukade*) de varias decenas de metros de largo.

El gran ciempiés parecía debilitado por el fuego, el humo y las heridas y, aprovechando la situación, el resto de la partida se lanzó sobre él blandiendo sus armas. Según cuentan, finalmente consiguieron abatir al monstruo.

Existen otras muchas historias relacionadas con ciempiés sobrenaturales, siendo una de las más famosas aquella que relata cómo Tawaratota Hidesato terminó con el ciempiés gigante de Seta, en Ōmi (la actual prefectura de Shiga).

Probablemente, el ciempiés es visto a menudo como un yōkai por su carácter anómalo dentro del mundo animal. Es demasiado largo para ser un bicho, tiene demasiadas patas como para parecerse a una serpiente y, como además resulta repulsivo, a nadie le extraña que semejante criatura sea capaz de convertirse en monstruo.

無垢行縢

Muku mukabaki. Se llama *mukakabi* (chaparreras) a una prenda confeccionada con cuero o tela que se ceñían a la cintura los cazadores o quienes viajaban montados a caballo y que cubría la parte delantera de las piernas o de los faldones. Cuando esta prenda se convirtió en yōkai, recibió el nombre de *muku mukabaki* (chaparrera inocente).

Se dice que esta chaparrera fantasma era la que llevaba puesta Kawazu Saburō (padre de los famosos hermanos Sōga, Jurō y Gorō) cuando al volver de una partida de caza fue asesinado como consecuencia de un complot de los partidarios de Kudo Suketsune. Es decir, no se trata simplemente de una prenda o utensilio que haya albergado un espíritu debido al paso de los años, sino de un objeto que, a causa de una serie de vicisitudes, ha sido impregnado por un impulso de rencor y venganza.

Así, tras la muerte de su dueño, la chaparrera renació como *muku mukabaki* y comenzó a aparecerse en el monte Akasawa, aquel en que su propietario se volatilizó como el rocío.

El fiel perro Hachikō continuó esperando la vuelta de su amo hasta que murió, pero la *muku mukabaki* adquirió vida a causa de la muerte de su amo y luego deambuló errante buscando cómo disipar el sentimiento de despecho e impotencia con el que murió aquel.

Sin embargo, nunca se ha escuchado que Kudo Suketsune perdiese la vida por el ataque de un yōkai, por lo que todo indica que esta criatura no consiguió cobrarse venganza y terminar con su enemigo.

En la obra del período Edo titulada *Gazu hyakki tsurezure-bukuro* (Almanaque ilustrado de cien demonios imaginados por un ocioso) puede verse un dibujo de la *muku mukabaki* agazapada entre hojas de bambú enano, pero en su rostro no aparece la siniestra expresión característica de los yōkai, sino que más bien transmite una sensación de melancolía.

Mujina. Se creía que los animales llamados *mujina* poseían la capacidad de presentarse con aspecto de persona. Ya un libro tan antiguo como el *Nihon shoki* (Crónicas de los primeros tiempos de Japón), también llamado *Nihongi*, afirma que en el año treinta y cinco del reinado de la emperatriz Suiko un *mujina* se transformó en persona y cantó una canción.

Se cree que la habilidad del *mujina* para transformarse es aún mayor que la de los *tanuki* y los zorros. Dicen que un *mujina* que vivía en un viejo templo se transformó en monje y estuvo desempeñando tal papel durante seis años sin que nadie descubriera su verdadera condición. Sin embargo, quizá por eso se confió demasiado. Al parecer, en cierta ocasión en que se quedó adormilado, su cola se salió de entre las ropas y de golpe se descubrió todo.

En la región de Tōhoku o en la isla de Sado, dicen que abundan los *mujina* pero no existen los *tanuki* y, por el contrario, en el oeste de Japón, sostienen que hay muchos *tanuki* pero no *mujina*.

La forma del *mujina* guarda cierto parecido con la del *tanuki*. En el *Wakan sansai zue* (Diccionario enciclopédico ilustrado de los tres mundos), del período Edo, constan de manera diferenciada cuatro especies de esta familia, de nombres *tanuki*, *mujina*, *kan* y *mi*. Hay una teoría que dice que se llamaba *tanuki* a la hembra y *mujina* al macho.

Al llegar la Era Meiji, se llegó a la conclusión de que esos cuatro tipos llamados *tanuki*, *mujina*, *kan* y *mi* eran todos el mismo animal. Una conclusión lógica si consideramos que siempre había discusiones entre si el animal de todo Japón que mejor se transformaba era el *tanuki* o el *mujina*.

Mujinsha yūrei. Hacia el año 1930 o 1931 circulaba el rumor de que un automóvil fantasma se aparecía por los alrededores del Palacio Imperial.

Cuentan que, cuando a altas horas de la noche, los taxistas circulaban lentamente en busca de clientes, en las cercanías del Teatro Imperial cruzaba ante sus ojos un coche sin conductor a una velocidad de vértigo. Cuando el taxista quería lanzar un grito de sorpresa, el automóvil ya había pasado de largo y no podía comprobar a ciencia cierta lo que había visto. Sin embargo, si uno veía dicho automóvil, en dos o tres días tenía sin falta un accidente de tráfico totalmente imprevisible, así que todos los taxistas que trabajaban de noche le tenían pánico y muchos de ellos colgaban amuletos protectores en el interior de sus vehículos.

También se decía que en la autopista que une Tokio con Nagoya, en los alrededores de la salida de Gotenba, se aparecía un automóvil fantasma de color blanco con matrícula de Osaka. Según los testigos, como ese coche blanco circulaba a poca velocidad, pisaban el acelerador para adelantarlo y, entonces, cuando echaban una distraída ojeada al espejo retrovisor, descubrían que no había nadie en su interior. Al parecer, hace tiempo un coche blanco con matrícula de Osaka en el que viajaba una familia de cuatro personas se vio envuelto en un accidente mortal en las inmediaciones de la salida de Gotenba, así que la gente decía que se trataba del fantasma de aquel vehículo.

Es frecuente oír hablar de este fenómeno sobrenatural que cabe calificar de «automóvil fantasma» en los lugares donde se han producido accidentes de tráfico mortales.

ムラサ

Murasa. En la aldea de Tsuma, de la isla de Oki (incluida en el actual pueblo de Oki, prefectura de Shimane), llaman así a una especie de demonio marino.

A veces puede verse una masa redonda que brilla de manera borrosa en medio de la llamada «marea amarga» (marea que reluce con un color blanquecino debido a microorganismos fosforescentes). Si un barco se le acerca mucho, la masa brillante se desintegra. Se trata del *murasa*.

Además, se dice que cuando, en medio de la oscuridad del mar, todo se ilumina de pronto con un relámpago, esto es también obra del *murasa*.

Cuando estás en el mar y ves el *murasa* o te topas con él a muy poca distancia, la gente de la zona utiliza la expresión «se le ha pegado el *murasa*», algo que no se considera precisamente bueno. En estos casos, dicen que lo mejor es atar un cuchillo al extremo de una vara y, desde la popa del barco (es decir, la parte posterior) hacer varios cortes en el agua del mar, tanto a izquierda como a derecha de la nave.

Al parecer el *murasa* es el equivalente marino de los *hitodama* y se cree que se trata del mismo fenómeno que aparece en la zona de Uwajima, en Shikoku, donde se conoce con el nombre de *shirami yuren*.

夢霊

Murei. Hace mucho tiempo, un hombre que vivía en Fukui se levantó muy temprano para ir a la capital (Kioto) y, mientras iba andando por un sendero vecinal, un pájaro se lanzó volando sobre el camino desde una alta torre de piedra. Fijándose bien a la luz de la luna, aquello que en principio creyó una gallina resultó ser la cabeza de una mujer que, mirando hacia él, comenzó a reírse a carcajadas. Asustado ante la siniestra visión, el hombre sacó su katana y se lanzó con intención de descargar un tajo, pero la cabeza echó a correr por el camino y el hombre la persiguió hasta llegar al pueblo de Fuchu. Entonces, la cabeza se metió en cierta casa dando un ágil brinco hacia la ventana abierta.

Pensando en lo extraordinario que resultaba todo, el hombre se acercó a la ventana y, según contó, escuchó cómo una voz de mujer en el interior le estaba diciendo a alguien:

—Ah, he tenido un sueño espantoso. Justo hace unos momentos iba caminando en sueños y un hombre con una katana me perseguía intentando matarme.

El relato, recogido en la antología *Sorori monogatari* (Cuentos de Sorori), se titula «De cómo las fantasías de una mujer echaron a andar». Pero existen otras historias parecidas a esta en tiempos mucho más actuales.

Probablemente, en tiempos antiguos se creía que durante los sueños el alma se separaba del cuerpo y que nuestras visiones de entonces se correspondían con lo que el alma veía en esos momentos. En esta historia puede apreciarse el concepto que los japoneses teníamos por entonces del mundo de las almas.

LISTADO de TÉRMINOS

Listado de términos

MAPAS de JAPÓN

JAPÓN antiguo

Hokkaidō
1. Hokkaidō

Tōsandō
2. Dewa
3. Mutsu
4. Shimotsuke
5. Kōzuke
6. Shinano
7. Hida
8. Mino
9. Ōmi

Hokurikudō
10. Echigo
11. Sado
12. Etchū
13. Noto
14. Kaga
15. Echizen
16. Wakasa

Tōkaidō
17. Hitachi
18. Shimōsa
19. Kazusa
20. Awa
21. Musashi
22. Sagami
23. Kai
24. Izu
25. Suruga
26. Tōtōmi
27. Mikawa
28. Owari
29. Shima
30. Ise
31. Iga

Kinki (Kinai)
32. Yamashiro
33. Settsu
34. Izumi
35. Kawachi
36. Yamato

San'indō
37. Oki
38. Tango
39. Tanba
40. Inaba
41. Tajima
42. Hōki
43. Izumo
44. Iwami

San'yōdō
45. Harima
46. Mimasaka
47. Bizen
48. Bitchū
49. Bingo
50. Aki
51. Suō
52. Nagato

Nankaidō
53. Kii
54. Awaji
55. Sanuki
56. Awa
57. Iyo
58. Tosa

Saikaidō
59. Tsushima
60. Iki
61. Chikuzen
62. Buzen
63. Hizen
64. Chikugo
65. Bungo
66. Higo
67. Hyuga
68. Satsuma
69. Ōsumi

Okinawa
70. Ryūkyū

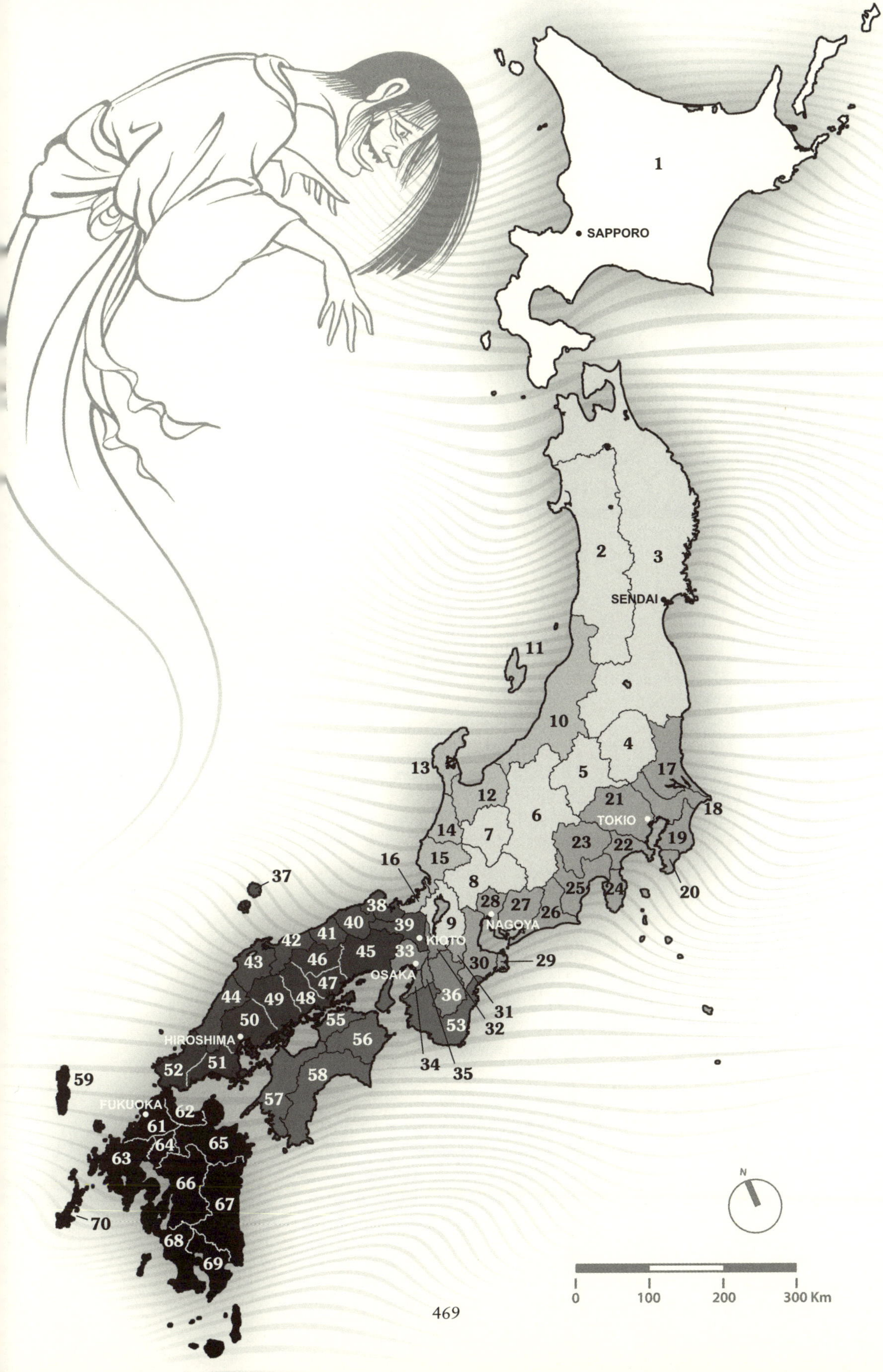
1
SAPPORO
2
3
SENDAI
11
10
4
5
6
13
12
17
21
18
TOKIO
19
14
7
23
22
15
16
37
8
25
24
20
28
27
26
38
9
40
39
NAGOYA
42
41
KIOTO
45
33
43
46
29
30
OSAKA
47
44
49
48
36
31
50
55
53
32
HIROSHIMA
56
51
52
34
35
58
59
FUKUOKA
62
57
61
64
65
63
66
67
70
68
69
N
0
100
200
300 Km

JAPÓN actual

Hokkaidō
1. Hokkaidō

Tōhoku
2. Aomori
3. Iware
4. Miyagi
5. Akira
6. Yamagata
7. Fukushima

Kantō
8. Ibaraki
9. Tochigi
10. Gunma
11. Saitana
12. Chiba
13. Tokio
14. Kanagawa

Chūbu
15. Niigata
16. Toyama
17. Ishikawa
18. Fukui
19. Yamanashi
20. Nagano
21. Gifu
22. Shizuoka
23. Aichi

Kansai
24. Mie
25. Shiga
26. Kioto
27. Osaka
28. Hyōgo
29. Nara
30. Wakayama

Chūgoku
31. Tottori
32. Shimane
33. Okayama
34. Hiroshima
35. Yamaguchi

Shikoku
36. Tokushima
37. Kagawa
38. Ehime
39. Kōchi

Kyūshū y Okinawa
40. Fukuoka
41. Saga
42. Nagasaki
43. Kumamoto
44. Ōita
45. Miyazaki
46. Kagoshima
47. Okinawa

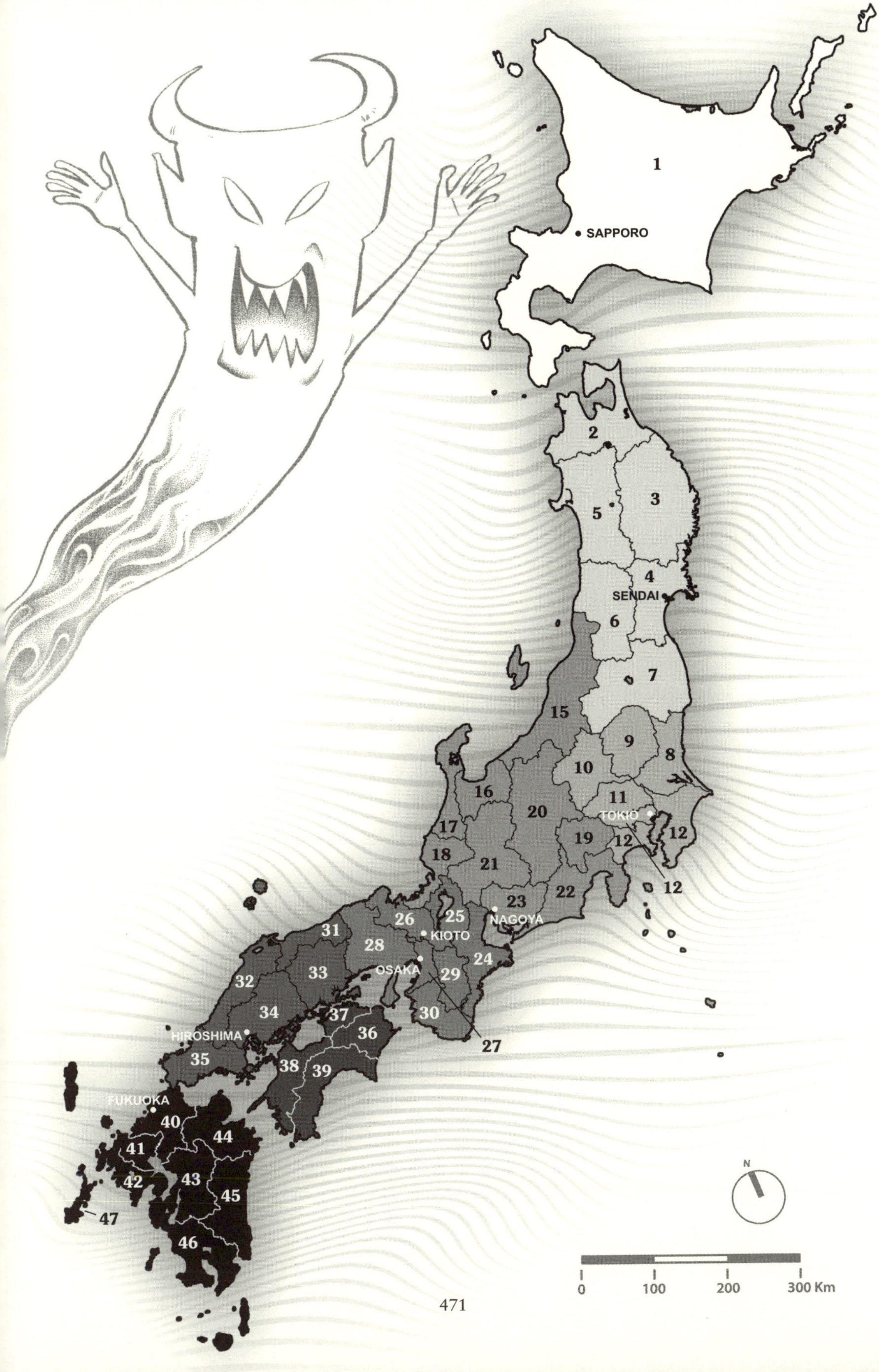
1
SAPPORO
2
3
5
4
SENDAI
6
7
15
9
8
10
11
16
20
TOKIO
12
17
19
12
18
21
12
22
23
26
25
NAGOYA
31
KIOTO
28
24
33
OSAKA
29
32
34
37
30
HIROSHIMA
36
27
35
38
39
FUKUOKA
40
44
41
43
42
45
47
46
N
0
100
200
300 Km

enciclopedia

YOKAI

Shigeru Mizuki

Índice del volumen 2

47 Ronin
Tamenaga Shunsui

KOI. Manual básico de japonés
Yoko Nakazawa

SAKURA. Diccionario de cultura japonesa
Varios autores

El tren nocturno de la Vía Láctea
Kenji Miyazawa

Cosas de Japón. Apuntes y notas del Japón tradicional
Basil H. Chamberlain

Japón. Un intento de interpretación
Lafcadio Hearn

Sintoísmo. La vía de los Kami
Sokyo Ono

Japón especulativo
Varios autores

Rampo, la mirada perversa
Edogawa Rampo

Este libro se terminó de imprimir
el 15 de febrero de 2025
en Salamanca